Bruns · Unternehmensbewertung
auf der Basis von
HGB- und IAS-Abschlüssen

Rechnungswesen und Steuern

Unternehmensbewertung auf der Basis von HGB- und IAS-Abschlüssen

Rechnungslegungsunterschiede in der Vergangenheitsanalyse

Von
Dipl.-Kfm. Dr. Carsten Bruns

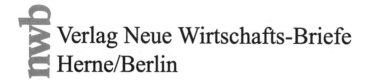

Verlag Neue Wirtschafts-Briefe
Herne/Berlin

D6 (1997)

Die Deutsche Bibliothek – CIP-Einheitsaufnahme

Bruns, Carsten:
Unternehmensbewertung auf der Basis von HGB- und IAS-Abschlüssen : Rechnungslegungsunterschiede in der Vergangenheitsanalyse / von Carsten Bruns – Herne ; Berlin : Verl. Neue Wirtschafts-Briefe, 1998
   (Rechnungswesen und Steuern)
   Zugl.: Münster (Westfalen), Univ., Diss., 1998
   ISBN 3-482-49921-7

ISBN 3-482-**49921**-7
© Verlag Neue Wirtschafts-Briefe GmbH, Herne/Berlin 1998
Alle Rechte vorbehalten.
Dieses Buch und alle in ihm enthaltenen Beiträge und Abbildungen sind urheberrechtlich geschützt. Mit Ausnahme der gesetzlich zugelassenen Fälle ist eine Verwertung ohne Einwilligung des Verlages unzulässig.
Druck: Bercker, Kevelaer.

Geleitwort

Sichere Aussagen über den Wert eines Unternehmens können nicht getroffen werden. Allerdings kann der Bewerter durch sorgfältige Beschaffung und Aufbereitung von Informationen die Informationsqualität wesentlich erhöhen. Zu den wichtigsten Informationsquellen zählen dabei Jahresabschlüsse des zu bewertenden Unternehmens, die im Rahmen einer Vergangenheitsanalyse zu untersuchen und gegebenenfalls zu bereinigen sind.

Der Verfasser hat es sich zur Aufgabe gemacht, die mit einer Vergangenheitsanalyse bei der Unternehmensbewertung verbundenen Probleme detailliert zu erörtern. Dabei werden vor allem auch die Rechnungslegungsunterschiede zwischen dem deutschen Handelsrecht und den International Accounting Standards (IAS) besonders berücksichtigt. Die IAS wurden vom International Accounting Standards Committee (IASC) entwickelt, das inzwischen als das bedeutendste Gremium zur internationalen Harmonisierung der Rechnungslegung angesehen wird. In der vorliegenden Arbeit wird untersucht, wie stark und an welchen Stellen das Handelsrecht und die IAS die für die Unternehmensbewertung herangezogenen Abschlüsse beeinflussen und wie diese Einflüsse bei der Vergangenheitsanalyse berücksichtigt, d. h. bereinigt werden können.

Eine umfassende Arbeit zur Vergangenheitsanalyse bei der Unternehmensbewertung existiert bislang nicht. Zudem hat sich das Schrifttum bislang nicht damit auseinander gesetzt, wie die Vergangenheitsanalyse auf der Basis eines IAS-Abschlusses vorzunehmen ist bzw. welche Unterschiede auftreten, wenn die Vergangenheitsanalyse einerseits auf der Basis eines IAS-Abschlusses und andererseits auf der Basis eines HGB-Abschlusses vorgenommen wird.

Der Verfasser gliedert seine Arbeit nach der „Einleitung" (Abschnitt A.) in sechs weitere Abschnitte. Im Abschnitt B. werden die Grundzüge der Unternehmensbewertung nach dem im deutschen Rechtsraum gebräuchlichen Wirtschaftsprüferverfahren nach HFA 2/1983 erläutert. In Abschnitt C. stellt der Verfasser die Zwecke und Grundsätze der Vergangenheitsanalyse dar. Danach geht der Verfasser im Abschnitt D. auf die Abhängigkeit der Bereinigungsrechnung vom Bewertungsfall ein. In den Abschnitten C. und D. wird das Schwergewicht der Ausführungen auf übergreifende betriebswirtschaftliche Aspekte gelegt, während die aus der Frage der Rechnungslegung nach HGB oder nach IAS resultierenden Probleme sowie die konkreten Bereinigungsmaßnahmen in den Abschnitten E. und F. behandelt werden.

Der Verfasser demonstriert anschaulich, kenntnisreich und sehr detailliert, daß HGB-Abschlüsse und IAS-Abschlüsse als Basis einer Unternehmensbewertung unterschiedliche Bereinigungsmaßnahmen in der Vergangenheitsanalyse erfordern. Zum Beispiel müssen im handelsrechtlichen Abschluß die reservenbildenden Wirkungen des Vorsichtsprinzips und des Imparitätsprinzips bereinigt werden. In den IAS existiert dagegen kein Imparitätsprinzip im Sinne des HGB, und das Vorsichtsprinzip gestattet nach F. 37 nicht, stille Reserven zu legen oder Rückstellungen überzubewerten.

Die Vergangenheitsanalyse ist um so umfangreicher, je mehr gestaltende Maßnahmen das zu bewertende Unternehmen ergreifen kann. Dieses betrifft die Möglichkeiten der Bilanzpolitik, die Darstellung im Abschluß und die Zuordnung von Sachverhalten zu bestimmten Abschlußposten. Im Bereich der Bilanzpolitik wurde durch das Comparibility Project die Zahl der Ansatz- und Bewertungswahlrechte in den IAS wesentlich verringert und ist nunmehr deutlich kleiner als im deutschen Handelsrecht. IAS-Abschlüsse erlauben insofern weniger bilanzpolitische Maßnahmen als HGB-Abschlüsse. Der Verfasser zeigt aber zutreffend, daß auch bei der Bilanzierung auf Basis der IAS nach wie vor viele Gestaltungsmöglichkeiten vorhanden sind. Er leitet her, daß sowohl bei der Vergangenheitsanalyse auf der Basis eines IAS-Abschlusses als auch auf der Basis eines HGB-Abschlusses vor allem in folgenden Bereichen regelmäßig Bereinigungsbedarf besteht: bei den Abschreibungen, bei den mit der Bewertung von Vorräten zusammenhängenden Aufwendungen und Erträgen (z. B. aufgrund der Anwendung von Verbrauchsfolgeverfahren), bei den Rückstellungen sowie bei den außerordentlichen Erträgen und Aufwendungen.

Deutlich arbeitet der Verfasser heraus, daß sich eine nach den IAS aufgestellte GuV und eine nach dem HGB aufgestellte GuV schon darin unterscheiden, daß nach § 275 HGB ein festes Gliederungsschema für die GuV-Struktur vorgeschrieben ist, während die IAS weder die Abgrenzung der einzelnen Posten regeln noch ein bestimmtes Gliederungsschema vorschreiben. Für die Vergangenheitsanalyse ist dieser Aspekt von hoher Bedeutung, da bei der Prognose der Einzahlungsüberschüsse zum Beispiel für die Posten „Umsatzerlöse" und „sonstige betriebliche Erträge" regelmäßig verschiedene Prognoseverfahren angewendet werden. Eine ungenaue oder falsche Postenabgrenzung kann leicht zu fehlerhaften Prognosedaten führen.

Von erheblicher Relevanz für praktische Bewertungsfälle ist auch, welche Ansatz- und Bewertungswahlrechte bzw. welche Ermessensspielräume unterschiedliche Aufwands- und Ertragsstrukturen in HGB-Abschlüssen und in IAS-Abschlüssen hervorrufen und welchen Gestaltungsspielräumen diese Strukturen insgesamt unterliegen. Der Verfasser macht klar, daß – unter anderem weil die Abgrenzung der GuV-Posten in IAS-Abschlüssen in stärkerem Maße gestaltbar ist – auch die Aufwands- und Ertragsstruktur eines nach IAS bilanzierenden Unternehmens stärker gestaltet werden kann als bei einem nach HGB bilanzierenden Unternehmen.

Die vorliegende Arbeit bietet für eine Vielzahl von Detailfragen, die bei Vergangenheitsanalysen auftreten können, hilfreiche Lösungsvorschläge.

Münster (Westf.), im September 1998   *Prof. Dr. Dr. h.c. Jörg Baetge*

Vorwort des Verfassers

Zur Zeit stellen viele deutsche und ausländische Unternehmen ihre Bilanzierung auf International Accounting Standards (IAS) um. Dabei hat sich schon häufig gezeigt, daß dies Auswirkungen in Millionenhöhe haben kann: Bei der Umstellung des *Heidelberger-Zement-Konzerns* auf die Bilanzierung nach IAS stieg das Eigenkapital des Konzerns zum Beispiel um ungefähr ein Drittel; beim *Sulzer-Konzern* sank es umstellungsbedingt um mehr als 40%.

Diese und andere Auswirkungen von Bilanzierungsregeln dürfen bei einer Unternehmensbewertung nicht berücksichtigt werden, d. h., für dasselbe Unternehmen muß auch derselbe Unternehmenswert ermittelt werden, unabhängig davon, ob das Unternehmen nach HGB oder nach IAS bilanziert. In der Arbeit wird gezeigt, welche Maßnahmen dazu in der sogenannten Bereinigungsrechnung bzw. in der Vergangenheitsanalyse erforderlich sind.

Die vorliegende Arbeit entstand während meiner Tätigkeit als Wissenschaftlicher Mitarbeiter am Institut für Revisionswesen; sie wurde im Februar 1998 als betriebswirtschaftliche Dissertation von der Wirtschaftswissenschaftlichen Fakultät der Westfälischen Wilhelms-Universität Münster angenommen.

Ein besonderes Anliegen ist es mir, an dieser Stelle nochmals all jenen zu danken, die mich bei der Anfertigung der Arbeit in vielfältiger Weise unterstützt haben. Meinem verehrten Doktorvater, Herrn Professor Dr. Dr. h.c. Jörg Baetge, danke ich sehr für viele wertvolle Anregungen und Verbesserungsvorschläge und seine menschlich vorbildliche Betreuung. Mein herzlicher Dank gilt ferner Herrn Professor Dr. Bernhard Pellens für zahlreiche wichtige Ratschläge und die Übernahme des Zweitgutachtens.

Meinen Kolleginnen und Kollegen danke ich für fachliche Anregungen und moralische Unterstützung; unvergessen bleiben mir nicht nur die morgendlichen Diskussionen im Bispinghof. Hervorheben möchte ich auch das Engagement und die fruchtbaren Vorschläge von Frau Dr. Julia Schlösser, Herrn Dipl.-Kfm. Thomas Beermann, Herrn Dipl.-Kfm. Andreas Beyer und Herrn Dr. Hans-Jürgen Kirsch.

Gewidmet ist diese Arbeit meinen Eltern, die meine Ausbildung stets in jeglicher Weise gefördert haben.

Münster (Westf.), im September 1998   *Carsten Bruns*

Inhaltsübersicht

Geleitwort	V
Vorwort des Verfassers	VII
Inhaltsübersicht	IX
Inhaltsverzeichnis	XI
Verzeichnis der Übersichten	XX
Formelverzeichnis	XXIII
Abkürzungsverzeichnis	XXIV
Symbolverzeichnis	XXIX

A. Einleitung 1
   1. Problemstellung 1
   2. Gang der Untersuchung 7

B. Grundlagen der Unternehmensbewertung 9
   1. Vorbemerkung 9
   2. Anlässe für Unternehmensbewertungen 9
   3. Funktionen der Unternehmensbewertung 11
   4. Zusammenhang von Anlässen und Funktionen 20
   5. Die Berechnung des Unternehmenswerts nach dem Wirtschaftsprüferverfahren 21

C. Zwecke und Grundsätze der Vergangenheitsanalyse 47
   1. Zwecke der Vergangenheitsanalyse 47
   2. Grundsätze ordnungsmäßiger Vergangenheitsanalyse 49

D. Die Abhängigkeit der Bereinigungsrechnung vom Bewertungsfall 67
   1. Überblick 67
   2. Merkmale der Bewertungssituation 67
   3. Rahmenentscheidungen des Bewerters bei der Vergangenheitsanalyse 75
   4. Eingeschränkte Aussagekraft der Bereinigungsrechnung in besonderen Bewertungsfällen 88

E. **Bereinigungserfordernisse in handelsrechtlichen Einzelabschlüssen und in IAS-Einzelabschlüssen** 91

1. Vorbemerkung 91
2. Vergleich ausgewählter Bilanzierungsgrundlagen nach HGB und IAS 91
3. Bereinigungen des Betriebsergebnisses 109
4. Bereinigungen des Finanzergebnisses 172
5. Bereinigungen aus der Einstellung von Bereichen und von außerordentlichen Posten 181
6. Bilanzielle Besonderheiten bestimmter Bewertungssituationen 189
7. Zwischenergebnis 202

F. **Die Bereinigung der GuV nach dem UKV** 199

1. Überblick 199
2. Die Struktur der GuV nach HGB und IAS 199
3. Die Zuordnung der Geschäftsvorfälle auf die GuV-Posten nach HGB und IAS 205
4. Würdigung der Bereinigungsrechnung bei IAS-Abschlüssen und bei HGB-Abschlüssen 244

G. **Zusammenfassung** 247

Literaturverzeichnis 249
Verzeichnis der Rechtsprechung 276
Verzeichnis der Geschäftsberichte 278
Stichwortverzeichnis 279

Inhaltsverzeichnis

Geleitwort V
Vorwort des Verfassers VII
Inhaltsübersicht IX
Inhaltsverzeichnis XI
Verzeichnis der Übersichten XIX
Formelverzeichnis XXII
Abkürzungsverzeichnis XXIII
Symbolverzeichnis XXVII

A. Einleitung 1
   1. Problemstellung 1
   2. Gang der Untersuchung 6

B. Grundlagen der Unternehmensbewertung 9
   1. Vorbemerkung 9
   2. Anlässe für Unternehmensbewertungen 9
   3. Funktionen der Unternehmensbewertung 11
      3.1. Überblick 11
      3.2. Die Beratungsfunktion 12
      3.3. Die Vermittlungsfunktion 15
      3.4. Die Argumentationsfunktion 17
      3.5. Die Nebenfunktionen 19
   4. Zusammenhang von Anlässen und Funktionen 20
   5. Die Berechnung des Unternehmenswerts nach dem Wirtschaftsprüferverfahren 21
      5.1. Überblick 21
      5.2. Ableitung einer praktisch durchführbaren Ertragswertrechnung aus den Erkenntnissen der Einnahmenüberschußrechnung (Schwierigkeitskomplex I) 22
      5.3. Das Prognoseproblem (Schwierigkeitskomplex II) 24
         5.3.1. Ursachen der Unsicherheit und Ansätze zur Steigerung der Unsicherheitstransparenz 24
         5.3.2. Unbegrenzte Lebensdauer des Bewertungsobjekts 26
         5.3.3. Begrenzte Lebensdauer des Bewertungsobjekts 29

5.4. Bemessung des Kapitalisierungszinssatzes (Schwierigkeitskomplex III) 30
   5.4.1. Aufgabe und Bestandteile des Kapitalisierungszinsfußes 30
   5.4.2. Ermittlung des Basiszinssatzes 32
   5.4.3. Risikozuschlag 33
   5.4.4. Fungibilitätszuschlag 36
   5.4.5. Minderheitenzuschlag 37
   5.4.6. Geldentwertungsabschlag 39
5.5. Das Problem subjektiv verschiedener Unternehmenswerte (Schwierigkeitskomplex IV) 39
   5.5.1. Überblick 39
   5.5.2. Ermittlung und Aussage des objektivierten Unternehmenswerts 40
   5.5.3. Die Überleitung vom objektivierten zum subjektiven Unternehmenswert 42
5.6. Einordnung und Bedeutung der Vergangenheitsanalyse bei der Ertragswertermittlung 44

C. Zwecke und Grundsätze der Vergangenheitsanalyse 47

1. Zwecke der Vergangenheitsanalyse 47
2. Grundsätze ordnungsmäßiger Vergangenheitsanalyse 49
  2.1. Aufgaben und Herleitung von Grundsätzen ordnungsmäßiger Vergangenheitsanalyse 49
  2.2. Die Rahmengrundsätze 51
    2.2.1. Überblick 51
    2.2.2. Grundsatz der Richtigkeit 51
    2.2.3. Grundsatz der Genauigkeit 51
    2.2.4. Grundsatz der Vollständigkeit 54
    2.2.5. Grundsatz der stichtagsbezogenen Bewertung 55
    2.2.6. Grundsatz der Maßgeblichkeit der Zahlungen 56
    2.2.7. Grundsatz der Wirtschaftlichkeit und Relevanz 57
  2.3. Die funktionsabhängigen Grundsätze 58
    2.3.1. Überblick 58
    2.3.2. Grundsätze für die Ermittlung von Entscheidungswerten 58
    2.3.3. Grundsätze für die Ermittlung von Schiedswerten 59
  2.4. Die Analysegrundsätze 60
    2.4.1. Überblick 60
    2.4.2. Grundsatz der Nachhaltigkeit 60
    2.4.3. Grundsatz der Betriebsnotwendigkeit 61
    2.4.4. Grundsatz der Verwendung von Marktwerten 62
    2.4.5. Grundsatz der Vergleichbarkeit 63
    2.4.6. Grundsatz der Bereinigung nicht dem Unternehmen innewohnender Ertragsfaktoren 65
    2.4.7. Grundsatz der simultanen Korrektur von Kostenrechnung und Jahresabschluß 66

D. Die Abhängigkeit der Bereinigungsrechnung vom Bewertungsfall......67

1. Überblick..67
2. Merkmale der Bewertungssituation 67
   2.1. Die Branche des zu bewertenden Unternehmens 67
   2.2. Die Rechtsform des zu bewertenden Unternehmens 69
   2.3. Die Größe des zu bewertenden Unternehmens................................71
   2.4. Die Abgrenzung der bewertbaren Unternehmenseinheit 74
3. **Rahmenentscheidungen des Bewerters bei der Vergangenheitsanalyse** 75
   3.1. Zeitraum der Vergangenheitsanalyse 75
   3.2. Vereinfachungsmöglichkeiten der Bereinigungsrechnung und die Festlegung der Bereinigungstiefe...77
   3.3. Die Abgrenzung betriebsnotwendigen und nicht betriebsnotwendigen Vermögens..81
   3.4. Inflationsbereinigung der Zeitreihen: Prognose auf nomineller oder realer Basis?...85
4. **Eingeschränkte Aussagekraft der Bereinigungsrechnung in besonderen Bewertungsfällen**..88

E. Bereinigungserfordernisse in handelsrechtlichen Einzelabschlüssen und in IAS-Einzelabschlüssen................................. 91

1. Vorbemerkung 91
2. **Vergleich ausgewählter Bilanzierungsgrundlagen nach HGB und IAS**.......91
   2.1. Stand der Rechnungslegung nach International Accounting Standards.........91
   2.2. Zwecke der Rechnungslegung nach HGB und IAS 93
   2.3. Bestandteile des Jahresabschlusses nach HGB und IAS..................94
   2.4. Die Rechengrößen nach HGB und nach IAS...................................96
      2.4.1. Vorbemerkung 96
      2.4.2. Allgemeine Ansatzkriterien nach IAS versus fallweise Regelungen nach HGB 96
      2.4.3. Vermögensgegenstände (HGB) und Vermögenswerte (IAS)...............98
      2.4.4. Schulden nach HGB und IAS 101
      2.4.5. Erträge nach HGB und IAS 103
      2.4.6. Aufwendungen nach HGB und IAS..................................107

3. **Bereinigungen des Betriebsergebnisses** 109
  3.1. Vorbemerkung 109
  3.2. Bereinigungen von Erträgen innerhalb des Betriebsergebnisses 109
    3.2.1. Umsatzerlöse 109
    3.2.2. Sonstige betriebliche Erträge 113
      3.2.2.1. Erträge aus der Aktivierung von Eigenleistungen 113
      3.2.2.2. Erträge aus dem Abgang von Vermögensgegenständen 115
      3.2.2.3. Erträge aus der Währungsumrechnung 117
      3.2.2.4. Erträge aus der Auflösung eines passivierten negativen
              Unterschiedsbetrags 119
      3.2.2.5. Erträge aus der Auflösung von Rückstellungen 120
      3.2.2.6. Erträge aus Zuschreibungen 120
  3.3. Bereinigungen von Aufwandsposten des Betriebsergebnisses 121
    3.3.1. Ingangsetzungs- und Erweiterungsaufwendungen 121
    3.3.2. Forschungs- und Entwicklungskosten 122
    3.3.3. Werbeaufwendungen 126
    3.3.4. Personalaufwand 128
      3.3.4.1. Löhne und Gehälter von Arbeitnehmern 128
      3.3.4.2. Kalkulatorischer Unternehmerlohn 129
      3.3.4.3. Aus- und Weiterbildungskosten 132
    3.3.5. Die Bedeutung der Verbrauchsfolgeverfahren 133
    3.3.6. Abschreibungen auf Vermögensgegenstände des Anlagevermögens 136
      3.3.6.1. Die Aufgabe der Abschreibungen bei der
              Unternehmensbewertung 136
      3.3.6.2. Finanzierungseffekte durch Reinvestitionsraten 139
      3.3.6.3. Bereinigungen bei Abschreibungen auf Vermögensgegenstände
              des Anlagevermögens 140
        3.3.6.3.1. Die Bemessung von Reinvestitionsraten 140
        3.3.6.3.2. Bereinigungen bei abnutzbaren Vermögensgegenständen
                   des Anlagevermögens 141
        3.3.6.3.3. Bereinigungen bei Anwendung der Neubewertungsmethode
                   nach IAS 16 145
        3.3.6.3.4. Bereinigungen außerplanmäßiger Abschreibungen auf
                   Vermögensgegenstände des nicht abnutzbaren
                   Anlagevermögens 148
        3.3.6.3.5. Bereinigung von Abschreibungen des Goodwills 149
      3.3.6.4. Außerplanmäßige Abschreibungen auf Waren 152
      3.3.6.5. Bereinigungen bei unentgeltlich erworbenen
              Vermögensgegenständen 154
    3.3.7. Instandhaltungsaufwendungen 155

3.3.8. Sonstiger betrieblicher Aufwand 157
   3.3.8.1. Pauschalwertberichtigungen auf Forderungen 157
   3.3.8.2. Aufwendungen für die Bildung oder Zuführung von Rückstellungen 158
      3.3.8.2.1. Vorbemerkung 158
      3.3.8.2.2. Begriff der Rückstellungen und die zugrundeliegenden Verpflichtungen nach HGB und IAS 159
      3.3.8.2.3. Rückstellungen aufgrund rechtlicher oder wirtschaftlicher Drittverpflichtungen 160
      3.3.8.2.4. Aufwandsrückstellungen 161
      3.3.8.2.5. Die Bereinigung der Aufwendungen aus der Bildung oder Zuführung von Rückstellungen 161
   3.3.8.3. Aufwendungen aus der Währungsumrechnung 164
   3.3.8.4. Andere sonstige betriebliche Aufwendungen 164
3.3.9. Sonstige Steuern 164

4. Bereinigungen des Finanzergebnisses 166
  4.1. Erträge aus Beteiligungen 166
  4.2. Zinserträge 169
  4.3. Zinsaufwendungen 170
     4.3.1. Vorbemerkung 170
     4.3.2. Aktivierung von Finanzierungsaufwendungen 170
     4.3.3. Behandlung des Zinsanteils der Pensionsrückstellungen 172
     4.3.4. Bereinigungen bei zinslosen oder niedrigverzinslichen Darlehen ...172
     4.3.5. Andere Bereinigungen der Zinsen und ähnlichen Aufwendungen ... 173

5. Bereinigungen aus der Einstellung von Bereichen und von außerordentlichen Posten 175
  5.1. Vorbemerkung 175
  5.2. Einstellung von Bereichen 176
  5.3. Außerordentliche Posten 177

6. Bilanzielle Besonderheiten bestimmter Bewertungssituationen 182
  6.1. Langfristige Auftragsfertigung 182
  6.2. Leasinggeschäfte und sale and lease back 185
     6.2.1. Überblick 185
     6.2.2. Die Abbildung von Leasinggeschäften im Jahresabschluß nach HGB und IAS 185
     6.2.3. Bilanzielle Konsequenzen eines Sale and lease back 188
     6.2.4. Die Behandlung von Leasingverhältnissen bei der Unternehmensbewertung 190
  6.3. Einfluß von Umweltrisiken 191
  6.4. Bereinigungen bei unzuverlässigem Datenmaterial 194

7. Zwischenergebnis 195

F. Die Bereinigung der GuV nach dem UKV 199

1. Überblick 199
2. Die Struktur der GuV nach HGB und IAS 199
   2.1. Die GuV-Struktur gem. § 275 Abs. 3 HGB 199
   2.2. Die Struktur des Income Statements gem. IAS nach dem UKV ... 200
   2.3. Unterschiede bei UKV- Posten zwischen HGB und IAS 204
3. Die Zuordnung der Geschäftsvorfälle auf die GuV-Posten
   nach HGB und IAS 205
   3.1. Überblick 205
   3.2. Posten des Betriebsergebnisses 205
       3.2.1. Umsatzerlöse 205
       3.2.2. Herstellungskosten der zur Erzielung der Umsatzerlöse erbrachten
              Leistungen 207
           3.2.2.1. Überblick 207
           3.2.2.2. Die Bestandteile der Herstellungskosten nach HGB und
                    nach IAS 208
           3.2.2.3. Die Bedeutung einer stetigen Herstellungskostenermittlung
                    für die Vergangenheitsanalyse 211
           3.2.2.4. Bewertung mit Vollkosten versus Bewertung mit Teilkosten ... 212
           3.2.2.5. Auswirkungen verschiedener Abgrenzungsvarianten der
                    Herstellungskosten im HGB-Abschluß 214
           3.2.2.6. Bereinigung der Auswirkungen verschiedener
                    Abgrenzungsvarianten der Herstellungskosten
                    im HGB-Abschluß 219
           3.2.2.7. Zwischenergebnis: Bereinigung der Herstellungskosten ... 220
       3.2.3. Bruttoergebnis vom Umsatz 221
       3.2.4. Vertriebskosten 222
       3.2.5. Allgemeine Verwaltungskosten 224
       3.2.6. Forschungs- und Entwicklungskosten 226
       3.2.7. Sonstige betriebliche Erträge 227
       3.2.8. Sonstige betriebliche Aufwendungen 229
       3.2.9. Sonstige Steuern 232
   3.3. Posten des Finanzergebnisses 233
       3.3.1. Erträge aus Beteiligungen 233
       3.3.2. Erträge aus anderen Wertpapieren und Ausleihungen des
              Finanzanlagevermögens 235
       3.3.3. Sonstige Zinsen und ähnliche Erträge 236
       3.3.4. Abschreibungen auf Finanzanlagen und auf Wertpapiere des
              Umlaufvermögens 237
       3.3.5. Zinsen und ähnliche Aufwendungen 239
   3.4. Posten des außerordentlichen Ergebnisses 241
4. Würdigung der Bereinigungsrechnung bei IAS-Abschlüssen und
   bei HGB-Abschlüssen 244

G. Zusammenfassung	247
Literaturverzeichnis	249
Verzeichnis der Rechtsprechung	276
Verzeichnis der Geschäftsberichte	278
Stichwortverzeichnis	279

Verzeichnis der Übersichten

Übersicht A-1:	Bereinigte Vergangenheitsergebnisse als Resultat der Vergangenheitsanalyse	2
Übersicht B-1:	Anlässe für Unternehmensbewertungen	10
Übersicht B-2:	Funktionen der Unternehmensbewertung	12
Übersicht B-3:	Entscheidungswerte der Parteien	13
Übersicht B-4:	Schiedswert im Sinne der Funktionenlehre	15
Übersicht B-5:	Überschätzung des Unternehmenswerts durch die ewige Rente	28
Übersicht B-6:	Unternehmenswert bei begrenzter Lebensdauer	29
Übersicht B-7:	Ermittlung des Kapitalisierungszinsfußes	30
Übersicht B-8:	Einfluß des Kapitalisierungszinsfußes auf den Unternehmenswert	31
Übersicht B-9:	Herleitung des Basiszinssatzes	32
Übersicht B-10:	Der Zusammenhang zwischen speziellen Risiken und dem allgemeinen Unternehmerrisiko	34
Übersicht B-11:	Wert eines Unternehmensanteils	38
Übersicht B-12:	Bewertung nach dem Wirtschaftsprüferverfahren	39
Übersicht B-13:	Schritte der Ertragswertermittlung	44
Übersicht C-1:	Zwecke der Vergangenheitsanalyse	47
Übersicht C-2:	Rahmengrundsätze der Vergangenheitsanalyse	51
Übersicht C-3:	Das Spannungsverhältnis zwischen Sicherheit und Genauigkeit	53
Übersicht C-4:	Funktionsabhängige Grundsätze	58
Übersicht C-5:	Analysegrundsätze	60
Übersicht D-1:	Charakteristika von Unternehmen des verarbeitenden Gewerbes und Handelsunternehmen	69
Übersicht D-2:	Größenkriterien für Kapitalgesellschaften nach § 267 HGB	72
Übersicht D-3:	Häufige Kennzeichen von Klein- und Mittelbetrieben	74
Übersicht D-4:	Arten von potentiellen Fehlbewertungskosten	81
Übersicht D-5:	Häufige Fälle nicht betriebsnotwendiger Vermögens- und Schuldteile	84
Übersicht D-6:	Entwicklung des Scheingewinns bei einer jährlichen Preissteigerung um drei Prozentpunkte	86
Übersicht D-7:	Implikationen von Realrechnung und Nominalrechnung	87
Übersicht D-8:	Beispiele für besondere Bewertungssituationen	90
Übersicht E-1:	Arbeitsprogramm des IASC	92
Übersicht E-2:	Vergleich der Zwecke der Rechnungslegung nach IAS und nach HGB	94
Übersicht E-3:	Ansatzkriterien für Vermögenswerte, Schulden, Aufwendungen und Erträge nach IAS	97
Übersicht E-4:	Vergleich des Ansatzes von Vermögensgegenständen im HGB-Abschluß und von Vermögenswerten im IAS-Abschluß	99
Übersicht E-5:	Ansatz eines Vermögenswerts nach IAS	100

Übersicht E-6:	Ansatz von Schulden nach IAS	102
Übersicht E-7:	Ansatz von Erträgen nach IAS	104
Übersicht E-8:	Kriterien des handelsrechtlichen Realisationsprinzips	105
Übersicht E-9:	Umsatzrealisierung bei Erzeugnissen und Waren nach IAS 18.14	105
Übersicht E-10:	Kriterien für die Umsatzrealisierung bei Dienstleistungen nach IAS 18.20	106
Übersicht E-11:	Ansatz von Aufwendungen nach IAS	108
Übersicht E-12:	Inhalt des Postens „Umsatzerlöse"	110
Übersicht E-13:	Bereinigungen bei aktivierten Eigenleistungen	114
Übersicht E-14:	Verbrauchsfolgeverfahren nach HGB und IAS	134
Übersicht E-15:	Beispiel zur Anwendung von Verbrauchsfolgeverfahren	135
Übersicht E-16:	Beispiel für die Wirkungen von Verbrauchsfolgeverfahren	135
Übersicht E-17:	Determinanten der Abschreibungen bei der Unternehmensbewertung: Betriebsnotwendigkeit	137
Übersicht E-18:	Determinanten der Abschreibungen bei der Unternehmensbewertung: Inflationsberücksichtigung	138
Übersicht E-19:	Determinanten der Abschreibungen bei der Unternehmensbewertung: Wiederbeschaffung	140
Übersicht E-20:	Bereinigungen bei VG des abnutzbaren AV im Falle der Anwendung der Anschaffungskostenmethode (IAS und HGB)	143
Übersicht E-21:	Bereinigungen der Abschreibungen auf Vermögensgegenstände des abnutzbaren Anlagevermögens nach HGB	144
Übersicht E-22:	Bereinigungen der Abschreibungen auf Vermögensgegenwerte des abnutzbaren Anlagevermögens nach IAS (bevorzugte Methode)	145
Übersicht E-23:	Bereinigungen bei VG des Anlagevermögens im Falle der Anwendung der Neubewertungsmethode nach IAS	147
Übersicht E-24:	Bereinigungen bei Anwendung der Neubewertungsmethode	147
Übersicht E-25:	Ermittlung des GoF und des negativen GoF	150
Übersicht E-26:	Ansatz des Geschäfts- oder Firmenwerts	151
Übersicht E-27:	Bereinigung von Rückstellungen	162
Übersicht E-28:	Beispiel zum Einfluß von Rückstellungen auf den Unternehmenswert	163
Übersicht E-29:	Anwendungsbereich der Equity-Methode im IAS-Einzelabschluß	168
Übersicht E-30:	Die Abgrenzung außerordentlicher und außergewöhnlicher Erfolgsbeiträge	179
Übersicht E-31:	Kriterien für die zuverlässige Schätzbarkeit des Ergebnisses gemäß IAS 11.23	183
Übersicht E-32:	Mögliche Gestaltungsformen des Leasingvertrags	186
Übersicht E-33:	Arten von Leasinggeschäften	187
Übersicht E-34:	Fälle identischer Zuordnung des Leasinggegenstands gemäß IAS 17 und HGB	188
Übersicht E-35:	Bereinigung von Leasingraten	191

Verzeichnis der Übersichten

Übersicht E-36:	Vergleich der Gestaltungsmöglichkeiten und der Bereinigungserfordernisse im HGB-Abschluß und im IAS-Abschluß	196
Übersicht F-1:	Handelsrechtliche Erfolgsspaltung nach dem Umsatzkostenverfahren	200
Übersicht F-2:	Mindestgliederung der GuV gemäß IAS 1.75 (revised 1997)	201
Übersicht F-3:	Angaben für GuV-Posten	203
Übersicht F-4:	Bereinigungen der Umsatzerlöse	207
Übersicht F-5:	Bestandteile der Herstellungskosten nach HGB und nach IAS	209
Übersicht F-6:	Kriterien für die Bereinigung der Bilanzierung mit Teilkosten	213
Übersicht F-7:	Ausweis der Herstellungskosten in der Bilanz und der GuV nach Handelsrecht	214
Übersicht F-8:	Daten des Beispiels zu den Ausweisvarianten der handelsrechtlichen Herstellungskosten	215
Übersicht F-9:	Auswirkungen unterschiedlicher Abgrenzungen der Herstellungskosten in der handelsrechtlichen GuV (Variante 1)	215
Übersicht F-10:	Auswirkungen unterschiedlicher Abgrenzungen der Herstellungskosten in der handelsrechtlichen GuV (Variante 2)	216
Übersicht F-11:	Auswirkungen unterschiedlicher Abgrenzungen der Herstellungskosten in der handelsrechtlichen GuV (Variante 3)	217
Übersicht F-12:	Auswirkungen unterschiedlicher Abgrenzungen der Herstellungskosten in der handelsrechtlichen GuV (Variante 4)	218
Übersicht F-13:	Auswirkungen unterschiedlicher Abgrenzungen der Herstellungskosten in der handelsrechtlichen GuV (Variante 5)	219
Übersicht F-14:	Einfluß der handelsrechtlichen Ausweisvarianten für Herstellungskosten auf die Herstellungskostenquote	220
Übersicht F-15:	Bereinigungen bei den Herstellungskosten	221
Übersicht F-16:	Bereinigung der Vertriebskosten	224
Übersicht F-17:	Bereinigung der allgemeinen Verwaltungskosten	225
Übersicht F-18:	Bereinigung der Forschungs- und Entwicklungskosten	226
Übersicht F-19:	Bereinigung der sonstigen betrieblichen Erträge	229
Übersicht F-20:	Bereinigung der sonstigen betrieblichen Aufwendungen	231
Übersicht F-21:	Bereinigungen der sonstigen Steuern	233
Übersicht F-22:	Bereinigungen der Erträge aus Beteiligungen	235
Übersicht F-23:	Bereinigungen der Erträge aus anderen Wertpapieren und Ausleihungen des Finanzanlagevermögen	236
Übersicht F-24:	Bereinigungen der sonstigen Zinsen und ähnlichen Erträge	237
Übersicht F-25:	Bereinigungen der Abschreibungen auf Finanzanlagen und auf Wertpapiere des Umlaufvermögens	238
Übersicht F-26:	Bereinigungen der Zinsen und ähnlichen Aufwendungen	241
Übersicht F-27:	Bereinigungen des außerordentlichen Ergebnisses	243
Übersicht F-28:	UKV-Posten nach HGB und IAS	245
Übersicht F-29:	Vergleich der Bereinigungserfordernisse in den einzelnen GuV-Posten	246

Formelverzeichnis

Formel 1:	Berechnung des Unternehmenswerts nach dem Zweiphasenmodell	27
Formel 2:	Schätzung der potentiellen Fehlbewertungskosten	81
Formel 3:	Beispiel zur Schätzung der Fehlbewertungskosten	82
Formel 4:	Überleitung vom nominalen zum realen Kapitalisierungszinsfuß	88

Abkürzungsverzeichnis

a. A.	anderer Ansicht
Abs.	Absatz
Abschn.	Abschnitt
AG	Aktiengesellschaft
Die AG	Die Aktiengesellschaft (Zeitschrift)
AK	Anschaffungskosten
AktG	Aktiengesetz
Anm. d. Verf.	Anmerkung des Verfassers
Aufl.	Auflage
AV	Anlagevermögen
BAG	Bundesarbeitsgericht
BayObLG	Bayerisches Oberstes Landesgericht
BB	Betriebsberater (Zeitschrift)
BBK	Buchführung, Bilanz, Kostenrechnung (Zeitschrift)
Bd.	Band
bearb. v.	bearbeitet von
BetrAVG	Gesetz zur Verbesserung der betrieblichen Altersversorgung (Betriebsrentengesetz)
BewG	Bewertungsgesetz
BFH	Bundesfinanzhof
BFH/NV	Nichtveröffentlichte Entscheidungen des Bundesfinanzhofs
BFuP	Betriebswirtschaftliche Forschung und Praxis (Zeitschrift)
BGB	Bürgerliches Gesetzbuch
BGH	Bundesgerichtshof
bspw.	beispielsweise
BStBl	Bundessteuerblatt
bzw.	beziehungsweise
ca.	circa
DB	Der Betrieb (Zeitschrift)
DBW	Die Betriebswirtschaft (Zeitschrift)
DCF	Discounted Cash Flow
DDR	Deutsche Demokratische Republik
d. h.	das heißt
DM	Deutsche Mark

DSOP	Draft Statement of Principles
DStR	Deutsches Steuerrecht (Zeitschrift)
E	Exposure Draft
EDV	Elektronische Datenverarbeitung
EITF	Emerging Issues Task Force
EStG	Einkommensteuergesetz
EStR	Einkommensteuer-Richtlinien
et al.	et alii
etc.	et cetera
e. V.	eingetragener Verein
EU	Europäische Union
evtl.	eventuell
F.	Framework
FamRZ	Zeitschrift für das gesamte Familienrecht
FASB	Financial Accounting Standards Board
Fifo	First in - first out
GAAP	Generally Accepted Accounting Principles
GE	Geldeinheiten
GEFIU	Gesellschaft für Finanzwirtschaft in der Unternehmensführung e. V.
gem.	gemäß
ggf.	gegebenenfalls
GKV	Gesamtkostenverfahren
gl. A.	gleicher Ansicht
GmbH	Gesellschaft mit beschränkter Haftung
GmbHG	Gesetz betreffend die Gesellschaften mit beschränkter Haftung
GmbHR	GmbH-Rundschau (Zeitschrift)
GoB	Grundsätze ordnungsmäßiger Buchführung
GoF	Geschäfts- oder Firmenwert
GoU	Grundsätze ordnungsmäßiger Unternehmensbewertung
GoV	Grundsätze ordnungsmäßiger Vergangenheitsanalyse
GuV	Gewinn- und Verlustrechnung
HFA	Hauptfachausschuß
HGB	Handelsgesetzbuch
Hifo	Highest in - first out
HK	Herstellungskosten
Hrsg.	Herausgeber

hrsg. v.	herausgegeben von
HWB	Handwörterbuch der Betriebswirtschaft
HWR	Handwörterbuch des Rechnungswesens
HWRev	Handwörterbuch der Revision
IAS	International Accounting Standard(s)
IASC	International Accounting Standards Commitee
i. d. R.	in der Regel
i. S. d.	im Sinne der, des
i. S. v.	im Sinne von
i. V. m.	in Verbindung mit
IDW	Institut der Wirtschaftsprüfer in Deutschland e. V.
KG	Kommanditgesellschaft
KHBV	Verordnung über die Rechnungs- und Buchführungspflichten von Krankenhäusern
KSt	Körperschaftsteuer
KStG	Körperschaftsteuergesetz
LG	Landgericht
Lifo	Last in - first out
M&A	Mergers and Acquisitions
ME	Mengeneinheiten
Mio.	Million/Millionen
Mrd.	Milliarde/Milliarden
m. w. N.	mit weiteren Nachweisen
NJW	Neue Juristische Wochenschrift (Zeitschrift)
Nr.	Nummer
OLG	Oberlandesgericht
o. V.	ohne Verfasserangabe
p. a.	per anno
PublG	Gesetz über die Rechnungslegung von bestimmten Unternehmen und Konzernen (Publizitätsgesetz)
R	Richtlinie
RechVersV	Verordnung über die Rechnungslegung von Versicherungsunternehmen

Rn.	Randnummer
ROI	Return on Investment
S.	Seite
SEC	Securities and Exchange Commission
SIC	Standing Interpretations Commitee
Sp.	Spalte
TreuhG	Gesetz zur Privatisierung und Reorganisation des volkseigenen Vermögens (Treuhandgesetz)
u. a.	unter anderem/und andere
u. ä.	und ähnliches
UEC	Union Européenne des Experts Comtables Economiques et Financiers
UKV	Umsatzkostenverfahren
USA	United States of America
US	United States
USPAP	Uniform Standards of Professional Appraisal Practice
u. U.	unter Umständen
UV	Umlaufvermögen
v.	von, vom
vgl.	vergleiche
v. H.	vom Hundert
WiSt	Wirtschaftswissenschaftliches Studium (Zeitschrift)
WISU	Das Wirtschaftsstudium (Zeitschrift)
WM	Wertpapier-Mitteilungen (Zeitschrift)
WP	Wirtschaftsprüfer
WPg	Die Wirtschaftsprüfung (Zeitschrift)
z. B.	zum Beispiel
ZfB	Zeitschrift für Betriebswirtschaft
ZfbF	Zeitschrift für betriebswirtschaftliche Forschung
ZfhF	Zeitschrift für handelswissenschaftliche Forschung
z. T.	zum Teil
z. Z.	zur Zeit

Symbolverzeichnis

Ø	durchschnittlich
Δ	zusätzlich
i	Kapitalisierungszinsfuß
n	Letzte Periode der ersten, detailliert zu planenden Phase im Zweiphasenmodell der Ertragswertermittlung
t	Laufindex für die Perioden von 1 bis n in der ersten Phase des Zweiphasenmodells

Problemstellung 1

A. Einleitung

1. Problemstellung

Zu den treibenden Kräften der neuen Übernahmewelle[1] zählen die internationalen Akquisitionen: Sie werden für besonders lukrativ gehalten.[2] Doch bevor ein Unternehmen akquiriert werden kann, muß es bewertet werden. Internationale Akquisitionen stellen dabei besondere Anforderungen an den Bewerter, weil sich in vielen Fällen ein entscheidender Bestandteil des Datenmaterials, nämlich der Jahresabschluß des zu bewertenden Unternehmens, grundlegend von einem deutschen Jahresabschluß unterscheidet.[3] Ein Großteil der international tätigen US-Investoren und Investmentberater hält sich zum Beispiel nicht für imstande, deutsche HGB-Abschlüsse sachgerecht zu interpretieren.[4]

Wie stark sich unterschiedliche Rechnungslegungsvorschriften auf die Gewinnermittlung auswirken können, bewies zum Beispiel 1994 die Umstellung des *Heidelberger-Zement-Konzerns* auf eine Bilanzierung nach International Accounting Standards (IAS): Das Eigenkapital des Konzerns stieg dabei um mehr als 570 Mio. DM.[5] Auch beim *Sulzer-Konzern* wirkte sich die Umstellung auf IAS eindrucksvoll aus: Hier sank das Eigenkapital umstellungsbedingt von 2,1 Mrd. Schweizer Franken auf 1,2 Mrd. Schweizer Franken, also um mehr als 40%.[6]

Bei der Bewertung ausländischer Unternehmen oder ausländischer Töchter von inländischen Unternehmen verläßt der Bewerter normalerweise den Pfad der gewohnten Bilanzierungsregeln. Er muß sicherstellen, daß sich die Bilanzierungsregeln nicht auf den Unternehmenswert auswirken, und dazu u. a. bilanzpolitische[7] Maßnahmen in einem fremden Bilanzierungsumfeld bereinigen. Bilanzierungsvorschriften und bilanzpolitische Maßnahmen wirken sich bei der Unternehmensbewertung vor allem in der

---

[1] Die Summe der gezahlten Kaufpreise bei Unternehmensakquisitionen erreichte 1997 in den USA mit 920 Mrd. US-$ einen neuen Höchststand; alle 50 Minuten wurde ein US-amerikanisches Unternehmen verkauft.

[2] Vgl. *Bleeke, J. A. et al.*, Cross-border M&A, S. 16, sowie mit Bezug auf deutsche Aktionäre: *Bühner, R.*, Aktionärsbeurteilung grenzüberschreitender Zusammenschlüsse, S. 451-452.

[3] Nach *Frankenberg* sind z. B. die Unterschiede zwischen HGB und US-GAAP so erheblich, daß mit externen Daten „nicht festgestellt werden kann, ob ein Unternehmen bezüglich eines betrachteten Merkmals (z. B. Eigenkapitalrentabilität) besser oder schlechter ist als ein oder mehrere Vergleichsunternehmen des anderen Landes" (*Frankenberg, P.*, Bedeutung von Rechnungslegungsunterschieden, S. 437).

[4] Vgl. *Förschle, G./Glaum, M./Mandler, U.*, Ergebnisse einer Umfrage, S. 396.

[5] Vgl. *Heidelberger Zement AG (Hrsg.)*, Geschäftsbericht 1994, S. 58.

[6] Vgl. *Sulzer AG (Hrsg.)*, Geschäftsbericht 1996, S. 13.

[7] Unter Bilanzpolitik ist die bewußte, zweckorientierte, aber rechtlich zulässige Beeinflussung des Jahresabschlusses durch die Unternehmensleitung zu verstehen. Vgl. zum Beispiel *Heinhold, M.*, Bilanzpolitik, S. 525-526; *Sieben, G./Barion, H.-J./Maltry, H.*, Bilanzpolitik, Sp. 230.

Vergangenheitsanalyse aus. Die Vergangenheitsanalyse umfaßt dabei die Untersuchung und gegebenenfalls Bereinigung von Jahresabschlußzahlen des zu bewertenden Unternehmens. Sie soll zu betriebswirtschaftlich aussagefähigen bereinigten Vergangenheitsdaten führen, die dann als Prognosegrundlage und als Maßstab für die zu prognostizierenden Einzahlungsüberschüsse dienen (vgl. Übersicht A-1).[8]

Übersicht A-1: Bereinigte Vergangenheitsergebnisse als Resultat der Vergangenheitsanalyse

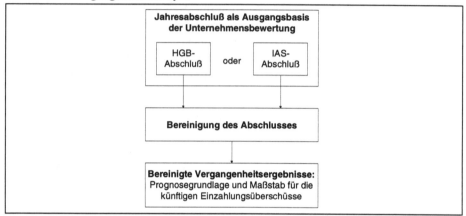

Die **Bedeutung der Vergangenheitsanalyse** für die Ableitung der künftigen Einzahlungsüberschüsse zeigt sich u. a. daran, daß deutsche Gerichte *in keiner Entscheidung* über Unternehmenswerte bzw. Unternehmensbewertungen auf sie verzichtet haben, bei der ein Ertragswertverfahren zugrunde lag.[9] Ähnlich wird in der HFA-Stellungnahme 2/1983 festgehalten: „Ohne Kenntnis der Lage in der Vergangenheit und Gegenwart ist eine Planung der Zukunftserfolge grundsätzlich nicht durchzuführen."[10]

Ziel der Arbeit ist es, die Vergangenheitsanalyse bei der Unternehmensbewertung zu untersuchen und festzustellen, wie bei Unternehmen vorzugehen ist, die nach HGB oder nach IAS bilanzieren. Dabei ist herauszufinden, wie stark und an welchen Stellen die unterschiedlichen Rechtskreise – das Handelsrecht und die IAS – die Vergangenheitsergebnisse beeinflussen und wie diese Einflüsse bei der Vergangenheitsanalyse bereinigt werden können (vgl. Übersicht A-1). Im Ergebnis muß für dasselbe Unternehmen auch derselbe Unternehmenswert ermittelt werden, unabhängig davon, ob es nach HGB oder nach IAS bilanziert.

---

8   Zu den Zwecken der Vergangenheitsanalyse vgl. Abschnitt C. 1.
9   Vgl. *Piltz, D.*, Unternehmensbewertung in der Rechtsprechung, S. 144; *Helbling, C.*, Unternehmensbewertung und Steuern, S. 340.
10 *HFA des IDW*, Stellungnahme 2/1983, S. 474. Nach *Drukarczyk, J.*, Unternehmensbewertung, S. 297, ist dies „ganz unbestritten". Vgl. auch *Moxter, A.*, Grundsätze ordnungsmäßiger Unternehmensbewertung [2. Aufl.], S. 97-101.

Die der Untersuchung zugrunde liegenden IAS werden vom **International Accounting Standards Commitee** (IASC) entwickelt, das inzwischen als das „weltweit bedeutendste Gremium zur Harmonisierung der Rechnungslegung"[11] angesehen wird. Im Gegensatz etwa zu den US-GAAP wird das international ausgerichtete IASC nicht durch die nationale Wirtschaftspolitik eines Landes beeinflußt. Dennoch stimmen die IAS in vielen Bereichen mit den US-GAAP überein.[12]

Die folgende Untersuchung basiert auf dem „Ertragswertverfahren nach den in der **Stellungnahme 2/1983** des Hauptfachausschusses des Instituts der Wirtschaftsprüfer in Deutschland e. V. niedergelegten Grundsätzen", das kurz mit dem Begriff „Wirtschaftsprüferverfahren" umschrieben wird.[13] Soweit in Deutschland ein Ertragswert ermittelt wird, basiert dieser normalerweise auf dem Wirtschaftsprüferverfahren. Nach einer Untersuchung von *Peemöller/Bömelburg/Denkmann* werden Ertragswertverfahren in Deutschland bei Unternehmensbewertungen am häufigsten verwendet:[14]

Übersicht A-2: Häufigkeit der Bewertungsverfahren in Deutschland[15]

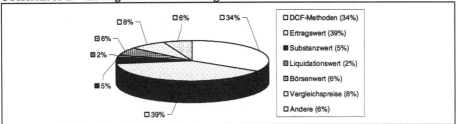

Zu prüfen ist, wieweit die auf die handelsrechtlichen Rechnungslegungsvorschriften bezogenen Bereinigungen, die in der HFA-Stellungnahme 2/1983[16] geschildert werden, vollständig sind und wieweit sie auf die IAS übertragen werden können. Unter dem Begriff **„Bereinigungen"** werden zweckgerichtete Änderungen von Ist-Daten verstanden. Diese Ist-Daten stammen vor allem aus Jahresabschlüssen des zu bewertenden

---

11 *Kleekämper, H.*, Wirtschaftsprüfer im internationalen Umfeld, S. 88.
12 Vgl. z. B. *Haller, A.*, Die Rolle des IASC, S. 1304; *Förschle, G./Glaum, M./Mandler, U.*, Ergebnisse einer Umfrage, S. 407. IAS und US-GAAP weisen viele ähnliche Regelungen auf; im Detail bestehen trotzdem einige Unterschiede (u. a. deswegen, weil die US-GAAP länderspezifisch angewendet werden und vielfach detailliertere Regelungen enthalten als die IAS); vgl. *FASB (Hrsg.)*, The IASC-U.S. Comparison Project: Overview, S. 15-17.
13 Der Begriff „Wirtschaftsprüferverfahren" wurde bereits 1977 von *Dörner* verwendet; vgl. *Dörner, W.*, Unternehmensbewertung, S. 659.
14 Vgl. *Peemöller, V./Bömelburg, P./Denkmann, A.*, Unternehmensbewertung in Deutschland, S. 742-743. In einer anderen empirischen Untersuchung kommt *Suckut, S.*, Unternehmensbewertung für internationale Akquisitionen, S. 295-298, zu einem ähnlichen Ergebnis.
15 Vgl. *Peemöller, V./Bömelburg, P./Denkmann, A.*, Unternehmensbewertung in Deutschland, S. 742-743. Zu den Substanzwerten werden hier sowohl Teilreproduktionswerte als auch Vollreproduktionswerte gezählt; zudem wurde hier der Adjusted Present Value-Ansatz (Häufigkeit in der zitierten Studie: 1%) zu den DCF-Methoden gerechnet.
16 Vgl. *HFA des IDW*, Stellungnahme 2/1983, S. 468-480.

Unternehmens. Sie werden gemäß den im folgenden zu entwickelnden Zwecken[17] der Vergangenheitsanalyse geändert (= bereinigt).

Einige Informationsmängel[18] bei der Darstellung der wirtschaftlichen Lage im Jahresabschluß eines Unternehmens kann der Unternehmensbewerter kompensieren, wenn er über unternehmensinterne Daten verfügt. Im Gegensatz zur Bilanzanalyse können bei der Unternehmensbewertung auch unternehmensexterne Bewerter häufig interne Daten nutzen. Allerdings handelt es sich dabei normalerweise um ausgesuchte interne Informationen, denn das zu bewertende Unternehmen wird meistens nicht bereit sein, einen umfassenden Einblick in das interne Berichtswesen zu gewähren.[19] Vielen Bewertungen von potentiellen Akquisitionsobjekten geht zum Beispiel ein **„Due Diligence-Verfahren"** voran, womit eine bestimmte Phase während eines Akquisitionsprozesses gemeint ist, in der das potentielle Akquisitionsobjekt unter Nutzung interner Daten analysiert wird (u. a. mit den Zielen, einen fundierten Unternehmenswert zu ermitteln sowie Übernahmerisiken zu identifizieren).[20] Häufig erhält der Bewerter beim Due Diligence z. B. Einblick in bestimmte Unterlagen aus der Kostenrechnung oder in ausgewählte Planungsdaten.[21] Diese beim Due Diligence im sogenannten „Data-Room"[22] bereitgestellten Unterlagen ergänzen dann den Jahresabschluß.

Investmentbanken und Großunternehmen verwenden in Deutschland die **Discounted Cash Flow-Methode** (DCF-Methode) am häufigsten bei Unternehmensbewertungen.[23] Auch wenn bei der DCF-Methode grundsätzlich zwei Ansätze unterschieden werden (Bruttoansatz und Nettoansatz[24]), ähnelt die DCF-Methode in vielen Punkten dem

---

17 Vgl. dazu Abschnitt C. 1.
18 Zur Aussagekraft und den Mängeln eines handelsrechtlichen Jahresabschlusses vgl. bspw. *Peemöller, V./Hüttche, T.*, Unternehmensbewertung und funktionale Bilanzanalyse, S. 1308; *Lippmann, K.*, Der Beitrag des ökonomischen Gewinns, S. 12-14 m. w. N.; *Walz, H.*, Investitions- und Finanzplanung, S. 300-303; *Moxter, A.*, Aussagegrenzen von Bilanzen, S. 325-329.
19 Ähnlich *Brebeck, F./Bredy, J.*, Due Diligence aus bilanzieller und steuerlicher Sicht, S. 198-199.
20 Vgl. ausführlich zur Definition und den Merkmalen des „Due Diligence": *Berens, W./Strauch, J.*, Herkunft und Inhalt des Begriffes Due Diligence, S. 10-14.
21 Vgl. *Funk, J.*, Unternehmensbewertung in der Praxis, S. 497-503; *Loges, R.*, Der Einfluß der Due Diligence, S. 965; *Kinast, G.*, Abwicklung einer Akquisition, S. 35-37. Der Begriff „Due Diligence" kann ungefähr als „gebotene Sorgfalt" (bei der Untersuchung des Kaufobjekts) übersetzt werden.
22 Zum Data-Room vgl. z. B. *Berens, W./Hoffjan, A./Strauch, J.*, Planung und Durchführung der Due Diligence, S. 114.
23 Vgl. *Pellens, B./Rockholtz, C./Stienemann, M.*, Marktwertorientiertes Konzerncontrolling, S. 1935; *Peemöller, V./Bömelburg, P./Denkmann, A.*, Unternehmensbewertung in Deutschland, S. 743.
24 Statt „Bruttoansatz" werden auch die Begriffe „Komponentenmodell" oder „entity approach" verwendet; der „Nettoansatz" wird teilweise auch als „equity approach" bezeichnet; vgl. *Kirsch, H.-J./Krause, C.*, Kritische Überlegungen zur DCF-Methode, S. 794.

Wirtschaftsprüferverfahren.[25] Allerdings liegt es bei der Anwendung der DCF-Methode nahe, die Vergangenheitsanalyse auf Basis von Kapitalflußrechnungen statt auf Basis von Gewinn- und Verlustrechnungen vorzunehmen.[26] In dem Fall würden zum Beispiel die Bereinigungen entfallen, mit denen Periodisierungen in den Jahresabschlüssen rückgängig gemacht werden sollen.[27] Viele andere der in den Abschnitten E. und F. dargestellten Bereinigungen sind indes ohne weiteres auf die DCF-Methode übertragbar. Die DCF-Methode wird hier daher nicht weiter behandelt. Auch andere Verfahren der Unternehmensbewertung[28], z. B. die Berechnung eines Substanzwerts oder eines Liquidationswerts, werden im folgenden nicht betrachtet.

Die Wirkungen von Ertragsteuern[29] und latenten Steuern bei der Unternehmensbewertung werden in dieser Arbeit nicht behandelt. Zum einen werden die Ertragsteuern nach der Prognose der künftigen Einzahlungsüberschüsse normalerweise in einer Nebenrechnung neu berechnet, wofür die Vergangenheitsanalyse nur bedingt relevant ist. Zum anderen hängen die Steuerzahlungen nicht vom Jahresergebnis nach HGB oder IAS ab, sondern von der relevanten steuerlichen Bemessungsgrundlage. Darüberhinaus werden Pensionsverpflichtungen hier nicht behandelt, denn bei Unternehmensbewertungen werden die Pensionsverpflichtungen i. d. R. gesondert ermittelt; die Vergangenheitsanalyse ist dafür nur von geringer Bedeutung.[30] Gesonderte Berechnungen und ggf. Gutachten sind vor allem dann erforderlich, wenn der „Beharrungszustand"[31] eines Unternehmens (noch) nicht erreicht ist.[32] Weiterhin wird auch die

---

25 Auf Unterschiede und Gemeinsamkeiten zwischen DCF-Verfahren und Ertragswertverfahren gehen z. B. ein: *Born, K.*, Überleitung von der DCF-Methode zur Ertragswertmethode, S. 1885-1889; *Hachmeister, D.*, Der Discounted Cash Flow als Maß der Unternehmenswertsteigerung, S. 257-268: *Kirsch, H.-J./Krause, C.*, Kritische Überlegungen zur DCF-Methode, S. 793-812; *Drukarczyk, J.*, Unternehmensbewertung, S. 356-362. Auch von Vertretern deutscher Großunternehmen werden die Unterschiede zwischen dem DCF-Methode und dem Wirtschaftsprüferverfahren meist als unbedeutend angesehen; vgl. *Pellens, B./Rockholtz, C./Stienemann, M.*, Marktwertorientiertes Konzerncontrolling, S. 1935.

26 Vgl. *Mandl, G./Rabel, K.*, Unternehmensbewertung, S. 147-150.

27 Vgl. *Mandl, G./Rabel, K.*, Unternehmensbewertung, S. 149.

28 Zu anderen Bewertungsverfahren vgl. z. B. *Ballwieser, W.*, Methoden der Unternehmensbewertung, S. 152-171.

29 Nach neuen Überlegungen des IDW sollen beim Wirtschaftsprüferverfahren künftig u. a. die persönlichen Ertragsteuern einbezogen werden; vgl. dazu *Siepe, G.*, Die Berücksichtigung von Ertragsteuern, S. 1-10 und 37-44.

30 Zu den entscheidenden Informationen bei der Analyse der betrieblichen Altersversorgung zählen dagegen etwa, ob Versorgungszusagen erteilt wurden (ggf. an wen), welche rechtlichen Grundlagen diese Versorgungszusagen haben, ob wie die Altersstruktur des begünstigten Personenkreises ist, usw. Vgl. *Sieben, G./Sielaff, M. (Hrsg.)*, Unternehmensakquisition, S. 76-84.

31 Im „Beharrungszustand" entsprechen die Pensionsaufwendungen in etwa den Pensionszahlungen. Bei expandierenden Unternehmen oder bei der Umstellung von Versorgungssystemen liegt der Beharrungszustand typischerweise nicht vor, so daß Pensionsaufwendungen und Pensionszahlungen i. d. R. deutlich auseinanderfallen; vgl. *IDW (Hrsg.)*, WP-Handbuch 1992, Bd. II, S. 80, Rn. 168; *Sieben, G./Sielaff, M. (Hrsg.)*, Unternehmensakquisition, S. 80.

32 Vgl. *IDW (Hrsg.)*, WP-Handbuch 1992, Bd. II, S. 79-81, Rn. 166-169.

Bewertung von Konzernen und Teilkonzernen nicht untersucht, d. h. die Besonderheiten des Konzernabschlusses (z. B. die Wirkungen der Konsolidierungsmethoden auf die Unternehmensbewertung) werden im folgenden ausgeklammert.

2. Gang der Untersuchung

Der **Abschnitt B.** dient dazu, wichtige Grundlagen der Unternehmensbewertung zu erläutern, die im Hauptteil benötigt werden. So werden Anlässe und Funktionen von Unternehmensbewertungen dargestellt. Des weiteren wird die Berechnung des Unternehmenswerts nach dem Wirtschaftsprüferverfahren erläutert, das der Untersuchung zugrunde liegt.

Im **Abschnitt C.** werden Zwecke und Grundsätze der Vergangenheitsanalyse behandelt. Abgeleitet aus den Zwecken der Vergangenheitsanalyse werden Grundsätze für die Vergangenheitsanalyse entwickelt, die später dazu dienen, anhand von konkreten Sachverhalten die Notwendigkeit von Bereinigungen zu prüfen.

Gegenstand von **Abschnitt D.** ist der Zusammenhang zwischen der Bewertungssituation und der Bereinigungsrechnung. Die Bewertungssituation wird u. a. durch die Unternehmensgröße, die Rechtsform und die Branche des zu bewertenden Unternehmens individuell geprägt. Dadurch muß der Bewerter je nach Bewertungssituation verschiedene Schwerpunkte der Bewertung definieren, die auch für die Bereinigungsrechnung gelten. Je nach Bewertungssituation ist u. a. zu entscheiden, wie das betriebsnotwendige Vermögen abzugrenzen ist und welcher Zeitraum der Vergangenheitsanalyse zugrunde zu legen ist.

Im **Abschnitt E.** werden zunächst wichtige konzeptionelle Unterschiede zwischen der Rechnungslegung nach HGB und nach IAS erläutert. Danach werden die Erfolgswirkungen der unterschiedlichen Bilanzierungsvorschriften nach HGB und nach IAS analysiert, soweit sie für die Vergangenheitsanalyse relevant sind. Unterschiedliche Bilanzierungsvorschriften führen auch unter sonst gleichen Bedingungen zu verschiedenen Vergangenheitsergebnissen. Indes benötigt der Bewerter eine betriebswirtschaftlich aussagefähige und nicht von den Bilanzierungsvorschriften abhängende Prognosegrundlage. HGB-Abschlüsse und IAS-Abschlüsse als Basis einer Unternehmensbewertung können dabei sehr unterschiedliche Bereinigungsmaßnahmen in der Vergangenheitsanalyse erfordern, z. B. müssen im handelsrechtlichen Jahresabschluß die Ausflüsse des Imparitätsprinzips bereinigt werden.[33] In den IAS existiert dagegen kein Imparitätsprinzip. Umgekehrt wird die Aussagekraft eines IAS-Abschlusses zum Bei-

---

33 Vgl. *IDW (Hrsg.)*, WP-Handbuch 1992, Bd. II, S. 65, Rn. 129.

spiel durch erhebliche Auslegungsspielräume bei der Anwendung der Standards gemindert, weil das Schrifttum zu den Standards noch nicht allzu umfangreich ist.[34]

Der Abschnitt E. kann dabei nicht – wie Abschnitt F. – entsprechend dem handelsrechtlichen Gliederungsschema für das Umsatzkostenverfahren aufgebaut werden. So betreffen viele Bereinigungsmaßnahmen mehrere GuV-Posten, zum Beispiel erstreckt sich die Bereinigung der Abschreibungen auf Vermögensgegenstände des Anlagevermögens auf folgende Posten: Herstellungskosten der zur Erzielung der Umsatzerlöse erbrachten Leistungen, allgemeine Verwaltungskosten, Vertriebskosten sowie u. U. auch auf die sonstigen betrieblichen Aufwendungen und die Forschungs- und Entwicklungsaufwendungen. Daher wird der Abschnitt E. nicht nach den GuV-Posten, sondern nach den sachlich zusammengefaßten Bereinigungsgruppen gegliedert (z. B. Bereinigungen der Abschreibungen auf Vermögensgegenstände des Anlagevermögens).

Im **Abschnitt F.** werden anhand der Gliederungssystematik des international gebräuchlichen Umsatzkostenverfahrens die Inhalte der Posten in den nach IAS und nach HGB aufgestellten Gewinn- und Verlustrechnungen untersucht sowie festgestellt, welche Bereinigungen bei diesen Posten notwendig ist. Dazu wird jeweils die Zuordnung der Geschäftsvorfälle zu den einzelnen GuV-Posten nach HGB und nach IAS verglichen. Das heißt, im Unterschied zum Abschnitt E. wird hier auch – mit Bezug auf das UKV – auf Stellen eingegangen, bei denen Ausweisunterschiede zwischen HGB und IAS für die Vergangenheitsanalyse relevant sind. In Abschnitt F. soll zudem festgestellt werden, wieweit sich die Aufwands- und Ertragsstrukturen in HGB-Abschlüssen und IAS-Abschlüssen ähneln und welchen Gestaltungsspielräumen diese Strukturen unterliegen.

Im **Abschnitt G.** werden die Untersuchungsergebnisse zusammengefaßt.

---

34 Vgl. *Küting, K./Hayn, S.*, Angelsächsischer Konzernabschluß im Vergleich zum HGB-Abschluß, S. 54.

B. Grundlagen der Unternehmensbewertung

1. Vorbemerkung

Nach inzwischen unumstrittener Meinung des Schrifttums hängt der Unternehmenswert vom Zweck der Bewertung ab.[35] Der Bewertungszweck ist wiederum eng mit dem jeweiligen Bewertungsanlaß verbunden. Dies wirkt sich nicht erst bei der Prognose der künftigen Einzahlungsüberschüsse, sondern schon in der Vergangenheitsanalyse aus. Aus diesem Grunde werden zunächst die Anlässe für Unternehmensbewertungen sowie die Zwecke bzw. Funktionen einer Unternehmensbewertung erläutert.

2. Anlässe für Unternehmensbewertungen

Die Anlässe von Unternehmensbewertungen werden überwiegend in entscheidungsabhängige und entscheidungsunabhängige Anlässe unterteilt (vgl. Übersicht B-1).[36] **Entscheidungsabhängige Anlässe** liegen vor, wenn die Unternehmensbewertung vorgenommen wird, um über eine geplante Änderung der Eigentumsverhältnisse entscheiden zu können.[37] Damit die Art der Konfliktsituation erfaßt werden kann, die zwischen den verhandelnden Parteien besteht, werden die entscheidungsabhängigen Anlässe in zwei weitere Gruppen unterteilt, in dominierte und nicht dominierte Konfliktsituationen (vgl. Übersicht B-1).[38]

---

35 Vgl. z. B. *Mandl, G./Rabel, K.*, Unternehmensbewertung, S. 12.
36 Eine abweichende Systematisierung enthält das WP-Handbuch 1992, bei dem zwischen Bewertungen unterschieden wird, die abhängig und unabhängig vom Willen des Subjekts sind; vgl. *IDW (Hrsg.)*, WP-Handbuch 1992, Bd. II, S. 18-26, Rn. 25-40. Nach juristischen Kriterien systematisiert *Wollny* (z. B. familienrechtliche, schuldrechtliche, erbrechtliche Streitigkeiten); vgl. *Wollny, P.*, Rechtsprechung zum „Streit um den Wert von Unternehmen", S. 2-3. Ein weiterer, allerdings nicht überschneidungsfreier Systematisierungsvorschlag findet sich in *Helbling, C.*, Unternehmensbewertung und Steuern, S. 31-32.
37 Vgl. *Börner, D.*, Unternehmensbewertung, S. 112.
38 Vgl. *Matschke, M. J.*, Der Arbitriumwert der Unternehmung, S. 31.

Übersicht B-1: Anlässe für Unternehmensbewertungen[39]

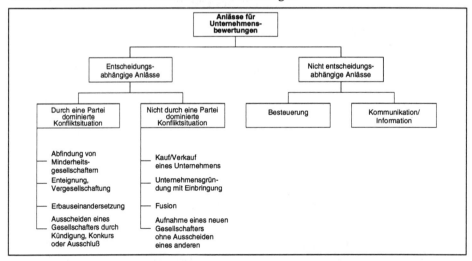

In einer **dominierten Konfliktsituation** kann eine Partei die Eigentumsverhältnisse gegen den Willen der anderen ändern. Dies ist beispielsweise beim Ausscheiden eines Personengesellschafters durch eigene Kündigung der Fall.[40] Hingegen kann bei **nicht dominierten Konfliktsituationen** keine der Parteien die Änderung der Eigentumsverhältnisse gegen den Willen der anderen Partei durchsetzen. Zu den nicht dominierten Konfliktsituationen gehören z. B. der Anteilserwerb bzw. Unternehmenskauf[41] oder der Beteiligungstausch.[42] Der Kauf oder Verkauf eines Unternehmens wird dabei - gemessen an der Zahl der Bewertungsfälle - als häufigster Anlaß für Unternehmensbewertungen angesehen.[43]

Bei **entscheidungsunabhängigen Anlässen** bleiben die ursprünglichen Eigentumsverhältnisse erhalten; beispielsweise bei Bewertungen aus steuerlichen Gründen.[44] Neben den Bewertungen aus steuerlichen Gründen können entscheidungsunabhängige Anlässe auch der Kommunikation oder der Information dienen. Dazu zählt z. B. die Ermittlung eines niedrigeren beizulegenden Werts bei der Bilanzierung einer Beteiligung.

---

39 Vgl. *Künnemann, M.*, Objektivierte Unternehmensbewertung, S. 59.
40 Vgl. *Börner, D.*, Unternehmensbewertung, S. 113.
41 Rechtlich kann es bei der Übernahme einer Kapitalgesellschaft bedeutsam sein, wie viele Anteile erworben werden müssen, damit ein Unternehmenskauf vorliegt und kein bloßer Anteilserwerb. Dieses Problem ist nicht geklärt; nach *BGH*, Urteil vom 2.6.1980 - VIII ZR 64/79, S. 1787, liegt bei einem Erwerb von 60% des Stammkapitals einer GmbH noch kein Unternehmenserwerb vor. Vgl. auch *Loges, R.*, Der Einfluß der Due Diligence, S. 965.
42 Vgl. *Jacobs, O. H./Scheffler, W.*, Unternehmensbewertung, Sp. 1978.
43 Vgl. m. w. N. *Künnemann, M.*, Objektivierte Unternehmensbewertung, S. 63.
44 Vgl. *Ballwieser, W./Leuthier, R.*, Unternehmensbewertung, S. 547. In den USA sind die entscheidungsunabhängigen Bewertungsanlässe häufiger als in Deutschland; vgl. etwa *Emory, J. D.*, Business Appraisals, S. 68.

Unternehmensbewertungen werden bei entscheidungsunabhängigen Anlässen nur teilweise nach betriebswirtschaftlichen Gesichtspunkten durchgeführt und weisen einen eher deklaratorischen Charakter auf (z. B. bei Bewertungen aus steuerlichen Gründen).[45] Daher sind für die folgenden Überlegungen vor allem die entscheidungsabhängigen Anlässe relevant.

3. Funktionen der Unternehmensbewertung

3.1. Überblick

Wie jede Wertermittlung ist auch die Unternehmensbewertung zweckabhängig.[46] Diese Einsicht ist nicht selbstverständlich: Noch bis in die 50er Jahre wurde der Wert eines Unternehmens als objektive, dem Unternehmen an sich anhaftende Größe angesehen.[47] Erst später setzte sich mehr und mehr die Auffassung durch, Unternehmensbewertungen seien stets subjektiv vorzunehmen.[48] Die Subjektivität der Bewertung zählt inzwischen unbestritten zu den Grundlagen der Unternehmensbewertung. Aber auch sie erwies sich nicht für alle Bewertungszwecke als gleichermaßen geeignet (beispielsweise für die Steuerbemessung). Daher wurde etwa Mitte der 70er Jahre die **Funktionenlehre**[49] entwickelt, die inzwischen zum Fundament der Bewertungslehre zählt und die Zweckabhängigkeit der Bewertung „zum zentralen Prinzip"[50] erhebt.[51]

---

45 Vgl. *Börner, D.*, Unternehmensbewertung, S. 116.
46 Vgl. *Schmalenbach, E.*, Dynamische Bilanz, S. 53.
47 Vgl. *Sieben, G.*, Unternehmensbewertung, Sp. 4315. Zu den Vertretern einer objektiven Bewertung zählt z. B. *Mellerowicz*; vgl. etwa *Mellerowicz, K.*, Der Wert der Unternehmung, S. 147.
48 Vgl. *Busse von Colbe, W.*, Der Zukunftserfolg, S. 16-18; *Münstermann, H.*, Wert und Bewertung, S. 21-28.
49 Durch die Funktionenlehre ist der Begriff „Funktion" in der Unternehmensbewertung im Sinne von „Bewertungszweck" festgelegt worden. „Funktion" wird hier also anders verwendet als z. B. in der Überwachungstheorie, in der „Funktionen" als Teiltätigkeiten definiert werden, die der Erfüllung einer Aufgabe dienen; vgl. *Kosiol, E.*, Methoden der Organisationsforschung, S. 25-29; *Baetge, J.*, Überwachung, S. 191 m. w. N.
50 *Sieben, G.*, Unternehmensbewertung, Sp. 4315.
51 Vgl. etwa *Coenenberg, A. G./Sieben, G.*, Unternehmensbewertung, Sp. 4063; *Moxter, A.*, Grundsätze ordnungsmäßiger Unternehmensbewertung, S. 6; *Matschke, M. J.*, Der Argumentationswert der Unternehmung, S. 517-519.

Übersicht B-2: Funktionen der Unternehmensbewertung[52]

Hauptfunktionen der Unternehmensbewertung
- Beratungsfunktion
- Vermittlungsfunktion
- Argumentationsfunktion

Nebenfunktionen der Unternehmensbewertung
- Steuerbemessungsfunktion
- Vertragsgestaltungsfunktion
- Informationsfunktion

Die Bewertungsfunktionen geben Aufgabenstellungen des Bewerters wieder, d. h. **der Zweck der Bewertung bestimmt die Funktion.**[53] In der Funktionenlehre werden üblicherweise drei Hauptfunktionen und drei Nebenfunktionen unterschieden, wobei die Hauptfunktionen auch die Hauptaufgabenstellungen des Bewerters wiedergeben. Mit den Anlässen für eine Unternehmensbewertung stimmen die Funktionen indes nicht überein. Die Bewertungsfunktion legt vielmehr die Art und Weise der Bewertung fest, so daß verschiedene Bewertungsfunktionen zu unterschiedlichen Werten desselben Unternehmens führen können.[54]

3.2. Die Beratungsfunktion

Die bedeutendste Funktion ist die Beratungsfunktion. Hier dient der Unternehmenswert als Entscheidungsgrundlage.[55] So entscheidet der potentielle Käufer anhand des ermittelten Unternehmenswerts, zu welchem Preis sich der Kauf eines Unternehmens noch lohnt. Der Bewerter tritt dann als Berater des Käufers oder des Verkäufers auf, um dessen Entscheidungswert[56] zu ermitteln.[57] Beim Verkäufer entspricht der **Ent-**

---

52 Vgl. *Coenenberg, A. G./Sieben, G.*, Unternehmensbewertung, Sp. 4062-4063; *Künnemann, M.*, Objektivierte Unternehmensbewertung, S. 42-43. *Börner* bezeichnet die Steuerbemessungsfunktion als Deklarationsfunktion; vgl. *Börner, D.*, Unternehmensbewertung, S. 116. *Goetzke* systematisiert die Hauptfunktionen und die Steuerbemessungsfunktion unter „verfahrensunabhängige Aufgaben" und die Funktion der Komplexitätsreduktion sowie die Kommunikationsfunktion als „verfahrensspezifische Aufgaben", vgl. *Goetzke, W.*, Funktionenspezifische Unternehmensbewertung, S. 178.
53 Vgl. *Coenenberg, A. G./Sieben, G.*, Unternehmensbewertung, Sp. 4063-4064; *Sieben, G./Schildbach, T.*, Bewertung ganzer Unternehmen, S. 455.
54 Vgl. *Sieben, G./Schildbach, T.*, Zum Stand der Entwicklung, S. 455; *Dörner, W.*, Unternehmensbewertung, S. 659; *Piltz, D.*, Die Unternehmensbewertung in der Rechtsprechung, S. 13.
55 Vgl. *Sieben, G.*, Unternehmensbewertung, Sp. 4316.
56 Statt „Entscheidungswert" finden sich in der Literatur auch die synonym verwendeten Begriffe „Grenzpreis" und - seltener - „kritischer Preis".
57 Vgl. *Sieben, G.*, Funktionen der Bewertung ganzer Unternehmen, S. 540.

scheidungswert der Preisuntergrenze und beim Käufer der Preisobergrenze (vgl. Übersicht B-3).

Übersicht B-3: Entscheidungswerte der Parteien

Entscheidungswerte stecken damit den Verhandlungsspielraum im Sinne eines möglichen Einigungsbereichs ab. Ist der Entscheidungswert des Verkäufers größer als der Entscheidungswert des Käufers, werden sich rational handelnde Parteien nicht einig.[58] Das Unternehmen wird dann nicht verkauft. Daher ist die Kenntnis von Entscheidungswerten für Käufer und Verkäufer unentbehrlich, wenn über die Veräußerung eines Unternehmens verhandelt werden soll.[59]

In der Beratungsfunktion gibt es **drei Grundprinzipien**, die jeder Entscheidungswert erfüllen muß: (1) Gesamtbewertung, (2) Subjektivität und (2) Zukunftsbezogenheit.[60] Bei der **(1) Gesamtbewertung** wird der Nutzen bewertet, der dem Eigentümer aus dem kombinierten Einsatz aller im Unternehmen vorhandenen Teile entsteht (Maschinen, Gebäude, usw.).[61] Der Wert eines Unternehmens stimmt dabei höchstens zufällig mit der Summe seiner Teile überein.[62] Meistens wird der Gesamtwert größer sein als die Summe der einzeln bewerteten Teile, da nicht selbständig verkehrsfähige Werte wie Kundenstamm und Know-how eines Unternehmens bei einer Einzelbewertung nicht erfaßt werden – obwohl diese nicht selbständig verkehrsfähigen Werte für viele Unternehmen große Bedeutung besitzen.[63]

Entscheidungswerte sind grundsätzlich **(2) subjektiv**, weil bei der Ermittlung des Entscheidungswerts das Zielsystem und das Entscheidungsfeld der jeweiligen Verhand-

---

58 Vgl. *Sieben, G.*, Unternehmensbewertung, Sp. 4317.
59 Vgl. *Moxter, A.*, Grundsätze ordnungsmäßiger Unternehmensbewertung, [1. Aufl.], S. 29.
60 Vgl. *Sieben, G.*, Unternehmensbewertung, Sp. 4316. Das auf der Einzelbewertung basierende Substanzwertverfahren ist daher für die Entscheidungswertermittlung ungeeignet; vgl. *Ballwieser, W./Leuthier, R.*, Unternehmensbewertung, S. 548.
61 Vgl. *Schmalenbach, E.*, Die Beteiligungsfinanzierung, S. 60.
62 Vgl. *Schmalenbach, E.*, Die Beteiligungsfinanzierung, S. 60.
63 Vgl. *Baetge, J./Krumbholz, M.*, Akquisition und Unternehmensbewertung, S. 24.

lungspartei einbezogen werden.[64] Subjektive Wertfaktoren können z. B. aus Sicht des Käufers in realisierbaren Synergiepotentialen oder expansionistischen Kaufmotiven[65] bestehen.[66] Wieviel ein potentieller Käufer für ein Unternehmen zu zahlen bereit ist, hängt daher von seinen eigenen, subjektiv bewerteten Verhältnissen ab.[67]

Drittes Grundprinzip in der Beratungsfunktion ist die **(3) Zukunftsbezogenheit** der Bewertung. Ein potentieller Käufer wird sich nach den künftigen Einzahlungsüberschüssen richten, die er mit dem Kauf erwirbt, während sich der potentielle Verkäufer an den Einzahlungsüberschüssen orientieren wird, die ihm nach dem Verkauf verlorengehen.[68] Wertbestimmend sind daher nur die künftigen Einzahlungsüberschüsse,[69] oder, wie *Münstermann* formuliert: „Für das Gewesene gibt der Kaufmann nichts."[70]

---

64 Vgl. *Sieben, G.*, Der Entscheidungswert in der Funktionenlehre, S. 498-499; *Jacobs, O. H./Scheffler, W.*, Unternehmensbewertung, Sp. 1979; *Schildbach, T.*, Der Verkehrswert, S. 494.
65 Bspw. haben die Versuche japanischer Unternehmen, Produktionsstätten in den USA und der EU zu erwerben und dadurch Einfuhrbeschränkungen bestimmter Güter zu unterlaufen, ihren Grenzpreis erheblich nach oben verschoben; vgl. *Hübner, V.*, Zur Unternehmensbewertung, S. 534. Ähnliche Beispiele finden sich auch bei *Kraus-Grünewald, M.*, Verkäuferposition bei Akquisitionen, S. 1444; *Sieben, G.*, Unternehmensstrategien und Kaufpreisbestimmung, S. 83-84.
66 Vgl. etwa *Baetge, J./Krumbholz, M.*, Akquisition und Unternehmensbewertung, S. 14; *Coenenberg, A. G./Sautter, M.*, Bewertung von Unternehmensakquisitionen, S. 691-709.
67 Vgl. *Moxter, A.*, Grundsätze ordnungsmäßiger Unternehmensbewertung, [1. Aufl.], S. 29-30; *Sieben, G.*, Der Entscheidungswert in der Funktionenlehre, S. 497-498; *Busse von Colbe, W.*, Der Zukunftserfolgswert, S. 17-18; *Münstermann, H.*, Wert und Bewertung, S. 80.
68 Vgl. *Moxter, A.*, Grundsätze ordnungsmäßiger Unternehmensbewertung, [2. Aufl.], S. 97; *Schmalenbach, E.*, Die Beteiligungsfinanzierung, S. 36-37.
69 Vgl. *Münstermann, H.*, Wert und Bewertung, S. 20-21.
70 *Münstermann, H.*, Wert und Bewertung, S. 21.

3.3. Die Vermittlungsfunktion

Die Vermittlungsfunktion ist eigentlich die **einzige Funktion der Unternehmensbewertung, die für Gerichte relevant ist**.[71] Gerichte sollen dabei gegenläufige Interessen der Beteiligten vor dem Hintergrund des geltenden Rechts ausgleichen. Dies ist z. B. erforderlich, wenn ein zugewinnausgleichsberechtigter Ehepartner gegen den anderen geklagt hat oder ein ausgeschiedener Gesellschafter eine höhere Abfindung gegen die verbliebenen Gesellschafter durchsetzen will.[72] Bei Unternehmensbewertungen in der Vermittlungsfunktion soll eine Einigung zwischen den beteiligten Parteien erzielt werden. Der zu ermittelnde Unternehmenswert wird daher als „**Schiedswert**" bezeichnet.

Im Schrifttum wurden **drei Prinzipien** entwickelt, nach denen der Schiedswert zu ermitteln ist: Das (1) Prinzip der Berücksichtigung der Grenzpreise, das (2) Prinzip der angemessenen Berücksichtigung der Parteiinteressen sowie das (3) Typisierungsprinzip. Nach dem **(1) Prinzip der Berücksichtigung der Grenzpreise** muß der unparteiische Gutachter einen Wert vorschlagen, den die konfligierenden Parteien grundsätzlich akzeptieren können.[73] Der vorgeschlagene Schiedswert – er wird auch als Arbitriumwert bezeichnet – muß daher zwischen den Entscheidungswerten der Parteien liegen (vgl. Übersicht B-4).

Übersicht B-4: Schiedswert im Sinne der Funktionenlehre[74]

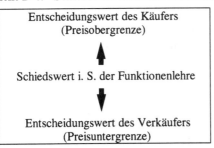

Bei **nicht dominierten Bewertungsanlässen** wie Akquisitionen kann der Gutachter daher nur einen Schiedswert präsentieren, wenn es einen Einigungsbereich gibt; ansonsten muß den Parteien von der für sie unvorteilhaften Transaktion abgeraten werden.[75] Ist der **Bewertungsanlaß dominiert** (z. B. beim Ausscheiden eines Gesellschafters

---

71 Vgl. *Piltz, D.*, Unternehmensbewertung in der Rechtsprechung, S. 98.
72 Vgl. *Großfeld, B.*, Unternehmens- und Anteilsbewertung, S. 13-14; *Piltz, D.*, Unternehmensbewertung in der Rechtsprechung, S. 98.
73 Vgl. *Matschke, M. J.*, Funktionale Unternehmensbewertung, S. 18-19.
74 Vgl. *Sieben, G.*, Funktionen der Bewertung ganzer Unternehmen, S. 540.
75 Vgl. *Ballwieser, W./Leuthier, R.*, Unternehmensbewertung, S. 549; *Jacobs, O. H.*, Unternehmensbewertung, Sp. 1980.

durch Ausschluß), sollte sich der Gutachter an den Entscheidungswert der dominierten Partei annähern, da die dominierte Partei den Eigentümerwechsel nicht verhindern kann und ihre Interessen daher besonders geschützt werden müssen.[76] Die dominierende Partei kann dagegen ihre Entscheidung entsprechend dem Bewertungsergebnis anpassen und z. B. auf den Ausschluß eines Gesellschafters verzichten, wenn sie das Bewertungsergebnis für unvorteilhaft hält.[77]

Das **(2) Prinzip der angemessenen Berücksichtigung der Parteiinteressen** verlangt, daß der Einigungsbereich zwischen den beteiligten Parteien gerecht aufgeteilt wird.[78] Da sich kein allgemein gültiges **Gerechtigkeitskriterium** finden läßt,[79] werden im Schrifttum verschiedene Vorschläge für die Herleitung des Schiedswerts unterbreitet, beispielsweise die Maximierung des Gesamtnutzens der Parteien oder der Ausgleich der Grenznutzen der Beteiligten.[80] Noch am praktikabelsten wäre es, die Entscheidungswerte der Parteien zu mitteln.[81] Indes ist zu bezweifeln, daß die Entscheidungswerte der Parteien tatsächlich bestimmt werden können, weil die Parteien daran interessiert sind, den Einigungsbereich zu ihren Gunsten aufzuteilen und deswegen ihre Entscheidungswerte dem Schiedsgutachter nicht bekanntgeben werden.[82]

In der Rechtsprechung wird der Schiedswert nicht aus den Entscheidungswerten der Beteiligten abgeleitet, sondern statt dessen auf das **(3) Typisierungsprinzip**[83] zurückgegriffen. Damit ist von Verhältnissen auszugehen, die für die Gesellschafter typisch sind.[84] Eine vereinfachte typisierte Wertermittlung ist z. B. notwendig, wenn der Gutachter einen Schiedswert bestimmen soll, der sich auf mehrere ihm unbekannte Personen bezieht.[85] Bei gerichtlichen Auseinandersetzungen ergibt sich die Typisierung häufig aus dem für alle Gesellschaften geltenden **Gleichheitsgrundsatz**, nach dem eine willkürliche, sachlich nicht gerechtfertigte, unterschiedliche Behandlung der

---

76 Vgl. *Ballwieser, W./Leuthier, R.*, Unternehmensbewertung, S. 549; *Jacobs, O. H.*, Unternehmensbewertung, Sp. 1980.
77 Vgl. *Sieben, G./Schildbach, T.*, Zum Stand der Entwicklung, S. 457.
78 Vgl. *Matschke, M. J.*, Funktionale Unternehmensbewertung, S. 19; *Coenenberg, A. G./Sieben, G.*, Unternehmensbewertung, Sp. 4073; *Matschke, M. J.*, Der Arbitrium- oder Schiedsspruchwert, S. 510; *Goetzke, W.*, Funktionenspezifische Unternehmensbewertung, S. 178.
79 Vgl. *Künnemann, M.*, Objektivierte Unternehmensbewertung, S. 35 m. w. N.
80 Vgl. *Busse von Colbe, W.*, Gesamtwert der Unternehmung, Sp. 603 m. w. N.
81 So auch *Ballwieser, W./Leuthier, R.*, Unternehmensbewertung, S. 549; *Jacobs, O. H.*, Unternehmensbewertung, Sp. 1980.
82 Vgl. *Wagner, F. W.*, Unternehmensbewertung und vertragliche Abfindungsbemessung, S. 479-480.
83 Vgl. *Ballwieser, W./Leuthier, R.*, Unternehmensbewertung, S. 549; *Jacobs, O. H.*, Unternehmensbewertung, Sp. 1980.
84 Vgl. *Großfeld, B.*, Unternehmens- und Anteilsbewertung, S. 16.
85 Vgl. *Jacobs, O. H.*, Unternehmensbewertung, Sp. 1980; *Künnemann, M.*, Objektivierte Unternehmensbewertung, S. 122; *Busse von Colbe, W.*, Gesamtwert der Unternehmung, Sp. 604.

Funktionen der Unternehmensbewertung 17

Gesellschafter unzulässig ist.[86] Die Rechtsprechung versucht dann in den meisten Fällen (z. B. bei Abfindungen von Personengesellschaftern[87] oder beim Zugewinnausgleich im Familienrecht[88]), einen „objektiven"[89] Wert zu finden, der von den subjektiven Verhältnissen des Eigners weitgehend abstrahiert.[90] So hängt der Wert von Aktien ausscheidender Aktionäre maßgeblich von der steuerlichen Situation des Aktionärs ab (z. B. von dessen persönlichem Steuersatz oder der Zuordnung der Aktie zum Privat- oder Betriebsvermögen).[91] Ein Richter kann indes nicht für jeden abfindungsberechtigten Aktionär einen individuellen Wert festsetzen.[92]

3.4. Die Argumentationsfunktion

Die meisten Käufer und Verkäufer ziehen Gutachten von Unternehmensbewertungen als Argumentationshilfe bei Preisverhandlungen heran.[93] Das Bewertungsgutachten soll dabei die Preisvorstellungen der Gegenseite beeinflussen. Der Unternehmenswert dient dann als Argumentationswert; seine Aufgabe wird als Argumentationsfunktion bezeichnet.[94] In der **Argumentationsfunktion** soll der Bewerter eine Partei so unterstützen, daß das Verhandlungsziel möglichst weitgehend erreicht wird.[95] Typische Verhandlungsziele aus Sicht des Käufers sind z. B. die Einigung auf einen niedrigen Kaufpreis oder die Überwindung unternehmensinterner Widerstände bei einer geplanten Akquisition (etwa von Aufsichtsgremien oder übergeordneten Entschei-

---

86 Vgl. *BGH*, Urteil vom 16.12.1991 - II ZR 58/91, S. 257; *Großfeld, B.*, Unternehmens- und Anteilsbewertung, S. 17; *Künnemann, M.*, Objektivierte Unternehmensbewertung, S. 141-146.
87 Vgl. *BGH*, Urteil vom 17.11.1980 - II ZR 242/79, S. 1128-1129.
88 Vgl. etwa *BGH*, Urteil vom 24.10.1990 - XII ZR 101/89, S. 1547-1552; *BGH*, Urteil vom 1.7.1982 - IX ZR 34/81, S. 2441-2442.
89 Das juristische Schrifttum ist zwar eindeutig der Auffassung, daß grundsätzlich auch der Wert eines Unternehmens von dem gestifteten Nutzen abhängt (vgl. etwa *Großfeld, B.*, Unternehmens- und Anteilsbewertung, S. 11), doch können subjektive wertbildende Faktoren in der Rechtsprechung z. B. aus Gründen der Gleichbehandlung von Gesellschaftern nicht berücksichtigt werden (vgl. *Schmidt, K.*, Gesellschaftsrecht, S. 806-807). Der objektive Wert in der Rechtsprechung entspricht recht genau einem einwertigen objektivierten Unternehmenswert im Sinne der HFA-Stellungnahme 2/1983.
90 Vgl. *Piltz, D.*, Unternehmensbewertung in der Rechtsprechung, S. 94-95; *Großfeld, B.*, Unternehmens- und Anteilsbewertung, S. 15-17.
91 Vgl. *Piltz, D.*, Unternehmensbewertung in der Rechtsprechung, S. 95.
92 Vgl. *Piltz, D.*, Unternehmensbewertung in der Rechtsprechung, S. 95; *Ränsch, U.*, Die Bewertung von Unternehmen als Problem der Rechtswissenschaften, S. 210. Im Aktienrecht ist der Gleichbehandlungsgrundsatz zudem in § 53a AktG kodifiziert worden.
93 Vgl. *Matschke, M. J.*, Der Argumentationswert der Unternehmung, S. 520; *Matschke, M. J.*, Der Entscheidungswert der Unternehmung, S. 36-60.
94 Vgl. etwa *Matschke, M. J.*, Der Argumentationswert der Unternehmung, S. 518-520.
95 Vgl. *Matschke, M. J.*, Funktionale Unternehmensbewertung, S. 18.

dungsträgern)[96]. Die Bedeutung von Argumentationswerten zeigt sich indes nicht nur bei Akquisitionen: *Dörfler et al.* stellen aufgrund empirischer Ergebnisse die These auf, daß abfindungspflichtige Unternehmen häufig sogenannte „Parteigutachten" in Auftrag geben, den ermittelten Unternehmenswert veröffentlichen und den abfindungsberechtigten Aktionären dann „scheinbar großzügig" einen Aufschlag zum Ergebnis dieses Gutachtens gewähren.[97] Die abfindungspflichtige Aktiengesellschaft geht selbst bei deutlich zu niedrigen **Abfindungsangeboten** kein Risiko ein, weil es den Unternehmensvertrag, der die Abfindungspflicht auslöst, auch dann noch kündigen kann, wenn die Abfindung im Spruchstellenverfahren erhöht wird.[98] Solche Parteigutachten, bei denen kein Entscheidungswert bestimmt werden soll, sind typische Beispiele für Wertermittlungen zur Argumentation.

Barthels These, die Argumentationsfunktion dominiere die anderen Bewertungsfunktionen,[99] überzeugt nicht, weil jede Argumentation nur Mittel zum Zweck ist. Mit anderen Worten: Wenn der Käufer höchstens einen Preis von x GE zahlen möchte und einen darunter liegenden Argumentationswert anbietet, muß er vorher einen Entscheidungswert ermittelt haben (=den maximal zu zahlenden Kaufpreis in Höhe von x GE).[100] Argumentationswerte können also nur sinnvoll bestimmt werden, wenn der Entscheidungswert vorher bekannt ist.[101]

Abgesehen vom Entscheidungswert als Bezugsgröße gibt es **weder eindeutige Verfahrensweisen noch Kriterien zur Bestimmung von Argumentationswerten**.[102] Auch die Bedeutung und Ausgestaltung der Vergangenheitsanalyse ist bei Wertermittlungen in der Argumentationsfunktion unterschiedlich: Zwar kann bei Ertragswertermittlungen in der Argumentationsfunktion nicht auf eine Vergangenheitsanalyse verzichtet werden, doch kann es bei der Ermittlung von Argumentationswerten mitunter vorteilhaft sein, bestimmte Bereinigungen zu unterlassen, um damit den Unternehmenswert zielgerichtet zu beeinflussen.

---

96 Vgl. *Coenenberg, A. G./Sieben, G.*, Unternehmensbewertung, Sp. 4076.
97 Vgl. *Dörfler, W. et al.*, Probleme bei der Wertermittlung von Abfindungsangeboten, S. 157.
98 So § 304 Abs. 5 AktG i. V. m. § 305 Abs. 5 Satz 4 AktG. Vgl. auch *Emmerich, V./Sonnenschein, J.*, Konzernrecht, S. 324.
99 Vgl. *Barthel, C.*, Unternehmenswert, S. 1148.
100 Vgl. *Ballwieser, W.*, Neue Lehre der Unternehmensbewertung, S. 185-186; *Coenenberg, A. G./Sieben, G.*, Unternehmensbewertung, Sp. 4076.
101 Vgl. *Matschke, M. J.*, Funktionale Unternehmensbewertung, S. 18; *Matschke, M. J.*, Der Argumentationswert der Unternehmung, S. 519.
102 Vgl. etwa *Ballwieser, W.*, Neue Lehre der Unternehmensbewertung, S. 186; *Wagner, F. W.*, Unternehmensbewertung und vertragliche Abfindungsbemessung, S. 479.

Funktionen der Unternehmensbewertung 19

3.5. Die Nebenfunktionen

Zu den Nebenfunktionen zählen die Steuerbemessungsfunktion, die Vertragsgestaltungsfunktion und die Informationsfunktion. Bei der **Steuerbemessungsfunktion** sind fiskalische Grundsätze zu beachten (z. B. Rechtssicherheit und Steuergerechtigkeit), wenn die Werte von Unternehmen oder Unternehmensanteilen bestimmt werden.[103] Daher werden zur Steuerbemessung möglichst objektivierbare Verfahren angewendet, auch wenn sie – wenigstens in Deutschland –[104] betriebswirtschaftlich zweifelhaft sind. Zum Beispiel ist das sogenannte „Stuttgarter Verfahren",[105] das zur Bewertung nicht börsennotierter Anteile an Kapitalgesellschaften dient, nach Auffassung des Schrifttums für außersteuerliche Bewertungszwecke nicht geeignet.[106]

Unter der **Vertragsgestaltungsfunktion** werden vertragliche Vereinbarungen zusammengefaßt, die das Vorgehen zur Ermittlung eines Unternehmenswerts betreffen. Dies betrifft zum Beispiel Abfindungsregelungen für das Ausscheiden eines Gesellschafters, die in einem Gesellschaftsvertrag festgeschrieben werden.[107]

Unternehmenswertermittlungen, die nicht unter die oben genannten Zwecke gefaßt werden können, werden unter die **Informationsfunktion** subsumiert.[108] Dazu zählen z. B. die Ermittlung des Bilanzwerts von Unternehmen oder Unternehmensanteilen.[109]

---

103 Vgl. *Sieben, G.*, Funktionen der Bewertung ganzer Unternehmen, S. 539; *Sieben, G.*, Der Entscheidungswert in der Funktionenlehre, S. 493-494.
104 In den USA wird das steuerlich befürwortete Verfahren auch bei anderen Bewertungsanlässen am häufigsten eingesetzt. Die Unternehmenswerte werden dabei über einen Vergleich mit den Marktpreisen öffentlich notierter Unternehmen ermittelt (*market approach* nach Revenue Ruling 59-60, 1959-1 C.B. 237 des Internal Revenue Code); vgl. *Sanfleber-Decher, M.*, Unternehmensbewertung in den USA, S. 597-598; *Gerling, C.*, Unternehmensbewertung in den USA, S. 49.
105 Vgl. dazu Abschnitt 4 VStR.
106 Vgl. *Moxter, A.*, Das Stuttgarter Verfahren, S. 1589. Das Stuttgarter Verfahren wurde seit *Moxters* Aufsatz noch modifiziert; dessen betriebswirtschaftliche Kritik ist dennoch aufrechtzuerhalten. Für Zwecke der Besteuerung sind die nach dem Stuttgarter Verfahren ermittelten Werte nur dann nicht Besteuerungsgrundlage, wenn sie aus besonderen Gründen des Einzelfalles offensichtlich unrichtig sind; vgl. z. B. *BFH*, Urteil vom 6.2.1991 - II R 87/88, S. 590.
107 Vgl. *Sieben, G.*, Funktionen der Bewertung ganzer Unternehmen, S. 539.
108 Im Schrifttum wird die Informationsfunktion z. T. auch als Kommunikationsfunktion bezeichnet; teilweise wird auch eine Bilanzfunktion gesondert dargestellt; vgl. z. B. *Künnemann, M.*, Objektivierte Unternehmensbewertung, S. 42-43 m. w. N.; *Sieben, G.*, Funktionen der Bewertung ganzer Unternehmen, S. 539.
109 Vgl. *Sieben, G.*, Der Entscheidungswert in der Funktionenlehre, S. 493-494; *Piltz, D.*, Unternehmensbewertung in der Rechtsprechung, S. 15.

Auch Unternehmensbewertungen zur Überschuldungsfeststellung und zum Zweck der Betriebsrentenanpassung[110] betreffen die Informationsfunktion.[111]

4. Zusammenhang von Anlässen und Funktionen

Eine Verbindung zwischen Anlässen und Funktionen der Unternehmensbewertung ist nur lose vorhanden, da viele Anlässe mit unterschiedlichen Bewertungsfunktionen verbunden sein können.[112] Auch umgekehrt können jeder Bewertungsfunktion verschiedene Anlässe zugeordnet werden.[113] Bei einer Erbauseinandersetzung kann der Bewerter beispielsweise beratend für einen Erben tätig werden (Beratungsfunktion). Daneben kann der Bewerter bei einer Erbstreitigkeit allerdings auch engagiert werden, um zwischen den Parteien zu vermitteln (Vermittlungsfunktion).

Folgende **allgemeine Beziehungen zwischen Anlässen und Funktionen** sind erkennbar:[114]

- Wertermittlungen in der Beratungsfunktion, der Vermittlungsfunktion und der Argumentationsfunktion treten grundsätzlich bei entscheidungsabhängigen Anlässen auf.

- Unternehmensbewertungen zum Zweck der Steuerbemessung gehören immer zu den entscheidungsunabhängigen Anlässen.

- Wertermittlungen zum Zweck der Kommunikation können bei entscheidungsabhängigen und entscheidungsunabhängigen Anlässen vorgenommen werden.

---

110 Nach § 16 BetrAVG muß der Arbeitgeber alle drei Jahre prüfen, ob die laufenden Leistungen der betrieblichen Altersversorgung noch angemessen sind. Dazu ist neben den Belangen des Versorgungsempfängers vor allem die wirtschaftliche Lage des Arbeitgebers zu beurteilen, die nach dem Schrifttum und der Rechtsprechung des Bundesarbeitsgerichts „als eine zu besonderen Zwecken angeordnete Unternehmensbewertung" (*Piltz, D.*, Unternehmensbewertung in der Rechtsprechung, S. 88) aufgefaßt werden kann.
111 Vgl. *Piltz, D.*, Unternehmensbewertung in der Rechtsprechung, S. 98.
112 Vgl. *Coenenberg, A. G./Sieben, G.*, Unternehmensbewertung, Sp. 4064; *Ballwieser, W./Leuthier, R.*, Unternehmensbewertung, S. 548.
113 Vgl. *Künnemann, M.*, Objektivierte Unternehmensbewertung, S. 56-57.
114 Vgl. *Künnemann, M.*, Objektivierte Unternehmensbewertung, S. 64.

5. Die Berechnung des Unternehmenswerts nach dem Wirtschaftsprüferverfahren

5.1. Überblick

Der theoretisch richtige Wert eines Unternehmens ist sein Ertragswert. Als **Ertragswert** wird dabei die Summe der auf den Bewertungsstichtag abgezinsten künftigen Einzahlungsüberschüsse bezeichnet, die ein Investor mit dem Unternehmen im Laufe seiner Existenz noch erwirtschaften kann.[115] Die Anwendung eines Ertragswertverfahrens wird in der neueren Rechtsprechung schon als so selbstverständlich angesehen, daß häufig darauf verzichtet wird, die Anwendung des Verfahrens zu begründen.[116] Unter Unternehmensbewertung wird daher meistens[117] die Ermittlung eines Ertragswerts verstanden. Die in Deutschland am häufigsten verwendete Ausprägung des Ertragswertverfahrens, das **Wirtschaftsprüferverfahren**, fußt auf insgesamt 15 Grundsätzen der Unternehmensbewertung, die in der Stellungnahme 2/1983 des Hauptfachausschusses des Instituts der Wirtschaftsprüfer in Deutschland e. V. niedergelegt wurden.[118]

Die HFA-Stellungnahme 2/1983 ist für Berufsangehörige rechtlich nicht unmittelbar verbindlich.[119] Indes sollte der bewertende Wirtschaftsprüfer nur davon abweichen, wenn er mit guten Gründen zu der Auffassung gelangt, der Richtlinie in diesem Fall nicht folgen zu können[120], da die Nichtbeachtung einer Stellungnahme[121] bei einem Regreßanspruch nachteilig ausgelegt werden kann.[122]

---

115 Vgl. *Lersmacher, R.*, Handbuch der Unternehmensbewertung, S. 18.
116 Vgl. z. B. *OLG Düsseldorf*, Beschluß vom 7.6.1990 - 19 W 13/86, S. 490-494; *OLG Düsseldorf*, Beschluß vom 12.2.1992 - 19 W 3/91, S. 1034-1039.
117 Für freiberufliche Praxen wird die Anwendung der Ertragswertmethode bei Gerichtsverfahren allerdings mit wenigen Ausnahmen abgelehnt, da die künftigen Ergebnisse in hohem Maße von der Person des Inhabers abhängen (vgl. dazu die Grundsatzentscheidung des *BGH*, Urteil vom 24.10.1990 - XII ZR 101/89, S. 1547-1548 sowie *Piltz, D.*, Unternehmensbewertung in der Rechtsprechung, S. 258-263). Auch bei kleineren Unternehmen wird die Ertragswertermittlung überwiegend als „praktisch nicht anwendbar" angesehen (*BFH*, Urteil vom 6.2.1991 - II R 87/88, S. 590). Für die Bewertung landwirtschaftlicher Betriebe gibt es bei bestimmten Bewertungsanlässen gesetzliche Bewertungsregeln, und bei unrentablen Unternehmen oder Verlustzuweisungsgesellschaften kommt häufig die Bewertung mit dem Liquidationswert in Frage.
118 Vgl. *HFA des IDW*, Stellungnahme 2/1983, S. 475.
119 Vgl. *Künnemann, M.*, Objektivierte Unternehmensbewertung, S. 202.
120 Vgl. *Leffson, U.*, Wirtschaftsprüfung, S. 103.
121 Stellungnahmen des IDW „sind Verlautbarungen zu einzelnen Fachfragen, die mehr als Tagesbedeutung haben."; *Vorstand des IDW*, Abgrenzung zwischen Verlautbarungen, Stellungnahmen und Fachgutachten, S. 145.
122 Vgl. *IDW (Hrsg.)*, WP-Handbuch 1996, Bd. I, S. 1742, Rn. 3. Ähnlich auch § 4 Abs. 9 der Satzung des IDW, in der das Mitglied auf die grundsätzliche Bedeutung der Fachgutachten und Stellungnahmen hingewiesen wird.

In der HFA-Stellungnahme 2/1983 werden allgemeine Grundsätze für die Bewertung von Unternehmen und Unternehmensanteilen entwickelt.[123] Dabei werden vier zentrale Bewertungsprobleme hervorgehoben, die als „**Schwierigkeitskomplexe**" bezeichnet werden:

- Ableitung einer praktisch durchführbaren Ertragswertrechnung aus den Erkenntnissen der Einnahmenüberschußrechnung (Schwierigkeitskomplex I),
- Das Prognoseproblem (Schwierigkeitskomplex II),
- Bemessung des Kapitalisierungszinssatzes (Schwierigkeitskomplex III),
- Das Problem subjektiv verschiedener Unternehmenswerte (Schwierigkeitskomplex IV).

Die folgenden Ausführungen orientieren sich an den genannten vier Schwierigkeitskomplexen.

5.2. Ableitung einer praktisch durchführbaren Ertragswertrechnung aus den Erkenntnissen der Einnahmenüberschußrechnung (Schwierigkeitskomplex I)

Der HFA des IDW sieht die **Einnahmenüberschußrechnung** als theoretisch richtige Methode zur Bewertung von Unternehmen an.[124] Auf den ersten Blick scheint der HFA des IDW dabei von der heute herrschenden Lehre[125] abzuweichen, indem statt der Bezeichnungen „Einzahlungen" und „Auszahlungen" die Begriffe „Einnahmen"[126] und „Ausgaben"[127] verwendet werden.[128] In bestimmten Situationen führt dieser scheinbar harmlose Begriffsunterschied zu Konsequenzen, z. B. können bei Personenhandelsgesellschaften Gewinnanspruch (= Einnahme des Gesellschafters) und Gewinnausschüttung (= Einzahlung) aufgrund gesellschaftsvertraglicher Vereinbarungen zeit-

---

123 Vgl. *HFA des IDW*, Stellungnahme 2/1983, S. 469.
124 Vgl. *HFA des IDW*, Stellungnahme 2/1983, S. 470; *IDW (Hrsg.)*, WP-Handbuch 1992, Bd. II, S. 42-46, Rn. 80-86. Vgl. auch *Dörner, W.*, Unternehmensbewertung, S. 661.
125 Die Relevanz von Zahlungsströmen, also von Einzahlungen und Auszahlungen, ist sonst unbestritten; vgl. etwa *Baetge, J.*, Akquisitionscontrolling, S. 450-451; *Maul, K.-H.*, Bewertung von Unternehmen, S. 1256; *Mandl, G./Rabel, K.*, Unternehmensbewertung, S. 110-113.
126 Einnahme = Einzahlung (ohne gleichzeitige Änderung der Forderungen und Schulden) + Forderungszugang (ohne gleichzeitige Auszahlung) + Schuldenabgang (ohne gleichzeitige Einzahlung); vgl. *Lück, W.*, Ausgaben und Einnahmen, Sp. 101; *Baetge, J.*, Bilanzen, S. 2.
127 Ausgabe = Auszahlung (ohne gleichzeitige Änderung der Forderungen und Schulden) + Forderungsabgang (ohne gleichzeitige Auszahlung) + Schuldenzugang (ohne gleichzeitige Auszahlung); vgl. *Lück, W.*, Ausgaben und Einnahmen, Sp. 101; *Baetge, J.*, Bilanzen, S. 1-2.
128 Ähnlich *Suckut, S.*, Unternehmensbewertung für internationale Akquisitionen, S. 36; *Gerling, C.*, Unternehmensbewertung in den USA, S. 197-198.

lich auseinanderfallen.[129] Möglich ist indes, daß keine inhaltliche Abweichung beabsichtigt wurde, sondern es sich lediglich um eine Art „redaktionelles Versehen" handelt, zumal die Stellungnahme dazu keine Erläuterung enthält. Im folgenden wird die vom HFA benutzte Bezeichnung „Einnahmenüberschuß" daher im Sinne des genaueren Begriffs „Einzahlungsüberschuß" verwendet.

Das Rechnen mit direkt zu ermittelnden Einzahlungsüberschüssen (oder Einnahmenüberschüssen) gilt indes als praktisch nicht umsetzbar, da im Rechnungswesen mit Aufwendungen und Erträgen statt mit Zahlungsgrößen gearbeitet wird.[130] Daher wird auf eine Aufwands- und Ertragsrechnung als Näherungslösung zurückgegriffen.[131] Für eine Aufwands- und Ertragsrechnung spricht auch, daß die Ertragsteuern auf der Basis von Aufwendungen und Erträgen ermittelt werden.[132] Soweit wesentliche Unterschiede zwischen dem Zeitpunkt der Aufwands- oder Ertragsverrechnung und dem Zahlungszeitpunkt entstehen, werden sie durch eine **Finanzbedarfsrechnung** korrigiert.[133]

Bei einer rein finanziellen Zielsetzung[134] entspricht der theoretisch richtige Unternehmenswert dem durch den Unternehmenskauf induzierten Zahlungsstrom zwischen Investor und Umwelt, der auf den Bewertungsstichtag abgezinst wird.[135] Da der Zahlungsstrom zwischen Investor und Umwelt in der Regel nicht sinnvoll ermittelt werden kann, wird als Näherungswert der **Zahlungsstrom zwischen dem Investor und dem**

---

129 Vgl. *Maul, K.-H.*, Bewertung von Unternehmen, S. 1256. Ähnlich *Mandl, G./Rabel, K.*, Unternehmensbewertung, S. 122-125; *Schneider, D.*, Betriebswirtschaftslehre, Bd.2, S. 54-55.

130 Vgl. *HFA des IDW*, Stellungnahme 2/1983, S. 470; *IDW (Hrsg.)*, WP-Handbuch 1992, Bd. II, S. 45, Rn. 84. Beim DCF-Verfahren werden die Cash Flows über die Korrektur einer Ergebnisgröße (zum Beispiel der Earnings before Interest and Taxes) auf indirekte Weise ermittelt. Wie beim Wirtschaftsprüferverfahren wird auch beim DCF-Verfahren nicht direkt auf direkt zu ermittelnden Einzahlungsüberschüssen aufgesetzt, sondern die Cash Flows werden basierend auf einer Aufwands- und Ertragsrechnung hergeleitet.

131 Vgl. *HFA des IDW*, Stellungnahme 2/1983, S. 470; *IDW (Hrsg.)*, WP-Handbuch 1992, Bd. II, S. 45, Rn. 84; *Busse von Colbe, W.*, Gesamtwert der Unternehmung, Sp. 598; a. A. *Maul, K.-H.*, Unternehmensbewertung auf der Basis von Nettoausschüttungen, S. 57-63.

132 Vgl. *Helbling*, C., Unternehmensbewertung und Steuern, S. 99.

133 Vgl. *IDW (Hrsg.)*, WP-Handbuch 1992, Bd. II, S. 46, Rn. 86.

134 Diese Vereinfachung ist vor allem bei der Ermittlung von Schiedswerten unvermeidbar; vgl. *Engel, D./Giese, R.*, Bedeutung des Verkehrswerts, S. 498. *Matschke* betont, daß der Entscheidungswert in realen Situationen nicht als reiner Geldwert ausgedrückt werden muß, da etwa die gewünschte Zusammensetzung der künftigen Geschäftsleitung einer Verhandlungsseite wesentlichen Einfluß auf den Verlauf einer Übernahmeverhandlung haben kann; vgl. *Matschke, M. J.*, Ermittlung mehrdimensionaler Entscheidungswerte, S. 5. Ähnlich *Kraus-Grünewald, M.*, Verkäuferposition bei Akquisitionen, S. 1449-1452. Nach dem TreuhG war bei der Privatisierung der Unternehmen in der ehemaligen DDR die Anwendung eines rein finanziellen Maßstabs sogar verboten, um die Wettbewerbsfähigkeit möglichst vieler Unternehmen zu verbessern und damit Arbeitsplätze zu sichern und zu schaffen; vgl. Präambel TreuhG; *Balz, M.*, Unternehmensbewertung bei der Privatisierung, S. 12; *Lanfermann, J.*, Unternehmensbewertung in den neuen Bundesländern, S. 127.

135 Vgl. z. B. *Mandl, G./Rabel, K.*, Unternehmensbewertung, S. 110; *Ballwieser, W.*, Unternehmensbewertung und Komplexitätsreduktion, S. 6; *Baetge, J.*, Akquisitionscontrolling, S. 452.

akquirierten Unternehmen zugrunde gelegt. Für Entscheidungswerte sind daher auch z. B. Ein- und Auszahlungen bei anderen Konzernunternehmen relevant, die aufgrund einer Akquisition entstehen oder wegfallen (z. B. wegen einer Zusammenlegung von Vertriebsabteilungen).[136]

Praktisch können die Zahlungen zwischen Investor und Unternehmen nach h. M. indes nicht ermittelt werden.[137] Aus diesem Grund wurde vom *HFA* die **Vollausschüttungshypothese** als Brücke entwickelt.[138] Mit der Vollausschüttungshypothese wird unterstellt, daß künftig jeweils am Periodenende der erwirtschaftete Einzahlungsüberschuß an den Investor ausgezahlt wird.[139] „Vollausschüttung" meint also die periodische Auszahlung[140] des für das Unternehmen prognostizierten Einzahlungsüberschusses an den Investor. Durch die Vollausschüttungshypothese wird folglich eine periodenindividuelle Prognose des Ausschüttungsverhaltens ersetzt. Zudem werden auch die künftigen Kapitaleinzahlungen und Kapitalrückzahlungen an den Investor festgelegt.[141] Falls abweichend von der Vollausschüttungshypothese Gewinnthesaurierungen angenommen werden, wird eine Korrektur erforderlich. So sind etwa Korrekturen geboten, wenn wegen gesellschaftsrechtlicher Ausschüttungsbeschränkungen oder Transferbeschränkungen in andere Währungen keine Vollausschüttungen möglich sind.[142]

5.3. Das Prognoseproblem (Schwierigkeitskomplex II)

5.3.1. Ursachen der Unsicherheit und Ansätze zur Steigerung der Unsicherheitstransparenz

Die Ertragswertermittlung hängt erheblich von den prognostizierten Einzahlungsüberschüssen des zu bewertenden Unternehmens ab.[143] Prognosen beruhen dabei auf Wissen über bestimmte Entwicklungen, das in der Vergangenheit gewonnen wurde. Daher setzen Ertragswertermittlungen auf einer Vergangenheitsanalyse auf.[144] Je genauere Informationen die Vergangenheitsanalyse bereitstellt, um so besser ist die Grundlage für die Prognose. Allerdings läßt sich die Unsicherheit nicht uneinge-

---

136 Vgl. *Mandl, G./Rabel, K.*, Unternehmensbewertung, S. 111-113.
137 Vgl. *HFA des IDW*, Stellungnahme 2/1983, S. 480.
138 Vgl. *Maul, K.-H.*, Bewertung von Unternehmen, S. 1256.
139 Vgl. *Mandl, G./Rabel, K.*, Unternehmensbewertung, S. 115.
140 Umgekehrt handelt es sich bei prognostizierten Verlusten um eine Zahlung des Investors an das Unternehmen.
141 Vgl. *Mandl, G./Rabel, K.*, Unternehmensbewertung, S. 115.
142 Vgl. *Weber, E.*, Bewertung von ausländischen Unternehmen, S. 1272.
143 Vgl. z. B. *Dörner, W.*, Unternehmensbewertung, S. 660.
144 Vgl. *Kraus-Grünewald, M.*, Gibt es einen objektiven Unternehmenswert, S. 1840; *Moxter, A.*, Grundsätze ordnungsmäßiger Unternehmensbewertung, [2. Aufl.], S. 97; *Diedrich, R.*, Das Prognoseproblem bei der Unternehmensbewertung, S. 92.

schränkt reduzieren – selbst wenn die Vergangenheitsanalyse mit größtmöglicher Genauigkeit vorgenommen wird.[145] Auch das Auftreten von **Kompensationseffekten** kann im Normalfall nur die Prognosefehler reduzieren, nicht aber vermeiden, denn in aller Regel gleichen sich Über- und Unterschätzungen prognostizierter Einzahlungen und Auszahlungen nur teilweise aus.

Allgemein resultiert die Unsicherheit aus drei Ursachen:[146] Erstens können geplante Maßnahmen künftig nicht immer umgesetzt werden. Zweitens hängt der Erfolg geplanter und umgesetzter Maßnahmen von fremden Maßnahmen und anderen Einflüssen ab, die nicht beeinflußt werden können. Drittens sind die Wirkungszusammenhänge eigener und fremder Maßnahmen i. d. R. nur unvollständig bekannt.

Um die Unsicherheit transparenter zu machen, werden häufig Sensitivitätsanalysen kritischer Parameter (z. B. der Umsatzerlöse) und Szenarien angewendet. In **Sensitivitätsanalysen**[147] werden verschiedene Planungsalternativen auf ihre Robustheit gegenüber Änderungen einzelner Parameter oder Gruppen von Parametern untersucht. Dabei werden Grenzwerte ermittelt, bei deren Erreichen die jeweilige Alternative nicht mehr vorteilhaft ist. Gleichzeitig ergibt sich ein Bild über die Unsicherheit, die mit einer Planungsalternative verbunden ist.[148] Auch die **Szenario-Technik** (z. B. worst-case, best-case) wird oft im Anschluß an die eigentliche Prognose der Zahlungsströme eingesetzt.[149] Die Anwendung der Szenario-Technik setzt voraus, daß bei der Unternehmensanalyse bestimmte Wirkungszusammenhänge erkannt wurden, die dann i. d. R. in einem Bewertungsmodell[150] nachgebildet werden. Anschließend werden denkbare künftige Entwicklungen zu Alternativen gebündelt und meistens mit Hilfe eines Computersystems verarbeitet.[151] Sensitivitätsanalysen und Szenario-Technik liefern keine Punktprognosen, sondern informieren über die Chancen und Risiken bestimmter Entwicklungen (u. a. über die zu erwartende Streubreite künftiger Ergebnisse).

Empfohlen wird auch der Ansatz von **Bandbreiten** (= die Differenz pessimistischer und optimistischer Erwartungen) für unsichere Parameter.[152] So kann etwa eine opti-

---

145 Ähnlich *Steinöcker, R.* Akquisitionscontrolling, S. 68.
146 Vgl. *Ballwieser, W.*, Wahl des Kalkulationszinsfußes, S. 99.
147 Vgl. dazu z. B. *Perridon, L./Steiner, M.*, Finanzwirtschaft der Unternehmung, S. 103-106.
148 Vgl. etwa *Ballwieser, W.*, Unternehmensbewertung und Komplexitätsreduktion, S. 161-162.
149 Vgl. *Funk, J.*, Unternehmensbewertung in der Praxis, S. 495; *Rappaport, A.*, Strategic Analysis, S. 106; *Born, K.*, Unternehmensanalyse und Unternehmensbewertung, S. 94-97.
150 Unter einem „Bewertungsmodell" wird eine vereinfachte Darstellung für wesentlich erachteter Elemente und Beziehungen in einem formalisierten System verstanden, aus dem der gesuchte Wert logisch abgeleitet werden kann; vgl. m. w. N. *Leuthier, R.*, Das Interdependenzproblem bei der Unternehmensbewertung, S. 2.
151 Vgl. *v. Reibnitz, U.*, Szenario-Planung, Sp. 1985-1989; *IDW (Hrsg.)*, WP-Handbuch 1992, Bd. II, S. 109, Rn. 225.
152 Vgl. *HFA des IDW*, Stellungnahme 2/1983, S. 471.

mistische und eine pessimistische Prognose der Umsatzerlöse zugrunde gelegt werden. Durch die Verwendung von Bandbreiten wird zunächst vermieden, die Eintrittswahrscheinlichkeiten für diese prognostizierten Werte schätzen zu müssen (z. B. die Wahrscheinlichkeit für das Eintreten der optimistischen Prognose der Umsatzerlöse[153]). Indes müssen auch die in Bandbreiten abgeschätzten Parameter gewichtet werden, damit sie in einem einwertigen Unternehmenswert zusammengefaßt werden können. Die Berechnung eines einwertigen Unternehmenswerts ist dabei bei vielen Bewertungsanlässen unvermeidbar; zum Beispiel können bei anhängigen Gerichtsverfahren keine mehrwertigen Unternehmenswerte ermittelt werden.

5.3.2. Unbegrenzte Lebensdauer des Bewertungsobjekts

Bei der Ertragswertermittlung wird der Unsicherheit auch durch die Berechnungsmethodik begegnet. Der Ertragswert wird dabei über ein sogenanntes „Phasenmodell" ermittelt. Da die Unsicherheit mit zunehmender Länge des Planungszeitraumes steigt, wird die künftige Lebensdauer des Unternehmens in mehrere Phasen zerlegt. Zum Beispiel werden in der HFA-Stellungnahme 2/1983 drei Phasen zugrunde gelegt:[154] In der ersten Phase ist die Unsicherheit noch am geringsten. Die **erste Phase** wird daher detailliert geplant. Sie umfaßt meistens drei bis fünf Jahre.[155] In der **zweiten Phase** (oft weitere fünf Jahre) werden Trenderwartungen und Extrapolationen aus der ersten Phase zugrunde gelegt und die Einzahlungsüberschüsse mit dem Kapitalisierungszinsfuß diskontiert. Bei der **dritten, der zeitlich entferntesten Phase**, wird ein konstanter, für nachhaltig befundener Einzahlungsüberschuß als ewige Rente behandelt.

---

153 Zuverlässige Wahrscheinlichkeitsverteilungen sind i. d. R. nicht ermittelbar. *Schneider* kritisiert daher zu Recht die Verwendung von „vom Himmel gefallenen quantitativen Wahrscheinlichkeiten" (*Schneider, D.*, Betriebswirtschaftslehre, Bd.1, S. 293).

154 Vgl. zum Folgenden: *HFA des IDW*, Stellungnahme 2/1983, S. 471-478. Das Dreiphasenmodell wurde vorher bereits von der UEC empfohlen; vgl. etwa *Dörner, W.*, Unternehmensbewertung, S. 660.

155 Die Länge dieser Phasen wird nicht vorgegeben, sondern hängt von der jeweiligen Bewertungssituation ab. Bspw. ist bei einem Gasversorgungsunternehmen mit relativ konstanter Umsatzentwicklung ein wesentlich längerer Planungszeitraum zugrunde zu legen als bei einem Unternehmen, das Software entwickelt und dessen Auftragsbestand starken Schwankungen unterliegt. Bei *OLG Frankfurt am Main*, Beschluß vom 24.1.1989 - 20 W 477/86, S. 442 (Vorinstanz: *LG Frankfurt am Main*, Beschluß vom 1.10.1986 - 3/3 O 145/83, S. 316), betragen die Phasen z. B. ein Jahr (1. Phase), drei Jahre (2. Phase) sowie den übrigen Zukunftszeitraum (3. Phase). Zur Länge des Planungszeitraums vgl. *Hachmeister, D.*, Der Discounted Cash Flow als Maß der Unternehmenswertsteigerung, S. 86-90; *Teichmann, H.*, Der optimale Planungshorizont, S. 295-312.

Die Berechnung des Unternehmenswerts nach dem Wirtschaftsprüferverfahren 27

Häufiger als dieses Dreiphasenmodell wird in der Praxis ein **Zweiphasenmodell** verwendet, das in **Formel 1** dargestellt wird.[156]

Formel 1: Berechnung des Unternehmenswerts nach dem Zweiphasenmodell[157]

$$\text{Unternehmenswert} = \left(\sum \frac{\text{Einzahlungsüberschuß in t}}{(1+i)^t} \right) \rightarrow \text{1.Phase: Detailplanung}$$

$$+ \left(\frac{\varnothing \text{ Einzahlungsüberschuß nach n}}{i \cdot (1+i)^n} \right) \rightarrow \text{2.Phase: Ewige Rente}$$

$$+ \text{ Liquidationswert des nicht betriebsnotwendigen Vermögens}$$

Legende:
i: Kapitalisierungszinsfuß
t: Laufindex für die detailliert zu planenden Perioden in der 1. Phase
n: Letzte Periode der 1. Phase

Die beiden ersten Phasen des Dreiphasenmodells, in denen die Einzahlungsüberschüsse genau geplant werden sollen, werden im Zweiphasenmodell zusammengefaßt. Dies wird in **Formel 1** als „Detailplanung" bezeichnet. Die Formel unterstellt dabei ein **nachschüssiges Entstehen der Einzahlungsüberschüsse**, weil das Jahresergebnis zum Ende eines Geschäftsjahres ermittelt wird. In der zweiten Phase wird auf der Basis eines als durchschnittlich angenommenen Überschusses eine sogenannte naive Prognose vorgenommen. Dabei wird vereinfachend davon ausgegangen, daß sich der Wert im Zeitpunkt t und im darauffolgenden Zeitpunkt t+1 entsprechen. Diese unendliche Zahlungsreihe wird als „**ewige Rente**" auf den Zeitpunkt n diskontiert. Die ewige Rente stellt im Grunde genommen einen Behelf dar, weil fundierte Schätzungen in der zweiten Phase kaum für möglich gehalten werden. Dennoch macht sie häufig zwischen 60% bis 70% des Unternehmenswerts aus. Der Anteil der ewigen Rente am Unternehmenswert ist dabei um so größer, je kürzer der Planungshorizont bei der Bewertung ist.[158] Am Wirtschaftsprüferverfahren und allgemein an Ertragswertverfahren wird daher zu Recht kritisiert, daß die Höhe der ewigen Rente nicht genau ermittelt werden kann, obwohl sie den Unternehmenswert erheblich beeinflußt.

---

156 Vgl. z. B. *Aha, C.*, Unternehmensbewertung im Spruchstellenverfahren, S. 30; *Baetge, J.*, Akquisitionscontrolling, S. 458-459; *LG Frankfurt am Main*, Beschluß vom 8.12.1982 - 3/3 AktE 104/79, S. 137.
157 Die Formel stellt die Berechnung eines objektivierten Unternehmenswerts dar. Die Berechnungsmethodik des objektivierten Unternehmenswerts läßt sich etwas einfacher darstellen als die Berechnung des darauf aufbauenden subjektiven Unternehmenswerts. Zur Unterscheidung zwischen subjektivem und objektivem Unternehmenswert vgl. Abschnitt B. 5.5.3.
158 Vgl. z. B. *Reimann, B. C.*, Managing for the Shareholders, S. 13; *Moskowitz, J. I.*, What's Your Business Worth, S. 31.

Zudem impliziert die ewige Rente, daß ein Unternehmen unendlich lange lebt. Diese Prämisse führt stets zu einer **Überschätzung des Unternehmenswerts**, da es kein Unternehmen mit unendlicher Lebensdauer gibt.[159] Indes wirkt sich die Überschätzung oft nicht wesentlich aus, beispielsweise wird der Unternehmenswert um nicht einmal 5% überschätzt, wenn das zu bewertende Unternehmen mehr als 32 Jahre besteht (Übersicht B-5 zeigt grafisch den Zusammenhang zwischen der Überschätzung des Unternehmenswerts durch die ewige Rente und der verbleibenden Lebensdauer des Unternehmens).[160] Ob eine ewige Rente sachgerecht ist, hängt davon ab, wie der Bewerter die verbleibende Lebensdauer des Unternehmens beurteilt. Wenn das zu bewertende Unternehmen zum Beispiel in einer stark insolvenzgefährdeten Branche operiert, wird die Annahme einer begrenzten Lebensdauer des Unternehmens meistens naheliegender sein als die Verwendung eines Phasenmodells mit ewiger Rente in der letzten Phase.

Übersicht B-5: **Überschätzung des Unternehmenswerts durch die ewige Rente**

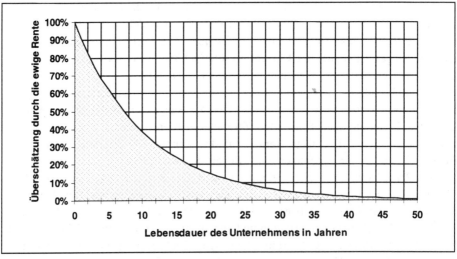

---

159 Nach *Schneider* ist ein „Planungshorizont im Unendlichen (...) ökonomischer Unsinn" (*Schneider, D.*, Betriebswirtschaftslehre, Bd.2, S. 309). *Helbling* ergänzt, daß „heute (...) nicht mehr dieselben Unternehmen und Branchen führend [sind, d. Verf.] wie vor 20, 30 oder 40 Jahren" (*Helbling, C.*, Bewertung von kleinen und mittleren Unternehmen, S. 935). A. A. über die Lebensdauer von Unternehmen *Hackmann, A.*, Unternehmensbewertung und Rechtsprechung, S. 425.

160 Für diese Berechnung und die Übersicht B-5 wurden konstante Einzahlungsüberschüsse sowie ein Kapitalisierungszinsfuß von 10% angenommen.

5.3.3. Begrenzte Lebensdauer des Bewertungsobjekts

Die Annahme einer begrenzten Lebensdauer des zu bewertenden Unternehmens ist in folgenden Fällen angemessen:

1. Die Lebensdauer des Unternehmens ist aufgrund rechtlicher oder wirtschaftlicher Gegebenheiten beschränkt (z. B. durch eine befristete Konzession oder die noch vorhandenen förderwürdigen Bodenschätze eines Bergwerks). In diesem Fall ist die verbleibende Lebensdauer des Unternehmens bekannt oder absehbar.
2. Die Wahrscheinlichkeit, daß das Unternehmen einen absehbaren Zeitraum nicht überlebt, ist hoch (z. B. aufgrund hoher Insolvenzrisiken in der Branche). In diesem Fall ist zu prüfen, ob die voraussichtliche Restlebensdauer des Unternehmens geschätzt werden kann.

Der Unternehmenswert bei begrenzter Lebensdauer des zu bewertenden Unternehmens wird gemäß der folgenden Übersicht ermittelt.[161] Im Unterschied zum Phasenmodell basiert der Unternehmenswert dabei nicht auf einer ewigen Rente. Statt dessen wird davon ausgegangen, daß das Unternehmen nach einer bestimmten Zeit entweder verkauft oder liquidiert wird.

Übersicht B-6: Unternehmenswert bei begrenzter Lebensdauer

	Barwert der künftigen Einzahlungsüberschüsse des betriebsnotwendigen Vermögens in den Betriebsjahren
+	Liquidationswert des nicht betriebsnotwendigen Vermögens (abgezinst auf den Bewertungsstichtag)
+	Überschuß aus der Veräußerung des Unternehmens bei Betriebsbeendigung bzw. Liquidationswert (abgezinst auf den Bewertungsstichtag)
=	Unternehmenswert

Wichtige Hinweise auf die künftige Lebensdauer des Unternehmens geben z. B. die **Insolvenzrisiken** in der Branche des zu bewertenden Unternehmens. Genauer ist indes eine unternehmensindividuelle Einschätzung der Insolvenzrisiken. Dabei kann das zu bewertende Unternehmen z. B. durch Ratings mit Hilfe künstlicher neuronaler Netze[162] in eine Güte- oder Risikoklasse eingestuft werden sowie die zugehörige Insolvenzwahrscheinlichkeit prognostiziert werden. Allerdings kann auch mit künstlichen neuronalen Netzen bisher nicht prognostiziert werden, wie lange ein zu bewertendes Unternehmen voraussichtlich noch existieren wird. Wenn überdurchschnittlich hohe[163] Insolvenzrisiken durch eine Begrenzung der Lebensdauer des Unternehmens berücksich-

---

161 Vgl. *HFA des IDW*, Stellungnahme 2/1983, S. 479.
162 Vgl. dazu *Baetge, J./Jerschensky, A.*, Beurteilung der wirtschaftlichen Lage, S. 1583.
163 1995 wurden 22.344 Unternehmensinsolvenzen in Deutschland erfaßt; bezogen auf 2,2 Mio. Unternehmen entspricht dies einer durchschnittlichen Insolvenzquote von ca. 1,02%. Vgl. auch *Creditreform (Hrsg.)*, Unternehmensentwicklung 1996, S. 2.

tigt werden sollen, liegt es damit im Ermessen des Bewerters, auf welchen Zeitraum er die verbleibende Lebensdauer des Unternehmens schätzt.

5.4. Bemessung des Kapitalisierungszinssatzes (Schwierigkeitskomplex III)

5.4.1. Aufgabe und Bestandteile des Kapitalisierungszinsfußes

Durch die Wahl des Kapitalisierungszinsfußes vergleicht der Bewerter implizit die Investition in das zu bewertende Unternehmen mit anderen Geldverwendungsalternativen.[164] Beim Wirtschaftsprüferverfahren wird üblicherweise von einem **Basiszinssatz** ausgegangen, der dann durch bestimmte Zuschläge (u. a. den **Risikozuschlag**) und Abschläge (ggf. etwa einen **Geldentwertungsabschlag**) korrigiert wird. Diese Zuschläge und Abschläge leiten sich aus dem **Äquivalenzprinzip** ab. Nach dem Äquivalenzprinzip müssen die einbezogenen Handlungsalternativen vergleichbar (äquivalent) sein.[165] Zum Beispiel ist normalerweise ein Risikozuschlag erforderlich, weil die Chancen und Risiken der besten Geldverwendungsalternative und des zu bewertenden Unternehmens i. d. R. nicht äquivalent sind.[166] Der Risikozuschlag soll daher eine Unsicherheitsäquivalenz herstellen. Übersicht B-7 zeigt die einzelnen, im folgenden noch näher erläuterten Bestandteile des Kapitalisierungszinsfußes im Überblick.

Übersicht B-7: Ermittlung des Kapitalisierungszinsfußes

	Basiszinssatz
+	ggf. Risikozuschlag
+	ggf. Zuschlag aufgrund mangelnder Fungibilität
+	ggf. Minderheitenzuschlag
./.	ggf. Geldentwertungsabschlag
=	Kapitalisierungszinsfuß

Rein rechnerisch können Zuschläge auf den Kapitalisierungszinsfuß in einen Abschlag vom Unternehmenswert überführt werden bzw. umgekehrt: Abschläge vom Kapitalisierungszinsfuß entsprechen rechnerisch einem Zuschlag zum Unternehmenswert. Im Schrifttum[167] und in der Rechtsprechung finden sich Hinweise auf beide Vorgehensweisen. Überwiegend werden Zuschläge und Abschläge beim Kapitalisierungszinsfuß vorgenommen, z. B. wird das allgemeine Unternehmerrisiko in der Rechtsprechung in

---

164 Vgl. etwa *Münstermann, H.*, Wert und Bewertung, S. 65-66; *Piltz, D.*, Die Unternehmensbewertung in der Rechtsprechung, S. 26.
165 Vgl. *Mandl, G./Rabel, K.*, Unternehmensbewertung, S. 75.
166 Vgl. *IDW (Hrsg.)*, WP-Handbuch 1992, Bd. II, S. 92-93, Rn. 197; *Weber, E.*, Bewertung von ausländischen Unternehmen, S. 1273-1274; *Siepe, G.*, Bemessung des Kapitalisierungszinsfußes, S. 1689-1690.
167 Vgl. z. B. *Wollny, P.*, Unternehmens- und Praxisübertragungen, S. 380, Rn. 1585.

den meisten Fällen als Zuschlag zum Kapitalisierungszinsfuß berücksichtigt.[168] Zu vermeiden sind indes Doppelberücksichtigungen. So ist das Vorgehen bei der Entscheidung des *LG Fulda* vom 19.9.1985 nicht korrekt, bei dem das allgemeine Unternehmerrisiko sowohl durch einen Abschlag von den Einzahlungsüberschüssen als auch durch einen Zuschlag zum Kapitalisierungszinsfuß berücksichtigt wird.[169]

Wie groß der Einfluß des Kapitalisierungszinsfußes auf den Unternehmenswert ist, zeigt die folgende Übersicht. Unter sonst gleichen Bedingungen ist der Unternehmenswert zum Beispiel bei einem Kapitalisierungszinsfuß von 5% doppelt so hoch wie bei einem Kapitalisierungszinsfuß von 10%. Für die Berechnung der Kurve wurden dabei konstante Einzahlungsüberschüsse in Höhe von 10 GE angenommen (d. h. Unternehmenswert = 10 GE / Kapitalisierungszinsfuß).

Übersicht B-8: Einfluß des Kapitalisierungszinsfußes auf den Unternehmenswert

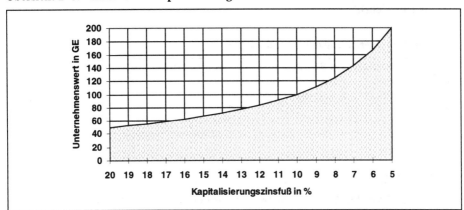

Praktische Probleme bei der Bemessung des Kapitalisierungszinsfußes liegen vor allem in der Höhe der Zuschläge und Abschläge, deren Höhe nicht objektiviert werden kann.[170] Die Schwierigkeit, den verwendeten Kapitalisierungszinsfuß befriedigend zu begründen, stellt eine der wesentlichsten Schwächen des Ertragswertverfahrens dar.[171] Zudem wird unterstellt, daß der Kapitalisierungszinsfuß im Zeitablauf konstant ist und sich seine Determinanten nicht ändern. Solche Änderungen des Kapitalisierungszinsfußes könnten z. B. aufgrund geänderter Kapitalmarktzinssätze oder eines höheren Insolvenzrisikos des zu bewertenden Unternehmens geboten sein. Auch empirisch lassen

---

168 Anders allerdings *OLG Celle*, Beschluß vom 1.7.1980 - 9 Wx 9/79, S. 234-235, wo ein Risikoabschlag in Höhe von 15 v. H. vom Unternehmenswert vorgenommen wurde.
169 Vgl. *Piltz, D.*, Die Unternehmensbewertung in der Rechtsprechung, S. 154 (die Entscheidung des LG Fulda vom 19.9.1985 wurde nicht veröffentlicht).
170 Vgl. etwa *Zimmerer, C.*, Ertragswertgutachten, S. 418; *Klocke, H.*, Dialogbeitrag zum Thema Ertragswertgutachten, S. 538.
171 Vgl. *Sieben, G.*, Unternehmensbewertung, Sp. 4326.

sich weder ein konstanter Realzins noch ein konstanter Nominalzins feststellen, so daß die Annahme eines konstanten Kapitalisierungszinsfußes problematisch ist.[172] Daher überrascht es nicht, daß bei einer Befragung von deutschen Großunternehmen festgestellt wurde, daß 42% der Unternehmen ihren Kapitalisierungszinsfuß bei jeder Bewertung ändern.[173]

5.4.2. Ermittlung des Basiszinssatzes

Bei der Ertragswertermittlung wird die Kapitalanlage „Kauf des zu bewertenden Unternehmens" mit anderen vorteilhaften **Geldverwendungsalternativen** verglichen. Als Geldverwendungsalternativen kommen dabei der Konsum, die Tilgung von Krediten, eine andere Investition oder eine Kombination dieser Alternativen in Betracht (vgl. die folgende Übersicht).[174]

Übersicht B-9: Herleitung des Basiszinssatzes

Herleitung des Basiszinssatzes über vier Geldverwendungsalternativen
1. Alternativinvestition Drei Arten möglicher Renditen einer Investitionsalternative: • Zinssatz langfristiger Anlagen am Kapitalmarkt • Bestimmte Renditeerwartung (z. B. aufgrund einer Vorgabe der Aktionäre) • Günstigste erreichbare Renditeerwartung bei einer Alternativinvestition
2. Tilgung von Krediten
3. Konsum
4. Kombination der Alternativen 1. bis 3.

Für den **objektivierten Unternehmenswert** wird der Zinssatz für langfristige, festverzinsliche Kapitalanlagen als Basiszinssatz verwendet, der eine „quasisichere", allgemein zugängliche und intersubjektiv nachprüfbare Größe darstellt. Festverzinsliche Titel sind lediglich „quasisicher", weil sie u. a. dem Zinsänderungsrisiko und der Inflation unterliegen.[175] Sofern Industrieobligationen in das Portefeuille aufgenommen werden, wird im Kapitalisierungszinsfuß sogar implizit das Insolvenzrisiko dieser Unternehmen berücksichtigt. Bei den meisten Gerichtsentscheidungen[176] bildet die soge-

---

172 Vgl. auch *Hax, K.*, Die langfristigen Kapitaldispositionen, S. 522; *Weber, E.*, Bewertung ausländischer Unternehmen, S. 1274.
173 Vgl. *Prietze, O./Walker, A.*, Der Kapitalisierungszinsfuß im Rahmen der Unternehmensbewertung, S. 208.
174 Vgl. *Ballwieser, W./Leuthier, R.*, Unternehmensbewertung, S. 606-607; *Leuthier, R.*, Das Interdependenzproblem bei der Unternehmensbewertung, S. 176.
175 Vgl. *Moxter, A.*, Grundsätze ordnungsmäßiger Unternehmensbewertung, [2. Aufl.], S. 146; *Baetge, J./Krause, C.*, Risiko bei der Unternehmensbewertung, S. 434.
176 Vgl. z. B. *OLG Düsseldorf*, Beschluß vom 7.6.1990 - 19 W 13/86, S. 494. Nach *BGH*, Urteil vom 30.9.1981 - IV a ZR 127/80, S. 576, kann die Umlaufsrendite der öffentlichen Hand als Basiszinssatz nicht beanstandet werden.

nannte **Umlaufsrendite der öffentlichen Hand** den Basiszinssatz. Die Umlaufsrendite der öffentlichen Hand wird aus dem gewogenen Durchschnitt der Renditen von Pfandbriefen, Kommunalobligationen und Anleihen des Bundes oder der Länder ermittelt.[177] Beim **subjektiven Unternehmenswert** wird i. d. R. vereinfachend eine Alternativinvestition als Geldverwendungsalternative angenommen.[178] Grundsätzlich kann bei subjektiven Unternehmenswerten jede Geldverwendungsalternative relevant sein. Normalerweise wird aber die beste Alternativinvestition zugrunde gelegt, um daraus den Basiszinssatz abzuleiten. Am besten ist dabei die Alternativinvestition, die der Käufer wahrnehmen würde, wenn er das zu bewertende Unternehmen nicht kauft.[179] Als Kapitalisierungszinsfuß wird beim subjektiven Unternehmenswert normalerweise entweder eine vorgegebene Renditeerwartung angesetzt oder eine fallweise zu bestimmende Alternativrendite.[180]

5.4.3. Risikozuschlag

Unter „Risiko" wird in der Unternehmensbewertung das **Ausmaß der Streuung** der Ergebnisse verstanden.[181] Das Risiko einer Investition ist z. B. um so höher, je stärker die möglichen Ergebnisse dieser Investition streuen. Die Streuung der Ergebnisse mindert den Unternehmenswert, weil bei der Unternehmensbewertung ein **risikoscheuer Investor** unterstellt wird,[182] d. h. es wird ein Investor angenommen, der aus mehreren Anlagemöglichkeiten mit gleichem Erwartungswert diejenige vorzieht, deren mögliche Ergebnisse am wenigsten streuen.

Risiken lassen sich bei der Unternehmensbewertung in zwei Arten einteilen: in (1) spezielle Risiken und in (2) das allgemeine Unternehmerrisiko. Unter (1) **speziellen Risiken** wird die Streuung von Aufwendungen oder Erträgen verstanden, die in einigermaßen regelmäßigen Abständen auftritt und zu Aufwendungen oder Erträgen in wechselnder Höhe führt, ohne daß die Existenz des Unternehmens dadurch gefährdet wird.[183] Fast alle Aufwendungen und Erträge bei der Ertragswertermittlung enthalten spezielle Risiken. So ist meist nicht bekannt, wie hoch die Umsatzerlöse des nächsten

---

177 Vgl. *Großfeld, B.*, Unternehmens- und Anteilsbewertung, S. 67; *Münstermann, H.*, Wert und Bewertung, S. 68. Die Umlaufsrenditen werden in den Monatsberichten der Deutschen Bundesbank im Abschnitt VI. 6. regelmäßig veröffentlicht.
178 Vgl. *Ballwieser, W.*, Unternehmensbewertung und Komplexitätsreduktion, S. 169.
179 Vgl. *Coenenberg, A. G./Sieben, G.*, Unternehmensbewertung, Sp. 4067.
180 Vgl. *IDW (Hrsg.)*, WP-Handbuch 1992, Bd. II, S. 102, Rn. 213.
181 Vgl. *Baetge, J./Krause, C.*, Risiko bei der Unternehmensbewertung, S. 435-436.
182 Vgl. *Baetge, J./Krause, C.*, Risiko bei der Unternehmensbewertung, S. 436; *Ballwieser, W.*, Wahl des Kalkulationszinsfußes, S. 101.
183 Vgl. *Münstermann, H.*, Wert und Bewertung, S. 57; *Hackmann, A.*, Unternehmensbewertung und Rechtsprechung, S. 121-122.

Geschäftsjahres sein werden. Nur in wenigen Fällen werden spezielle Risiken von Aufwendungen oder Erträgen explizit abgesichert und dadurch neutralisiert. Zum Beispiel wird Währungsrisiken in der Zahlungsreihe häufig durch Sicherungsgeschäfte wie Devisentermingeschäften begegnet.

Unter dem (2) **allgemeinen Unternehmerrisiko** werden in der Unternehmensbewertung diejenigen Risiken verstanden, die „als singuläre Erscheinung nicht unter das Gesetz der großen Zahl"[184] fallen sowie die Risiken, die im einzelnen nicht quantifiziert werden können. Das allgemeine Unternehmerrisiko wird i. d. R. durch einen **Risikozuschlag** zum Basiszinssatz berücksichtigt.[185] Dieser Risikozuschlag umfaßt alle Risiken, die (a) bei der Alternativanlage nicht vorhanden sind und (b) aufgrund ihrer Singularität und mangelnden Quantifizierbarkeit nicht in der Zahlungsreihe erfaßt werden können.

Übersicht B-10: Der Zusammenhang zwischen speziellen Risiken und dem allgemeinen Unternehmerrisiko

Damit eine **Unsicherheitsäquivalenz** gewährleistet ist, müssen die Risikoberücksichtigung in der Zahlungsreihe und die Risikoberücksichtigung im Kapitalisierungszinsfuß

---

184 *Münstermann, H.,* Wert und Bewertung, S. 57.
185 Möglich ist statt eines Zuschlags zum Zinsfuß auch ein Abschlag von den kapitalisierten Einzahlungsüberschüssen. In *OLG Celle,* Beschluß vom 1.7.1980 - 9 Wx 9/79, S. 234-235, wurden die kapitalisierten Einzahlungsüberschüsse z. B. durch einen 15%igen Abschlag gemindert. Indes sind nach *Siepe, G.;* Das allgemeine Unternehmerrisiko, S. 708, Zuschläge zum Zins vorzuziehen, weil dadurch eine zeitbezogene Gewichtung des allgemeinen Unternehmerrisikos erreicht wird.

aufeinander abgestimmt werden (vgl. Übersicht B-10).[186] Dabei gibt es zwei Möglichkeiten:[187] Einerseits kann die Zahlungsreihe auf einer vorsichtigen Schätzung basieren. In diesem Fall wäre dann kein Zuschlag für das allgemeine Unternehmerrisiko auf den Kapitalisierungszinsfuß zu berücksichtigen. Andererseits können die künftigen Einzahlungsüberschüsse in der Zahlungsreihe realistisch prognostiziert werden. Dann wird versucht, die Risiken so weit wie möglich zu identifizieren und sie über den Risikozuschlag zum Kapitalisierungszinsfuß zu berücksichtigen. Meistens wird – u. a. wegen der höheren Transparenz – die zweite Vorgehensweise gewählt. So wird seit Anfang der 80er Jahre in der Rechtsprechung fast durchgängig ein Risikozuschlag zum Kapitalisierungszinsfuß angesetzt.[188]

Bei der Wahl des Risikozuschlags verfügt der Bewerter über einen **erheblichen Ermessensspielraum**. Beim objektivierten Unternehmenswert wird versucht, den Risikozuschlag so zu ermitteln, daß er als Entgelt für das höhere Risiko einer Investition in ein Unternehmen gegenüber einer (risikolosen) Finanzinvestition angesehen werden kann.[189] Objektivieren läßt sich die Höhe des Risikozuschlags nicht, da stets eine unbefriedigende Bandbreite verbleibt, in der ähnlich gut begründbare Risikozuschläge liegen. Auch der *BGH* hält die Ermittlung eines bestimmten Risikozuschlags offensichtlich für unmöglich, da sich nach *BGH*, Urteil vom 13.3.1978, „weder die Richtigkeit noch die Unrichtigkeit"[190] des im Urteil gewählten Risikozuschlags von 4% beweisen ließe. Nach der neueren Rechtsprechung[191] muß sich der Risikozuschlag an den Verhältnissen des Unternehmens orientieren (z. B. ist bei bei einem Softwareunternehmen mit unsicherem Auftragsbestand i. d. R. ein höherer Risikozuschlag anzusetzen als bei einem Unternehmen des Lebensmittelgroßhandels).[192]

---

186   Vgl. *OLG Düsseldorf*, Beschluß vom 11.4.1988 - 19 W 32/86, S. 278; *OLG Celle*, Beschluß vom 4.4.1979 - 9 W 2/77, S. 232; *Hackmann, A.*, Unternehmensbewertung und Rechtsprechung, S. 121-122; *Piltz, D.*, Die Unternehmensbewertung in der Rechtsprechung, S. 174; *Siepe, G.*, Das allgemeine Unternehmerrisiko, S. 705.
187   Vgl. z. B. *Baetge, J./Krause, C.*, Risiko bei der Unternehmensbewertung, S. 435.
188   Vgl. *Piltz, D.*, Die Unternehmensbewertung in der Rechtsprechung, S. 176.
189   Vgl. z. B. *BGH*, Urteil vom 30.9.1981 - IV a ZR 127/80, S. 576; *OLG Düsseldorf*, Beschluß vom 11.1.1990 - 19 W 6/86, S. 400-401; *OLG Düsseldorf*, Beschluß vom 7.6.1990 - 19 W 13/86, S. 494; *Piltz, D.*, Die Unternehmensbewertung in der Rechtsprechung, S. 176; *IDW (Hrsg.)*, WP-Handbuch 1992, Bd. II, S. 103, Rn. 213; *Busse von Colbe, W.*, Der Zukunftserfolg, S. 121.
190   *BGH*, Urteil vom 13.3.1978 - II ZR 142/76, S. 199.
191   Vgl. z. B. *OLG* Düsseldorf, Beschluß vom 11.1.1990 - 19 W 6/86, S. 401. In der älteren Rechtsprechung wurde der Risikozuschlag oft nicht begründet und - unabhängig vom zu bewertenden Unternehmen - mit der Hälfte des Basiszinssatzes angesetzt; vgl. *Piltz, D.*, Die Unternehmensbewertung in der Rechtsprechung, S. 177.
192   Vgl. *Piltz, D.*, Die Unternehmensbewertung in der Rechtsprechung, S. 177.

Über den Risikozuschlag werden häufig auch hohe Insolvenzrisiken berücksichtigt.[193] Der Risikozuschlag ist dann so zu erhöhen, daß er nicht nur ein „normales" allgemeines Unternehmerrisiko abdeckt. Das „normale" allgemeine Unternehmerrisiko bezieht sich lediglich auf durchschnittliche Insolvenzrisiken und berücksichtigt keine ungewöhnlich hohen Insolvenzrisiken.

5.4.4. Fungibilitätszuschlag

Je schwieriger Unternehmensanteile verkauft werden können (= je weniger fungibel die Anteile sind), um so geringer ist ihr Wert für den Besitzer. Durch die mangelnde Fungibilität entstehen bei der Suche nach einem Käufer einerseits direkte Sachkosten und andererseits – durch die Verzögerung der Transaktion – Opportunitätskosten in Form von Zinskosten.[194] Weiterhin können weder der Zahlungszeitpunkt noch die Höhe der Zahlung genau geschätzt werden, wodurch u. a. die Liquiditätsplanung des Verkäufers erschwert wird.[195] Die schwierige Verkäuflichkeit von nicht börsennotierten Unternehmensanteilen mindert daher ihren Wert und wird üblicherweise durch einen Zuschlag auf den Kapitalisierungszinsfuß berücksichtigt.[196] Je schwieriger Unternehmensanteile verkauft werden können, um so höher fällt der **Zuschlag aufgrund mangelnder Fungibilität**[197] aus.

Ein Zuschlag wegen mangelnder Fungibilität darf nicht vorgenommen werden, wenn sich das Bewertungsobjekt und die zugrunde gelegte Alternativinvestition hinsichtlich ihrer Fungibilität nicht unterscheiden.[198] Auch wenn der Investor beabsichtigt, das Unternehmen langfristig zu halten, wird normalerweise kein Fungibilitätszuschlag angesetzt, da sich die mangelnde Marktgängigkeit der Anteile dann im Regelfall nicht auswirkt.

Teilweise wird die schlechte Wiederveräußerungsmöglichkeit von nicht börsennotierten Unternehmensanteilen auch als Teil des allgemeinen Unternehmerrisikos aufge-

---

193 Vgl. *Sieben, G./Lutz, H.*, Die Bewertung ertragsschwacher Unternehmen, S. 575; *BayObLG*, Beschluß vom 11.12.1995 - 3 Z BR 36/91, S. 179.
194 Vgl. *Amihud, Y./Mendelson, H.*, Liquidity and Asset Prices, S. 235.
195 Vgl. *Beiker, H.*, Überrenditen und Risiken, S. 145.
196 Vgl. *Schmalenbach, E.*, Die Beteiligungsfinanzierung, S. 53; *Münstermann, H.*, Wert und Bewertung, S. 77-78; *Moxter, A.*, Grundsätze ordnungsmäßiger Unternehmensbewertung, [2. Aufl.], S. 159-162.
197 Im Schrifttum wird auch die Bezeichnung „Mobilitätszuschlag" oder „Immobilitätszuschlag" verwendet; so *Dörner, W.*, Zinsfuß bei Unternehmensbewertungen, S. 143.
198 Vgl. *Moxter, A.*, Grundsätze ordnungsmäßiger Unternehmensbewertung, [2. Aufl.], S. 166; ähnlich *Münstermann, H.*, Wert und Bewertung, S. 78.

faßt.[199] Der Risikozuschlag muß dann so hoch gewählt werden, daß auch die mangelnde Fungibilität abgedeckt wird. Im folgenden wird es aus systematischen Gründen und wegen der besseren Nachvollziehbarkeit vorgezogen, den Fungibilitätszuschlag gesondert zu betrachten.[200]

Schmalenbachs Vorschlag, einen Zuschlag aufgrund mangelnder Fungibilität in Höhe von 50% des Kapitalisierungszinsfußes anzusetzen,[201] gehört heute zumindest in den USA zur üblichen Praxis. Dort bewegen sich Abschläge für nicht marktgängige Anteile häufig bei etwa 35% des Unternehmenswerts.[202] Dies entspricht einem Zuschlag von 54% auf den Kapitalisierungszinsfuß.[203] Trotz dieser üblicherweise angesetzten Zuschläge gilt für den Fungibilitätszuschlag, daß es dafür keine objektivierten Daten gibt und damit – wie beim Risikozuschlag – eine Bandbreite ähnlich gut begründbarer Fungibilitätszuschläge besteht.

5.4.5. Minderheitenzuschlag

Mehrheitsanteile an einem Unternehmen müssen wegen der Möglichkeit, die Geschäftspolitik aktiv zu beeinflussen, höher bewertet werden als Minderheitsanteile.[204] Da der subjektive Unternehmenswert bereits sämtliche Vorteile aus dem Unternehmenserwerb einschließlich Synergien u. ä. enthält, kann der Mehrheitsbesitz von Aktien keine Wertsteigerung über den subjektiven Unternehmenswert hinaus verursachen. Wenn also 100% der Anteile an einem Unternehmen erworben werden, dann wird ein rational handelnder Erwerber dafür maximal den subjektiven Unternehmenswert zahlen und keinen zusätzlichen Zuschlag aufgrund des Mehrheitsbesitzes.

---

199 Vgl. *IDW (Hrsg.)*, WP-Handbuch 1992, Bd. II, S. 100, Rn. 211. Das IDW hat in diesem Punkt seine Auffassung geändert; 1981 wurde der Fungibilitätszuschlag noch mit der Begründung abgelehnt, daß er ein Faktor der Anteilsbewertung sei und „mit dem Wert eines Unternehmens direkt nichts zu tun" (*IDW (Hrsg.)*, WP-Handbuch 1981, S. 1340) habe. Ebenso *Dörner, W.*, Zinsfuß bei Unternehmensbewertungen, S. 143.
200 Gl. A. z. B. *Moxter, A.*, Grundsätze ordnungsmäßiger Unternehmensbewertung, [2. Aufl.], S. 159-162.
201 Vgl. *Schmalenbach, E.*, Die Beteiligungsfinanzierung, S. 54.
202 Vgl. *Sanfleber-Decher, M.*, Unternehmensbewertung in den USA, S. 603 sowie die ausgewerteten Gerichtsurteile bei *Oliver, R. P.*, Landmark Court Cases, S. 414. Die Abschläge werden u. a. aus Vergleichen zwischen Verkäufen von börsennotierten und nicht zum amtlichen Handel zugelassenen Aktien ermittelt; vgl. *Oliver, R. P.*, Landmark Court Cases, S. 409.
203 Vereinfachend wurden für diese Umformung konstante Einzahlungsüberschüsse angenommen. Dann ergibt sich ein Zuschlag in Höhe von $1/(1-0{,}35)-1 = 0{,}54 = 54\%$.
204 Nicht überzeugend ist daher der Beschluß des *OLG* Düsseldorf vom 27.11.1962, in dem ausscheidenden Minderheitsaktionären ein *Zuschlag* auf den Unternehmenswert gewährt wurde (*OLG Düsseldorf*, Beschluß vom 27.11.1962 - 6 Spruchverf. 1/60, S. 57). Vgl. auch *Piltz, D.*, Die Unternehmensbewertung in der Rechtsprechung, S. 236-237.

Übersicht B-11: Wert eines Unternehmensanteils

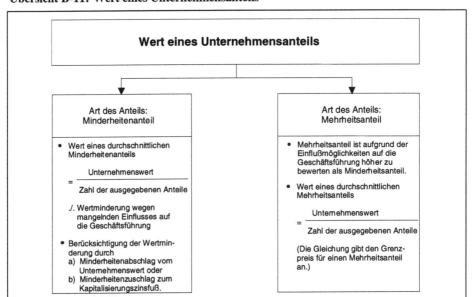

Zu beachten ist dabei, daß in bestimmten Situationen - z. B. wenn es um den Erwerb eines Anteils geht, mit dem eine Sperrminorität ausgeübt werden kann oder der Anteil, mit der die Stimmrechtsmehrheit erworben wird - dieser einzelne Anteil einen erheblich höheren Wert besitzt als ein durchschnittlicher Anteil. Solche Situationen erfordern stets Einzelfallbetrachtungen. Für einen durchschnittlichen Anteil an einer Minderheitsbeteiligung gilt indes, daß er einen geringeren Wert besitzt als ein durchschnittlicher Anteil an einer Mehrheitsbeteiligung.[205] Daher ist beim Erwerb einer **Minderheitsbeteiligung** ein **Zuschlag zum Kapitalisierungszinsfuß** sachgerecht. Rechnerisch entspricht dies der Praxis in den USA, wo beim Erwerb von Minderheitsanteilen regelmäßig ein Abschlag vom Unternehmenswert vorgenommen wird (*minority interest discount*). Die Höhe des Abschlags hängt dabei vom Einzelfall ab und richtet sich zum Beispiel nach der Größe des Unternehmens, der Art und Streuung der Aktien, den Mitbestimmungsrechten der Beteiligten und ähnlichen Faktoren.[206] Als Anhaltspunkt gibt *Helbling* an, daß beim Erwerb von Minderheitsanteilen häufig ein Minderheitenabschlag vom Unternehmenswert innerhalb einer Bandbreite von 10% bis 30% vorgenommen werde.[207]

---

205 Vgl. *Sanfleber-Decher, M.*, Unternehmensbewertung in den USA, S. 603; *Forbes, W. F.*, Manufacturing, S. 15-4.
206 Vgl. *Helbling, C.*, Unternehmensbewertung und Steuern, S. 510.
207 Vgl. *Helbling, C.*, Unternehmensbewertung und Steuern, S. 508-510.

5.4.6. Geldentwertungsabschlag

Gemäß dem Äquivalenzprinzip basieren Ertragswertermittlungen entweder auf nominalen Prognosedaten und einem nominalen Kapitalisierungszinsfuß oder auf realen Prognosedaten und einem realen Kapitalisierungszinsfuß.[208] Dies wird als **Kaufkraftäquivalenz** bezeichnet.[209] Falls reale Prognosedaten verwendet werden und somit auch ein realer Kapitalisierungszinsfuß zugrunde liegt, muß der (nominale) Basiszinssatz nach dem Äquivalenzprinzip um einen **Geldentwertungsabschlag** korrigiert werden.

5.5. Das Problem subjektiv verschiedener Unternehmenswerte (Schwierigkeitskomplex IV)

5.5.1. Überblick

Die Summe der diskontierten künftigen Erfolge und der gesondert bewerteten Unternehmensteile ergeben im 1. Bewertungsschritt des Wirtschaftsprüferverfahrens den sogenannten „**objektivierten Unternehmenswert**" (vgl. Übersicht B-12).

Übersicht B-12: Bewertung nach dem Wirtschaftsprüferverfahren[210]

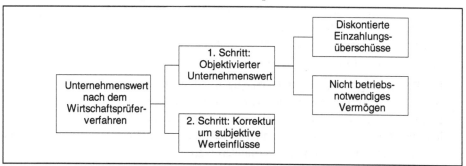

Im 2. Bewertungsschritt können dann subjektive Werteinflüsse ergänzt und dadurch der (subjektive) Unternehmenswert nach dem Wirtschaftsprüferverfahren ermittelt werden. Als „**subjektive Werteinflüsse**" werden dabei Faktoren bezeichnet, die nur bei einer der beiden Parteien den Unternehmenswert beeinflussen (z. B. Synergieeffekte). Auch Wirkungen der Akquisition auf die bereits vorhandenen Unternehmen des Käufers und die finanziellen und nicht-finanziellen Nutzenerwartungen beeinflussen den subjektiven Unternehmenswert.[211] Je nachdem, ob der Bewerter einen ob-

---

208 Vgl. auch *LG Frankfurt am Main*, Beschluß vom 8.12.1982 - 3/3AktE 104/79, S. 138.
209 Vgl. zur Kaufkraftäquivalenz: *Mandl, G./Rabel, K.*, Unternehmensbewertung, S. 77.
210 Vgl. *Hafner, R.*, Unternehmensbewertungen, S. 82.
211 Vgl. *Moxter, A.*, Grundsätze ordnungsmäßiger Unternehmensbewertung, [2. Aufl.], S. 138-139.

jektivierten Unternehmenswert oder einen subjektiven Unternehmenswert ermitteln soll, ist die Vergangenheitsanalyse entsprechend anzupassen.

Im folgenden werden die Ermittlung und die Aussage des objektivierten Unternehmenswerts (1. Bewertungsschritt) sowie die Überleitung vom objektivierten Unternehmenswert zum subjektiven Unternehmenswert (2. Bewertungsschritt) dargestellt.

5.5.2. Ermittlung und Aussage des objektivierten Unternehmenswerts

Der objektivierte Unternehmenswert gibt den Wert des Unternehmens wieder „wie es steht und liegt".[212] Dabei wird unterstellt, daß (1) das Unternehmen in seiner bisherigen Konzeption weitergeführt wird, (2) ein subjektunabhängiger Wert im Sinne einer „verselbständigten Erfolgsgröße"[213] ohne personenbezogene Einflüsse ermittelt werden kann und (3) als Kapitalisierungszinsfuß eine Alternativinvestition am Kapitalmarkt angenommen wird.[214] Die ersten beiden **Annahmen sind nicht unproblematisch:**

- Da der objektivierte Ertragswert keine personenbezogenen Einflüsse enthalten soll, wären die Einflüsse eines überdurchschnittlich guten oder schlechten Managements theoretisch zu bereinigen.[215] Indes kann weder allgemein zugeordnet werden, was alles zum **Management** zählt, noch ist klar, in welcher Höhe entsprechende Bereinigungen vorzunehmen wären.[216] Nach der hier vertretenen Meinung hat ein Bewerter als Schiedsgutachter auch nicht die Aufgabe, im Bewertungsgutachten die Sinnhaftigkeit kaufmännischer Entscheidungen zu prüfen und daraus bewertungsrelevante Schlußfolgerungen zu ziehen.[217]

- Die Berechnung von „subjektunabhängigen" **Steuerzahlungen** ist schwer umzusetzen.[218] Im Schrifttum finden sich z. B. Vorschläge, einen typisierten Ertragsteuersatz der Anteilseigner zu ermitteln, die Ertragsteuern von den künftigen Einzahlungsüberschüssen abzusetzen und einen Kapitalisierungszinsfuß zu verwenden, der um entsprechende Steuereffekte vermindert wurde.[219]

---

212 Vgl. etwa *Dörner, W.*, Funktionen des Wirtschaftsprüfers, S. 204.
213 *HFA des IDW*, Stellungnahme 2/1983, S. 475.
214 Vgl. *HFA des IDW*, Stellungnahme 2/1983, S. 468; *Dörner, W.*, Funktionen des Wirtschaftsprüfers, S. 203-206.
215 Vgl. *IDW (Hrsg.)*, WP-Handbuch 1992, Bd. II, S. 40-41, Rn. 77-78.
216 Vgl. *Schildbach, T.*, Kölner versus phasenorientierte Funktionenlehre, S. 30-31.
217 Ebenso *Aha, C.*, Unternehmensbewertung im Spruchstellenverfahren, S. 35. Eine solche kaufmännische Begutachtung findet sich aber bei *BayObLG*, Beschluß vom 11.12.1995 - 3 Z BR 36/91, S. 178.
218 Vgl. *Schildbach, T.*, Kölner versus phasenorientierte Funktionenlehre, S. 32.
219 Vgl. *Siepe, G.*, Die Berücksichtigung von Ertragsteuern, S. 1-10 und 37-44; *Schmidt, P.-J.*, Aus der Arbeit des IDW, S. 829 m. w. N.

- **Unternehmen in den neuen Bundesländern oder in den ehemaligen Ostblockstaaten** müssen sich neue Märkte erschließen und die bisherige Unternehmenskonzeption erheblich ändern (z. B. durch „Gesundschrumpfen" und den Abbau eines Personalüberhangs).[220] Der Wert des Unternehmens „wie es steht und liegt" ist in solchen Fällen nicht aussagefähig.[221] Grundsätzlich ist es daher vorzuziehen, Projektionen zu verwenden, die wahrscheinliche oder gar unvermeidbare Änderungen der Unternehmenskonzeption enthalten (wie im Fall der Unternehmen aus den ehemaligen Ostblockstaaten), statt einen stärker objektivierten, aber informationslosen Wert „wie es steht und liegt" ermitteln zu wollen.[222] Die Übernahme realistischer Projektionen – auch wenn sie eine Änderung der Unternehmenskonzeption enthält – entspricht zudem der internationalen Bewertungspraxis[223] und der deutschen Rechtsprechung[224].

Nach Ansicht von *Maul* weist der objektivierte Unternehmenswert noch einen weiteren konzeptionellen Widerspruch auf: Die Verrechnung von Abschreibungen auf der Basis von Wiederbeschaffungswerten impliziere Unternehmenswachstum, da dann der **Kapazitätserweiterungseffekt** (Lohmann-Ruchti-Effekt) auftrete.[225] Unternehmenswachstum – so *Maul* weiter – sei aber nicht mit einem Unternehmen „wie es steht und liegt" vereinbar. Dem ist entgegenzuhalten, daß erstens Unternehmenswachstum beim objektivierten Unternehmenswert nicht als generell unmöglich angesehen wird, auch wenn die Planung i. d. R. aus den Mengengerüsten der Vergangenheit entwickelt wird[226]. Zweitens tritt der Kapazitätserweiterungseffekt nur auf, wenn die aus Abschreibungsgegenwerten zurückfließenden Mittel nicht für die Ersatzbeschaffung reinvestiert werden müssen.[227] Mit anderen Worten: Der Kapazitätserweiterungseffekt wirkt nur in den kurzen Phasen des Kapazitätsaufbaus (z. B. nach der Unternehmensgründung, wenn ausschließlich neue und keine ersatzbedürftigen Maschinen vorhan-

---

220 Vgl. *Lanfermann, J.*, Unternehmensbewertung in den neuen Bundesländern, S. 120-121; *Picot, G.*, Kauf ehemaliger DDR-Unternehmen, S. 35-46; *Klein, W./Paarsch, A.*, Bewertung von Unternehmen in den fünf neuen Bundesländern, S. 12-13.
221 Vgl. *Dörner, W.*, Unternehmensbewertungen in der DDR, S. 5; *Maul, K.-H.*, Bewertung von Unternehmen, S. 1255.
222 Vgl. *Kraus-Grünewald, M.*, Verkäuferposition bei Akquisitionen, S. 1441-1442; *Sieben, G./Lutz, H.*, Die Bewertung eines ertragsschwachen Unternehmens, S. 572. - lehnt die Bewertungsprämisse „wie es steht und liegt" in den meisten Bewertungssituationen als „nicht sachgerecht" ab; vgl. *Maul, K.-H.*, Bewertung von Unternehmen, S. 1254.
223 Vgl. *Sanfleber-Decher, M.*, Unternehmensbewertung in den USA, S. 603.
224 Zur Wurzeltheorie vgl. *Piltz, D.*, Die Unternehmensbewertung in der Rechtsprechung, S. 115-118.
225 Vgl. *Maul, K.-H.*, Bewertung von Unternehmen, S. 1255.
226 Vgl. *HFA des IDW*, Stellungnahme 2/1983, S. 476.
227 Vgl. etwa *Perridon, L./Steiner, M.*, Finanzwirtschaft der Unternehmung, S. 463.

den sind). Wenn sich die Abschreibungen und die Investitionen ausgleichen, wird das freigesetzte Kapital dagegen sofort reinvestiert.[228]

Trotz seiner teilweisen konzeptionellen Unbestimmtheit kann der objektivierte Unternehmenswert sinnvoll eingesetzt werden, wenn kein Wechsel in der Unternehmensführung und deren Konzeption auftritt (z. B. bei Erb- und Scheidungsfällen oder dem Ausscheiden eines Gesellschafters).[229] Bei einer Reihe von Bewertungsanlässen wird er auch als Schiedswert herangezogen.[230] Die Berücksichtigung von Verbundvorteilen (oder allgemeiner: der subjektive Unternehmenswert) wird bei Rechtsstreitigkeiten dagegen im allgemeinen abgelehnt.[231] Für Unternehmenstransaktionen sollte der objektivierte Unternehmenswert allerdings nicht verwendet werden – auch nicht als Schiedswert –, da er im wesentlichen dem Grenzpreis des Verkäufers entspricht.[232] Dem Verkäufer würde erstens zugemutet, seine Verhandlungsgrenze mehr oder weniger offenzulegen, während der Käufer die seinige geheimhalten darf.[233] Zweitens wird der mögliche Einigungsbereich fast vollständig dem Käufer zugesprochen, so daß der Käufer dann erheblich größere Vorteile aus der Transaktion zieht als der Verkäufer. Der objektivierte Unternehmenswert wird daher für solche Anlässe zu Recht als einseitig und parteiisch kritisiert.[234]

5.5.3. Die Überleitung vom objektivierten zum subjektiven Unternehmenswert

Beim Wirtschaftsprüferverfahren wird der objektivierte Unternehmenswert in einem zweiten Bewertungsschritt in den subjektiven Unternehmenswert übergeleitet, indem

---

228 So auch *OLG Celle*, Beschluß vom 4.4.1979 - 9 W 2/77, S. 232.
229 Vgl. etwa *Dörner, W.*, Der Wirtschaftsprüfer als unparteiischer Gutachter, S. 202. Mitunter findet sich auch im US-amerikanischen Schrifttum die Empfehlung, den Unternehmenswert „excluse of any synergism" (*Houlihan, R.*, Acquisition and Merger Due Diligence, S. 30) zu berechnen.
230 Vgl. *Neuhaus, C.*, Unternehmensbewertung und Abfindung, S. 25.
231 Nach *LG Düsseldorf*, Beschluß vom 16.12.1987 - 34 AktE 1/82, S. 139, ist ein subjektiver Unternehmenswert bei der Abfindungsbemessung weder mit dem Wortlaut des § 12 Abs. 1 Satz 2 UmwG vereinbar, noch mit dem Sinn und Zweck dieses Gesetzes. Auch andere Entscheidungen bestätigen die Auffassung, Verbundvorteile bei der Abfindungsbemessung nicht zu berücksichtigen; vgl. z. B. *OLG München*, Beschluß vom 15.12.1964 - AllgReg 11/38-40/60, S. 180. Dazu auch *Künnemann, M.*, Objektivierte Unternehmenswerte, S. 293 m. w. N.
232 Vgl. etwa *Schildbach, T.*, Kölner versus phasenorientierte Funktionenlehre, S. 32; *Sieben, G.*, Unternehmensstrategien und Kaufpreisbestimmung, S. 85.
233 Vgl. *Moxter, A.*, Grundsätze ordnungsmäßiger Unternehmensbewertung, [2. Aufl.], S. 28.
234 Vgl. *Moxter, A.*, Grundsätze ordnungsmäßiger Unternehmensbewertung, [2. Aufl.], S. 28; *Schildbach, T.*, Der Verkehrswert, S. 496; *Ballwieser, W.*, Aktuelle Aspekte der Unternehmensbewertung, S. 127; a. A. *Dörner, W.*, Funktionen des Wirtschaftsprüfers, S. 204-206.

Die Berechnung des Unternehmenswerts nach dem Wirtschaftsprüferverfahren 43

die **subjektiven Wertschätzungen** der Parteien hinzugerechnet oder abgezogen[235] werden. Die Aufwands- und Ertragsströme, die im objektivierten Unternehmenswert enthalten sind, werden dabei korrigiert.[236] Bspw. sind mögliche Synergieeffekte, geplante Kooperationen, Reorganisationspläne des Käufers und andere Restrukturierungsmaßnahmen zu berücksichtigen.[237] Im weiteren Sinne umfassen subjektive Werteinflüsse auch Restrukturierungsmaßnahmen. Unter **Restrukturierungsmaßnahmen** werden dabei alle Versuche verstanden, das vorhandene Wertpotential des akquirierten Unternehmens zu steigern.[238] Im einzelnen sind zur Überleitung zum subjektiven Unternehmenswert folgende Maßnahmen notwendig:[239]

- Berücksichtigung besonderer subjektiver Wertkomponenten des Erwerbers (z. B. Macht/Einfluß, politische Motive),

- Änderung des bestehenden Unternehmenskonzepts (des Verkäufers) zu einem neuen Konzept (bezogen auf den Käufer),

- Veränderung der dem objektivierten Wert zugrundeliegenden Daten durch individuelle (subjektive) Daten,

- Berücksichtigung von Synergieeffekten, Restrukturierungspotentialen, strategischen Vor- und Nachteilen durch den Unternehmenserwerb.

Die **zweistufige Ermittlung des subjektiven Unternehmenswerts** weist für den Käufer den Vorteil auf, daß er danach den möglichen Verhandlungsspielraum recht gut einschätzen kann, da der objektivierte Wert der Preisuntergrenze des Verkäufers nahekommt.[240] *Ruhnke* hält eine Korrektur der Aufwands- und Ertragsströme indes für wenig praktikabel, da die Aufwands- und Ertragsströme beim objektivierten Unternehmenswert einerseits und beim subjektiven Unternehmenswert andererseits im Regelfall erheblich voneinander abwichen. Zudem sei der Bewertungsvorgang weniger transparent.[241] Daher sollte sich der Bewerter nicht mit der Ermittlung des objektivierten Unternehmenswerts aufhalten, wenn er mit der Ermittlung eines Entscheidungswerts beauftragt wurde.

---

235 Synergieeffekte sind nicht notwendig positiv. Häufig werden bei Unternehmensbewertungen keine Synergieeffekte berücksichtigt, wenn deren Ausmaß nicht hinreichend genau quantifiziert werden kann; vgl. z. B. *Pearson, B.*, Acquisition of unquoted Companies, S. 62-63. Nach *Frank* gehen einige Bewerter sogar soweit, daß sie bei manchen Unternehmen unterstellen, daß „die Summe der Einzelunternehmen mehr ist als das Ganze" (*Frank, G.-M.*, Unternehmensübernahmen in Deutschland, S. 124) und damit negative Synergieeffekte vermuten.
236 Vgl. *HFA des IDW*, Stellungnahme 2/1983, S. 478-479.
237 Vgl. *Dörner, W.*, Funktionen des Wirtschaftsprüfers, S. 204.
238 Vgl. *Weber, B.*, Wertsteigerung durch Restrukturierung, S. 575.
239 Vgl. *IDW (Hrsg.)*, WP-Handbuch 1992, Bd. II, S. 7-8, Rn. 11.
240 Vgl. auch den auf diesem Gedanken aufbauenden Vorschlag einer Strategie des Käufers: *IDW (Hrsg.)*, WP-Handbuch 1992, Bd. II, S. 8, Rn. 11.
241 Vgl. *Ruhnke, K.*, Ansätze zur Unternehmensbewertung, S. 9.

5.6. Einordnung und Bedeutung der Vergangenheitsanalyse bei der Ertragswertermittlung

Das Wirtschaftsprüferverfahren zeichnet sich u. a. durch ausführlich dargelegte und gut ausgearbeitete theoretische Grundlagen aus.[242] Diese theoretische Ausgangsbasis ist insbesondere für den ersten Schritt der Ertragswertermittlung nach HFA 2/1983 wichtig, in dem u. a. die Erfolgsentwicklung des zu bewertenden Unternehmens über mehrere Jahre analysiert und bereinigt wird (**Vergangenheitsanalyse**).[243]

Übersicht B-13: Schritte der Ertragswertermittlung[244]

• Vergangenheitsanalyse (Bereinigungsrechnung)
• Lageanalyse
• Strategieentwicklung
• Prognose der Einzahlungsüberschüsse

Zwischen der Vergangenheitsanalyse und den anderen drei Schritten der Ertragswertermittlung gibt es dabei mehrere Überschneidungspunkte. Zum Beispiel dient die Vergangenheitsanalyse auch dazu, konkrete Anhaltspunkte für die künftige Entwicklung des Unternehmens zu liefern (= für die Prognose der Einzahlungsüberschüsse).[245] Ein typisches Beispiel für die Verbindung von Vergangenheitsanalyse und Prognose der Einzahlungsüberschüsse ist die Bereinigung bestimmter nicht nachhaltiger Erfolgsbeiträge. So sind in der Bereinigungsrechnung Aufwendungen und Erträge zu bereinigen, die in der Vergangenheit periodisch entstanden sind, aber in der Zukunft nicht mehr erwartet werden können (z. B. Mieterträge aus der Vermietung eines nunmehr selbstgenutzten Gebäudes).[246]

Als zweiter Schritt werden in der **Lageanalyse** u. a. wichtige Konkurrenzunternehmen, die Wettbewerbssituation und ihre voraussichtliche Entwicklung analysiert (vgl. Übersicht B-13). Ähnlich wie die Vergangenheitsanalyse dient die Lageanalyse dazu,

---

242 International gibt es z. T. ähnliche Standards von Berufsorganisationen, etwa die Uniform Standards of Professional Appraisal Practice (USPAP) in den USA und Kanada. Die allgemein gehaltenen USPAP handeln die Discounted Cash Flow-Methode zwar überblicksartig auf zwei Seiten ab, schreiben aber weder die Anwendung dieses Verfahrens vor, noch überhaupt die Anwendung nur *eines* Verfahrens: „This statement (...) does not imply that DCF analysis is or should be the only method employed." (*Appraisal Standards Board*, USPAP, S. 65).
243 Vgl. *Ballwieser, W. /Leuthier, R.*, Unternehmensbewertung, S. 604-605.
244 Vgl. *IDW (Hrsg.)*, WP-Handbuch 1992, Bd. II, S. 60-61, Rn. 119; *Ballwieser, W. /Leuthier, R.*, Unternehmensbewertung, S. 604.
245 Vgl. *Mandl, G./Rabel, K.*, Unternehmensbewertung, S. 146.
246 Vgl. *Helbling, C.*, Unternehmensbewertung und Steuern, S. 337; *Moxter, A.*, Grundsätze ordnungsmäßiger Unternehmensbewertung, [2. Aufl.], S. 104.

Daten bereitzustellen, mit denen später eine möglichst treffender Prognose der Einzahlungsüberschüsse des zu bewertenden Unternehmens gelingen soll.

Wesentliche Elemente der Lageanalyse sollten bereits bekannt sein, wenn die Vergangenheitsanalyse vorgenommen wird. Stellt sich beispielsweise bei der Lageanalyse heraus, daß der derzeitige Unternehmensumfang deutlich verkleinert werden muß, weil zum Beispiel die bisher vorhandenen Kapazitäten bei weitem nicht ausgelastet werden können, dann wäre eine Vergangenheitsanalyse auf der Basis des derzeitigen Unternehmensumfangs nicht allzu sinnvoll – die bereinigten Daten können dann keine geeignete Grundlage für die Prognose der Einzahlungsüberschüsse darstellen.

Bei der **Strategieentwicklung** ist zunächst festzustellen, daß der Bewerter keine umfassende strategische Planung aufstellen kann. Machbar ist im Regelfall die Ableitung eines groben strategischen Konzepts. Die Strategieentwicklung geht dann in die **Prognose der Einzahlungsüberschüsse** über. Zum 4. Schritt der Ertragswertermittlung zählt auch die Prognose der Einzahlungsüberschüsse. Sie ist das „Herzstück" der Unternehmensbewertung, da eine Ertragswertermittlung ohne Prognosedaten nicht möglich ist. Die Prognose der Einzahlungsüberschüsse umfaßt u. a. das Erstellen von Business Plans. In der Bewertungspraxis wird der Bewerter von der Unternehmensleitung i. d. R. eine umfassende Unternehmensplanung der nächsten Jahre verlangen. Dadurch kann der Bewerter u. a. von der Notwendigkeit befreit werden, die künftige Geschäftspolitik auf Basis der Unternehmensstrategie selbst zu entwickeln und daraus die künftigen Einzahlungsüberschüsse abzuleiten.[247] Bei der Beurteilung, wieweit eine von der Unternehmensleitung vorgelegte Planung realistisch ist, greift der Bewerter dabei auf die Vergangenheitsdaten zurück.[248]

Für die Prognose der Einzahlungsüberschüsse ist eine aussagefähige Prognosebasis erforderlich. Die Prognosebasis fußt auf den Ergebnissen der Vergangenheitsanalyse, d. h. wenn die Vergangenheitsanalyse nicht sorgfältig vorgenommen wird, kann dies u. U. zu einem nicht aussagefähigen Ertragswert führen. Allerdings ersetzen Vergangenheitsanalysen nicht die Prognose, d. h. die Prognosewerte dürfen nicht ohne weitere Analyse aus den Vergangenheitsdaten extrapoliert werden.[249]

Tendenziell besitzt die Vergangenheitsanalyse bei der Ermittlung eines objektivierten Unternehmenswerts noch größere Bedeutung als bei der Ermittlung eines subjektiven Unternehmenswerts. Denn beim objektivierten Unternehmenswert unterscheiden sich

---

247 Allerdings muß dann geprüft werden, wieweit die Annahmen in der Planung des zu bewertenden Unternehmens zutreffen (wofür eine sorgfältige Vergangenheitsanalyse erforderlich ist); vgl. *Baetge, J.,* Akquisitionscontrolling, S. 453; *Funk, J.,* Unternehmensbewertung in der Praxis, S. 505.
248 Vgl. *Mandl, G./Rabel, K.,* Unternehmensbewertung, S. 146.
249 Vgl. *Mandl, G./Rabel, K.,* Unternehmensbewertung, S. 146. In *BFH,* Urteil vom 11.10.1989 - IR 148/85, S. 336-337, wurden künftige Entwicklungen dagegen lediglich durch einen pauschalen Zuschlag/Abschlag auf die durchschnittlichen Vergangenheitserfolge berücksichtigt.

die Prognosedaten in den Business Plans und die Daten der vergangenen Jahresabschlüsse weniger als beim subjektiven Unternehmenswert. Beim subjektiven Unternehmenswert werden zum Beispiel Restrukturierungen oder Synergien – beides Abweichungen von der bisherigen Entwicklung – berücksichtigt; für einen objektivierten Unternehmenswert sind diese Daten dagegen nicht relevant. Bei gerichtlich bedingten Bewertungsanlässen wird zudem eine höhere intersubjektive Nachprüfbarkeit des Unternehmenswerts verlangt als beim subjektiven Unternehmenswert. Da die Prognosedaten bei der Unternehmensbewertung so gut wie nie sicher eintreffen, gewinnt die Vergangenheitsanalyse als Maßstab für die Prognosedaten große Bedeutung.[250] Alles in allem ist die Vergangenheitsanalyse ein unverzichtbarer Bestandteil der Unternehmensbewertung.

---

250 Ähnlich *Schmalenbach, E.*, Die Beteiligungsfinanzierung, S. 45.

Zwecke der Vergangenheitsanalyse 47

C. Zwecke und Grundsätze der Vergangenheitsanalyse

1. Zwecke der Vergangenheitsanalyse

Der wichtigste Zweck der Vergangenheitsanalyse ist die **Erstellung der Prognosebasis** (vgl. Übersicht C-1).

Übersicht C-1: Zwecke der Vergangenheitsanalyse

- Erstellung der Prognosebasis
  → Feststellung der Einflußfaktoren auf den Unternehmenserfolg
  → Direkte Fortschreibung aus den Vergangenheitsdaten
- Maßstab für die Abschätzung der künftigen Unternehmenserfolge

Der Zweck „Erstellung der Prognosebasis" umfaßt einerseits die Feststellung der Einflußfaktoren auf den Unternehmenserfolg und andererseits die direkte Fortschreibung der Einzahlungsüberschüsse aus den Vergangenheitsdaten. In der ersten Ausprägung soll die Vergangenheitsanalyse Anhaltspunkte über die „Entnahmedeterminanten"[251] bzw. die wichtigsten **Einflußfaktoren des Unternehmenserfolgs** liefern.[252] Nicht selten wird bei Unternehmensbewertungen versucht, Aufwands- und Ertragsentwicklungen durch kausale Modelle[253], d. h. Bewertungsmodelle, abzubilden. Ohne eine sorgfältige Analyse der historischen Daten, ihrer Einflußfaktoren und Beziehungen untereinander können keine zutreffenden Modellstrukturen entwickelt werden.[254] Von entscheidender Bedeutung für die Prognose künftiger Erfolge ist zudem die Kenntnis der **Kostenstrukturen** des zu bewertenden Unternehmens.[255] Sie ermöglicht Detailanalysen, z. B. in Form von Kostenvergleichen auf Baugruppenebene.[256] Stellt ein Teil des Due-Diligence-Teams beispielsweise Kostenvorteile des zu bewertenden Unternehmens im Vergleich zum Unternehmen des potentiellen Käufers fest, dann können die anderen Vertreter im Team gezielt versuchen, die Ursachen dieser wichtigen Feststellung zu ermitteln.[257]

Bei der zweiten Ausprägung des Zwecks „Erstellung der Prognosebasis" werden die Daten der Vergangenheitsanalyse für eine **direkte Fortschreibung bestimmter GuV-**

---

251 *Moxter, A.*, Grundsätze ordnungsmäßiger Unternehmensbewertung, [1. Aufl.], S. 144.
252 Vgl. *HFA des IDW*, Stellungnahme 2/1983, S. 476.
253 Unter „Modell" wird eine vereinfachte Darstellung für wesentlich erachteter Elemente und Beziehungen in einem formalisierten System verstanden, aus dem der gesuchte Wert logisch abgeleitet werden kann; vgl. *Leuthier, R.*, Das Interdependenzproblem bei der Unternehmensbewertung, S. 2 m. w. N.
254 Vgl. *Clark, J. J./Clark, M. T./Elgers, P. T.*, Financial Management, S. 472.
255 Vgl. *Helbling, C.*, Unternehmensbewertung und Steuern, S. 329-330.
256 Vgl. *Funk, J.*, Unternehmensbewertung in der Praxis, S. 506.
257 Vgl. *Funk, J.*, Unternehmensbewertung in der Praxis, S. 506.

Posten verwendet: Bei schwer planbaren Posten – beispielsweise den sonstigen betrieblichen Erträgen und Aufwendungen –, ist es oft empfehlenswert und gängige Praxis, sie direkt aus den Vergangenheitserfolgen fortzuschreiben.[258]

Der zweite Zweck der Vergangenheitsanalyse besteht darin, einen **Maßstab für die Abschätzung der künftigen Unternehmenserfolge**[259] zu erhalten. Indem auf gegebene Daten (die Vergangenheitserfolge) zurückgegriffen wird, können die prognostizierten künftigen Erfolge daran gemessen werden.[260] Bspw. dienen die Umsätze der Vergangenheit u. a. dazu, die Plausibilität der Umsatzplanung sicherzustellen.[261] Ermessensspielräume des Bewerters bei der Prognose künftiger Erfolge werden dadurch nicht ausgeschlossen. Dennoch bieten die Vergangenheitserfolge „eine einigermaßen sichere Grundlage für die Abschätzung der weiteren Entwicklung"[262] und damit eine wichtige Bewertungsgrundlage, auch wenn ein Bewerter aus zeitlichen Gründen, Wesentlichkeitserwägungen oder aufgrund fehlender Informationen nicht alle möglichen Bereinigungen vornehmen wird. Die bei Unternehmensbewertungen häufigen „**Hockeyschlägereffekte**" können durch eine Vergangenheitsanalyse i. d. R. als unrealistisch entlarvt werden.[263] Als „Hockeyschläger" läßt sich zum Beispiel eine Situation kennzeichnen, bei der das zu bewertende Unternehmen stetig sinkende Ergebnisse verzeichnet hat, aber in der Planung, die dem Bewerter für die künftigen Perioden vorgelegt wird, von einer beträchtlichen Ergebnissteigerung ausgegangen wird.

Hilfreich sind Vergangenheitsanalysen u. a. bei der kritischen Prüfung von Marktanalysen, Planungsrechnungen für die Prognose der Einzahlungsüberschüsse und anderen Unterlagen, die der Bewerter vom zu bewertenden Unternehmen erhält.[264] Ohne intensive Vergangenheitsanalyse könnte die „Glaubwürdigkeit" solcher Unterlagen kaum sinnvoll beurteilt werden. Bspw. darf ein Wirtschaftsprüfer als Gutachter ihm vorgelegte Prognosen nicht ungeprüft übernehmen, sondern muß die Daten wenigstens auf

---

258 So auch *LG Düsseldorf*, Beschluß vom 16.12.1987 - 34 AktE 1/82, S. 139 mit Bezug auf zu erwartende Preiserhöhungsmöglichkeiten.
259 Vgl. *Schmalenbach, E.*, Die Beteiligungsfinanzierung, S. 45. Auch *Steinöcker, R.*, Akquisitionscontrolling, S. 71, weist darauf hin, daß die bereinigten Vergangenheitserfolge dazu dienen, die Zuverlässigkeit der Geschäftsplanung zu beurteilen.
260 Vgl. *Mellerowicz, K.*, Der Wert der Unternehmung, S. 47; *Hackmann, A.*, Unternehmensbewertung und Rechtsprechung, S. 74; *Großfeld, B.*, Unternehmens- und Anteilsbewertung, S. 41.
261 Vgl. *Born, K.*, Unternehmensanalyse und Unternehmensbewertung, S. 102.
262 *OLG Düsseldorf*, Beschluß vom 11.1.1990 - 19 W 6/86, S. 398.
263 Vgl. *Houlihan, R.*, Acquisition and Merger Due Diligence, S. 33. Nach *Brebeck, F./Bredy, J.*, Due Diligence aus bilanzieller und steuerlicher Sicht, S. 200, ist solcher Planungsoptimismus deutlich wahrscheinlicher, wenn die Mitglieder der Unternehmensleitung nach dem Erwerb das Unternehmen verlassen werden, da sie die vor dem Erwerb aufgestellte Planung dann nicht zu vertreten haben.
264 Vgl. *HFA des IDW*, Stellungnahme 2/1983, S. 475.

ihre Realitätsnähe hin prüfen, und, falls die Planung wesentlich von den bestehenden Verhältnissen abweicht, die Unterschiede erläutern.[265]

2. Grundsätze ordnungsmäßiger Vergangenheitsanalyse

2.1. Aufgaben und Herleitung von Grundsätzen ordnungsmäßiger Vergangenheitsanalyse

Mit der Formulierung von „Grundsätzen ordnungsmäßiger Vergangenheitsanalyse" werden mehrere Ziele verfolgt: Zunächst können schon wegen der sich ständig weiterentwickelnden Bilanzierungsvorschriften keine endgültigen Bereinigungsregeln aufgestellt werden; Grundsätze helfen hier, Bereinigungsregeln an neue Bilanzierungsvorschriften anzupassen. Weiterhin sind solche Grundsätze rechtskreisunabhängig, so daß sie im Gegensatz zu konkreten, z. B. auf das deutsche Handelsrecht bezogenen Bereinigungsregeln auch auf andere Rechtskreise übertragen werden können. „Grundsätze ordnungsmäßiger Vergangenheitsanalyse" bieten auch in Sonderfällen und Zweifelsfragen einen Orientierungspunkt: Da Bereinigungsregeln nicht alle Sachverhalte und Probleme erfassen können, die bei der Vielzahl der zu bewertenden Unternehmen entstehen, muß sich der Bewerter an einer allgemeineren Instanz orientieren, eben der Gesamtheit der Grundsätze ordnungsmäßiger Vergangenheitsanalyse.

Im Gegensatz zu den Grundsätzen ordnungsmäßiger Buchführung, die in mehreren Vorschriften des HGB und des Aktiengesetzes explizit genannt werden,[266] sind weder die Grundsätze ordnungsmäßiger Unternehmensbewertung (GoU) noch die Grundsätze ordnungsmäßiger Vergangenheitsanalyse (GoV) unmittelbarer Bestandteil von Rechtssätzen, d. h. sie besitzen nicht den Stellenwert eines **unbestimmten Rechtsbegriffs**[267]. Bei Rechtsstreitigkeiten als Bewertungsanlässen müssen die GoU und GoV daher nur aufgrund der **allgemeinen Sorgfaltspflicht** des Bewerters gem. § 276 Abs. 1 BGB beachtet werden.[268]

Ähnlich wie die Grundsätze ordnungsmäßiger Buchführung sind auch die Grundsätze ordnungsmäßiger Unternehmensbewertung, oder, etwas spezieller, die Grundsätze

---

265 Vgl. *Dörner, W.*, Unternehmensbewertung, S. 660.
266 Vgl. z. B. § 238 Abs. 1, 243 Abs. 1, 264 Abs. 2 HGB.
267 Unbestimmte Rechtsbegriffe werden vom Gesetzgeber verwendet, wenn beim Entstehen einer Norm noch nicht absehbar ist oder nicht abschließend entschieden werden soll, auf welche Menge an Sachverhalten sich die Norm beziehen soll; vgl. etwa *Leffson, U.*, Grundsätze ordnungsmäßiger Buchführung, S. 22-24.
268 Vgl. *Moxter, A.*, Grundsätze ordnungsmäßiger Unternehmensbewertung, [1. Aufl.], S. 5. Gleiches gilt auch für die Grundsätze ordnungsmäßiger Abschlußprüfung; vgl. etwa *Rückle, D.*, Grundsätze ordnungsmäßiger Abschlußprüfung, Sp. 753-754.

ordnungsmäßiger Vergangenheitsanalyse, **deduktiv** zu ermitteln.[269] Bei der Deduktion werden aus allgemeinen Sätzen, die einen höheren Informationsgehalt besitzen, besondere Sätze mit niedrigerem Informationsgehalt logisch abgeleitet.[270] Deduktives Herleiten der GoV aus den Zwecken der Vergangenheitsanalyse ist einem induktiven Vorgehen – soweit möglich – vorzuziehen. Eine induktive Herleitung der GoV wäre gleichzusetzen mit der Ableitung der Grundsätze ordnungsmäßiger Vergangenheitsanalyse aus der mehrheitlichen praktischen Übung bei der Unternehmensbewertung. Sie besitzt gegenüber dem deduktiven Vorgehen den Nachteil, daß sie durch bestimmte Interessen gestaltet werden könnte[271]. Dennoch sind keine wesentlichen Konflikte zwischen der deduktiven und der induktiven Methode zu erwarten, da inzwischen auf betriebswirtschaftlicher Ebene[272] ein weitgehender Konsens über Vorgehen und Verfahren bei Unternehmensbewertungen erzielt wurde.[273]

Die hier vorgeschlagenen Grundsätze ordnungsmäßiger Vergangenheitsanalyse können in vier Gruppen eingeteilt werden:

- Dokumentationsgrundsätze

- Rahmengrundsätze,

- funktionsabhängige Grundsätze und

- Analysegrundsätze.

Die **Dokumentation aller wesentlichen Analyseschritte** wird im folgenden vorausgesetzt; vor allem viele der im folgenden genannten Rahmengrundsätze (z. B. Vollständigkeit, Richtigkeit) gelten auch für die Dokumentation. Da die Berichterstattung des Unternehmensbewerters einschließlich der Dokumentation und Erstellung von Bewertungsgutachten hier nicht behandelt wird, werden auch keine Grundsätze für die Dokumentation der Vergangenheitsanalyse entwickelt.

---

269 Vgl. *Moxter, A.*, Grundsätze ordnungsmäßiger Unternehmensbewertung, [1. Aufl.], S. 18-19.
270 Vgl. *Popper, K.*, Logik der Forschung, S. 5-8. Die Gewinnung von handelsrechtlichen GoB durch deduktives Herleiten aus den Zwecken des handelsrechtlichen Jahresabschlusses ist dabei aber wenig aussichtsreich, da kein eindeutiger Zweck vorherrscht; vgl. *Baetge, J./Apelt, B.*, Grundsätze ordnungsmäßiger Buchführung, S. 22-23, Rn. 27.
271 Vgl. *Moxter, A.*, Grundsätze ordnungsmäßiger Unternehmensbewertung, [1. Aufl.], S. 18-19 sowie mit Bezug auf die GoB: *Leffson, U.*, Grundsätze ordnungsmäßiger Buchführung, S. 113-118. Bei GoU und GoV ist die induktive Herleitung weniger kritisch zu sehen als bei der Gewinnung von GoB, da Unternehmensbewerter nicht im gleichen Maße auf eine Partei fixiert sind wie bilanzierende Kaufleute. Typischerweise werden Unternehmensbewerter im Zeitablauf nicht nur Käufer, sondern auch Verkäufer beraten; vgl. *Künnemann, M.*, Objektivierte Unternehmensbewertung, S. 195.
272 Mit Abstrichen gilt dies auch für die Rechtsprechung; vgl. etwa *Ränsch, U.*, Die Bewertung von Unternehmen als Problem der Rechtswissenschaften S. 209.
273 Vgl. *Moxter, A.*, Grundsätze ordnungsmäßiger Unternehmensbewertung, [2. Aufl.], S. 1-2.

2.2. Die Rahmengrundsätze

2.2.1. Überblick

Im System der Grundsätze ordnungsmäßiger Buchführung werden die **Rahmengrundsätze** als „Bedingungen jeder Vermittlung nützlicher Informationen"[274] bezeichnet. Eine ähnliche Aufgabe besitzen die Rahmengrundsätze bei der Unternehmensbewertung: Wenn die Rahmengrundsätze nicht beachtet werden, kann der Bewertungszweck nicht erfüllt werden. Die Rahmengrundsätze gelten damit nicht nur für die Vergangenheitsanalyse, sondern allgemein für jede Phase der Unternehmensbewertung. Die folgenden Rahmengrundsätze für die Vergangenheitsanalyse bzw. für die Unternehmensbewertung wurden überwiegend analog von den Rahmengrundsätzen übernommen, die *Leffson* für die GoB entwickelt hat.

Übersicht C-2: Rahmengrundsätze der Vergangenheitsanalyse[275]

- Richtigkeit
- Genauigkeit
- Vollständigkeit
- Stichtagsbezogene Bewertung
- Maßgeblichkeit der Zahlungen
- Wirtschaftlichkeit und Relevanz

2.2.2. Grundsatz der Richtigkeit

Unter „**Richtigkeit**" wird die Übereinstimmung zwischen dem bereinigten Datenmaterial und den darin aufbereiteten Sachverhalten verstanden. Der Grundsatz der Richtigkeit umfaßt auch eine willkürfreie Aufbereitung durch den Bewerter, d. h. die Aufbereitung muß intersubjektiv nachprüfbar sein.

2.2.3. Grundsatz der Genauigkeit

Der Grundsatz der Genauigkeit besagt, daß ein aus Sicht der Prognose möglichst hoher Detaillierungsgrad zu erreichen ist.[276] Bei der Ertragswertermittlung besteht zwar immer die Gefahr einer nur scheinbar genauen Bewertung und des Produzierens genauer,

---

274 *Leffson, U.* Grundsätze ordnungsmäßiger Buchführung, S. 179. Vgl. auch *Baetge, J.*, Bilanzen, S. 79-83.
275 Vgl. mit Bezug auf die GoB: *Leffson, U.* Grundsätze ordnungsmäßiger Buchführung, S. 179.
276 Vgl. zu den Anforderungen an Informationen der Unternehmensrechnung *Küpper, H.-U.*, Interne Unternehmensrechnung auf kapitaltheoretischer Basis, S. 974.

aber nicht entscheidungsrelevanter Daten (sogenannten „Zahlenfriedhöfen"),[277] doch rechtfertigt dies nicht, deswegen auf eine sorgfältige und möglichst genaue Bewertung zu verzichten. Empirisch wurde z. B. festgestellt, daß sich aggregierte Daten wie Jahresergebnisse zumindest nicht für Prognosen unter Anwendung mathematisch-statistischer Verfahren eignen.[278] Daher ist davon auszugehen, daß die Aussagefähigkeit des Unternehmenswerts u. a. vom Genauigkeitsgrad der Vergangenheitsanalyse abhängt.

Dabei muß zwischen Sicherheit und Genauigkeit unterschieden werden.[279] **Sicherheit** kennzeichnet die Wahrscheinlichkeit bzw. Zuverlässigkeit, mit der ein Urteil zutrifft (zum Beispiel das Urteil, daß ein bestimmter Posten nach den mit bestimmter Genauigkeit vorgenommenen Bereinigungen eine hinreichend gute Prognosebasis für die künftigen Einzahlungsüberschüsse darstellt). **Genauigkeit** ist ein Maß für die Exaktheit eines Urteils. Für die Vergangenheitsanalyse bedeutet dies, daß sich die bereinigten Vergangenheitsergebnisse um so besser als Prognosegrundlage für die künftigen Einzahlungsüberschüsse eignen, je höher die Genauigkeit der bereinigten Vergangenheitsergebnisse ist. Sicherheit und Genauigkeit stehen dabei in einem Spannungsverhältnis, das sich unter bestimmten Voraussetzungen quantifizieren läßt.[280] Unterstellt man eine Normalverteilung sowie eine auf einer Zufallsauswahl basierende Stichprobe, dann läßt sich graphisch veranschaulichen, daß die Sicherheit bei gegebenem Stichprobenumfang steigt, wenn die Genauigkeit abnimmt (vgl. die folgende Übersicht):

---

277 Vgl. *BayObLG*, Beschluß vom 11.12.1995 - 3 Z BR 36/91, S. 180; *Großfeld, B.*, Unternehmens- und Anteilsbewertung, S. 158; *Helbling, C.*, Bewertung von kleinen und mittleren Unternehmen, S. 931-932.

278 Vgl. z. B. *Haugen, R. A.*, Modern Investment Theory, S. 625-626 oder mit einem Vergleich segmentierter und nicht segmentierter Daten: *Kinney, W. R.*, Predicting Earnings, S. 127-136.

279 Vgl. im folgenden mit Bezug auf die Jahresabschlußprüfung: *Baetge, J.*, Sicherheit und Genauigkeit, S. 691.

280 Vgl. *HFA des IDW*, Stellungnahme 1/1988, S. 244 sowie *Baetge, J.*, Sicherheit und Genauigkeit, S. 691-692 (mit Beispiel).

Übersicht C-3: Das Spannungsverhältnis zwischen Sicherheit und Genauigkeit[281]

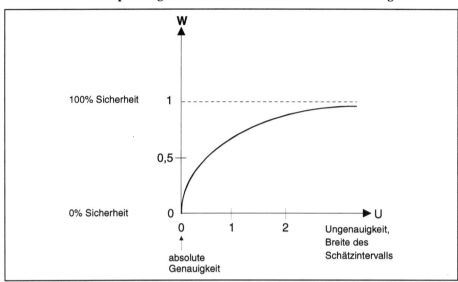

Bei der Vergangenheitsanalyse lassen sich die Sicherheits- und Genauigkeitsgrade nicht quantifizieren. Denn dies würde u. a. voraussetzen, daß bei der Vergangenheitsanalyse eine zufällige Stichprobe von Geschäftsvorfällen ausgewählt und anschließend bereinigt wird. Tatsächlich handelt es sich bei den Bereinigungen so gut wie ausschließlich um bewußt ausgewählte Sachverhalte oder Geschäftsvorfälle. Zum Beispiel wird der Bewerter - wenn er etwa ein bisher verpachtetes Grundstück als nicht betriebsnotwendiges Vermögen identifiziert hat - bewußt nachsehen, wo die korrespondierenden Aufwendungen und Erträge im Zusammenhang mit diesem Grundstück gebucht wurden (z. B. Erträge aus der Verpachtung des Grundstücks und gezahlte Grundsteuern) und diese Aufwendungen und Erträge bereinigen.

Da sich bei bewußt gesteuerten Auswahlverfahren keine objektiv feststellbaren Sicherheits- und Genauigkeitsgrade angeben lassen, muß bei der Vergangenheitsanalyse statt der eigentlich wünschenswerten quantitativen Vorgabe für den Sicherheitsgrad und den Genauigkeitsgrad (z. B. 95% Sicherheit bei 99% Genauigkeit) auf qualitative Kriterien zurückgegriffen werden. Die im folgenden genannten **qualitativen Kriterien für den Genauigkeitsgrad** der Bereinigungen bei einem Posten stammen überwiegend von den Kriterien, die der *HFA des IDW* mit Bezug auf den Genauigkeitsgrad bei stichprobengestützten Prüfungshandlungen entwickelt hat, und wurden auf die Vergangenheitsanalyse übertragen:[282]

---

281 Vgl. *Baetge, J.*, Sicherheit und Genauigkeit, S. 691.
282 Vgl. *HFA des IDW*, Stellungnahme 1/1988, S. 244.

- die Bedeutung der bisher festgestellten notwendigen Bereinigungsmaßnahmen im Verhältnis zum Vergangenheitserfolg,

- das Verhältnis der Bereinigungen, die aufgrund bewußter Gestaltung durch Personen beim zu bewertenden Unternehmen notwendig geworden sind (z. B. aufgrund sachverhaltsgestaltender Maßnahmen) zu den übrigen Bereinigungen sowie

- die Bedeutung des zu bereinigenden Postens im Vergleich zum Vergangenheitserfolg.

Im Ergebnis muß der Bewerter entscheiden, wann er im Einzelfall die Bereinigungen bei einem Posten für ausreichend hält und der Meinung ist, daß die Bereinigungen mit hinreichender Sicherheit und Genauigkeit vorgenommen worden sind. In der Praxis werden Sicherheit und Genauigkeit der Bereinigungen allerdings oft in erheblichem Maße durch die verfügbaren Daten und die verfügbare Zeit für die Bewertung eingeschränkt.

2.2.4. Grundsatz der Vollständigkeit

Der Grundsatz der Vollständigkeit scheint eine vollständige Analyse und Bereinigung zumindest der GuV des zu bewertenden Unternehmens zu gebieten. Eine absolute Vollständigkeit der Vergangenheitsanalyse ist indes bereits aus zeitlichen Gründen bei der Unternehmensbewertung normalerweise unmöglich. Zudem liegt eine absolut vollständige Bereinigung der Vergangenheitsergebnisse aus Zeit- und Kostengründen nicht im Interesse der Auftraggeber des Bewerters. Anzustreben ist vielmehr eine „**repräsentative" Vollständigkeit**. „Repräsentativ" meint dabei, daß **alle wesentlichen Sachverhalte zu bereinigen** sind, d. h. zu bereinigen sind alle Sachverhalte, die wesentlich zur Erfüllung der Zwecke der Vergangenheitsanalyse (Erstellung der Prognosebasis sowie Maßstab für die Abschätzung der künftigen Unternehmenserfolge[283]) beitragen.

Weiterhin ist zu berücksichtigen, daß eine absolute vollständige Bereinigung der Vergangenheitsergebnisse die Unsicherheit über künftige Ereignisse und Entwicklungen zwar reduzieren, nicht aber beseitigen kann. Eine absolut vollständige Bereinigung der Vergangenheitsergebnisse gewährleistet auch nicht, daß eine optimale Prognosegrundlage für die künftigen Einzahlungsüberschüsse vorliegt, da dem Bewerter zum Beispiel Fehler durch Ermüdung oder Irrtum unterlaufen können. Deshalb kommt eine vollständige Bereinigung - wenn überhaupt - nur bei bestimmten Posten in Frage (gegebenenfalls bei von der Zahl der Geschäftsvorfälle her kleinen, aber vom Betrag her bedeutenden Posten).

---

283 Vgl. Abschnitt C. 1.

2.2.5. Grundsatz der stichtagsbezogenen Bewertung

Der Unternehmenswert wird zu einem festgelegten Bewertungsstichtag ermittelt.[284] Unabhängig vom Anlaß der Unternehmensbewertung ist der (mögliche) **Informationsstand des Bewerters am Bewertungsstichtag** maßgebend.[285] Bei der Wertermittlung sind die am oder nahe[286] dem Bewertungsstichtag vorliegenden Vermögens- und Kapitalverhältnisse, der bestehende Unternehmensumfang sowie die erkennbare Entwicklung der Erfolge zugrunde zu legen.[287] Besondere Vorgaben für die Berücksichtigung der Unternehmensentwicklung nach dem Bewertungsstichtag betreffen dabei eher Ausnahmesituationen, z. B. wurde bei vielen Bewertungen von Unternehmen in den neuen Bundesländern der Bewertungsstichtag auf den 31.12.1991 festgelegt, während gleichzeitig der 31.12.1993 als Kenntnisstichtag vorgegeben wurde.

Bei Bewertungsanlässen wie dem Kauf oder Verkauf eines Unternehmens wird das Unternehmen vor der möglichen Transaktion bewertet. Der Bewertungsstichtag zeigt dann an, welche Informationen der Bewerter noch berücksichtigen konnte. Da die entscheidungsrelevanten Faktoren um so besser erkennbar sind, je weniger Zeit zwischen Bewertungsstichtag und Akquisitionsentscheidung verstrichen ist, sind Bewerter und Auftraggeber an einer möglichst zeitnahen Bewertung interessiert. Nicht selten muß der Empfänger des Bewertungsgutachtens neue Informationen einbeziehen, die zwischen dem Bewertungsstichtag und seinem Entscheidungsstichtag aufgetreten sind, damit er seinen Grenzpreis bestimmen kann.[288] Für die Zeit zwischen Bewertungsstichtag und Übernahmestichtag gibt der Verkäufer dennoch häufig eine Garantie, in dem ein normaler Geschäftsverlauf bestätigt wird und erklärt wird, daß sich die wirtschaftliche Lage des Unternehmens seit dem Bewertungsstichtag nicht wesentlich geändert hat.[289]

Bei **Gerichtsentscheidungen** erhält der Stichtag eine besondere Bedeutung (vor allem bei Prozessen, die über mehrere Instanzen gehen), da er den Zeitbezug der bewertungsrelevanten Faktoren juristisch festlegt.[290] Im Gegensatz zu einer zeitnahen Bewertung (z. B. vor einem geplanten Unternehmenskauf) muß ein gerichtlich bestellter Gutachter

---

284 Vgl. *Moxter, A.*, Grundsätze ordnungsmäßiger Unternehmensbewertung, [2. Aufl.], S. 168; *HFA des IDW*, Stellungnahme 2/1983, S. 474.

285 Vgl. *HFA des IDW*, Stellungnahme 2/1983, S. 474; *Großfeld, B.*, Unternehmens- und Anteilsbewertung, S. 29 m. w. N.

286 Vgl. *BGH*, Urteil vom 12.2.1979 - II ZR 106/78, S. 433.

287 Vgl. *HFA des IDW*, Stellungnahme 2/1983, S. 474.

288 Vgl. *Moxter, A.*, Grundsätze ordnungsmäßiger Unternehmensbewertung, [2. Aufl.], S. 168; *Beisel, W./Klumpp, H.-H.*, Der Unternehmenskauf, S. 25.

289 Vgl. *Wietek, S. M./Chomiak de Sas, P.*, Unternehmensbewertung und -bilanzierung in Frankreich, S. 38, Rn. 124. Ansonsten sehen nahezu alle Kaufverträge von mittleren oder großen Unternehmen entsprechende Kaufpreiskorrekturen vor; vgl. *Wollny, P.*, Unternehmens- und Praxisübertragungen, S. 369, Rn. 1545.

290 Vgl. *Großfeld, B.*, Unternehmens- und Anteilsbewertung, S. 30.

rückblickend bewerten, d. h. er muß versuchen, die Unternehmenssituation einschließlich der Chancen und Risiken im nachhinein zu erfassen.[291] Nach dem Bewertungsstichtag liegende Entwicklungen dürfen nur berücksichtigt werden, wenn sie am Bewertungsstichtag mit genügend hoher Wahrscheinlichkeit voraussehbar waren. Dabei sind alle am Bewertungsstichtag in der Wurzel bestehenden Faktoren zu berücksichtigen (sogenannte „**Wurzeltheorie**").[292] Da diese Faktoren naheliegend und wirtschaftlich faßbar sein sollen, empfiehlt *Großfeld*, „das tatsächliche Eingetretene als Indiz [zu, d. Verf.] nehmen für das am Stichtag 'in der Wurzel' Angelegte"[293]. Nicht ausreichend ist es, wenn rückblickend eine irgendwie geartete Kausalität zu erkennen ist.[294]

Für neue Erkenntnisse, die der Bewerter nach dem Bewertungsstichtag erlangt, gelten ähnliche Maßstäbe wie bei der Unterscheidung von wertaufhellenden und wertbegründenden Einflüssen bei der Bilanzierung;[295] beispielsweise darf ein überraschender Preisverfall an einem Beschaffungsmarkt zwei Jahre nach dem Bewertungsstichtag nicht den Unternehmenswert beeinflussen. Tatsächliche Ergebnisse nach dem Bewertungsstichtag eignen sich indes als Maßstab für die prognostizierten Daten (und haben dann - wie die Vergangenheitsdaten - den Zweck, als Maßstab für die Prognose zu dienen).[296] Das Problem des Richters, „sich künstlich unwissend zu stellen"[297] und dann von einer Ertragsprognose auszugehen, die sich als falsch erwiesen hat, wird dadurch vermindert.

2.2.6. Grundsatz der Maßgeblichkeit der Zahlungen

Die **Maßgeblichkeit der Zahlungen** bei der Ertragswertermittlung kann als herrschende Lehre der Unternehmensbewertung angesehen werden. Theoretisch richtig

---

291 In manchen Fällen liegt der Stichtag sogar über 20 Jahre vor der Gerichtsentscheidung; vgl. etwa das *BGH*-Urteil vom 12.2.1979, in dem über den Wert eines Unternehmens im Jahr 1952 verhandelt wurde (*BGH*, Urteil vom 12.2.1979 - II ZR 106/78, S. 432-435) oder *BGH*, Urteil vom 9.5.1968 - IX ZR 190/66, S. 837-838, bei dem über den Goodwill einer AG im Jahre 1938 entschieden wurde. Die Entscheidung des *LG Düsseldorf* vom 16.12.1987 über einen Umwandlungsfall dauerte so lange, daß die Schadensersatzansprüche der außenstehenden Aktionäre danach verjährt waren (*LG Düsseldorf*, Beschluß vom 16.12.1987 - 34 AktE 1/82, S. 139-140). Vgl. auch *Meilicke, W./Heidel, T.*, Abfindung für ausscheidende Aktionäre, S. 122.
292 Vgl. *BGH*, Urteil vom 17.1.1973 - IV ZR 142/70, S. 565; *OLG Celle*, Beschluß vom 1.7.1980 - 9 Wx 9/79, S. 234; *OLG Düsseldorf*, Beschluß vom 17.2.1984 - 19 W 1/81, S. 218.
293 *Großfeld, B.*, Unternehmens- und Anteilsbewertung, S. 29. Ähnlich *BGH*, Urteil vom 17.11.1980 - II ZR 242/79, S. 1129.
294 Vgl. *OLG Düsseldorf*, Beschluß vom 17.2.1984 - 19 W 1/81, S. 218; *LG Frankfurt am Main*, Beschluß vom 8.12.1982 - 3/3AktE 104/79, S. 138.
295 Vgl. *Großfeld, B.*, Unternehmens- und Anteilsbewertung, S. 29. Zur Unterscheidung zwischen wertaufhellenden und wertbegründenden Tatsachen vgl. z. B. *Baetge, J.*, Bilanzen, S. 181-182.
296 Ähnlich z. B. *OLG Celle*, Beschluß vom 4.4.1979 - 9 W 2/77, S. 231-232.
297 *Piltz, D.*, Unternehmensbewertung und Rechtsprechung, S. 117.

wäre die Anwendung des Ertragswertverfahrens auf der Basis der Einzahlungsüberschüsse beim Investor.[298] Der Übergang von Zahlungen zu Erträgen und Aufwendungen sowie die Verwendung einer Vollausschüttungshypothese sind Vereinfachungen[299] (=„eine praktisch durchführbare Näherungslösung"[300]). Der Grundsatz der Maßgeblichkeit der Zahlungen besagt, daß – soweit möglich – **Zahlungsgrößen statt Aufwendungen und Erträgen** zugrunde zu legen sind. Die Genauigkeit der Bewertung nimmt zu, wenn die **Finanzbedarfsrechnung**[301] lediglich Zahlungsvorgänge erfaßt, bei denen Finanzbedarf (= Ausgabe) und Finanzdeckung (= Wiedervereinnahmung) zeitlich erheblich voneinander abweichen, z. B. bei Investitionen in das Anlagevermögen oder bei langfristigen Rückstellungen (vor allem Pensionsrückstellungen).[302] Das Auseinanderfallen von Zahlung und Aufwand bei kurzfristigen Rückstellungen wird daher in der Finanzbedarfsrechnung nicht korrigiert; dieser Fehler wirkt sich um so mehr aus, je kürzer die voraussichtlich verbleibende Lebensdauer des zu bewertenden Unternehmens ist.

2.2.7. Grundsatz der Wirtschaftlichkeit und Relevanz

Bei der Vergangenheitsanalyse dient der Grundsatz der Wirtschaftlichkeit und Relevanz als Orientierungshilfe für die Tiefe und die Intensität der Bereinigungsrechnung. Er steht in einem Spannungsverhältnis zu den Grundsätzen der Vollständigkeit und der Genauigkeit, die beide eine ausführliche und detaillierte Bereinigungsrechnung verlangen. Genauigkeit ist bei der Vergangenheitsanalyse nur soweit sinnvoll, wie die Bereinigungen wirtschaftlich sind. Bei der Vollständigkeit gilt, daß Bereinigungen nur in dem Umfang vorzunehmen sind, wie sie wirtschaftlich sind. Der Grundsatz der Wirtschaftlichkeit und Relevanz begrenzt also den Umfang der Bereinigungen. Bereinigungen sind nach dem Grundsatz der Wirtschaftlichkeit und Relevanz zu unterlassen, wenn die Kosten für eine Bereinigung – dies sind vor allem anteilige Personalkosten, die das Bewertungsteam verursacht – den Nutzen übersteigen, der mit den dadurch gewonnenen Informationen erzielt werden kann.

---

298 Vgl. etwa *Mandl, G./Rabel, K.,* Unternehmensbewertung, S. 110.
299 Vgl. ausführlich *Mandl, G./Rabel, K.,* Unternehmensbewertung, S. 110-127.
300 *HFA des IDW,* Stellungnahme 2/1983, S. 470.
301 Zur Finanzbedarfsrechnung vgl. *IDW (Hrsg.),* WP-Handbuch 1992, Bd. II, S. 75-78, Rn. 157-162.
302 Vgl. *IDW (Hrsg.),* WP-Handbuch 1992, Bd. II, S. 76, Rn. 160.

2.3. Die funktionsabhängigen Grundsätze

2.3.1. Überblick

Wie im Abschnitt B. 3. gezeigt wurde, hängt die Art und Weise der Vergangenheitsanalyse vom Bewertungszweck bzw. der Bewertungsfunktion ab. Daher ist auch ein Teil der Grundsätze ordnungsmäßiger Vergangenheitsanalyse zweck- bzw. funktionsabhängig zu entwickeln. Im folgenden werden einerseits Grundsätze dargestellt, die für die Beratungsfunktion gelten (= Grundsätze für die Ermittlung von Entscheidungswerten) und andererseits wird ein Grundsatz aufgestellt, der für die Vermittlungsfunktion relevant ist (= Grundsatz für die Ermittlung von Schiedswerten). Die Argumentationsfunktion wird hier nicht betrachtet, da es keine Kriterien gibt, nach denen sich Argumentationswerte ermitteln lassen und daher auch keine Grundsätze für die Ermittlung von Argumentationswerten aufgestellt werden können.[303] Übersicht C-4 zeigt die funktionsabhängigen Grundsätze, die in den folgenden beiden Abschnitten erläutert werden:

Übersicht C-4: Funktionsabhängige Grundsätze

Grundsätze für die Ermittlung von Entscheidungswerten
• Subjektivität
• Gesamtbewertung
• Zukunftsbezogenheit:
a) Unterstellung der Fortführung
b) Berücksichtigung der Planung bzw. der geplanten Verwendung
Grundsatz für die Ermittlung von Schiedswerten
• Typisierungsprinzip[304]

2.3.2. Grundsätze für die Ermittlung von Entscheidungswerten

Die Grundsätze der Subjektivität und der Gesamtbewertung werden unverändert aus der Beratungsfunktion übernommen.[305] Der **Grundsatz der Subjektivität** ist bei der Vergangenheitsanalyse z. B. dann zu berücksichtigen, wenn der potentielle Erwerber die Forschung beim zu bewertenden Unternehmen einstellen will, weil er bereits aus-

---

303 Vgl. zur Argumentationsfunktion Abschnitt B. 3.4.
304 Das „Prinzip der Berücksichtigung der Grenzpreise" und das „Mittelungsprinzip" werden im Schrifttum auch als Grundsätze für die Ermittlung von Schiedswerten genannt (vgl. z. B. *Ballwieser, W./Leuthier, R.*, Unternehmensbewertung, S. 549-551). Diese Prinzipien sind für die Vergangenheitsanalyse nicht relevant, da sie jeweils voraussetzen, daß die Grenzpreise der Parteien bereits bestimmt wurden (d. h. sie setzen jeweils die Prognose der Zahlungsreihen voraus, also einen der Vergangenheitsanalyse nachgelagerten Schritt).
305 Vgl. zur Beratungsfunktion Abschnitt B. 3.2.

reichende Forschungskapazitäten in seinen anderen Konzernunternehmen besitzt. In diesem Fall würde sich eine Bereinigung der Forschungs- und Entwicklungskosten erübrigen. Der **Grundsatz der Gesamtbewertung** verlangt eine Orientierung an Stromgrößen und nicht an Bestandsgrößen, da das Zusammenwirken der Teile eines Unternehmens nur über die Stromgrößen sichtbar wird. Die Bestandsgrößen sind lediglich indirekt relevant, da aus ihnen z. T. Stromgrößen abgeleitet werden können. Aus dem Grundsatz der Gesamtbewertung folgt also, daß bei der Bereinigungsrechnung vor allem die GuV relevant ist und die Bilanz lediglich eine indirekte Bedeutung besitzt.

Der **Grundsatz der Zukunftsbezogenheit** umfaßt **zwei Aspekte:** (1) Die Unterstellung der Fortführung der Unternehmenstätigkeit sowie die (2) Berücksichtigung der Planung bzw. der geplanten Verwendung des erworbenen Unternehmens durch den Käufer. Mit dem **(1) Grundsatz der Fortführung** wird festgelegt, daß immer von einer Fortführung des Unternehmens auszugehen ist, es sei denn, daß die Fortführung rechtlich nicht möglich oder wirtschaftlich nicht sinnvoll ist. Wirtschaftliche Gründe sprechen dann gegen eine Fortführung, wenn der Liquidationswert des zu bewertenden Unternehmens größer ist als der Ertragswert und eine Liquidation des Unternehmens möglich ist (allerdings kommen Liquidationen z. B. aus politischen Gründen oft nicht in Frage).

Der **(2) Grundsatz der Berücksichtigung der Planung bzw. der geplanten Verwendung** steht in enger Verbindung mit dem Grundsatz der Subjektivität. Soll beispielsweise ein wenig rentabler Supermarkt in bester Lage erworben werden und dann ein Kaufhaus in dem gleichen Gebäude eingerichtet werden, dann sind nur wenige Vergangenheitsdaten (etwa Heizkosten u. ä.) sinnvoll verwendbar. Von den geplanten Veränderungen sind die prognostizierten Veränderungen zu trennen, die hier nicht eingeschlossen werden. Die Prognose ist kein Bestandteil der Vergangenheitsanalyse.

2.3.3. Grundsätze für die Ermittlung von Schiedswerten

Die Grundsätze der Zukunftsbezogenheit und der Gesamtbewertung gelten auch für Wertermittlungen in der Vermittlungsfunktion uneingeschränkt. Wieweit der Schiedswert bei Gerichtsentscheidungen subjektive Werteinflüsse berücksichtigen kann, klärt das **Typisierungsprinzip**. Bei der Abfindungsbemessung für ausscheidende Aktionäre dürfen z. B. keine subjektiven Elemente der Aktionäre in die Bewertung einfließen. Entsprechende Bereinigungen werden im folgenden nicht behandelt, da es sich bei den subjektiven und finanziell meßbaren Wertbestandteilen der Aktionäre vor allem um steuerliche Einflüsse handelt (z. B. welchem Steuersatz die erhaltenen Dividenden unterliegen)[306], die hier nicht betrachtet werden.

---

306 Vgl. *Piltz, D.*, Unternehmensbewertung und Rechtsprechung, S. 95.

2.4. Die Analysegrundsätze

2.4.1. Überblick

Die Analysegrundsätze (vgl. dazu die folgende Übersicht) sind bei konkreten Bereinigungen anzuwenden. Sie können herangezogen werden, um z. B. zu prüfen, ob eine Bereinigung notwendig ist oder nicht.

Übersicht C-5: Analysegrundsätze

- Grundsatz der Nachhaltigkeit
- Grundsatz der Betriebsnotwendigkeit
- Grundsatz der Verwendung von Marktwerten
- Grundsatz der Vergleichbarkeit
- Grundsatz der Bereinigung nicht dem Unternehmen innewohnender Ertragsfaktoren
- Grundsatz der simultanen Korrektur von Kostenrechnung und Jahresabschluß

2.4.2. Grundsatz der Nachhaltigkeit

Da die Vergangenheitsanalyse eine aussagefähige Prognosegrundlage bilden soll, müssen die bereinigten Vergangenheitsergebnisse nachhaltig sein.[307] Erfolgsbestandteile werden dabei als nachhaltig bezeichnet, wenn sie voraussichtlich auch **künftig in ähnlicher Höhe** entstehen werden.[308] Dies kann sich auch auf einen begrenzten Zeitraum beziehen, beispielsweise werden Investitionsförderungen nur bestimmte Zeit gewährt. Sie sind aber dennoch – bezogen auf den Zeitraum, in dem sie gewährt werden – als nachhaltig anzusehen.

Bei nachhaltigen Aufwendungen und Erträgen kann es sich um Durchschnittswerte handeln.[309] Indes sind Durchschnittswerte vor allem ein Hilfsmittel, das mangels geeigneterer Informationen über künftige Entwicklungen als Näherungswert eingesetzt wird. Da nachhaltige und nicht nachhaltige Erfolgsbestandteile auf der Basis des Vergangenheitserfolgs ermittelt werden, können um so genauere Schlüsse auf die künftige Ertragslage gezogen werden, je besser nachhaltige und nicht nachhaltige Erfolgsbe-

---

[307] Ähnlich *OLG Celle,* nach dem „ungewöhnliche und *für die Zukunft nicht repräsentative* Risiken und Chancen" (*OLG Celle,* Beschluß vom 1.7.1980 - 9 Wx 9/79, S. 234) auszuklammern sind (Hervorhebung durch den Verf.). Im Streitfall wurde der westfälische Preiskrieg auf dem Zementmarkt in den Jahren 1968 und 1969 nicht berücksichtigt, weil er nicht als repräsentativ für künftige Ergebnisse angesehen wurde.
[308] Vgl. *Baetge, J./Bruns, C.,* Erfolgsquellenanalyse, S. 387.
[309] Nach *Dörner, W.,* Unternehmensbewertung, S. 660, sind den Zukunftserwartungen sogar „im allgemeinen durchschnittliche Ergebnisse" zugrunde zu legen.

standteile getrennt werden können.³¹⁰ **Nachhaltigkeit** impliziert wegen der Unsicherheit über künftige Entwicklungen eine Mehrwertigkeit der künftigen Erfolgsströme, beispielsweise können Szenarien (best case, worst case) auf der Basis nachhaltiger Erfolgsströme erstellt werden.³¹¹

Der **Grundsatz der Nachhaltigkeit** verlangt z. B. eine Bereinigung von ungewöhnlich hohen Gewinnen. Erwirtschaftet ein Unternehmen beispielsweise aufgrund eines neu auf den Markt gebrachten Arzneimittels oder einer technischen Neuerung hohe Gewinne, so sorgt die nachziehende Konkurrenz i. d. R. bald dafür, daß sich die Gewinne auf eine angemessene Höhe verringern werden.³¹² Anfangserfolge mit einem Produkt erlauben somit keinen Rückschluß auf einen dauerhaften (nachhaltigen) Absatz. So wurde festgestellt, daß sich auf Märkten mit funktionierendem Wettbewerb die Investitionsrenditen der einzelnen Unternehmen mittel- bis langfristig der durchschnittlichen Branchenrendite nähern, d. h. überdurchschnittlich hohe Gewinne eines Unternehmens mittel- bis langfristig gesehen i. d. R. nicht nachhaltig sind.³¹³

Weiterhin gebietet der Grundsatz der Nachhaltigkeit, daß Aufwendungen und Erträge bereinigt werden, die in der Vergangenheit periodisch entstanden sind, aber in der Zukunft nicht mehr erwartet werden können (z. B. Mieterträge aus der Vermietung eines im vergangenen Geschäftsjahr veräußerten Gebäudes).³¹⁴

2.4.3. Grundsatz der Betriebsnotwendigkeit

Nach dem Grundsatz der Betriebsnotwendigkeit sind betriebsnotwendiges und nicht betriebsnotwendiges Vermögen zu trennen.³¹⁵ Nicht betriebsnotwendige Vermögensgegenstände werfen i. d. R. eine ungenügende Rendite ab und sind nicht erforderlich, um die ermittelten nachhaltigen Erfolge des Unternehmens zu erwirtschaften. Sie wer-

---

310 Vgl. *Coenenberg, A.*, Externe Ergebnisquellenanalyse, S. 89.
311 „Nachhaltig" wird damit im heute z. B. bei Veröffentlichungen zur Bilanzanalyse üblichen Sinne gebraucht; keinesfalls wird hier angenommen, daß der ermittelte nachhaltige Erfolg eine einwertige Größe sei, wie dies in der sogenannten „Nachhaltigkeitskonzeption" der 50er und 60er Jahre unterstellt wurde; vgl. dazu *Moxter, A.*, Grundsätze ordnungsmäßiger Unternehmensbewertung, [1. Aufl.], S. 154-157; *Kraus-Grünewald, M.*, Ertragsermittlung bei Unternehmensbewertung, S. 22-23.
312 Vgl. *Helbling, C.*, Unternehmensbewertung und Steuern, S. 338. Theoretisch wird dieser Effekt z. B. im Lebenszyklusmodell beschrieben (Übergang in die Reifephase).
313 Vgl. *Rappaport, A.*, Creating Shareholder Value, S. 60; *Hachmeister, D.*, Der Discounted Cash Flow als Maß der Unternehmenswertsteigerung, S. 88; ähnlich *Moxter, A.*, Grundsätze ordnungsmäßiger Unternehmensbewertung, [2. Aufl.], S. 81.
314 Vgl. *Helbling, C.*, Unternehmensbewertung und Steuern, S. 337; *Moxter, A.*, Grundsätze ordnungsmäßiger Unternehmensbewertung, [2. Aufl.], S. 104.
315 Zur Abgrenzung betriebsnotwendiger und nicht betriebsnotwendiger Vermögensgegenstände und zur Bewertung nicht betriebsnotwendiger Vermögensgegenstände vgl. Abschnitt D. 3.3.

den daher nicht in die Ertragswertermittlung einbezogen. Für das nicht betriebsnotwendige Vermögen ist dann die am besten erscheinende Verwendungsmöglichkeit zu klären – dies ist in der Regel die Veräußerung – und der Betrag anzusetzen, der dadurch erzielt werden kann.[316] Zum Beispiel ist für nicht betriebsnotwendige Wertpapiere meistens ein Börsen- oder Marktpreis zu ermitteln oder für nicht betriebsnotwendige Maschinen ein Liquidationswert anzusetzen.[317] Soweit bei der Veräußerung Kosten entstehen, zum Beispiel durch nicht anrechenbare Steuern oder verkaufsbedingte Gebühren, sind diese Kosten vom Veräußerungserlös abzuziehen.[318]

In der Bereinigungsrechnung sind sämtliche Aufwendungen und Erträge auszugliedern, die einem nicht betriebsnotwendigen Vermögensgegenstand zuzurechnen sind (z. B. Erträge aus einer nicht betriebsnotwendigen Beteiligung[319] sowie die korrespondierenden Aufwendungen für die Verwaltung dieser Beteiligung). Diese Aufwendungen und Erträge werden künftig (= nach der Veräußerung oder anderweitigen Verwertung des Vermögensgegenstands) nicht mehr entstehen und sind daher auch nicht nachhaltig.

2.4.4. Grundsatz der Verwendung von Marktwerten

Der **Grundsatz der Verwendung von Marktwerten** verlangt die Bereinigung von Wirkungen des Vorsichtsprinzips,[320] des Imparitätsprinzips und des Anschaffungskostenprinzips. Damit ist der Grundsatz der Verwendung von Marktwerten weiter gefaßt als der in der HFA-Stellungnahme 2/1983 festgelegte Grundsatz der **Unbeachtlichkeit des Vorsichtsprinzips**.[321] Die Übernahme von Vorsichtsprinzip, Imparitätsprinzip und Anschaffungskostenprinzip vom Jahresabschluß in die Bereinigungsrechnung würden sich bei der Unternehmensbewertung einseitig auswirken, da die Anwendung dieser Bewertungsgrundsätze negative Erfolgsbeiträge antizipiert bzw. positive Erfolgsbeiträge in die Zukunft verschiebt. Der Ansatz von Marktwerten verhindert, daß eine der beteiligten Parteien durch Wirkungen des Vorsichtsprinzips, des Imparitätsprinzips

---

316 Vgl. *Mellerowicz, K.*, Der Wert der Unternehmung als Ganzes, S. 31; *HFA des IDW*, Stellungnahme 2/1983, S. 474; *IDW (Hrsg.)*, WP-Handbuch 1992, Bd. II, S. 36, Rn. 65 und Rn. 68; *Helbling, C.*, Unternehmensbewertung und Steuern, S. 191.

317 Vgl. *Busse von Colbe, W.*, Der Zukunftserfolg, S. 95; *IDW (Hrsg.)*, WP-Handbuch 1992, Bd. II, S. 35-36, Rn. 65; *HFA des IDW*, Stellungnahme 2/1983, S. 474; *Helbling, C.*, Unternehmensbewertung und Steuern, S. 185-188.

318 Vgl. z. B. *BGH*, Urteil vom 17.1.1973 - IV ZR 142/70, S. 564; *LG Konstanz*, Urteil vom 1.10.1987 - 3 HO 69/86, S. 1186; vgl. auch *Piltz, D.*, Unternehmensbewertung und Rechtsprechung, S. 195.

319 Vgl. *IDW (Hrsg.)*, WP-Handbuch 1992, Bd. II, S. 66, Rn. 133.

320 A. A. bei der „Ermittlung eines objektiven Werts": *Bellinger, B./Vahl, G.*, Zweckgerechte Werte für Unternehmen, S. 1533.

321 Vgl. *HFA des IDW*, Stellungnahme 2/1983, S. 475; gleicher Ansicht: *Wollny, P.*, Unternehmens- und Praxisübertragungen, S. 380, Rn. 1585.

oder des Anschaffungskostenprinzips benachteiligt wird. Die Differenz zwischen Buchwert und Marktwert informiert den Bewerter zusätzlich, wie hoch die stillen Reserven eines Wirtschaftsguts sind, d. h. welche Steuerzahlungen aufgrund später aufzulösender stiller Reserven entstehen werden.

Weiterhin gebietet der Grundsatz der Verwendung von Marktwerten, daß **Ermessensspielräume** des Bilanzierenden zu untersuchen und gegebenenfalls zu bereinigen sind: Wenn der Bilanzierende einen Ermessensspielraum zur Bilanzpolitik genutzt hat und damit wesentlich von einem Wertansatz abweicht, der bei einer Transaktion mit einem neutralen Dritten entstanden wäre, ist eine Bereinigung notwendig. Bspw. wären die Verrechnungspreise für Güter, die innerhalb eines Konzerns transferiert wurden, zu bereinigen, wenn die Verrechnungspreise wesentlich von den Marktwerten der transferierten Güter abweichen.

2.4.5. Grundsatz der Vergleichbarkeit

Der **Grundsatz der Vergleichbarkeit** umfaßt zwei Elemente: die zeitliche Vergleichbarkeit (Zeitvergleich) und die sachliche Vergleichbarkeit (Betriebsvergleich). Der **Zeitvergleich** erfordert vor allem eine stetige Anwendung der Bilanzierungs- und Bewertungsmethoden. Über den Zeitvergleich können Entwicklungen sichtbar gemacht werden, die den Bewerter zu Fragen nach den Entwicklungsursachen anhalten sollen.[322] Der **Grundsatz der Stetigkeit von Bilanzierung und Bewertung** wird im Schrifttum teilweise als bedeutendste Grenze der Bilanzpolitik bezeichnet.[323] Welch geringe Wirksamkeit[324] diese Grenze entfaltet, zeigen die Ergebnisse einer empirischen Untersuchung von 150 Konzernabschlüssen[325]: Nach *Küting/Kaiser* hat die Mehrzahl der untersuchten Konzerne das Stetigkeitsgebot nicht beachtet oder die Berichtspflichten über die geänderten Bilanzierungs- und Bewertungsmethoden nach § 284 Abs. 2 Satz 3 HGB verletzt.[326] Erleichtert wird dieses Vorgehen durch eine teilweise

---

322 Vgl. *Ballwieser, W.*, Bilanzanalyse, Sp. 216.
323 Vgl. *Heintges, S.*, Bilanzpolitik in den USA und in Deutschland, S. 225. Ähnlich auch *Baetge, J.*, Möglichkeiten der Objektivierung des Jahreserfolg, S. 48; *Kalabuch, J.*, Der Stetigkeitsgrundsatz, S. 1.
324 Zur geringen Wirksamkeit des Stetigkeitsgrundsatzes: *Schildbach* spricht von einer „praktisch ausgehebelten Bewertungsstetigkeit" (*Schildbach, T.*, Internationale Rechnungslegungsstandards für deutsche Einzelabschlüsse, S. 701); *Selchert* hält den Grundsatz der Stetigkeit für einen „Papiertiger" (*Selchert, F. W.*, Bewertungsstetigkeit nach dem Bilanzrichtliniengesetz, S. 1894).
325 Das Kriterium für die Auswahl der Konzernabschlüsse (z. B. repräsentative Stichprobe, Unternehmensgröße) wurde in der Untersuchung nicht genannt.
326 Vgl. *Küting, K./Kaiser, T.*, Bilanzpolitik in der Unternehmenskrise, S. 15-16.

widerstreitende Kommentierung im handelsrechtlichen Schrifttum zum Stetigkeitsgrundsatz.[327]

Vor allem bei einem **bevorstehenden Unternehmensverkauf** werden die Bilanzierungs- und Bewertungsmethoden häufig geändert;[328] *Healy* stellte aber auch einen Zusammenhang zwischen geänderten Bilanzierungsmethoden und den vom Jahresergebnis abhängigen Vergütungen an die bilanzierenden Manager fest.[329] Danach wird um so eher eine gewinnsteigernde Bilanzpolitik verfolgt, je höher die an das Jahresergebnis geknüpfte erfolgsabhängige Vergütung der bilanzierenden Manager ist.

Da sich die tatsächliche Vermögens-, Finanz- und Ertragslage bis auf mögliche steuerliche Konsequenzen nicht ändert, wenn unstetig bilanziert wird, sind die Wirkungen geänderter Bewertungsmethoden einschließlich geänderter Schätzungen (z. B. Nutzungsdauer von Vermögensgegenständen, Höhe einer Rückstellung) rückgängig zu machen.[330] Dabei ist in zwei Schritten vorzugehen: Im ersten Schritt sind die unmittelbaren Erfolgswirkungen des Methodenwechsels im betreffenden Geschäftsjahr zurückzurechnen. Zum Beispiel führte 1992 die Verlängerung der **Nutzungsdauern** von Verkehrsflugzeugen und Reservetriebwerken beim *Lufthansa-Konzern* zu einer Verbesserung des Jahresergebnisses um 392 Mio. DM.[331] Dieser Betrag ist nicht nachhaltig und wäre daher bei der Vergangenheitsanalyse zu bereinigen. Im zweiten Schritt ist nach dem Grundsatz der Verwendung von Marktwerten zu prüfen, ob der Methodenwechsel zu einem betriebswirtschaftlich korrekten und aussagefähigen Wert geführt hat. Im Lufthansa-Fall wäre zum Beispiel festzustellen, ob die 1992 angesetzten Nutzungsdauern tatsächlich den betriebsüblichen Nutzungsdauern entsprechen. Damit - entsprechend dem Grundsatz der Vergleichbarkeit - ein aussagefähiger Zeitvergleich der Vergangenheitsdaten möglich ist, sind die betriebsüblichen Nutzungsdauern für den gesamten Zeitraum der Vergangenheitsanalyse zu verwenden.

Neben dem Zeitvergleich bezieht sich der Grundsatz der Vergleichbarkeit auch auf einen sachlichen Vergleich (Betriebsvergleich). **Betriebsvergleiche** dienen dazu, die Ertragskraft des zu bewertenden Unternehmens an einem oder mehreren Ver-

---

327 Vgl. dazu *Schülen, W.*, Änderung von Bewertungsmethoden, S. 2314. Umstritten ist z. B., ob Aufwandsrückstellungen oder der derivative GoF unter den Stetigkeitsgrundsatz fallen oder in welchem Verhältnis das Vorsichtsprinzip zum Stetigkeitsgrundsatz steht; vgl. *Kalabuch, J.*, Der Stetigkeitsgrundsatz, S. 178-193.
328 Vgl. *Weiss, H.-J.*, Kaufvoruntersuchung, S. 383.
329 Vgl. *Healy, P. M.*, The Effect of Bonus Schemes on Accounting Decisions, S. 106-107. Die Untersuchung bezieht sich auf die USA und dürfte nur eingeschränkt auf die deutschen Verhältnisse übertragbar sein; vgl. *Haller, A.*, Positive Accounting Theory, S. 605.
330 Vgl. *IDW (Hrsg.)*, WP-Handbuch 1992, Bd. II, S. 66, Rn. 131.
331 Vgl. *Deutsche Lufthansa AG (Hrsg.)*, Geschäftsbericht 1992, S. 33.

Grundsätze ordnungsmäßiger Vergangenheitsanalyse 65

gleichsunternehmen zu messen.[332] Sie können auch Hinweise auf bewußte Gestaltungsmaßnahmen durch den Verkäufer des zu bewertenden Unternehmens geben, indem Abweichungen vom branchenüblichen Betriebsgeschehen identifiziert werden (auch die Finanzverwaltung verwendet z. B. Branchen-Richtsätze[333] bzw. orientiert sich an branchenüblichen Daten, um prüfungsbedürftige Unternehmen zu identifizieren[334]). Bei der Unternehmensbewertung wäre bei vergleichsweise geringen Forschungs- und Entwicklungskosten z. B. zu prüfen, ob der bisherige Inhaber des Unternehmens diese Ausgaben mit Blick auf den geplanten Verkauf verringert hat.[335] Bei der Auswahl der Vergleichsunternehmen muß allerdings darauf geachtet werden, daß Größe, Tätigkeitsgebiet und andere wesentliche Umweltbedingungen der Unternehmen einen sinnvollen Vergleich zulassen.[336]

2.4.6. Grundsatz der Bereinigung nicht dem Unternehmen innewohnender Ertragsfaktoren

Der Grundsatz der Bereinigung nicht dem Unternehmen innewohnender Ertragsfaktoren erfordert eine **Orientierung an der übertragbaren Ertragskraft**.[337] Besonders beim Verkauf eines kleinen oder mittelgroßen Unternehmens scheiden die bisherigen Inhaber (z. B. aus Altersgründen[338]) den Eigentümerwechsel meistens aus dem Unternehmen aus.[339] Mit dem Ausscheiden des Inhabers oder wichtiger Mitarbeiter können dem Käufer viele spezielle Kenntnisse verlorengehen, da häufig gerade bei **kleineren Unternehmen** ein erheblicher Teil der Ertragskraft personengebunden ist (teilweise sind sogar Umsätze personengebunden).[340] Da die beim Unternehmensverkauf nicht

---

332 Vgl. etwa *Baetge, J./Bruns*, C., Erfolgsquellenanalyse, S. 391. In den USA werden die meisten Unternehmensbewertungen - d. h. die konkrete Wertermittlung und nicht nur ein Vergleich der Ertragskraft - sogar mit Hilfe von Betriebsvergleichen vorgenommen. Zu diesem als *similar public company method* bezeichneten Verfahren vgl. etwa *Sanfleber-Decher, M.*, Unternehmensbewertung in den USA, S. 598-600.
333 Vgl. zu den Richtsätzen *Hassold, F.*, Die Richtsätze für Gewerbetreibende, S. 1-38.
334 Vgl. *Stibi, B.*, Statistische Jahresabschlußanalyse, S. 42-44.
335 Vgl. *Gregory, A.*, Forecasting Costs and Revenues, S. 66.
336 Vgl. *Küting, K./Weber, C.-P.*, Die Bilanzanalyse, S. 45.
337 Vgl. *BGH*, Urteil vom 14.7.1986 - II ZR 249/85, S. 1385; *Klocke, H.*, Dialogbeitrag zum Thema Ertragswertgutachten, S. 537-538.
338 30% der Unternehmer in Deutschland sind älter als 60 Jahre (vgl. *Wiercks, F.*, Schweres Erbe, S. 24), so daß in den nächsten drei Jahren (bis 2000) 300.000 altersbedingte Eigentümerwechsel in Deutschland anstehen; vgl. *Creditreform (Hrsg.)*, Unternehmensentwicklung 1996, S. 18.
339 Vgl. *Klocke, H.*, Dialogbeitrag zum Thema Ertragswertgutachten, S. 537-538; *Helbling, C.*, Bewertung von kleinen und mittleren Unternehmen, S. 936.
340 Vgl. *Fouts, D.*, Valuing Manufacturing Businesses, S. 311; *Englert, J.*, Bewertung von freiberuflichen Praxen, S. 144; *Niehues, K.*, Unternehmensbewertung bei Unternehmenstransaktionen, S. 2245.

übertragbaren Werte (wie das Wissen des Eigentümers) vom Käufer nicht genutzt werden können, sind „alle diejenigen positiven und negativen Erfolgsposten zu eliminieren, die in den persönlichen Fähigkeiten und Beziehungen der bisherigen Unternehmenseigner begründet sind"[341]. Daher sind beispielsweise bisher nicht in Rechnung gestellte, „fiktive" Mieten ertragsmindernd anzusetzen, wenn ein Unternehmen bisher auf Grund und Boden oder in den Gebäuden eines Gesellschafters betrieben wurde.[342] Auch Kosten für nicht vorgenommene, aber nach Auffassung des Käufers notwendige Buchführung, Kostenrechnung oder Steuerberatung[343] sind in die Bereinigungsrechnung aufzunehmen und mindern die bereinigten Vergangenheitsergebnisse. Umgekehrt können auch Kosten entfallen, etwa wenn ein Teil des Fuhrparks eher privat als betrieblich genutzt wurde und daher nicht betriebsnotwendig ist.[344]

2.4.7. Grundsatz der simultanen Korrektur von Kostenrechnung und Jahresabschluß

Mit Blick auf die Planungsrechnung ist das „Durchziehen der Korrekturen auf die Kostenträgerrechnungen"[345] wichtig, um dadurch möglichst genaue Aufschlüsse über die Kalkulation der betrieblichen Leistungseinheiten zu erhalten (z. B. über die Höhe der Deckungsbeiträge der Produkte). Dabei sollte dem Schema der Ergebnisrechnung gefolgt werden, das das zu bewertenden Unternehmen anwendet (z. B. Kostenträgerzeitrechnung als Deckungsbeitragsrechnung nach dem Umsatzkostenverfahren).[346] Auf diese Weise kann in „vorhandenen und verstandenen Denkkategorien"[347] argumentiert werden.

---

341 *Schmalenbach, E.*, Die Beteiligungsfinanzierung, S. 41.
342 Vgl. *OLG Koblenz*, Urteil vom 29.11.1982 - 13 UF 282/82, S. 168.
343 Nach Meinung des *OLG* Düsseldorf muß - wenn diese Kosten in der Bereinigungsrechnung berücksichtigt werden - dann auch eine mögliche Erfolgsverbesserung geprüft werden; vgl. *OLG Düsseldorf*, Urteil vom 27.1.1984 - 3 UF 50/83, S. 702.
344 Vgl. *Fouts, D.*, Valuing Manufacturing Businesses, S. 314; *Niehues, K.*, Unternehmensbewertung bei Unternehmenstransaktionen, S. 2244.
345 *IDW (Hrsg.)*, WP-Handbuch 1992, Bd. II, S. 62, Rn. 125.
346 Vgl. *HFA des IDW*, Stellungnahme 2/1983, S. 476; *IDW (Hrsg.)*, WP-Handbuch 1992, Bd. II, S. 62, Rn. 125.
347 *IDW (Hrsg.)*, WP-Handbuch 1992, Bd. II, S. 62, Rn. 125.

D. Die Abhängigkeit der Bereinigungsrechnung vom Bewertungsfall
1. Überblick

Genauso wie die Prognosen bei der Unternehmensbewertung unternehmensindividuell zu erstellen sind, müssen auch Bereinigungsrechnungen auf den Bewertungsfall angepaßt werden (große Gesellschaften erfordern z. B. andere Bewertungsschwerpunkte als kleine Gesellschaften, weil die Aufwendungen und Erträge bei kleinen Unternehmen häufig erheblich an bestimmte Personen, etwa den Inhaber, gebunden sind). Die Bereinigungsrechnung muß daher abhängig von der Bewertungssituation erstellt werden. Bei Gesellschaftsverträgen ist es sogar u. U. empfehlenswert, lange vor einer möglichen Unternehmensbewertung Regeln zur Bereinigung der Vergangenheitsergebnisse zu vereinbaren, um künftige Auseinandersetzungen zu vermeiden:[348] Ausscheidende Gesellschafter haben bei Personenhandelsgesellschaften nach § 738 Abs. 1 Satz 2 BGB einen Anspruch darauf, beim Ausscheiden so gestellt zu werden wie im Falle der Auflösung der Gesellschaft.[349] Daher wird meist vertraglich festgelegt, wie der Wert des Unternehmens zu ermitteln ist, der der Bemessung der Abfindung für den Ausscheidenden zugrunde gelegt wird. Diese vertraglichen Regelungen sollten sich bei der Anwendung eines Ertragswertverfahrens nicht nur zum Beispiel auf den Kapitalisierungszinsfuß, sondern auch auf die Bereinigungsrechnung beziehen.

2. Merkmale der Bewertungssituation

2.1. Die Branche des zu bewertenden Unternehmens

Branchen beeinflussen die Unternehmensbewertung betriebswirtschaftlich und rechtlich. Als **Branche** wird dabei eine Gruppe von Unternehmen bezeichnet, bei denen sich Angebot und Nachfrage auf nach Art und Verwendungszweck gleiche Sach- und Dienstleistungen richten.[350] Der betriebswirtschaftliche Einfluß zeigt sich in branchentypischen Merkmalen und Risiken, so daß der Unternehmensbewerter je nach Branche **unterschiedliche Bewertungsschwerpunkte** setzen muß. Bspw. birgt das relativ hohe Anlagevermögen im verarbeitenden Gewerbe ein hohes Beschäftigungsrisiko, da die Kapazitäten nur langfristig angepaßt werden können; Umsatzrückgänge verursachen i. d. R. überproportionale Gewinneinbußen. Verglichen mit dem verarbeitenden Gewerbe kommen Handelsunternehmen mit einer geringeren Eigenkapitalquote

---

348 Vgl. *Piltz, D.,* Die Unternehmensbewertung in der Rechtsprechung, S. 277-278.
349 Vgl. auch *Neuhaus, C.,* Unternehmensbewertung und Abfindung, S. 15.
350 Vgl. *Peemöller, V.,* Bilanzanalyse und Bilanzpolitik, S. 128.

aus, wobei sie ihre meist deutlich kleinere Umsatzrentabilität durch einen hohen Kapitalumschlag kompensieren müssen (vgl. auch die folgende Übersicht).

Übersicht D-1: Charakteristika von Unternehmen des verarbeitenden Gewerbes und Handelsunternehmen[351]

Verarbeitendes Gewerbe	Handelsunternehmen
• Hohes Anlagevermögen	• Geringes Anlagevermögen
• Großer Personalbestand	• Geringer Personalbestand
• Hohe Wertschöpfung	• Geringe Wertschöpfung
• Geringer Vermögensumschlag	• Hoher Vermögensumschlag

Im Jahresabschluß zeigen sich unterschiedlich starke Brancheneinflüsse, beispielsweise hängen Produktion, Lagerbestand, die Höhe der Investitionen erheblich von der Branche des zu bewertenden Unternehmens ab, bei den Wachstums- und Erfolgsgrößen sind dagegen meist nur geringe Branchenwirkungen zu spüren.[352]

Teilweise führen Branchenspezifika zu speziellen Bilanzierungsvorschriften, etwa bei der langfristigen Auftragsfertigung, die im industriellen Anlagengeschäft, in der Bauwirtschaft und bei Schiffswerften vorkommt.[353] Weitere Beispiele sind im Handelsrecht die ergänzenden Vorschriften für Kreditinstitute (§§ 340-340o HGB) und Versicherungen (§§ 341-341o HGB). Branchenbedingt kann auch der **Ausweis zusätzlicher GuV-Posten** in Frage kommen, z. B. Ausgleichsabgaben nach dem Dritten Verstromungsgesetz (Elektrizitätsversorger), Provisionsaufwendungen (u. a. Reiseveranstalter und Versicherungsmakler), Aufwendungen für Leistungsanteile bei Arbeitsgemeinschaften (Bauindustrie), Erträge aus Mieten und Pachten (Grundstücksgesellschaften), usw.[354] Besondere **Gliederungsvorschriften**, die gem. §§ 330 oder 336 Abs. 3 HGB vom Bundesministerium der Justiz erlassen wurden, bestehen zur Zeit z. B. für Kreditinstitute,[355] Versicherungsunternehmen,[356] Wohnungsunternehmen[357] und Krankenhäuser[358].

In den IAS-Abschlüssen wird kein strenges Gliederungsschema vorgegeben. Mit Gültigkeit des IAS 1 (revised 1997) wird lediglich eine Mindestgliederung der GuV gem.

---

351 Vgl. *Peemöller, V.*, Bilanzanalyse und Bilanzpolitik, S. 142.
352 Vgl. *Marx, M.*, Der Wirtschaftszweig, S. 226.
353 Vgl. *Weiss, H.-J.*, Kaufvoruntersuchung, S. 383; *Peemöller, V.*, Bilanzanalyse und Bilanzpolitik, S. 144-145.
354 Vgl. *Castan, E.*, Gliederung der GuV, S. 35-36, Rn. 161-162.
355 Vgl. Verordnung über die Rechnungslegung der Kreditinstitute vom 10.2.1992, S. 203-222.
356 Vgl. Verordnung über die Rechnungslegung von Versicherungsunternehmen vom 8.11.1994, S. 3378-3418.
357 Vgl. 1. Verordnung zur Änderung der Verordnung über Formblätter für die Gliederung des Jahresabschlusses von Wohnungsunternehmen vom 6.3.1987, S. 770-772.
358 Vgl. KHBV vom 31.3.1987, S. 1046-1068.

IAS 1.75 verlangt.[359] Diese Mindestangaben sollen wie in den USA durch branchenspezifische Vorschriften (= auf Branchen bezogene Standards) ergänzt werden; z. Z. existieren indes nur für Banken (IAS 30) spezielle Vorschriften. In den USA gibt es z. B. für Banken, Versicherungen, Broker, Automobilhändler, Fluglinien usw. spezielle branchenbezogene Bilanzierungsvorschriften.[360]

Für die Unternehmensbewertung entstehen durch **branchenspezifische Bilanzierungsvorschriften** folgende Konsequenzen: Erstens werden Betriebsvergleiche zwischen Unternehmen aus verschiedenen Rechtskreisen um so mehr erschwert, je stärker sich - aufgrund von Branchenspezifika - die Jahresabschlüsse unterscheiden. Unterschiedliche Gliederungsvorschriften erschweren die Arbeit des Unternehmensbewerters vor allem bei rein externen Daten. Je mehr **interne Daten** dagegen vorliegen, um so besseren Einblick gewinnt der Bewerter in die Struktur des Abschlusses. Zweitens muß der Bewerter die teilweise nur in einer Branche auftretenden Posten interpretieren können. Bspw. müssen Versicherungen nach § 38 RechVersV einen Posten „Technischer Zinsertrag für eigene Rechnung" ausweisen oder Krankenhäuser gem. Anlage 2 der KHBV die „Aufwendungen aus der Auflösung der Ausgleichsposten aus Darlehensförderung und für Eigenmittelförderung" angeben. Ohne Kenntnis der Branche und der besonderen Bilanzierungsvorschriften können solche Unternehmen ausgehend vom Jahresabschluß nicht sinnvoll bewertet werden.

2.2. Die Rechtsform des zu bewertenden Unternehmens

Von der Rechtsform des zu bewertenden Unternehmens hängen u. a. die Haftung der Gesellschafter, ihre Kontrollrechte und möglichen Weisungsbefugnisse, der Rechtsformaufwand, diverse steuerliche Konsequenzen sowie die Höhe und Art der Gewinnbeteiligung ab. Weiterhin beeinflußt die Rechtsform auch die Fungibilität der Unternehmensanteile, da z. B. börsengängige Aktien leichter verkauft werden können als GmbH-Anteile.[361]

Auch die Art der Übernahme (Anteilserwerb oder Erwerb von Aktiva und Passiva durch Einzelrechtsnachfolge) wird - u. a. aus steuerlichen Gründen - durch die Rechtsform des Unternehmens beeinflußt. Bspw. ist der Anteilserwerb bei einer KG oder einer GmbH & Co. KG meistens vorteilhafter als bei einer GmbH, weil unter bestimmten Voraussetzungen zusätzliche Abschreibungsmöglichkeiten für den Erwerber entstehen, indem Vermögensgegenstände des erworbenen Unternehmens in einer steu-

---

359 Vgl. dazu *Baetge, J.*, Konzernbilanzen, S. 581.
360 Vgl. *Pratt, S. P.*, Valuation Approaches by Industry Group, S. 14-3.
361 Vgl. *Hax, K.*, Die langfristigen Kapitaldispositionen, S. 521.

erlichen Ergänzungsbilanz aufgewertet werden.[362] Häufig werden zur Minimierung der Gewerbesteuer- und Körperschaftsteuerzahlungen mehrstufige Erwerbsverfahren eingesetzt (z. B. Gründung einer GmbH als Vorschaltgesellschaft, die zunächst die Anteile erwirbt, usw.), was vor allem beim Erwerb von Unternehmen in der Rechtsform einer GmbH sinnvoll ist.[363]

Handelsrechtlich führen unterschiedliche Rechtsformen – Personenhandelsgesellschaft oder Kapitalgesellschaft – zu einer Reihe verschiedener **Bilanzierungsvorschriften**, beispielsweise dürfen Personenhandelsgesellschaften im Gegensatz zu Kapitalgesellschaften Abschreibungen nach vernünftiger kaufmännischer Beurteilung ansetzen (§ 253 Abs. 4 HGB).[364] Diese Abschreibungen sind in der Vergangenheitsanalyse stets zu bereinigen.[365]

Für die Vergangenheitsanalyse ist u. a. zu beachten, daß Gesellschafterleistungen nur bei **Kapitalgesellschaften** zu Betriebsausgaben führen, aber nicht bei Personenhandelsgesellschaften. Bei **Personenhandelsgesellschaften** ist daher i. d. R. in der Vergangenheitsanalyse ein kalkulatorischer Unternehmerlohn anzusetzen, der die bereinigten Vergangenheitsergebnisse der zu bewertenden Personenhandelsgesellschaft mindert.[366] Weiterhin weisen viele Personenhandelsgesellschaften einen „Graubereich" auf, in dem die Zuordnung von Aufwendungen zum privaten oder betrieblichen Bereich nicht immer eindeutig gelingt. Bei der Bereinigungsrechnung ist z. B. zu prüfen, ob die GuV aus Sicht des Käufers Aufwendungen enthält, die eher als „privat" zu klassifizieren sind (die dort z. B. aus steuerlichen Gründen zugeordnet wurden).[367] Umgekehrt können aber auch (vor allem bei einem geplanten Unternehmensverkauf) betriebsnotwendige Aufwendungen vom Unternehmer getragen worden sein, um ein möglichst positives Jahresergebnis auszuweisen.[368]

Die meisten Unternehmenstransaktionen in Deutschland befassen sich mit Familienunternehmen, deren Umsatz zwischen 10 und 300 Mio. DM liegt.[369] **Rechtsformwechsel** treten daher bei vielen Unternehmenstransaktionen auf (beispielsweise wenn eine Personenhandelsgesellschaft von einem Konzern übernommen wird und die persönlich haftenden Gesellschafter ausscheiden). Aus diesem Grund muß die Bereinigungsrechnung auf die veränderte Situation angepaßt werden, beispielsweise ist die Bildung einer Pensionsrückstellung für Mitunternehmer entsprechend dem Rechtsge-

---

362 Zu Einzelheiten vgl. *Leimbach, A.*, Unternehmensübernahmen in der Bundesrepublik, S. 452-453.
363 Vgl. *Leimbach, A.*, Unternehmensübernahmen in der Bundesrepublik, S. 452-453.
364 Zu weiteren bilanziellen Unterschieden zwischen Personengesellschaften und Kapitalgesellschaften vgl. z. B. *Peemöller, V.*, Bilanzanalyse und Bilanzpolitik, S. 156-158.
365 Vgl. Abschnitt E. 3.3.6.3.2.
366 Vgl. Abschnitt E. 3.3.4.2.
367 Vgl. *Weiss, H.-J.*, Kaufvoruntersuchung, S. 386.
368 Vgl. *Weiss, H.-J.*, Kaufvoruntersuchung, S. 386.
369 Vgl. *Hölters, W.*, Der Unternehmens- und Beteiligungskauf, S. 16, Rn. 35.

danken des § 15 Abs. 1 Nr. 2 EStG unzulässig, während für den Geschäftsführer einer GmbH entsprechend Vorsorge getragen werden muß.

2.3. Die Größe des zu bewertenden Unternehmens

Die Größe des zu bewertenden Unternehmens beeinflußt die Bereinigungsrechnung in mehrfacher Hinsicht, zum Beispiel im Hinblick auf die Zuverlässigkeit des Datenmaterials, auf dem die Vergangenheitsanalyse basiert. Auch bestimmte Bereinigungen sind z. B. regelmäßig nur bei kleinen Unternehmen vorzunehmen, während sie bei der Bewertung von Großunternehmen untypisch sind. Zunächst ist zu klären, was unter kleinen, mittelgroßen und großen Unternehmen zu verstehen ist.

Eine Kapitalgesellschaft gilt nach den Größenkriterien in § 267 HGB als groß (mittelgroß), wenn sie an zwei aufeinanderfolgenden Bilanzstichtagen mindestens zwei der Kriterien für große (mittelgroße) Kapitalgesellschaften erfüllt. Unabhängig davon gilt eine börsennotierte Kapitalgesellschaft immer als große Kapitalgesellschaft. Als Kriterien zur Abgrenzung von Klein-, Mittel- und Großunternehmen dienen nach § 267 HGB der Umsatz, die Zahl der Beschäftigten und die Bilanzsumme:[370]

Übersicht D-2: Größenkriterien für Kapitalgesellschaften[371] nach § 267 HGB

Größe der Kapitalgesellschaft	Bilanzsumme (BS) in Mio. DM	Umsatzerlöse (UE) in Mio. DM	Zahl der Arbeitnehmer (AN)
Klein	BS ≤ 5,31	UE ≤ 10,62	AN ≤ 50
Mittelgroß	5,31 < BS ≤ 21,24	10,62 < UE ≤ 42,48	50 < AN ≤ 250
Groß	BS > 21,24	UE > 42,48	AN > 250

Rechtsfolge der handelsrechtlichen Größeneinteilung ist u. a. die Prüfungspflicht; so sind gem. § 316 Abs. 1 Satz 1 HGB **kleinere Unternehmen nicht prüfungspflichtig**. Fraglich ist, ob ein potentieller Käufer das Risiko eingehen sollte, ein Unternehmen auf der Basis nicht geprüfter Jahresabschlußzahlen zu bewerten und seinen Kaufpreisvorschlag daran auszurichten. Banken gehen solche Risiken z. B. nicht ein; nach *Dykxhoorn/Sinning/Wiese* werden größere Kredite i. d. R. nur vergeben, wenn der Kreditnehmer einen testierten Jahresabschluß vorweist.[372] Wird ein Unternehmen ohne testierten Jahresabschluß bewertet, wäre es wünschenswert, wenn der Bewerter auch echte Prüfungshandlungen in das Due Diligence-Verfahren einbauen würde.[373] Dies

---

370 Anders z. B. das Statistische Bundesamt oder das Europäische Statistische Amt, bei denen die Unternehmensgröße lediglich nach der Beschäftigtenzahl abgegrenzt wird.
371 Personengesellschaften können gem. § 1 Abs. 1 PublG zur Rechnungslegung verpflichtet werden, wenn sie die dort genannten, von § 267 HGB abweichenden Größenkriterien erfüllen.
372 Vgl. *Dykxhoorn, H./Sinning, K./Wiese, M.*, Qualität von Prüfungsberichten, S. 2034.
373 Z. B. bei vielen mittelständischen Unternehmen, in denen keine testierten Jahresabschlüsse vorliegen; vgl. *Niehues, K.*, Unternehmensbewertung bei Unternehmenstransaktionen, S. 2242.

wird indes aufgrund des hohen Zeitdrucks, der bei Due Diligence-Verfahren herrscht, nur in sehr eingeschränktem Umfang möglich sein. Bei der Bewertung eines Unternehmens ohne testierten Jahresabschluß sollten aber zumindest Plausibilitätsprüfungen der Erfolgszahlen vorgenommen werden werden (z. B. die Verprobung des Material- und Wareneinkaufs mit den Umsatzerlösen).[374]

Empirische Untersuchungen haben zudem ergeben, daß bei kleineren Unternehmen eine **höhere Fehleranzahl und mehr bewußte Fehler** bei Prüfungen vorkommen als bei mittleren und großen Unternehmen.[375] Dies wird vor allem auf die fehlende oder eingeschränkte Funktionstrennung bei kleinen Unternehmen und die häufig nicht vorhandenen oder **mangelhaften internen Kontrollsysteme** zurückgeführt.[376] Für die Unternehmensbewertung bedeutet dies, daß das Datenmaterial bei Bewertungen von kleinen Unternehmen weniger zuverlässig ist als bei mittleren oder großen Unternehmen. Nach *Barthel* sind u. a. wegen der „bisweilen praktizierten illegalen Attitüden bei der Aufbereitung der Buchungsunterlagen"[377] die Jahresabschlüsse einiger kleiner und mittlerer Unternehmen als Bewertungsunterlage sogar unbrauchbar.[378]

Wegen des bei kleineren Unternehmen oft mangelhaft ausgebauten Rechnungswesens fehlen auch häufig die für die Bewertung wichtigen **Planungsunterlagen,** die bei größeren Unternehmen üblicherweise vorhanden sind.[379] Insgesamt kennzeichnen Klein- und Mittelbetriebe häufig die in der folgende Übersicht aufgelisteten Faktoren:[380]

---

374 Vgl. *Scarlata, R.,* „Middle Market" and „Small" Businesses, S. 57.
375 Vgl. *Ruhnke, K./Niephaus, J.,* Jahresabschlußprüfung kleiner Unternehmen, S. 789-790 m. w. N.
376 Vgl. *Ruhnke, K./Niephaus, J.,* Jahresabschlußprüfung kleiner Unternehmen, S. 795.
377 *Barthel, C.,* Die vergleichsorientierten Bewertungsverfahren, S. 159.
378 *Barthel* leitet daraus ab, daß statt des Ertragswertverfahrens Gewinnmultiplikatoren verwendet werden sollten (vgl. *Barthel, C.,* Die vergleichsorientierten Bewertungsverfahren, S. 159). Indes entsprechen Wertermittlungen mit Multiplikatoren lediglich einem stark vereinfachten Ertragswertverfahren, und ohne den Gewinn des Unternehmens - den *Barthel* nicht für aussagefähig hält - kann auch das von ihm vorgeschlagene Multiplikatorverfahren nicht angewendet werden; vgl. *Ballwieser, W.,* Neue Lehre der Unternehmensbewertung, S. 187.
379 Vgl. *Niehues, K.,* Unternehmensbewertung bei Unternehmenstransaktionen, S. 2242; *Wollny, P.,* Unternehmens- und Praxisübertragungen, S. 384, Rn. 1605. Nach *Pearson* sind Planungen, die mehr als ein Jahr umfassen, bei nicht börsennotierten Gesellschaften unüblich; vgl. *Pearson, B.,* Acquisition of unquoted companies, S. 56.
380 Vgl. *Piltz, D.,* Die Unternehmensbewertung in der Rechtsprechung, S. 50-51.

Übersicht D-3: Häufige Kennzeichen von Klein- und Mittelbetrieben

Häufige Kennzeichen von Klein- und Mittelbetrieben
• Abhängigkeit von bestimmten Personen (z. B. dem Inhaber)
• Oft (z. T. unentgeltliche) Mitarbeit von Familienangehörigen
• Geringe Kapitalausstattung
• Geringe Mitarbeiterzahl
• Geringe Organisationstiefe
• Vielfach steuerlich motivierte Gestaltungen (z. B. Betriebsvermögen)
• Meistens wenig ausgebautes Rechnungswesen

Wegen dieser Kennzeichen und darunter insbesondere der **Personenabhängigkeit** unterliegen Bewertungen kleinerer Unternehmen einem vergleichsweise hohen Risiko.[381] Nach *Piltz* entstehen bei Bewertungen kleinerer Unternehmen oft große Differenzen zwischen dem tatsächlich gezahlten Kaufpreis und dem (dann meist erheblich zu hoch geschätzten) Ertragswert des Unternehmens.[382] Aus diesen Gründen darf das Ertragswertverfahren bei der Bewertung kleiner und mittlerer Unternehmen zum Teil nicht angewendet werden, wenn das Bewertungsgutachten einer Gerichtsentscheidung zugrunde liegen soll.[383]

Aus den genannten Unterschiede zwischen kleinen und großen Unternehresultieren **größenspezifische Bereinigungen** bei der Vergangenheitsanalyse, d. h. es gibt Bereinigungen, die üblicherweise bei Bewertungen von kleinen Unternehmen notwendig sind, während sie bei Bewertungen von Großunternehmen nur selten vorgenommen werden müssen und umgekehrt:[384] So werden die Jahresergebnisse von kleinen und mittleren Unternehmen oft durch nicht übertragbare Faktoren beeinflußt. Zum Beispiel verfügen viele Inhaber von kleinen und mittleren Unternehmen über besondere Einkaufsvergünstigungen bei anderen Unternehmen - etwa aufgrund persönlicher Kontakte -, die bei einem Unternehmensverkauf nicht mehr genutzt werden können. Die Aufwands- und Ertragswirkungen solcher nicht übertragbarer Faktoren sind in der Vergangenheitsanalyse zu bereinigen.[385]

Weiterhin müssen bei kleinen und mittleren Unternehmen die persönlichen und geschäftlichen Verhältnisse des bisherigen Inhabers klar getrennt werden (beispielsweise bei gewillkürtem Betriebsvermögen oder der Einschätzung, ob z. B. Spenden oder

---

381 Vgl. *Bishop, D. M.*, Recasting Financial Statements, S. 86.
382 Vgl. *Piltz, D.*, Die Unternehmensbewertung in der Rechtsprechung, S. 50.
383 Nach Auffassung des *BFH* ist „die Ertragswertmethode für die Bewertung eines Großteils mittlerer und kleinerer Unternehmen praktisch nicht anwendbar"; *BFH*, Urteil vom 6.2.1991, II R 87/88, S. 590. Vgl. auch *Piltz, D.*, Die Unternehmensbewertung in der Rechtsprechung, S. 243-246.
384 Vgl. *Pratt, S. D.*, Valuation Approaches by Industry Group, S. 14-14 Aufzählungen weiterer bewertungsrelevanter Unterschiede zwischen börsennotierten Unternehmen und Kleinunternehmen finden sich z. B. bei *Bishop, D. M.*, Recasting Financial Statements, S. 86-87; *Berka, J. W./Bowen, M. L.*, Valuation for smaller companies, S. 12A-5 - 12A-6.
385 Vgl. *IDW (Hrsg.)*, WP-Handbuch 1992, Bd. II, S. 41, Rn. 78.

Versicherungen betrieblich verursacht wurden).[386] Bei großen Unternehmen ist dagegen mit wesentlich mehr „klassischen" **bilanzpolitischen Maßnahmen** zu rechnen als bei kleinen Unternehmen, zumal Großunternehmen über weit mehr bilanzpolitische Spielräume verfügen (zum Beispiel bei der Bilanzierung von Beteiligungen). Mehrere Studien in den USA haben die umfangreicheren bilanzpolitischen Maßnahmen bei Großunternehmen im Vergleich zu kleinen Unternehmen auch empirisch belegt;[387] die untersuchten Großunternehmen nutzten die Wahlrechte zwischen der Fifo- und der Lifo-Bewertung des Vorratsvermögens, bei der Aktivierung von Zinsaufwendungen oder der Aktivierung von Entwicklungskosten in deutlich größerem Umfang als kleinere Unternehmen. Somit ist bei der Bewertung von Großunternehmen damit zu rechnen, daß mehr Bereinigungen aufgrund bilanzpolitischer Maßnahmen notwendig sind als bei kleineren Unternehmen.

2.4. Die Abgrenzung der bewertbaren Unternehmenseinheit

Eine selbständig bewertbare Unternehmenseinheit ist so einzugrenzen, daß alle relevanten wirtschaftlichen Faktoren erfaßt werden.[388] Bei rechtlich zergliederten Einheiten (z. B. Konzerne, Teilkonzerne) können sich daraus besondere Schwierigkeiten ergeben, z. B. bei der Zurechnung überbetrieblicher Kosten (Konzernumlagen).[389] Dennoch müssen für eine aussagefähige Vergangenheitsanalyse und anschließende Prognose die betriebsnotwendigen Vermögensgegenstände und relevanten Zahlungsströme identifiziert und dem Bewertungsobjekt zugerechnet werden.

Bei Akquisitionen werden oft Teilbereiche übernommen, die nicht in die Kerngeschäftsbereiche des Käufers oder in sein strategisches Konzept passen und daher bald weiterveräußert werden.[390] Auch wenn der potentielle Käufer den Kauf eines rechtlich nicht selbständigen Unternehmensteils beabsichtigt, empfiehlt sich bereits vor der eigentlichen Unternehmensbewertung eine **klare Objektabgrenzung**.[391] Bei Einzelunternehmen und Personenhandelsgesellschaften ist z. B. eindeutig zwischen Betriebs- und Privatvermögen zu trennen. Spätestens beim Verkauf müssen alle erworbenen Gegenstände und Rechte in Listen erfaßt werden; der Verkäufer muß dabei u. a. darauf

---

386 Vgl. *Fouts, D.*, Valuing Manufacturing Businesses, S. 314-315; *Pratt, S. D.*, Valuation Approaches by Industry Group, S. 14-14; *Bishop, D. M.*, Recasting Financial Statements, S. 86-87; *Weiss, H.-J.*, Kaufvoruntersuchung, S. 386.
387 Vgl. *Haller, A.*, Positive Accounting Theory, S. 603 m. w. N.; *Daley, L. A./Vigeland, R. L.*, Choice of Accounting Methods, S. 195-211.
388 Vgl. *IDW (Hrsg.)*, WP-Handbuch 1992, Bd. II, S. 27, Rn. 42.
389 Vgl. *IDW (Hrsg.)*, WP-Handbuch 1992, Bd. II, S. 27-28, Rn. 42-43.
390 Vgl. *Leimbach, A.*, Unternehmensübernahmen in der Bundesrepublik, S. 454; *Zimmerer, C.*, Unternehmensakquisition, Sp. 4298-4299.
391 Vgl. *Beisel, W./Klumpp, H.-H.*, Der Unternehmenskauf, S. 24.

achten, daß ihm ein Mindestbestand an Roh-, Hilfs- und Betriebsstoffen, bezogenen Waren u. ä. zur Verfügung steht, so daß Produktion und Vertrieb kontinuierlich fortgeführt werden können.[392] Entsprechend ist auch der übergehende Mitarbeiterkreis möglichst frühzeitig festzulegen, was u. a. die Ermittlung der voraussichtlich zu zahlenden Bezüge und die vom Käufer zu tragenden Pensionsverpflichtungen beeinflußt.[393] Die Vergangenheitsanalyse setzt somit eine klare Objektabgrenzung voraus, da die Aufwands- und Ertragsströme vom definierten **Unternehmensumfang** abhängen.

Räumlich oder funktional trennbare, organisatorisch selbständig geführte Bereiche bieten sich einerseits zur **selbständigen Bewertung** an, wenn statt des kompletten Unternehmens lediglich dieser Unternehmensteil erworben werden soll. Andererseits können Unternehmen aber auch häufig horizontal oder vertikal unterteilt werden; z. B. bestehen Industrieunternehmen i. d. R. aus verschiedenen Werken, die selbständig geführt werden. Die getrennte Analyse bestimmter Bereiche ergibt sich oft durch die Unternehmensplanung, die das zu bewertende Unternehmen selbst z. B. nach Werken getrennt aufstellt.[394] Ob betriebsnotwendige Unternehmensteile dann selbständig bewertet und für diese Unternehmensteile Teil-Ertragswerte berechnet werden, richtet sich häufig nach den Verwaltungs- und Koordinationskosten („Overheadkosten") für diese Unternehmensteile. Soweit nicht versucht wurde, diese Kosten in der Unternehmensplanung auf die Unternehmensteile aufzuteilen, stellt die gemeinsame Bewertung der Unternehmensteile häufig den einfacheren und kostengünstigeren Weg für den Bewerter dar.

3. Rahmenentscheidungen des Bewerters bei der Vergangenheitsanalyse

3.1. Zeitraum der Vergangenheitsanalyse

Die Zahl der vergangenen Jahresabschlüsse, die der Bewerter analysieren sollte, um sich einen ausreichenden Überblick über die gesuchten Erfolgsfaktoren zu verschaffen, läßt sich empirisch nicht herleiten, weil sie von der jeweiligen Bewertungssituation abhängt. In der Literatur und in der Rechtsprechung findet sich eine **breite Spanne von Empfehlungen**. Der zugrunde zu legende Analysezeitraum reicht demnach von mindestens 10 Jahren[395] über drei bis sieben Jahre[396] oder fünf Jahre[397] bis zu lediglich

---

392 Vgl. *Jung, W.*, Praxis des Unternehmenskaufs, S. 366-367.
393 Vgl. *Jung, W.*, Praxis des Unternehmenskaufs, S. 366-367.
394 Vgl. etwa *Fischer, H.*, Bewertung, S. 125, Rn. 222.
395 Vgl. *Moxter, A.*, Grundsätze ordnungsmäßiger Unternehmensbewertung, [1. Aufl.], S. 144.
396 Vgl. *Ballwieser, W./Leuthier, R.*, Unternehmensbewertung, S. 605.
397 Vgl. *Born, K.*, Unternehmensanalyse und Unternehmensbewertung, S. 77; *Bellinger, B./Vahl, G.*, Zweckgerechte Werte für Unternehmen, S. 1534.

zwei bis drei Jahren[398]. In der Stellungnahme HFA 2/1983 wird empfohlen, „bis zu fünf Jahre" zu bereinigen,[399] doch verwendbare Kriterien, welcher Zeitraum in einer bestimmten Bewertungssituation zu empfehlen ist, werden nicht genannt.

Ein langer Zeitraum, in dem die konjunkturellen Abhängigkeiten o. ä. berücksichtigt werden sollen, ist nicht sinnvoll, da der Konjunkturverlauf nicht regelmäßig ist (d. h. nicht ohne weiteres fortgeschrieben werden kann).[400] Gegen eine lange Vergleichszeit von z. B. zehn Jahren spricht, daß die strukturellen Veränderungen der Unternehmung über einen solchen Zeitraum zu groß werden.[401] Häufig ist das Unternehmen, das vor zehn Jahren existiert hat, nicht mehr mit dem heute tätigen Unternehmen vergleichbar. Auch ein postenabhängiger Zeitraum (z. B. Bereinigung der sonstigen betrieblichen Erträge für fünf Jahre und der Umsatzerlöse lediglich für drei Jahre) dürfte fragwürdig sein, weil Verschiebungen innerhalb der Posten und der Perioden nicht deutlich werden und damit u. a. die Gefahr besteht, Kostenstrukturen der Produkte falsch zu bestimmen.

Nach überwiegender Meinung des Schrifttums scheint ein **Zeitraum von drei bis fünf Jahren** in den meisten Fällen sinnvoll zu sein. Auch empirisch wurde festgestellt, daß in mehr als 90% der Bewertungen ein Zeitraum von drei bis fünf Jahren zugrunde gelegt wird.[402] Wenn die Vergangenheitsanalyse wenig aussagekräftig ist, genügt häufig ein kürzerer Zeitraum (z. B. bei stark personenabhängigen Unternehmen oder erheblichen Umstrukturierungsmaßnahmen beim zu bewertenden Unternehmen).[403]

3.2. Vereinfachungsmöglichkeiten der Bereinigungsrechnung und die Festlegung der Bereinigungstiefe

Ebenso wie die Individualität der Bewertungsfälle ein einzelfallbezogenes Vorgehen verlangt, muß auch die Bereinigungsrechnung **einzelfallbezogen** angewendet werden.

---

398 Vgl. *Bossard, E.*, Erfahrungen mit der Ertragswertmethode, S. 44; im Beschluß des *LG Frankfurt* vom 1.10.1986 wurde die Vergangenheitsanalyse auf zwei Jahre beschränkt, weil der zu bewertende AEG-Konzern zu diesem Zeitpunkt erheblich umstrukturiert wurde und die davorliegenden Vergangenheitsergebnisse als nicht vergleichbar angesehen wurden; vgl. *LG Frankfurt am Main*, Beschluß vom 1.10.1986 - 3/3 O 145/83, S. 316.
399 Vgl. *HFA des IDW*, Stellungnahme 2/1983, S. 475.
400 Vgl. *Helbling, C.*, Unternehmensbewertung und Steuern, S. 331. A. A. *Mellerowicz, K.*, Der Wert der Unternehmung, S. 66-67; *Maul, K.-H.*, Unternehmensbewertung auf der Basis von Nettoausschüttungen, S. 58.
401 Vgl. *Schmalenbach, E.*, Die Beteiligungsfinanzierung, S. 44.
402 Vgl. *Peemöller, V. /Bömelburg, P. /Denkmann, A.*, Unternehmensbewertung in Deutschland, S. 743.
403 Für Kleinunternehmen („'Mom and Pop' businesses") hält *Scarlata* eine Analyse des letzten Jahres für ausreichend; vgl. *Scarlata, R.*, „Middle Market" and „Small" Businesses, S. 62.

Rahmenentscheidungen des Bewerters bei der Vergangenheitsanalyse 77

Daher ist bei jeder Bewertung zu prüfen, welche Posten bereinigt werden müssen und bei welchen Posten Bereinigungen u. U. ganz entfallen können.

Grundsätzlich sind bei der Bereinigung die **GuV-Posten** entscheidend. Die Bedeutung der Bilanzposten besteht lediglich darin, daß sich aus der vorhandenen Substanz Rückschlüsse auf die Erfolgsentwicklung ziehen lassen,[404] indem beispielsweise die steuerlichen Konsequenzen der Auflösung stiller Reserven ermittelt werden oder der physisch vorhandene betriebsnotwendige Anlagenbestand als Basis für die Bemessung von Reinvestitionsraten verwendet wird. Die Bilanzstrukturen der Vergangenheit[405] liefern kaum brauchbare Hinweise für die Prognose der Einzahlungsüberschüsse. **Bilanzposten** werden daher normalerweise nicht bereinigt (was nicht heißt, daß die Werthaltigkeit von Vermögensgegenständen nicht untersucht werden müßte - insbesondere von den Vermögensgegenständen, die von großer Bedeutung für das Unternehmens sind).

In seltenen Fällen kann es zudem vorkommen, daß Bilanzposten zum Beispiel aufgrund von Parteivereinbarungen erforderlich werden (etwa dann, wenn Abfindungszahlungen nach Bilanzbuchwerten bemessen werden, die auf bestimmte Art und Weise zu bereinigen sind).[406] Grundsätzlich zu bereinigen ist zudem das nicht betriebsnotwendige Vermögen.[407]

Eine vollständige Bereinigung der GuV ist vor allem im Hinblick auf die Korrekturen in den Kostenträgerrechnungen vorteilhaft. Nach dem Übertragen der Korrekturen aus der GuV in die Kostenträgerrechnung kann der Bewerter u. a. prüfen, wie weit die früher vom Management geplanten Deckungsspannen und Ergebnisse von den tatsächlich realisierten Spannen und Ergebnissen abweichen und damit z. B. auf das Prognoserisiko beim zu bewertenden Unternehmen schließen.

Oft empfiehlt sich eine vereinfachte Bereinigungsrechnung, indem z. B. die bereinigten Ergebnisse vor Ertragsteuern ermittelt werden. Will der Bewerter eine vereinfachte Bereinigungsrechnung aufstellen, dann kommen Vereinfachungen vor allem (1) bei der Ermittlung der Pensionsrückstellungen und (2) den Ertragsteuern in Frage:

---

404 Vgl. *HFA des IDW*, Stellungnahme 2/1983, S. 475.
405 Planbilanzen bzw. *künftige* Bilanzstrukturen werden dagegen häufig bei der Ermittlung des künftigen Finanzbedarfs und als Kontrollinstrument eingesetzt; viele EDV-basierte Planungstools erstellen bereits standardmäßig miteinander verknüpfte Plan-Gewinn- und Verlustrechnungen, Planbilanzen und Plan-Cash-Flow-Rechnungen; vgl. *Klein, K.-G./Jonas, M.*, Due Diligence und Unternehmensbewertung, S. 161. Beim Bruttoansatz des DCF-Verfahrens läßt sich der Unternehmenswert ohne Planbilanzen überhaupt nicht ermitteln.
406 Vgl. *Piltz, D.*, Die Unternehmensbewertung in der Rechtsprechung, S. 233.
407 Vgl. dazu Abschnitt D. 3.3.

Zu (1): Gesonderte Ermittlung der Pensionsrückstellungen

Pensionsrückstellungen bzw. die künftigen Pensionszahlungen werden bei der Unternehmensbewertung oft über gesonderte Prognoserechnungen erfaßt. Versicherungsmathematische Berechnungen sind vor allem notwendig, wenn der Pensionsaufwand und die Pensionszahlungen wesentlich auseinanderfallen (z. B. bei der Umstellung von Versorgungssystemen oder starkem Unternehmenswachstum).[408] Im „Beharrungszustand" sind die tatsächlichen Pensionszahlungen dagegen ein guter Maßstab für die künftigen Pensionszahlungen (im „**Beharrungszustand**" stehen Zahl und Zusammensetzung der Rentner in einem angemessenen Verhältnis zur aktiven Belegschaft, und Pensionsaufwand und Pensionszahlungen entsprechen sich in etwa[409]). Je weiter das zu bewertende Unternehmen vom Beharrungszustand entfernt ist, um so weniger sagt die Bereinigung des Pensionsaufwands aus.

Zu (2): Gesonderte Ermittlung der Ertragsteuern

Bei der Berechnung der Ertragsteuern wird von den prognostizierten Einzahlungsüberschüssen ausgegangen.[410] Da die prognostizierten Einzahlungsüberschüsse auf betriebswirtschaftlicher Basis ermittelt wurden, weichen sie i. d. R. von den steuerlich maßgeblichen Werten ab. Aus diesem Grund müssen z. B. zur Berücksichtigung der Gliederung des verwendbaren Eigenkapitals (EK02, EK45 usw.), von steuerlichen Verlustvorträgen, der Übertragung von Rücklagen gem. § 6b EStG usw. Nebenrechnungen für die künftige Ertragsteuerbelastung erstellt werden. Die Steuerzahlungen der Vergangenheit sagen i. d. R. wenig über die künftigen Steuerbelastungen aus, so daß eine Vergangenheitsbereinigung meistens unterlassen werden kann.

Wenn feststeht, welche Posten nicht in die Bereinigungsrechnung einbezogen werden sollen, stellt sich für die zu bereinigenden Posten die Frage, mit welcher Intensität die zugrunde liegenden Sachverhalte zu betrachten und gegebenenfalls zu bereinigen sind. Die **Bereinigungsintensität** hängt dabei (a) von der Wahrscheinlichkeit bewertungsrelevanter Fehlinformationen[411] und (b) dem Verhältnis des Informationsnutzens zu den Informationskosten ab. Mit der **(a) Wahrscheinlichkeit von Fehlinformationen** ist die Gefahr gemeint, daß die Unternehmensbewertung auf falschen, unvollständigen oder irrelevanten Informationen basiert und dadurch die Aussagefähigkeit des zu ermittelnden Unternehmenswerts gemindert wird. Die Wahrscheinlichkeit von Fehlinformationen bei der Bewertung ist nicht quantifizierbar. Sie kann lediglich qualitativ

---

408 Vgl. *IDW (Hrsg.)*, WP-Handbuch 1992, Bd. II, S. 79-80, Rn. 166.
409 Vgl. *IDW (Hrsg.)*, WP-Handbuch 1992, Bd. II, S. 80-81, Rn. 168.
410 Vgl. *IDW (Hrsg.)*, WP-Handbuch 1992, Bd. II, S. 83, Rn. 178.
411 *Weiss, H.-J.*, Kaufvoruntersuchung, S. 380, bezeichnet dies als „Risiko der Fehlinformation". Der Begriff „Risiko" wird in dieser Arbeit indes als Maß für die Streuung eines Parameters verwendet.

eingeschätzt werden und hängt von den Umständen des jeweiligen Bewertungsfalls ab, zum Beispiel von den verfügbaren Daten beim Due Diligence-Verfahren, der Branche des zu bewertenden Unternehmens, der Verläßlichkeit des Rechnungswesens, usw.

Bei der Ermittlung von Entscheidungswerten (zum Beispiel bei einem geplanten Unternehmenskauf) besteht oft die Möglichkeit, die Auswirkungen von mangelhaften Informationen durch vertragliche Regelungen zu verringern.[412] Zum Beispiel enthalten der Vorvertrag oder der Kaufvertrag bei einem geplanten Unternehmenskauf meist Regelungen für gegebenenfalls falsche Angaben, oder es wird vereinbart, daß ein Teil des Kaufpreises nur bei dem Eintreten bestimmter Ereignisse zu entrichten ist (etwa bei einer bestimmten Bilanzstruktur und Ergebnishöhe im kommenden Geschäftsjahr).[413] Bei der Ermittlung eines Schiedswerts ist die Wahrscheinlichkeit von Fehlinformationen normalerweise höher als bei der Ermittlung eines Entscheidungswerts, da die Wahrscheinlichkeit von Fehlinformationen bei der Schiedswertermittlung nicht im gleichen Maße wie bei der Entscheidungswertermittlung durch vertragliche Vereinbarungen verringert werden kann. Bei sonst gleichen Umständen ist daher eine höhere Bereinigungsintensität bei Bewertungen zur Schiedswertermittlung notwendig als bei Bewertungen zur Entscheidungswertermittlung.

Weiterhin hängt die Bereinigungsintensität vom **(b) Verhältnis von Informationsnutzen und Informationskosten** ab. Dies ergibt sich aus dem Grundsatz der Wirtschaftlichkeit und Relevanz. Aufwendige Bereinigungen, die dem Bewerter nur wenig nutzen und kaum relevante neue Informationen hervorbringen, sollten danach unterlassen werden. Zum Beispiel sind „Zahlenfriedhöfe" generell zu vermeiden, zumal viele detaillierte Planungen und punktgenaue Zahlenangaben nur scheinbar genau sind.[414] Im folgenden wird versucht, das Verhältnis von Informationsnutzen zu Informationskosten zu konkretisieren und dadurch Anhaltspunkte für die Wirtschaftlichkeit einer Bereinigungsmaßnahme zu gewinnen:

Der Nutzen von Bereinigungen (= der Informationsnutzen) besteht im Endeffekt in einer Verbesserung der Prognosegüte, d. h. je höher die Bereinigungsintensität ist, um so aussagefähiger ist tendenziell der letztendlich ermittelte Unternehmenswert. Durch die Verbesserung der Prognosegüte werden **potentielle Fehlbewertungskosten** vermieden. Fehlbewertungskosten entsprechen entweder im Fall (1) - vgl. dazu die Übersicht D-4 - den Opportunitätskosten, weil der ermittelte Wert eines Unternehmens zu gering ist und deswegen ein zu geringer Kaufpreis geboten wird, oder sie geben den zu viel bezahlten Betrag wieder, der im Fall (2) bei einem Fehlkauf (= einem zu hohen Kaufpreis) auftritt.

---

412 Vgl. *Weiss, H.-J.*, Kaufvoruntersuchung, S. 380.
413 Vgl. *Weiss, H.-J.*, Kaufvoruntersuchung, S. 380.
414 Ähnlich auch das *IASC* mit Bezug auf die Quantifizierung von Wahrscheinlichkeiten bei Szenarien (IAS 10.6).

Übersicht D-4: Arten von potentiellen Fehlbewertungskosten

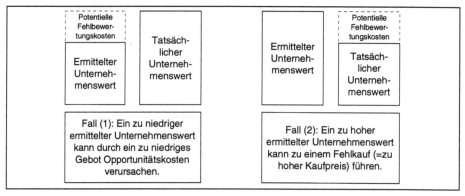

Unter bestimmten Voraussetzungen läßt sich der Nutzen von Bereinigungen sogar quantifizieren: Angenommen, das zu bewertende Unternehmen weist sonstige betriebliche Aufwendungen in Höhe von 8 Mio. DM aus; nachhaltig seien indes 9 Mio. DM. Da die sonstigen betrieblichen Aufwendungen ein Konglomerat aus verschiedenen Aufwandsarten bilden, werden sie i. d. R. durch eine naive Prognose fortgeschrieben.[415] Wird der Posten nicht bereinigt, entsteht deswegen nach der folgenden Formel unter Ausklammerung steuerlicher Effekte[416] ein Prognosefehler von 10 Mio. DM (Kapitalisierungszinssatz i=10%).

Formel 2: Schätzung der potentiellen Fehlbewertungskosten

$$\text{Prognosefehler bzw. potentielle Fehlbewertungskosten} = \frac{\text{Nicht bereinigter Betrag}}{\text{Kapitalisierungszinssatz}}$$

Mit dieser Formel können die potentiellen Fehlbewertungskosten[417] geschätzt werden. Zur Ermittlung der optimalen Bereinigungstiefe wäre allerdings prinzipiell ein **Erfolgsmodell** notwendig, in dem die Kosten (= bewerteter Zeitbedarf für die Bereinigungen) und der Nutzen (= Verringerung der potentiellen Fehlbewertungskosten) quantifiziert würden. Indes können die Fehlbewertungskosten i. d. R. nicht quantifiziert werden, da dann bekannt sein müßte, in welcher Höhe eine Bereinigung den ermittelten Unternehmenswert beeinflußt. Dies wäre unter bestimmten Annahmen mög-

---

415 Die Verwendung der naiven Prognose ist akzeptabel, wenn kein Trend erkennbar ist; vgl. etwa *LG Düsseldorf*, Beschluß vom 16.12.1987 - 34 AktE 1/82, S. 139.

416 Die in dieser Untersuchung nicht behandelten Ertragsteuern würden die ermittelten Fehlbewertungskosten mindern.

417 Eine korrekte Bereinigung, die den berechneten Unternehmenswert von 8 Mio. DM auf 10 Mio. DM erhöht, ist nicht immer entscheidungsrelevant (bspw. wenn der Verkäufer nur 5 Mio. DM für das Unternehmen verlangt). Aus diesem Grund wird hier von *potentiellen* Fehlbewertungskosten gesprochen.

lich, wenn die Prognosewerte über mathematische Prognoseverfahren hergeleitet werden[418]. In der Bewertungspraxis werden allerdings überwiegend keine mathematisch-statistischen Verfahren angewendet, sondern die künftigen Einzahlungsüberschüsse basieren vor allem auf intuitiven Prognosen. Ein nutzbares Erfolgsmodell läßt sich daher nicht aufstellen.

Im Ergebnis können für die Wirtschaftlichkeit von Bereinigungen höchstens Anhaltspunkte gegeben werden. Nimmt man z. B. einen Zinssatz von 10% an und unterstellt gleichzeitig, daß die potentiellen Fehlbewertungskosten durchschnittlich zur Hälfte erfolgsmindernd wirken (z. B. aufgrund von kompensatorischen Effekten), dann würde der Nutzen einer Bereinigung ungefähr dem Fünffachen des zu bereinigenden Betrags entsprechen (wegen der Kapitalisierung als „ewige Rente" wirken Bereinigungen nicht nur im ersten Prognosejahr, sondern auch in jedem darauffolgenden Jahr):

Formel 3: Beispiel zur Schätzung der Fehlbewertungskosten

$$\frac{\text{Nicht bereinigter Betrag}}{10\%} \cdot 0{,}5$$
$$= 5 \cdot \text{Nicht bereinigter Betrag}$$
$$= \text{geschätzte Fehlbewertungskosten}$$

3.3. Die Abgrenzung betriebsnotwendigen und nicht betriebsnotwendigen Vermögens

Die Abgrenzung von betriebsnotwendigem und nicht betriebsnotwendigem Vermögen **hängt vom Bewertungsfall und von der Bewertungsfunktion ab.**[419] Ist ein objektivierter Unternehmenswert zu ermitteln, sind alle Vermögens- und Schuldteile nicht betriebsnotwendig, die nicht unmittelbar den bestehenden Produktions- oder Absatzzielen des zu bewertenden Unternehmens dienen und auch nicht zur Erhaltung der Liefer- oder Leistungsbereitschaft erforderlich sind.[420] Soll dagegen ein subjektiver Unternehmenswert ermittelt werden, sind nicht die bestehenden Produktions- oder Absatzziele des Unternehmens relevant, sondern die des potentiellen Erwerbers, d. h. ein Vermögensgegenstand, der aus Sicht des Verkäufers eine wichtige Stelle im Unternehmen einnimmt, kann für den Käufer überflüssige Substanz darstellen.[421]

---

418 Kritisch zur Anwendung mathematisch-statistischer Prognoseverfahren bei der Unternehmensbewertung: *Bretzke, W.-R.*, Prognoseproblem bei der Unternehmensbewertung, S. 126-179; *Moxter, A.*, Wirtschaftsprüfer und Unternehmensbewertung, S. 415.

419 Vgl. *Deimling, H./Rudolph, R. W.*, Analyse des nicht betriebsnotwendigen Vermögens, S. 293-295.

420 Vgl. *Deimling, H./Rudolph, R. W.*, Analyse des nicht betriebsnotwendigen Vermögens, S. 295.

421 Vgl. *Helbling, C.*, Unternehmensbewertung und Steuern, S. 186; *HFA des IDW*, Stellungnahme 2/1983, S. 474.

Nicht betriebsnotwendiges Vermögen ist mit der am besten erscheinenden Verwertungsmöglichkeit zu bewerten;[422] beispielsweise ist bei Wertpapieren meistens ein Börsen- oder Marktpreis zu ermitteln oder für Maschinen ein **Liquidationswert** anzusetzen.[423] Wird der Veräußerungserlös durch nicht anrechenbare Steuern oder andere Kosten gemindert (bei nicht betriebsnotwendigen Wertpapieren z. B. verkaufsbedingte Maklergebühren), sind diese Kosten abzuziehen.[424] Weiterhin sind in der Bereinigungsrechnung sämtliche Aufwendungen und Erträge zu bereinigen, die dem nicht betriebsnotwendigen Vermögensgegenstand zuzurechnen sind (z. B. Erträge aus der Verpachtung eines nicht betriebsnotwendigen Grundstücks).

---

422 Vgl. *Mellerowicz, K.*, Der Wert der Unternehmung als Ganzes, S. 31; *HFA des IDW*, Stellungnahme 2/1983, S. 474; *IDW (Hrsg.)*, WP-Handbuch 1992, Bd. II, S. 36, Rn. 65 und Rn. 68; *Helbling, C.*, Unternehmensbewertung und Steuern, S. 191.

423 Vgl. *Busse von Colbe, W.*, Der Zukunftserfolg, S. 95; *IDW (Hrsg.)*, WP-Handbuch 1992, Bd. II, S. 35-36, Rn. 65; *HFA des IDW*, Stellungnahme 2/1983, S. 474; *Helbling, C.*, Unternehmensbewertung und Steuern, S. 185-188.

424 Vgl. z. B. *BGH*, Urteil vom 17.1.1973 - IV ZR 142/70, S. 564; *LG Konstanz*, Urteil vom 1.10.1987 - 3 HO 69/86, S. 1186; vgl. auch *Piltz, D.*, Unternehmensbewertung und Rechtsprechung, S. 195.

Einen Überblick über häufige Fälle nicht betriebsnotwendiger Vermögens- und Schuldteile vermittelt Übersicht D-5:

Übersicht D-5: Häufige Fälle nicht betriebsnotwendiger Vermögens- und Schuldteile[425]

Immaterielle Vermögensgegenstände	• Nicht mehr benötigte entgeltlich erworbene Patente und sonstige Nutzungsrechte
Sachanlagen	• Werkswohnungen und andere entbehrliche Wohnhäuser • Reservegrundstücke • Stillgelegte Betriebsteile mit Gebäuden und Maschinen
Finanzanlagevermögen	• Ausleihungen, die nicht der Sicherung von Absatz- oder Beschaffungsmärkten dienen • Wertpapiere und Beteiligungen als reine Finanzanlagen
Umlaufvermögen	• Überbestände an Vorräten • Überbestände an liquiden Mitteln
Schulden	• Originär nicht betriebsnotwendig: Gesellschafterdarlehen (bei Eigenkapitalcharakter) • Sekundär nicht betriebsnotwendig: Schulden, die der Finanzierung nicht betriebsnotwendiger Aktiva dienen
In der Handelsbilanz nicht erfaßte Vermögens- und Schuldteile	• Nicht mehr benötigte selbstentwickelte Patente und sonstige Nutzungsrechte, die gem. § 248 Abs. 2 HGB nicht aktiviert werden dürfen • Bei Kapitalgesellschaften: latente Steueransprüche aufgrund des verwendbaren Eigenkapitals (z. B. EK 45[426])

Obwohl die genannten Vermögens- und Schuldteile meistens nicht betriebsnotwendig sind, sind für jeden Fall auch Gegenbeispiele vorstellbar (beispielsweise ist die Frage, ob Reservegrundstücke betriebsnotwendig sind, nur anhand der Unternehmensplanung zu klären, d. h. wenn eine Unternehmenserweiterung geplant ist und realistisch erscheint, sind solche Grundstücke betriebsnotwendig[427]). Eine eindeutige Trennlinie zum betriebsnotwendigen Vermögen kann daher nur selten gezogen werden.[428] Welche Höhe beispielsweise an Forderungen oder Warenbeständen betriebsnotwendig ist, muß fallweise entschieden werden.[429] In Zweifelsfällen soll der Bewerter die Bewertungs-

---

425 Vgl. *Großfeld, B.*, Unternehmens- und Anteilsbewertung, S. 85; *Piltz, D.*, Die Unternehmensbewertung in der Rechtsprechung, S. 30; *Deimling, H./Rudolph, R. W.*, Analyse des nicht betriebsnotwendigen Vermögens, S. 297-300; *Mellerowicz, K.*, Der Wert der Unternehmung als Ganzes, S. 32-33; *Voß, H.*, Unternehmensbewertung und Abschreibungen, S. 263; *Klocke, H.*, Ermittlung eines Emissionskurses, S. 347.

426 Mit EK45 ist bspw. Eigenkapital gemeint, das bei der Rücklagenzuführung bereits mit 45% Körperschaftsteuern belastet worden ist. Wird EK45 ausgeschüttet, so wird die Differenz zwischen 45% und 30% Körperschaftsteuern erstattet, da der Körperschaftsteuersatz bei Ausschüttungen mit 30% niedriger liegt als der Thesaurierungssteuersatz (45%). Dagegen müßten bspw. bei einer Ausschüttung aus dem steuerlich ungünstigeren EK02 (das sind bisher nicht der Körperschaftsteuer unterworfene Vermögensmehrungen) 30% Körperschaftsteuern auf den Ausschüttungsbetrag gezahlt werden.

427 Vgl. *Deimling, H./Rudolph, R. W.*, Analyse des nicht betriebsnotwendigen Vermögens, S. 298.

428 Vgl. *Kraus-Grünewald, M.*, Verkäuferposition bei Akquisitionen, S. 1447.

429 Vgl. *Barthel, C.*, Die vergleichsorientierten Bewertungsverfahren, S. 150.

richtung einschlagen, bei der sich der höhere Wert ergibt.[430] Der höhere Wert entsteht bei Vermögensgegenständen mit einem Liquidationswert von mehr als null GE, wenn der Vermögensgegenstand als „nicht betriebsnotwendig" eingestuft wird. Die Einstufung als „betriebsnotwendig" würde zu einem niedrigeren Wert führen, da die Substanz dann im Ertragswert verschwinden würde.[431]

Mitunter kann die **Veräußerung nicht betriebsnotwendiger Vermögensgegenstände** unrealistisch sein, beispielsweise wenn die Veräußerung nicht betriebsnotwendiger Finanzanlagen die Risikostruktur des Unternehmens wesentlich verschlechtern würde und das zu bewertende Unternehmen dann erheblich geringere Aussichten auf weitere Kredite hätte oder diese Finanzanlagen bereits als Kreditsicherung dienen.[432] Möglich ist auch, daß ein potentieller Erwerber bestimmte Vermögensgegenstände nicht veräußern will, auch wenn diese – betriebswirtschaftlich gesehen – nicht betriebsnotwendig wären. Letztendlich hängt die Betriebsnotwendigkeit von Vermögensgegenständen bei der Ermittlung eines subjektiven Unternehmenswerts davon ab, was der potentielle Erwerber beabsichtigt: wenn er die Vermögensgegenstände nicht veräußern will, sind sie als betriebsnotwendig einzustufen.[433]

Der Bewerter muß erstens feststellen, ob alle vorhandenen Vermögensgegenstände betriebsnotwendig sind und zweitens, ob alle betriebsnotwendigen Vermögensgegenstände tatsächlich vorhanden sind.[434] Eine Besichtigung des zu bewertenden Unternehmens ist daher unbedingt notwendig.[435] Hat das zu bewertende Unternehmen beispielsweise betriebsnotwendige Werkstoffe und Betriebsmittel nicht beschafft oder zwingend notwendige Investitionen nicht getätigt (z. B. den Bau eines Verwaltungsgebäudes), kann dies auf einen Liquiditätsengpaß hindeuten.[436] Falls betriebsnotwendige Vermögensgegenstände fehlen, muß sie der Käufer beschaffen. Wenn der dafür erforderliche Betrag vom Käufer selbst aufgebracht werden muß, entspricht dieser Betrag einem **zusätzlichen Kaufpreis**. Soll für die Finanzierung des fehlenden Vermögensgegenstands dagegen ein Kredit vom zu bewertenden Unternehmen aufgenommen werden, dann min-

---

430 Vgl. *IDW (Hrsg.)*, WP-Handbuch 1992, Bd. II, S. 36, Rn. 66; *Großfeld, B.*, Unternehmens- und Anteilsbewertung, S. 85; *HFA des IDW*, Stellungnahme 2/1983, S. 474; zweifelnd: *Deimling, H./Rudolph, R. W.*, Analyse des nicht betriebsnotwendigen Vermögens, S. 298-299.
431 Vgl. *Großfeld, B.*, Unternehmens- und Anteilsbewertung, S. 85; *Piltz, D.*, Die Unternehmensbewertung in der Rechtsprechung, S. 30 m. w. N.
432 Vgl. *Maul, K.-H.*, Bewertung von Unternehmen, S. 1257; *Piltz, D.*, Die Unternehmensbewertung in der Rechtsprechung, S. 30-31 m. w. N. Bei ertragsschwachen Unternehmen wollen *Sieben/Lutz* daher völlig auf die gesonderte Bewertung des nicht betriebsnotwendigen Vermögens verzichten; vgl. *Sieben, G./Lutz, H.*, Die Bewertung eines ertragsschwachen Unternehmens, S. 570.
433 Vgl. *Münstermann, H.*, Wert und Bewertung, S. 92.
434 Vgl. *Klocke, H.*, Dialogbeitrag zum Thema Ertragswertgutachten, S. 537.
435 Vgl. *Weiss, H.-J.*, Kaufvoruntersuchung, S. 380.
436 Vgl. *Walz, H.*, Investitions- und Finanzplanung, S. 241-242.

dert der Zinsaufwand für diesen Kredit den Ertragswert des zu bewertenden Unternehmens.[437]

3.4. Inflationsbereinigung der Zeitreihen: Prognose auf nomineller oder realer Basis?

Als Folge steigender Preise ist ein Teil des nominellen Gewinns lediglich das Ergebnis der allgemeinen Geldentwertung, also ein **Scheingewinn**. Wie stark sich die Scheingewinne bereits bei einer jährlichen Preissteigerung von drei Prozentpunkten auswirken, verdeutlicht dabei die folgende Übersicht:

Übersicht D-6: Entwicklung des Scheingewinns bei einer jährlichen Preissteigerung um drei Prozentpunkte[438]

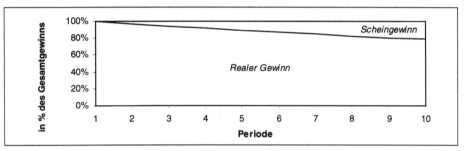

Neben den Scheingewinnen entstehen zusätzlich **scheingewinnabhängige Auszahlungen**, da von der Gewinnermittlung z. B. Ausschüttungen an Anteilseigner, Gewinnbeteiligungen von Arbeitnehmern und die Steuern vom Einkommen und Ertrag abhängen.[439] Grundsätzlich kann zwischen zwei (korrekten) Vorgehensweisen gewählt werden, um Inflationseinflüsse bei der Unternehmensbewertung zu berücksichtigen: Entweder sind nominale Prognosedaten und ein nominaler Zinssatz zu verwenden oder reale Prognosedaten und ein realer Zinssatz.[440] Die Notwendigkeit, bei einer Inflationsbereinigung der Zeitreihen zusätzlich einen Geldentwertungsabschlag im Kapitalisierungszinsfuß vorzunehmen, ergibt sich dabei aus dem **Äquivalenzprinzip**.[441]

---

437 Vgl. *Klocke, H.*, Dialogbeitrag zum Thema Ertragswertgutachten, S. 537. Falls das unternehmerische Risiko durch die Fremdkapitalaufnahme steigt - z. B. weil die Eigenkapitalquote dadurch gesunken ist -, wäre dies ebenfalls ertragswertmindernd zu berücksichtigen.
438 Berechnung des Preisindex im Jahr n: Preisindex$_n$=1,03^n.
439 Vgl. *Schneider, D.*, Inflationsbereinigte Rechnungslegung, S. 32.
440 So auch *LG Frankfurt am Main*, Beschluß vom 8.12.1982 - 3/3AktE 104/79, S. 138.
441 Vgl. *Großfeld, B.*, Unternehmens- und Anteilsbewertung, S. 71; *HFA des IDW*, Stellungnahme 2/1983, S. 472. Siehe auch Abschnitt B. 5.4.6.

Insgesamt scheint in der Rechtsprechung eine Tendenz zu bestehen, die Realrechnung anzuwenden. So ist nach Auffassung *Großfelds* die **Wertbasis am Bewertungsstichtag** maßgeblich,[442] was bedeutet, daß die Prognose real, also auf Basis der Preisverhältnisse am Bewertungsstichtag vorzunehmen ist. Nach dem Äquivalenzprinzip folgt daraus für die Vergangenheitsanalyse, daß auch die Aufwendungen und Erträge der Vergangenheit auf die Wertbasis des Bewertungsstichtags zu beziehen sind (vgl. Übersicht D-7).[443]

Übersicht D-7: Implikationen von Realrechnung und Nominalrechnung

	Nominale Zeitreihen/ nominaler Zinssatz	Reale Zeitreihen/ realer Zinssatz
Implikationen für die Vergangenheitsanalyse	Zeitreihen brauchen nicht geldwertbereinigt zu werden.	Prinzipiell müssen alle Aufwendungen und Erträge geldwertbereinigt werden.
Implikationen für die Prognose	Prinzipiell sind alle Aufwendungen und Erträge unter Berücksichtigung künftiger Geldentwertung zu planen.	Prognose der Geldwertentwicklung kann entfallen.
Implikationen für den Kapitalisierungszinsfuß	Keine Berücksichtigung der Geldentwertung im Zinsfuß.	Geldentwertungsabschlag ist erforderlich.

Die Nominalrechnung weist den Vorzug auf, daß sie bei der Vergangenheitsanalyse einfacher zu handhaben ist, weil die im Analysezeitraum ausgewiesenen Aufwendungen und Erträge nicht umgerechnet werden müssen (vgl. Übersicht D-7).[444] Mit Blick auf die Prognoserechnung bietet die Nominalrechnung dagegen den **praktischen Vorteil**, daß der Bewerter die üblicherweise in Nominalgrößen vorgenommenen Planungen des zu bewertenden Unternehmens verwenden kann. Auch in der HFA-Stellungnahme 2/1983 wird mit Blick auf die oft unvermeidbaren Diskussionen mit Vertretern des zu bewertenden Unternehmens empfohlen, sich möglichst in verstandenen Denkkategorien zu bewegen.[445]

Bellinger/Vahl kritisieren am Erhebungsbogen des IDW, daß trotz einer Prognose auf Basis realer Wertverhältnisse die Vergangenheitserfolge nicht geldwertbereinigt werden und auf diese Weise Scheinerfolge ausgewiesen werden können.[446] Trotz der sachlich richtigen Anmerkung trifft die Kritik nicht, da weder die HFA-Stellungnahme 2/1983 noch das WP-Handbuch 1992 eindeutig vorgeben, ob beim Wirtschaftsprüfer-

---

442 Vgl. *Großfeld, B.*, Unternehmens- und Anteilsbewertung, S. 44.
443 Vgl. *Großfeld, B.*, Unternehmens- und Anteilsbewertung, S. 44; *Klocke, H.*, Ermittlung eines Emissionskurses, S. 348; *Siepe, G.*, Bemessung des Kapitalisierungszinsfußes, S. 1690.
444 Vgl. *Gerling, C.*, Unternehmensbewertung in den USA, S. 298; *Ballwieser, W.*, Wahl des Kalkulationszinsfußes, S. 106.
445 Vgl. mit Bezug auf das Schema der Ergebnisrechnung: *HFA des IDW*, Stellungnahme 2/1983, S. 476; *IDW (Hrsg.)*, WP-Handbuch 1992, Bd. II, S. 62, Rn. 125.
446 Vgl. *Bellinger, B./Vahl, G.*, Zweckgerechte Werte für Unternehmen, S. 1534.

verfahren auf Basis der Preisverhältnisse am Bewertungsstichtag (= real) oder unter Einbeziehung künftiger Geldwertänderungen (= nominal) bewertet werden soll.[447] Bei der Überleitung des nominalen in einen realen Kapitalisierungszinsfuß gilt strenggenommen die in Formel 4 dargestellte Beziehung.[448] Weicht man von dieser Beziehung ab, indem vereinfachend die Inflationsrate vom Nominalzins subtrahiert wird, dann bleibt der inflationsbedingte Wertverlust der Zinszahlungen unberücksichtigt.[449]

Formel 4: Überleitung vom nominalen zum realen Kapitalisierungszinsfuß

$$\text{Realzins} = \frac{\text{Nominalzins} - \text{Inflationsrate}}{1 + \text{Inflationsrate}}$$

Bei der Inflationsbereinigung der Vergangenheitserfolge ist zu beachten, daß die **Inflationsrate eine durchschnittliche Wertentwicklung** ausweist, d. h. sie wird den individuellen Wertentwicklungen der Vermögensgegenstände und Schulden nur zufällig entsprechen.[450] Bspw. unterliegen die Umsatzerlöse und die Materialkosten nicht notwendig in gleichem Maße der Geldentwertung.

Der Bewerter kann diesem Problem nicht ausweichen, wenn er sich statt realer Zeitreihen für nominale Zeitreihen entscheidet: Auch für die nominalen Zeitreihen müssen die künftigen Inflationsraten prognostiziert werden (vgl. Übersicht D-7).[451] Dabei liegen vielen zu prognostizierenden Aufwendungen (z. B. Energiekosten, Löhnen) und Erträgen (z. B. Umsatzerlösen, Mieterträgen) eigene Preisentwicklungen zugrunde, so daß sie nicht im gleichen nominalen Verhältnis steigen.[452] Für das zu bewertende Unternehmen entstehen dadurch Chancen und Risiken, die den Ertragswert beeinflussen können.[453] *Matschke* empfiehlt daher, neben der Inflationsrate auch Preisindizes für

---

447 Vgl. z. B. *HFA des IDW*, Stellungnahme 2/1983, S. 472; *IDW (Hrsg.)*, WP-Handbuch 1992, Bd. II, S. 107, Rn. 221. Allerdings scheint die Prognose auf realer Wertbasis bevorzugt zu werden: „werden (...) Ertragsüberschüsse im allgemeinen auf Basis des Bewertungsstichtages ermittelt" (*IDW (Hrsg.)*, WP-Handbuch 1992, Bd. II, S. 104, Rn. 217) und „Wiederbeschaffungskosten aus der Sicht des jeweiligen Bewertungsjahres angesetzt werden müssen" (*IDW (Hrsg.)*, WP-Handbuch 1992, Bd. II, S. 65, Rn. 130).
448 Vgl. *Gebauer, W.*, Theorie und Realität des Realzinses, S. 15-16.
449 Wenn die Inflationsrate sehr klein ist oder fast mit dem Nominalzins übereinstimmt, ist die Vereinfachung problemlos anwendbar, da sie den Unternehmenswert dann nicht wesentlich beeinflußt; vgl. *Ballwieser, W.*, Wahl des Kalkulationszinsfußes, S. 108; *Hackmann, A.*, Unternehmensbewertung und Rechtsprechung, S. 148-149.
450 Vgl. *IDW (Hrsg.)*, WP-Handbuch 1992, Bd. II, S. 104, Rn. 217; *Schneider, D.*, Substanzerhaltung und technischer Fortschritt, S. 2651.
451 Zur Prognose künftiger Inflationsraten vgl. z. B. *Gregory, A.*, Valuing Companies, S. 22-24.
452 Vgl. *Siepe, G.*, Bemessung des Kapitalisierungszinsfußes, S. 1690, der die Berücksichtigung der Preisindizes des Statistischen Jahrbuchs empfiehlt. In *OLG Düsseldorf*, Beschluß vom 11.1.1990 - 19 W 6/86, S. 398, wurden z. B. die historischen Anschaffungskosten von Waggons anhand des Indexes für Stahlbauerzeugnisse auf den Bewertungsstichtag umgerechnet.
453 Vgl. *Matschke, M.*, Geldentwertung und Unternehmensbewertung, S. 551.

wichtige Vermögensgegenstände zu prognostizieren.[454] Langfristig ist zwar anzunehmen, daß künftige preisbedingte Aufwandsänderungen durch entsprechende Ertragsänderungen kompensiert werden.[455] *Großfeld* kritisiert allerdings zurecht, daß bei der Prognose auf Basis nominaler Zeitreihen „der (eher schädliche) Schein höherer Genauigkeit erweckt werde"[456].

4. Eingeschränkte Aussagekraft der Bereinigungsrechnung in besonderen Bewertungsfällen

In einigen Bewertungsfällen entstehen besondere Bewertungsprobleme, bei denen die Aussagefähigkeit der Bereinigungsrechnung eingeschränkt wird bzw. die Vergangenheitsanalyse nur in geringem Maße über bestimmte entscheidende Faktoren informieren kann. In solchen Fällen sollte trotzdem nicht auf eine Vergangenheitsanalyse verzichtet werden, da die Vergangenheitsdaten und die vergangene Unternehmensentwicklung immer noch wesentliche Informationen für die Bewertung enthalten können. Die folgende Übersicht D-8 zeigt Beispiele für solche besonderen Bewertungsfälle.[457] Die darin genannten Bewertungssituationen liegen dabei eher bei kleineren und mittleren Unternehmen als bei Großunternehmen vor, z. B. sind Großunternehmen weit weniger häufig von einem einzigen Produkt oder Rohstoff oder Kunden abhängig als kleine und mittelgroße Unternehmen.[458]

---

454 Vgl. *Matschke, M.*, Geldentwertung und Unternehmensbewertung, S. 551.
455 Vgl. *Siepe, G.*, Bemessung des Kapitalisierungszinsfußes, S. 1689.
456 *Großfeld, B.*, Unternehmens- und Anteilsbewertung, S. 74. Ähnlich bereits *Busse von Colbe, W.*, Der Zukunftserfolg, S. 88-89.
457 Vgl. *Helbling, C.*, Unternehmensbewertung und Steuern, S. 356.
458 Vgl. *Helbling, C.*, Bewertung von kleinen und mittleren Unternehmen, S. 936.

Übersicht D-8: Beispiele für besondere Bewertungssituationen[459]

Beispiele für besondere Bewertungssituationen, in denen die Aussagefähigkeit der Bereinigungsrechnung verringert ist
• Abhängigkeit des zu bewertenden Unternehmens von einem einzigen Lieferanten, Abnehmer, Produkt, Geldgeber oder Rohstoff.
• Bewertung eines ausländischen Unternehmens in einem politisch oder wirtschaftlich instabilen Land.
• Bewertung eines Unternehmens, das von einem z. Z. laufenden Prozeß ruiniert werden könnte.
• Bewertung von Verlustzuweisungsgesellschaften
• Bewertung eines Unternehmens, dessen Umsätze von Jahr zu Jahr erheblichen Schwankungen unterliegen.
• Bewertung eines Ladengeschäfts in exklusiver Lage, bei dem aufgrund einer Weigerung des Vermieters kein langfristiger Mietvertrag abgeschlossen werden kann.

Berücksichtigt werden muß auch, daß Bereinigungen tendenziell weniger wichtig werden, je mehr Veränderungen in der nahen Zukunft zu erwarten sind. Bei Bewertungen von Unternehmen im ehemaligen Ostblock, die von planwirtschaftlichen zu marktwirtschaftlichen Formen wechseln, bieten Vergangenheitsergebnisse meist keine geeignete Prognosegrundlage.[460] Auch wenn erhebliche Umstrukturierungen geplant werden oder der Erwerber nur an einem Bestandteil des Unternehmens interessiert ist (z. B. einem Gebäude in hervorragender Lage, einer Marke oder dem Kundenstamm), sind oft nur noch wenige Aufwands- und Ertragsposten auf die Zukunft übertragbar.[461]

Die Aussagekraft des Instruments „Jahresabschluß" sinkt vor allem bei vorangegangenen Betriebsschließungen, Betriebsverpachtungen, Betriebsumwandlungen oder Betriebsaufspaltungen.[462] Die Jahresabschlüsse weisen dann eine völlig andere Struktur auf als die Abschlüsse anderer Unternehmen. Zudem enthalten sie häufig nicht genügend Informationen für eine detaillierte Analyse, da sie dann oft nur aus wenigen Posten bestehen.[463]

Da die Bereinigungsrechnung bei diesen Beispielen kaum entscheidungsrelevante Informationen über die wesentlichen Erfolgsfaktoren liefert (z. B. sagt sie nicht viel über die künftige Umsatzentwicklung aus, wenn der Umsatz von einem einzigen Abnehmer abhängt), werden solche Sonderfälle im folgenden nicht behandelt.

---

459 Vgl. dazu mit Bezug auf Sonderfälle bei Unternehmensbewertungen: *Pearson, B.*, Acquisition of Unquoted Companies, S. 55-56; *Helbling, C.*, Unternehmensbewertung und Steuern, S. 356; *Piltz, D.*, Unternehmensbewertung in der Rechtsprechung, S. 52-54.
460 Vgl. *Dörner, W.*, Unternehmensbewertung in der DDR, S. 3; *Piltz, D.*, Unternehmensbewertung in der Rechtsprechung, S. 52-53.
461 Gl. A. *LG Frankfurt am Main*, Beschluß vom 1.10.1986 - 3/3 O 145/83, S. 316.
462 Vgl. *Stibi, B.*, Statistische Jahresabschlußanalyse, S. 63.
463 Vgl. *Stibi, B.*, Statistische Jahresabschlußanalyse, S. 63.

E. Bereinigungserfordernisse in handelsrechtlichen Einzelabschlüssen und in IAS-Einzelabschlüssen

1. Vorbemerkung

Welche der bisherigen Erfolgsströme auch künftig fließen werden, kann der Bewerter nur beurteilen, wenn die Jahresabschlüsse bzw. davon vor allem die Gewinn- und Verlustrechnungen bereinigt worden sind. Dabei können unterschiedliche Bereinigungen erforderlich sein, je nachdem, ob das Unternehmen nach IAS oder nach HGB bilanziert. Im Ergebnis muß indes für dasselbe Unternehmen auch derselbe Unternehmenswert ermittelt werden, unabhängig davon, ob es nach HGB oder nach IAS bilanziert.[464] Um die Darstellung der Bereinigungen nach HGB und nach IAS zu erleichtern, werden zunächst ausgewählte Unterschiede in den Bilanzierungsgrundlagen nach HGB und nach IAS erläutert.

2. Vergleich ausgewählter Bilanzierungsgrundlagen nach HGB und IAS

2.1. Stand der Rechnungslegung nach International Accounting Standards

Das International Accounting Standards Committee (IASC) strebt die Ausarbeitung und Veröffentlichung von Rechnungslegungsvorschriften an und will eine weltweite Akzeptanz und Beachtung dieser Vorschriften erreichen. Weiterhin will das IASC eine Verbesserung und Harmonisierung der internationalen Rechnungslegungsvorschriften erzielen. Diesen beiden Ziele des IASC dient die Erarbeitung und Durchsetzung der IAS.[465]

Die IAS richten sich grundsätzlich an alle Unternehmen und enthalten **keine rechtsformspezifischen oder größenspezifischen** Vorschriften. Allerdings zeigt die Ausrichtung der IAS an den Bedürfnissen des Kapitalmarkts, daß die Anwendung der IAS vor allem bei börsennotierten Unternehmen in Frage kommt.[466] **Branchenspezifische Regelungen** enthalten die IAS bisher nur in IAS 30 mit Bezug auf Banken; geplant sind aber weitere Standards (zum Arbeitsprogramm des IASC im Juli 1998 vgl. Übersicht E-1).

---

464 Vgl. Abschnitt A.
465 Vgl. die IASC Constitution (*IASC*, International Accounting Standards 1997, S. 17-22).
466 Vgl. *Budde, W. D./Steuber, E.*, Rechnungslegung im Spannungsfeld, S. 547.

Übersicht E-1: Arbeitsprogramm des IASC

International Accounting Standard	Erläuterungen
Research & development	Umsetzung des E 60 in einen Standard ist für 1998 vorgesehen
Intangibles other than Research & development and goodwill	dito
Hedging	1998 Veröffentlichung des E 62
Investments	dito
Financial Instruments/off balance sheet items	dito
Provisions & Contingencies	Umsetzung des E 59 in einen Standard ist für 1998 vorgesehen
Business Combinations (including goodwill)	Umsetzung des E 61 in einen Standard ist für 1998 vorgesehen

Langfristig sollen auch für andere Branchen Standards entwickelt werden.[467] Ein Arbeitsprogramm für andere branchenbezogene Standards wurde aber noch nicht veröffentlicht. Festhalten läßt sich, daß viele Bereiche bisher nicht durch Standards abgedeckt werden und noch ungeregelt sind (zum Beispiel gibt es z. Z. keinen Standard, der die Ertragsrealisierung bei Versicherungen regelt[468]). Für die Vergangenheitsanalyse bei der Unternehmensbewertung folgt daraus, daß – solange die noch zu entwickelnden branchenspezifischen Standards nicht existieren – in bestimmten Branchen ein erhöhter Bereinigungsbedarf zu erwarten ist. Denn die Vergangenheitsergebnisse sowie die Aufwands- und Ertragsstrukturen der GuV können um so stärker gestaltet werden, je weniger der Bilanzierende an entsprechende Vorschriften gebunden ist.

Für bislang ungeregelte Bereiche hat das IASC im IAS 1 (revised 1997)[469] bestimmte **Auslegungskriterien** vorgegeben (IAS 1.22 (revised 1997)). Nach IAS 1.22 (revised 1997) sind folgende drei Kriterien maßgebend: (1) Bestimmungen anderer IAS, die ähnliche Sachverhalte behandeln, (2) Regelungen im Framework über die Definition, den Ansatz und die Bewertung von Vermögenswerten, Schulden, Aufwendungen und Erträgen sowie (3) Veröffentlichungen anderer *standard setting bodies* und Industriepraktiken, die in den großen Kapitalmärkten der Welt akzeptiert werden. Kriterium (3) gilt indes nur soweit, wie dadurch kein Widerspruch zu den ersten beiden Kriterien erzeugt wird.

Als Folge des dritten Kriteriums „Veröffentlichungen anderer *standard setting bodies* und Industriepraktiken, die in den großen Kapitalmärkten der Welt akzeptiert werden" ist nicht auszuschließen, daß sich dadurch faktische Wahlmöglichkeiten bei der An-

---

467 Vgl. z. B. mit Bezug auf einen künftigen Standard über Versicherungen: *Cairns, D.*, Applying IAS, S. 479.
468 In IAS 18.6 (c) werden *insurance contracts* ausdrücklich vom Anwendungsbereich des IAS 18 ausgenommen; vgl. auch *Cairns, D.*, Applying IAS, S. 479.
469 IAS 1 (revised 1997) gilt für Rechnungslegungsperioden ab dem 1. Juli 1998. Ab diesem Zeitpunkt ersetzt IAS 1 (revised 1997) die alten IAS 1, 5 und 13. Für frühere Termine wird die Anwendung von IAS 1 (revised 1997) empfohlen; vgl. *IASC*, IASC Update July 1997, S. 1.

wendung der IAS eröffnen: Zum Beispiel gibt es in den USA gesonderte Bilanzierungsvorschriften für die Öl- und Gasindustrie. So sind nach FASB-Statement No. 19 zwei Bilanzierungsmethoden zulässig[470], deren Vermögensausweis und Aufwandsverlauf sich erheblich unterscheiden kann.[471] Falls solche zusätzlichen Wahlrechte „durch die Hintertür" in IAS-Abschlüsse eingehen, würde dies das bilanzpolitische Instrumentarium der Bilanzierenden bei IAS-Abschlüssen erweitern. Je mehr dieser „Industriepraktiken, die in den großen Kapitalmärkten der Welt akzeptiert werden", in künftigen IAS-Abschlüssen angewendet werden, um so mehr wird die Vergangenheitsanalyse dadurch erschwert werden. Denn für den Bewerter folgt daraus, daß er sich über die entsprechenden Vorschriften informieren muß, damit er die bilanziellen Konsequenzen und die Notwendigkeit von Bereinigungsmaßnahmen beurteilen kann. Da IAS 1 (revised 1997) aber erst für Geschäftsjahre gültig ist, die ab Juli 1998 beginnen (IAS 1.103 (revised 1997)), und die Anwendung dieser Kriterien von Seiten des IASC mit eher weichen Formulierungen umschrieben wurde, läßt sich die praktische Umsetzung der Auslegungskriterien in IAS 1.22 (revised 1997) noch nicht absehen.

2.2. Zwecke der Rechnungslegung nach HGB und IAS

Zweck der Rechnungslegung nach IAS ist nach F. 12 lediglich, entscheidungsrelevante Informationen für einen breiten Kreis von Jahresabschlußadressaten bereitzustellen.[472] Durch die „deutsche Brille" betrachtet, entspricht dies in etwa dem Zweck der Rechenschaft (vgl. die folgende Übersicht).[473] Andere Zwecke werden in den IAS nicht ausdrücklich genannt. Die Bereitstellung entscheidungsrelevanter Informationen im Sinne der IASC-Konzeption darf nicht durch eine vorsichtige Gewinnermittlung verwässert werden.[474] Allgemeiner formuliert: Der handelsrechtliche Zweck der Kapitalerhaltung[475] ist mit der IASC-Konzeption unvereinbar. Die IAS enthalten eine Reihe von Regelungen (z. B. über – aus handelsrechtlicher Sicht – unrealisierte Gewinne[476]), die dem Vorsichtsprinzip, dem Imparitätsprinzip oder anderen Ausflüssen des handelsrechtlichen Kapitalerhaltungszwecks widersprechen.

---

470 Gemeint sind die sogenannte *successful efforts*-Methode und die *full cost*-Methode. Ohne daß hier auf die Methoden im einzelnen eingegangen werden kann, läßt sich festhalten, daß die *successful efforts*-Methode betriebswirtschaftlich aussagefähiger ist als die *full cost*-Methode; vgl. *Naggar, A.*, Oil and gas accounting, S. 74-77.
471 Vgl. *Kleber, H.*, Unterschiede und Annäherungsmöglichkeiten, S. 76.
472 Vgl. *Niehus, R. J.*, Bestätigungsvermerk von dualen Konzernabschlüssen, S. 893; *Pellens, B./Bonse, A., Fülbier, R. U.*, Organisatorischer und konzeptioneller Rahmen des IASC, S. 271.
473 Vgl. zum handelsrechtlichen Zweck der Rechenschaft z. B. *Baetge, J.*, Bilanzen, S. 55-58.
474 Vgl. *Niehus, R. J.*, Bestätigungsvermerk von dualen Konzernabschlüssen, S. 893.
475 Vgl. dazu z. B. *Baetge, J.*, Bilanzen, S. 59-62.
476 Vgl. z. B. Abschnitt E. 6.1. über die langfristige Auftragsfertigung.

Übersicht E-2: Vergleich der Zwecke der Rechnungslegung nach IAS und nach HGB

Zwecke der Rechnungslegung nach IAS	Zwecke der Rechnungslegung im deutschen Handelsrecht
Bereitstellung entscheidungsrelevanter Informationen (F. 12-14)	Rechenschaft
Dokumentation	Dokumentation
Im Konzernabschluß: Kompensation	Im Konzernabschluß: Kompensation
-	Kapitalerhaltung

Die Rechnungslegungszwecke nach IAS sind dem Bewertungszweck in der Unternehmensbewertung, einen Entscheidungswert[477] zu ermitteln, verwandter als die Rechnungslegungszwecke nach HGB. Dies liegt daran, daß die in einem IAS-Abschluß ausgewiesenen Informationen nicht durch eine vorsichtige Gewinnermittlung getrübt werden. Auch wenn Unternehmensbewertungen zum Zwecke der Vermittlung (= in der Vermittlungsfunktion)[478] vorgenommen werden (z. B. wenn ein Bewertungsgutachten erstellt werden soll, weil ein ausgeschiedener Gesellschafter eine höhere Abfindung durchsetzen will), entsprechen die Rechnungslegungszwecke nach IAS mehr den Anforderungen des Bewerters als die Rechnungslegungszwecke nach HGB. Denn auch in der Vermittlungsfunktion benötigt der Bewerter eine möglichst aussagefähige Prognosebasis, die nicht durch vorsichtig ermittelte Daten verzerrt sein soll.

2.3. Bestandteile des Jahresabschlusses nach HGB und IAS

IAS und HGB unterscheiden sich darin, daß der Jahresabschluß nach IAS mehr Bestandteile umfaßt als nach HGB. Nach IAS 1.7 (revised 1997), besteht ein Abschluß nach IAS aus:

- Bilanz,

- GuV,

- Kapitalflußrechnung,

- dem Spiegel der Eigenkapitalveränderungen sowie

- Anhangangaben einschließlich der Erläuterungen zu den angewendeten Bilanzierungs- und Bewertungsmethoden.

Handelsrechtlich besteht der **Jahresabschluß** nach § 242 Abs. 3 HGB bei Einzelkaufleuten und Personenhandelsgesellschaften (OHG, KG) aus der Bilanz und der Gewinn- und Verlustrechnung. Kapitalgesellschaften müssen gemäß § 264 Abs. 1 HGB zusätzlich einen Anhang aufstellen. Handelsrechtlich dient der Anhang dabei

---

477 Zum Begriff „Entscheidungswert" vgl. Abschnitt B. 3.2.
478 Zur Vermittlungsfunktion vgl. Abschnitt B. 3.3.

u. a. zur Erläuterung und Ergänzung der Bilanz und der Gewinn- und Verlustrechnung.[479] Eine **Kapitalflußrechnung** gehört handelsrechtlich nicht zum Jahresabschluß. Sie darf nach HGB wahlweise aufgestellt werden, während IAS 7 dies verpflichtend vorschreibt. Der **Spiegel der Eigenkapitalveränderungen** muß nach IASC-Grundsätzen erst mit Gültigkeit des IAS 1 (revised 1997) aufgestellt werden. In Deutschland ist eine solche Überleitungsrechnung bislang unüblich und handelsrechtlich auch nicht vorgeschrieben. Der Spiegel der Eigenkapitalveränderungen soll die Adressaten des IAS-Abschlusses über sämtliche eigenkapitalverändernden Buchungen informieren. Dies schließt auch erfolgsneutrale Eigenkapitalveränderungen ein (z. B. durch Anwendung der Neubewertungsmethode nach IAS 16 oder IAS 25).

Die zusätzlichen Abschlußbestandteile „Kapitalflußrechnung" und „Spiegel der Eigenkapitalveränderungen" nach IAS gegenüber dem HGB beeinflussen Bewertungen nach dem Wirtschaftsprüferverfahren vor allem dann, wenn die Unternehmensbewertung lediglich aufgrund externer Informationen vorgenommen werden kann.[480] Dies ist zum Beispiel bei „*unfriendly takeovers*" meistens der Fall. Bei Unternehmensbewertungen, denen bestimmte interne Daten zugrunde liegen (z. B. aufgrund eines Due Diligence-Verfahrens), erlauben die Kapitalflußrechnung und der Spiegel der Eigenkapitalveränderungen eine bessere Vorbeurteilung des zu bewertenden Unternehmens. So kann sich das Bewertungsteam bei einem nach IAS bilanzierenden Unternehmen u. U. besser auf das Due Diligence vorbereiten und während des Due Diligence schneller und gezielter bewertungsrelevante Aspekte identifizieren oder prüfen, die aus einem HGB-Abschluß ohne Kapitalflußrechnung und ohne Spiegel der Eigenkapitalveränderungen nicht ersichtlich gewesen wären. Beispiele für Angabepflichten im Zusammenhang mit der Kapitalflußrechnung nach IAS 7, die zur Vorbereitung einer Unternehmensbewertung genutzt werden können, sind die Angaben über den Erwerb oder Verkauf von Unternehmen nach IAS 7.40 (einschließlich der Angabe des gesamten Kaufpreises oder Verkaufspreises) oder die Angabe der wesentlichen zahlungsunwirksamen Investitions- und Finanzierungsvorgänge gemäß IAS 7.43.[481]

---

479 Vgl. *Baetge, J.,* Bilanzen, S. 605.
480 Zu beachten ist aber, daß es bei Bewertungen nach der DCF-Methode naheliegt, die Vergangenheitsanalyse auf Basis einer Kapitalflußrechnung vorzunehmen; vgl. dazu *Mandl, G./Rabel, K.,* Unternehmensbewertung, S. 147-150.
481 Zu diesen Angabepflichten vgl. *Haller, A.,* IAS 7, S. 290, Rn. 108-109.

2.4. Die Rechengrößen nach HGB und nach IAS

2.4.1. Vorbemerkung

Die Rechengrößen der handelsrechtlichen Finanzbuchführung bestehen aus den **Bestandsgrößen** und den **Stromgrößen**:[482] Bestandsgrößen sind das **Vermögen** und die **Schulden,** die in der **Bilanz** ausgewiesen werden. Zu den Stromgrößen zählen die **Aufwendungen** (periodisierte Ausgaben) und die **Erträge** (periodisierte Einnahmen), die handelsrechtlich in der **Gewinn- und Verlustrechnung** (GuV) des Geschäftsjahres gegenübergestellt werden.

Da sich die Begriffe „Vermögensgegenstand" im HGB und *asset* in den IAS in mehrfacher Hinsicht unterscheiden - was sich vor allem bei der Abgrenzung der immateriellen Güter auswirkt -, wird *asset* im folgenden mit „Vermögenswert" übersetzt. Um den Lesefluß nicht zu stören und die umständliche Bezeichnung „Vermögensgegenstand/Vermögenswert" zu vermeiden, wenn sowohl der HGB-Begriff als auch der IAS-Begriff gemeint sind, wird „Vermögenswert" nur bei eindeutiger Beziehung auf die IAS verwendet und im übrigen von „Vermögensgegenstand" gesprochen.

Soweit wesentliche Unterschiede zwischen den Rechengrößen nach HGB und nach IAS bestehen, verursacht dies bei der Vergangenheitsanalyse normalerweise Bereinigungsbedarf in dem Abschluß mindestens eines Rechtskreises. Wenn zum Beispiel Erträge nach HGB und nach IAS anders abgegrenzt werden bzw. zu verschiedenen Zeitpunkten realisiert werden, kann dies die Vergangenheitsergebnisse beeinflussen. Die Unterschiede zwischen Vermögensgegenständen[483] und Schulden bzw. zwischen Aufwendungen und Erträgen nach HGB und nach IAS werden im folgenden dargestellt.

2.4.2. Allgemeine Ansatzkriterien nach IAS versus fallweise Regelungen nach HGB

Die IAS sehen einheitliche Ansatzkriterien für Vermögenswerte, Schulden, Aufwendungen und Erträge vor (F. 83). Erfüllt ein Sachverhalt die beiden Kriterien für einen Ansatz in der Bilanz oder in der Gewinn- und Verlustrechnung, dann besteht eine Ansatzpflicht.

---

482 Vgl. *Baetge, J.*, Bilanzen, S. 2-3.
483 Um den IAS-Begriff „*asset*" vom HGB-Begriff „Vermögensgegenstand" zu unterscheiden, wird „asset" im folgenden mit „Vermögenswert" übersetzt.

Übersicht E-3: Ansatzkriterien für Vermögenswerte, Schulden, Aufwendungen und Erträge nach IAS

Nach F. 83 besteht *Ansatzpflicht* für einen Sachverhalt, wenn die folgenden beiden Ansatzkriterien *(recognition criteria)* erfüllt sind:
(1) *Es ist wahrscheinlich*, daß dem Unternehmen durch den Sachverhalt ein wirtschaftlicher Nutzen entstehen oder ein wirtschaftlicher Nutzen abfließen wird.
(2) Der Nutzenzufluß oder Nutzenabfluß kann *zuverlässig bewertet* werden.

Nach F. 83 ist ein Sachverhalt zu bilanzieren, wenn es (1) **wahrscheinlich** *(probable)* ist, daß dem Unternehmen durch ihn ein wirtschaftlicher Nutzen entsteht oder ein wirtschaftlicher Nutzen abfließen wird. (2) Der Nutzenzufluß oder Nutzenabfluß muß zudem **zuverlässig bewertet** werden können (vgl. Übersicht E-3). Ein Nutzen im Sinne von (1) kann beispielsweise darin bestehen, daß ein Vermögenswert als Produktionsfaktor eingesetzt wird, gegen einen anderen Vermögenswert getauscht wird, zur Tilgung von Verbindlichkeiten verwendet wird oder an die Anteilseigner ausgeschüttet wird (F.55). Die gemäß (2) geforderte zuverlässige Bewertbarkeit schließt nicht aus, daß z. B. bei der Bemessung von Rückstellungen Schätzgrößen verwendet werden dürfen (F. 86).[484] Allerdings müssen diese Schätzgrößen durch unternehmensinterne oder unternehmensexterne Erfahrungswerte verifiziert werden können.[485] Nicht verifizierbar und damit auch nicht als Aufwand oder Ertrag bilanzierbar sind z. B. die Ansprüche oder Verpflichtungen aus schwebenden Prozessen (F. 86).

Diese Ansatzkriterien sind vor allem im Hinblick auf die **Aktivierung selbsterstellter immaterieller Vermögenswerte** diskutiert und problematisiert worden.[486] Nach dem im Juli 1997 verabschiedeten E 60 dürfen bestimmte Kosten ausdrücklich nicht aktiviert werden, z. B. Gründungs- und Ingangsetzungsaufwendungen, Werbeaufwand, Forschungsaufwand, die Aufwendungen für intern erstellte Kundenkarteien und Markennamen (E 60.49). Auch ein selbstgeschaffener Goodwill darf nicht aktiviert werden (E 60.33-34), weil er nicht zu einem identifizierbaren Vermögenswert führt und daher die Ansatzkriterien nicht erfüllt.

Im Handelsrecht wird dagegen nicht definiert, was unter den Stromgrößen „Aufwendungen" und „Erträge" sowie den Bestandsgrößen „Vermögensgegenstände" und „Schulden" zu verstehen ist. Im Schrifttum wurden daher Ansatzvorschriften für den handelsrechtlichen Jahresabschluß entwickelt. Im Unterschied zu den IAS wurden dabei keine einheitlichen Ansatzvorschriften konzipiert, die für die Bestandsgrößen und die Stromgrößen gleichermaßen gelten, sondern „fallweise" Regelungen. Zum Beispiel unterscheiden sich in der handelsrechtlichen Konzeption die Kriterien für den Ansatz von Vermögensgegenständen und von Schulden. In den IAS werden dagegen nach

---

484 Vgl. auch *Cairns, D.*, Applying IAS, S. 93.
485 Vgl. *Achleitner, A.-K./Wollmert, P./Hulle, K. van*, Grundlagen, S. 45, Rn. 45.
486 Vgl. dazu z. B. *Keitz, I. v.*, Immaterielle Güter, S. 173-216; *Hayn, S.*, Die International Accounting Standards, S. 749-750.

F. 83 die gleichen Kriterien zugrunde gelegt. Diese unterschiedlichen Konzeptionen der Ansatzvorschriften in den beiden Rechtskreisen beeinflussen auch die Bereinigungsrechnung in hohem Maße. Durch unterschiedliche Ansatzvorschriften entstehen zumindest Periodenverschiebungen zwischen den im IAS-Abschluß verrechneten Aufwendungen und Erträgen und denen im HGB-Abschluß.

2.4.3. Vermögensgegenstände (HGB) und Vermögenswerte (IAS)

Handelsrechtlich wird der Begriff „**Vermögensgegenstand**" nicht definiert. Die gesetzlichen Vorschriften enthalten lediglich Anhaltspunkte, wie ein Vermögensgegenstand abzugrenzen ist, beispielsweise werden in § 240 HGB mehrere Arten von Vermögensgegenständen aufgezählt: „seine Grundstücke, seine Forderungen und Schulden, den Betrag seines baren Geldes sowie seine sonstigen Vermögensgegenstände". Der Begriff „Vermögensgegenstand" zählt daher zu den unbestimmten Rechtsbegriffen.[487] Nach den Grundsätzen ordnungsmäßiger Buchführung (GoB) gilt ein Gut als Vermögensgegenstand, wenn es **selbständig verwertet** werden kann.[488] Selbständig verwertbare Güter sind abstrakt aktivierungsfähig, d. h. wenn der Aktivierung kein Aktivierungswahlrecht oder Aktivierungsverbot entgegensteht, muß das Gut aktiviert werden. Indes enthält das deutsche Handelsrecht kein Aktivierungswahlrecht, wenn ein Gut abstrakt aktivierungsfähig ist. Ein Aktivierungsverbot besteht bei abstrakt aktivierungsfähigen Gütern lediglich für nicht entgeltlich erworbene immaterielle Vermögensgegenstände des Anlagevermögens (§ 248 Abs. 2 HGB; vgl. auch die folgende Übersicht).

---

487 Vgl. *Keitz, I. v.*, Immaterielle Güter, S. 17; *Schneider, D.*, Vermögensgegenstände, S. 335-343; *Westerfelhaus*, H., Bilanzierungsfähiger Vermögensgegenstand, S. 885.
488 Vgl. *Baetge, J.*, Bilanzen, S. 205.

Übersicht E-4: Vergleich des Ansatzes von Vermögensgegenständen im HGB-Abschluß und von Vermögenswerten im IAS-Abschluß

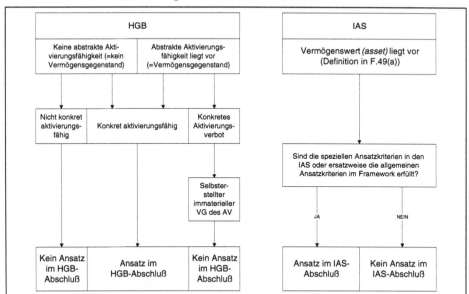

Nach IASC-Grundsätzen ist ein Vermögenswert *(asset)* eine verfügbare Ressource des Unternehmens, die aus vergangenen Ereignissen entstanden ist und von der das Unternehmen einen künftigen wirtschaftlichen Nutzen erwartet (F. 49(a)). Unter „künftigem wirtschaftlichem Nutzen" ist dabei die Fähigkeit zu verstehen, direkt oder indirekt den Cash Flow des Unternehmens zu erhöhen (F. 53). Gemäß F. 89 sind Vermögenswerte nicht automatisch in der Bilanz anzusetzen, sondern nur, wenn sie die Ansatzkriterien erfüllen. Sie unterliegen somit einem zweistufigen Aktivierungskonzept: Erstens ist zu prüfen, ob ein Vermögenswert vorliegt, und zweitens muß ein Vermögenswert die Ansatzkriterien erfüllen (vgl. Übersicht E-5).

Übersicht E-5: Ansatz eines Vermögenswerts nach IAS

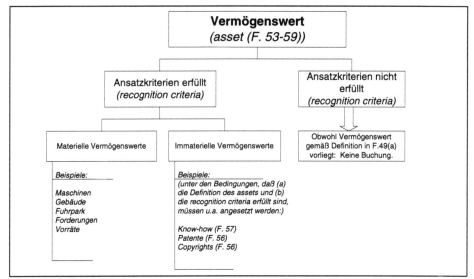

Weder handelsrechtlich noch nach IASC-Grundsätzen setzt die Aktivierung eines Vermögensgegenstands bzw. Vermögenswerts einen entgeltlichen Erwerb voraus (beispielsweise können auch geschenkte Vermögensgegenstände zu den Vermögensgegenständen zählen).[489] Handelsrechtlich werden allerdings verschiedene Auffassungen vertreten, die den Ansatz unentgeltlich erworbener Vermögensgegenstände z. T. vom Zuwendungszweck abhängig machen[490] und z. T. von einem Ansatzwahlrecht ausgehen.[491]

Vergleicht man die IASC-Ansatzkriterien für Vermögenswerte mit dem Kriterium für die abstrakte Aktivierungsfähigkeit im Handelsrecht - der selbständigen Verwertbarkeit -, dann läßt sich festhalten, daß die **IASC-Ansatzkriterien weiter gefaßt** sind als das Kriterium der selbständigen Verwertbarkeit. Denn wenn ein Vermögenswert selbständig verwertet werden kann, ist es auch wahrscheinlich, daß dem Unternehmen durch den Sachverhalt ein wirtschaftlicher Nutzen entsteht bzw. bei seinem Abgang ein wirtschaftlicher Nutzen abfließen wird (= erstes Ansatzkriterium nach F. 83). Der Nutzenzufluß gilt gemäß F. 86 auch dann als zuverlässig bewertbar (= zweites Ansatzkriterium nach F. 83), wenn er geschätzt werden muß. Dabei setzen sowohl die Aktivierung als eines Vermögenswerts als auch die abstrakte Aktivierungsfähigkeit nach HGB voraus, daß das betreffende Gut gegenüber einem Dritten in Geld „umgewan-

---

489 Vgl. für die IAS: F. 59; mit Bezug auf das HGB: z. B. *Ellrott, H./Schmidt-Wendt, D.*, § 255, S. 668-669, Rn. 99-102.
490 Vgl. *Ellrott, H./Schmidt-Wendt, D.*, § 255, S. 668-669, Rn. 100.
491 Vgl. *Adler, H./Düring, W. /Schmaltz, K.*, § 255, S. 360, Rn. 83.

delt" werden kann.[492] Diese Bedingung braucht bei lediglich konkret, aber nicht abstrakt aktivierungsfähigen Gütern nach HGB nicht erfüllt werden (z. B. Ingangsetzungs- und Erweiterungsaufwendungen).

Für die Unternehmensbewertung folgt aus diesen unterschiedlichen Ansatzvorschriften, daß in mindestens einem Rechtskreis Bereinigungen notwendig sind. Bspw. dürfen Ingangsetzungs- und Erweiterungsaufwendungen handelsrechtlich als Bilanzierungshilfe[493] aktiviert werden, während sie nach IASC-Grundsätzen nicht aktivierungsfähig sind.[494] Da Ingangsetzungs- und Erweiterungsaufwendungen nicht nachhaltig im Sinne des Grundsatzes der Nachhaltigkeit[495] sind, sind sie in HGB-Abschlüssen zu bereinigen. In IAS-Abschlüssen entfällt diese Bereinigung.

2.4.4. Schulden nach HGB und IAS

Nach dem handelsrechtlichen Passivierungsgrundsatz liegt eine passivierungsfähige Schuld (= Verbindlichkeit oder Rückstellung) vor, wenn die drei Kriterien (1) Verpflichtung, (2) wirtschaftliche Belastung und (3) Quantifizierbarkeit gemeinsam erfüllt werden.[496] Dies wird als **abstrakte Passivierungsfähigkeit** bezeichnet. Ein abstrakt passivierungsfähiger Sachverhalt ist zu dabei passivieren, wenn dem keine gesetzlichen Vorschriften entgegenstehen (**konkrete Passivierungsfähigkeit**).[497]

Eine (1) **Verpflichtung** ist gegeben, wenn sich das bilanzierende Unternehmen einer Leistung an Dritte nicht entziehen kann (Außenverpflichtung) oder eine Verpflichtung des Bilanzierenden gegenüber sich selbst vorliegt (Innenverpflichtung).[498] Eine (2) **wirtschaftliche Belastung** liegt vor, wenn der Bilanzierende sicher mit einer künftigen Verminderung seines Bruttovermögens rechnen muß.[499] Weiterhin muß die Verpflichtung zumindest innerhalb einer Bandbreite (3) **quantifizierbar** sein.[500] Wenn eine wirtschaftlich belastende Verpflichtung sicher besteht und die Höhe der Verpflichtung eindeutig quantifiziert werden kann, liegt eine passivierungspflichtige **Verbindlichkeit**

---

492 Vgl. zur IAS-Regelung: *Achleitner, A.-K./Wollmert, P./Hulle, K. van*, Grundlagen, S. 41, Rn. 17 und zur HGB-Regelung z. B. *Baetge, J.*, Bilanzen, S. 149.
493 Bilanzierungshilfen sind gesetzlich zugelassene Abweichungen von den sonst geltenden Bilanznormen; vgl. *Kropff, B.*, Sinn und Grenzen von Bilanzpolitik, S. 196; *Baetge, J./Ballwieser, W.*, Ansatz und Ausweis von Leasingobjekten, S. 9; *Commandeur, D.*, Ingangsetzung und Erweiterung des Geschäftsbetriebs, S. 33.
494 Vgl. *Achleitner, A.-K./Wollmert, P./Hulle, K. van*, Grundlagen, S. 48, Rn. 49.
495 Zum Grundsatz der Nachhaltigkeit vgl. Abschnitt C. 2.4.2.
496 Vgl. *Baetge, J.*, Bilanzen, S. 160-168.
497 Vgl. *Baetge, J.*, Bilanzen, S. 160-161.
498 Vgl. *Baetge, J.*, Bilanzen, S. 162-166.
499 Vgl. *Freericks, W.*, Bilanzierungsfähigkeit und Bilanzierungspflicht, S. 227; *Baetge, J.*, Bilanzen, S. 327.
500 Vgl. *Baetge, J.*, Bilanzen, S. 167-168.

vor. Ist die Verpflichtung „dem Grunde nach" nicht sicher, aber wahrscheinlich und/oder lediglich in einer Bandbreite quantifizierbar, so ist eine **Rückstellung** zu bilden.

Nach IASC-Grundsätzen besteht eine Schuld *(liability)* bei einer gegenwärtigen Verpflichtung des bilanzierenden Unternehmens, die aufgrund eines vergangenen Ereignisses entstanden ist und deren Erfüllung voraussichtlich zum Abfluß von Ressourcen führen wird, die einen wirtschaftlichen Nutzen beinhalten (F. 49(b)). Schulden müssen in der IAS-Bilanz angesetzt werden, wenn sie die Ansatzkriterien erfüllen (F. 91). Zu den Schulden zählen rechtliche und wirtschaftliche Verpflichtungen, beispielsweise auch Kulanzleistungen, die ein Kunde rechtlich nicht beanspruchen kann (F. 60). Schulden umfassen damit nach IASC-Grundsätzen sowohl Rückstellungen als auch Verbindlichkeiten. Die explizite Unterscheidung zwischen Rückstellungen und Verbindlichkeiten wurde erst durch IAS 1 (revised 1997) eingeführt.[501] Allerdings wird es noch bis zur Umsetzung des E 59 dauern, daß die IAS-Standards eine Definition des Begriffs „Rückstellung" *(provision)* sowie gesonderte Bilanzierungsvorschriften für die Bilanzierung von Rückstellungen vorsehen.

Übersicht E-6: Ansatz von Schulden nach IAS

```
                        Schuld
                   (liability (F. 60-64))
                          |
            ┌─────────────┴─────────────┐
   Ansatzkriterien erfüllt      Ansatzkriterien nicht
    (recognition criteria)             erfüllt
                                (recognition criteria)
            |                           |
   ┌────────┴────────┐          Obwohl Schuld gemäß
   |                 |          Definition in F.49(b) vorliegt:
Dem Grund und     Dem Grund und/oder     Keine Buchung.
der Höhe nach     der Höhe nach
sicher:           unsicher:
Verbindlichkeit   Rückstellung (provision)

Beispiele:        Beispiele:
Bankverbindlich-  Garantierückstellung
keiten
                  Pensionsrückstellung
Verbindlichkeiten
aus Lieferungen/  Nicht: Aufwandsrückstellung, da
Leistungen        eine Innenverpflichtung zugrunde
                  liegt
Erhaltene
Anzahlungen
```

Die handelsrechtlich passivierungsfähigen Sachverhalte sind überwiegend auch nach IASC-Grundsätzen passivierungspflichtig (ein Passivierungswahlrecht enthalten die IAS nur für unwesentliche Sachverhalte). Unterschiedliche Ansatzvorschriften führen lediglich bei den Rückstellungen zu Abweichungen zwischen IAS und HGB, z. B. dürfen Aufwandsrückstellungen nach IASC-Grundsätzen nicht passiviert werden, weil

---

501 Vgl. z. B. IAS 1.66 (revised 1997) oder IAS 1.73 (revised 1997).

ihnen keine Verpflichtung gegenüber Dritten zugrunde liegt.[502] Der Ansatz von Verbindlichkeiten unterscheidet sich nach Handelsrecht und den derzeit geltenden IAS nicht.[503]

Da der **Ansatz von Verbindlichkeiten** nach HGB und IAS identisch ist, unterscheiden sich die Bereinigungen – soweit sie Verbindlichkeiten – betreffen, nicht. Die gleichen betriebswirtschaftlichen Sachverhalte (z. B. ein zinsloses Darlehen vom Mutterunternehmen an ein zum Verkauf anstehenden und zu bewertenden Tochterunternehmen) führen somit in HGB-Abschlüssen und IAS-Abschlüssen zu identischen Bereinigungsmaßnahmen.[504] Bei einem solchen zinslosen Darlehen wäre zum Beispiel festzustellen, ob der Zinsvorteil gegenüber dem marktüblichen Zinssatz auch künftig zu erwarten ist oder nicht. Wenn er dem Unternehmen auf Dauer nicht erhalten bleiben wird, wäre nach dem Grundsatz der Nachhaltigkeit eine Bereinigung notwendig. Dazu wären die Vergangenheitsergebnisse um den Zinsaufwand zu mindern, der nach marktüblichen Zinssätzen auf das Darlehen hätte bezahlt werden müssen.

Die nach HGB und nach IAS verschiedenen **Ansatzkriterien für Rückstellungen** können Erfolgswirkungen verursachen, die gegebenenfalls zu bereinigen sind. Zum Beispiel ist in HGB-Abschlüssen der sonstige betriebliche Ertrag zu bereinigen, der bei der Auflösung einer nicht benötigten Aufwandsrückstellung entsteht. In IAS-Abschlüssen entfällt diese Bereinigung.

2.4.5. Erträge nach HGB und IAS

Nach **IASC-Grundsätzen** sind **Erträge** *(income)* als **Zunahme wirtschaftlichen Nutzens** während einer Abrechnungsperiode definiert.[505] Eine Nutzenzunahme kann dabei entweder durch Zugang oder Wertsteigerung von Vermögensgegenständen entstehen oder durch Abgang bzw. Wertminderung von Schulden verursacht werden (F. 70(a)). In der GuV sind Erträge *(income)* nur zu buchen, wenn sie (1) die **Ansatzkriterien** *(recognition criteria)* erfüllen[506] und (2) zu den erfolgswirksam zu buchenden Erträgen zählen.[507]

---

502 Vgl. *IDW (Hrsg.)*, Rechnungslegung nach IAS, S. 27 und 211; *Pellens, B./Bonse, A., Fülbier, R. U.*, Organisatorischer und konzeptioneller Rahmen des IASC, S. 273; *Demming, C.*, Die Regelungen des IASC, S. 276-277.
503 Vgl. dazu *IDW (Hrsg.)*, Rechnungslegung nach IAS, S. 217-218. „Verbindlichkeit" ist hier im handelsrechtlichen Sinne gemeint.
504 Vgl. dazu Abschnitt E. 4.3.
505 Vgl. *Achleitner, A.-K./Wollmert, P./Hulle, K. van*, Grundlagen, S. 43, Rn. 32.
506 Zu den Ansatzkriterien nach IAS vgl. Abschnitt E. 2.4.2.
507 Vgl. *Achleitner, A.-K./Wollmert, P./Hulle, K. van*, Grundlagen, S. 43, Rn. 33; *KPMG*, International Accounting Standards, S. 34.

Übersicht E-7: Ansatz von Erträgen nach IAS

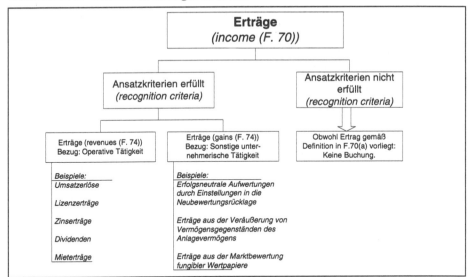

Nach dem IASC-Konzept gehören auch zum Beispiel erfolgsneutrale Einstellungen in die Neubewertungsrücklage oder erfolgsneutral verrechnete Erträge aus der Währungsumrechnung zu den Erträgen. Die Höhe der erfolgsneutral gebuchten Erträge nach IAS ist mit der Gültigkeit des IAS 1 (revised 1997) im Spiegel der Eigenkapitalveränderungen auszuweisen. Bei der Vergangenheitsanalyse verursachen die erfolgsneutral gebuchten Erträge normalerweise keinen Bereinigungsbedarf. Die handelsrechtliche Konzeption sieht im Gegensatz zu den IAS keine erfolgsneutralen Erträge vor, da sich der handelsrechtliche Ertragsbegriff nur auf ergebniserhöhende Geschäftsvorfälle bezieht. Die Frage, ob erfolgsneutrale Erträge handelsrechtlich zu bereinigen sind, stellt sich daher nicht.

Neben den begrifflichen Unterschieden zwischen „Ertrag" (im Sinne des Handelsrechts) und Ertrag (im Sinne des IAS-Begriffs „*income*") können auch bewertungsrelevante Unterschiede durch unterschiedliche Realisierungszeitpunkte bei den Erträgen entstehen: Für die Realisation von Erträgen, die aus der operativen Tätigkeit stammen *(revenues),* enthält IAS 18 spezielle Kriterien, die den Kriterien des handelsrechtlichen Realisationsprinzips – vgl. dazu Übersicht E-8 – ähneln. Im Unterschied zum Handelsrecht differenziert IAS 18 die Kriterien nach der Realisierung von Umsätzen aus dem Verkauf von Erzeugnissen und Waren (IAS 18.14), der Umsatzrealisierung bei erbrachten Dienstleistungen (IAS 18.20) und der Ertragsrealisierung bei Zinsen, Dividenden, Patent- oder Lizenzerträgen (IAS 18.29-30).

Wann ein Ertrag handelsrechtlich vereinnahmt werden muß, regelt das **Realisationsprinzip,** das in § 252 Abs. 1 Nr. 4 2. Halbsatz HGB kodifiziert ist. Danach sind „Gewinne (...) nur zu berücksichtigen, wenn sie zum Abschlußstichtag realisiert sind."

Vergleich ausgewählter Bilanzierungsgrundlagen nach HGB und IAS 105

Erträge entstehen erst am **Realisationszeitpunkt**, d. h. dann, wenn die Güter den Wertsprung zum Absatzmarkt geschafft haben.[508] Nach herrschender Meinung müssen dazu die in der folgenden Übersicht dargestellten vier Bedingungen erfüllt sein:[509]

Übersicht E-8: Kriterien des handelsrechtlichen Realisationsprinzips

	Kriterien des Realisationsprinzips (§ 252 Abs. 1 Nr. 4 2. Halbsatz HGB)
(1)	Ein Kaufvertrag muß für das betreffende Gut abgeschlossen sein.
(2)	Die geschuldete Lieferung oder Leistung muß erbracht worden sein.
(3)	Das Gut muß den Verfügungsbereich und damit den Verwertungsbereich des liefernden oder leistenden Unternehmens verlassen haben.
(4)	Die Abrechnungsfähigkeit muß gegeben sein.

Bei der Realisierung von Umsätzen aus dem Verkauf von Erzeugnissen und Waren unterscheiden sich HGB und IAS hinsichtlich der verbleibenden Restrisiken. Die Rechnungserteilung ist weder handelsrechtlich, noch nach IASC-Grundsätzen für die Umsatzrealisierung notwendig.[510] Handelsrechtlich werden das Akzeptanzrisiko und das Abnahmerisiko indes stärker begrenzt als nach IAS 18.14. Nach den IAS verbleibt bei der Umsatzrealisierung ein höheres Restrisiko als nach dem handelsrechtlichen Realisationsprinzip, daß der Erfolg doch nicht in voller Höhe realisert werden, weil z. B. der Empfänger Mängel an der Ware feststellt.[511] In der folgenden Übersicht werden die Kriterien zusammengefaßt, die nach IAS 18.14 für die Realisierung von Umsätzen aus dem Verkauf von Erzeugnissen und Waren gelten:

Übersicht E-9: Umsatzrealisierung bei Erzeugnissen und Waren nach IAS 18.14

	Realisierung von Umsätzen aus dem Verkauf von Erzeugnissen und Waren nach IAS 18.14:
(1)	Das liefernde Unternehmen hat dem Käufer die maßgeblichen Risiken und Verwertungsmöglichkeiten übertragen, die aus dem Eigentum an den transferierten Gütern resultieren.
(2)	Dem liefernden Unternehmen verbleibt weder ein fortdauerndes Verfügungsrecht, das gewöhnlich mit dem Eigentum an den Gütern verbunden ist, noch die effektive Kontrolle über die verkauften Güter.
(3)	Die Höhe des Ertrags kann zuverlässig gemessen werden.
(4)	Es ist wahrscheinlich, daß der wirtschaftliche Nutzen aus der Transaktion dem Unternehmen zufließen wird.
(5)	Die mit der Transaktion verbundenen Kosten können zuverlässig gemessen werden.

Deutlich werden die Unterschiede in der Umsatzrealisierung nach HGB und nach IAS auch bei der Realisierung von Umsätzen aus erbrachten Dienstleistungen. Handels-

---

508 Vgl. *Leffson, U.*, Die Grundsätze ordnungsmäßiger Buchführung, S. 247-248.
509 Vgl. *Leffson, U.*, Die Grundsätze ordnungsmäßiger Buchführung, S. 265-269; *Schäfer, W.*, GoB für Forderungen, S. 17-19; *Selchert, F. W.*, § 252, S. 762-763, Rn. 82-83.
510 Vgl. zum Handelsrecht z. B. *Budde, W. D./Geißler, H.*, § 252, S. 458-459, Rn. 45-48.
511 Vgl. *Ordelheide, D./Böckem, H.*, IAS 18, S. 603-604, Rn. 31.

rechtlich gelten auch hier die Kriterien des Realisationsprinzips (vgl. Übersicht E-8), nach denen die Erträge aus der erbrachten Dienstleistung erst bei Abrechnungsfähigkeit zu realisieren sind. Nach IAS 18.20 werden Erträge aus Dienstleistungen bereits anteilig realisiert, wenn das Ergebnis eines Vertrags über die Erbringung einer Dienstleistung zuverlässig geschätzt werden kann. Eine zuverlässige Schätzung ist dabei möglich, wenn die in der folgenden Übersicht genannten Kriterien gemeinsam erfüllt sind:

Übersicht E-10: Kriterien für die Umsatzrealisierung bei Dienstleistungen nach IAS 18.20

Der Umsatz aus einer Dienstleistung ist nach IAS 18.20 bereits anteilig zu realisieren, wenn das Ergebnis des zugrundeliegenden Vertrags zuverlässig geschätzt werden kann.

Die Kriterien für eine zuverlässige Schätzung sind:

(1) Die Höhe des Umsatzes kann zuverlässig gemessen werden.

(2) Es ist wahrscheinlich, daß der wirtschaftliche Nutzen aus der zugrundeliegenden Transaktion dem Unternehmen zufließen wird.

(3) Der Erfüllungsgrad der bis zum Bilanzstichtag erbrachten Leistungen kann im Verhältnis zur Gesamtleistung zuverlässig geschätzt werden.

(4) Die Summe der Gesamtaufwendungen, die bis zur Fertigstellung der Dienstleistung entstehen, können ebenso wie die bis zum Bilanzstichtag entstandenen Aufwendungen zuverlässig gemessen werden.

Weitere Unterschiede zwischen der Ertragsrealisierung nach HGB und nach IAS treten auf, soweit einzelne IAS spezielle Regelungen für den Realisationszeitpunkt von Erträgen enthalten (z. B. IAS 11.22 zur Umsatzrealisierung bei langfristiger Fertigung[512]).

Aus Sicht der Unternehmensbewertung entspricht die Realisierung von Erträgen nach IASC-Grundsätzen eher dem angestrebten Bewertungsergebnis, Risiken und Chancen eines Unternehmens gleich zu gewichten. Im Handelsrecht verhindern Vorsichtsprinzip und Imparitätsprinzip die Gleichgewichtung von Risiken und Chancen, da einerseits unrealisierte Verluste ausgewiesen werden müssen, während andererseits unrealisierte Gewinne nicht bilanziert werden dürfen.[513] Trotzdem ersetzt auch die IASC-Konzeption keine betriebswirtschaftliche Analyse: So kann der Bewerter nur durch eine betriebswirtschaftliche Begutachtung des Objekts entscheiden, ob z. B. der nach IAS 11 berechnete Buchwert eines langfristigen Fertigungsauftrags dem tatsächlichen Verkehrswert nahekommt oder ob eher der i. d. R. niedrigere handelsrechtliche Wert korrekt ist (z. B. weil der Fertigstellungsgrad zu optimistisch eingeschätzt wurde).

---

512 Vgl. dazu Abschnitt E. 6.1.
513 Dies wird im Handelsrecht nur selten durch besondere Regelungen durchbrochen, z. B. bei der Anwendung der Equity-Methode im Konzernabschluß.

2.4.6. Aufwendungen nach HGB und IAS

Handelsrechtlich werden **Aufwendungen** als **periodisierte Ausgaben** definiert, die aus Güterverbrauch, Leistungs- oder Werteverzehr oder sonstigen das Reinvermögen mindernden Ausgaben in der Abrechnungsperiode resultieren.[514] In der handelsrechtlichen GuV werden Aufwendungen und Erträge über einen Abrechnungszeitraum kumuliert und sind stets erfolgswirksam.[515]

Im IAS-Abschluß werden **Aufwendungen** *(expenses)* nach F. 70(b) als **Abnahme wirtschaftlichen Nutzens** während einer Abrechnungsperiode definiert. Die Abnahme wirtschaftlichen Nutzens besteht dabei entweder im Abgang oder der Wertminderung von Vermögenswerten oder der Erhöhung von Schuldposten. Genauso wie zum Beispiel bei den Vermögenswerten ist auch bei Aufwendungen zu prüfen, ob die Ansatzkriterien erfüllt sind. Aufwendungen *(expenses)* mindern bei Vorliegen der Ansatzkriterien stets das Eigenkapital,[516] sind aber nicht immer erfolgswirksam zu buchen. Dabei handelt es sich um analoge Sachverhalte wie bei den nicht erfolgsneutral zu buchenden Erträgen. Zum Beispiel gehören Aufwendungen aus der Auflösung der Neubewertungsrücklage gemäß IAS 21.30(c) zu den erfolgsneutral zu buchenden Aufwendungen.[517]

Da im deutschen Handelsrecht Aufwendungen stets erfolgswirksam zu buchen sind, entsteht ein Unterschied zwischen handelsrechtlicher Rechnungslegung und IAS. Ähnlich wie bei erfolgsneutral behandelten Erträgen nach IAS – vgl. dazu den vorigen Abschnitt – erfordern erfolgsneutral behandelte Aufwendungen im IAS-Abschluß normalerweise keine Bereinigung der Vergangenheitsergebnisse.

---

514 Vgl. *Baetge, J.*, Bilanzen, S. 3.
515 Vgl. *Baetge, J.*, Bilanzen, S. 3.
516 Vgl. *Achleitner, A.-K./Wollmert, P./Hulle, K. van*, Grundlagen, S. 44, Rn. 36.
517 Vgl. *Achleitner, A.-K./Wollmert, P./Hulle, K. van*, Grundlagen, S. 44, Rn. 36.

Übersicht E-11: Ansatz von Aufwendungen nach IAS

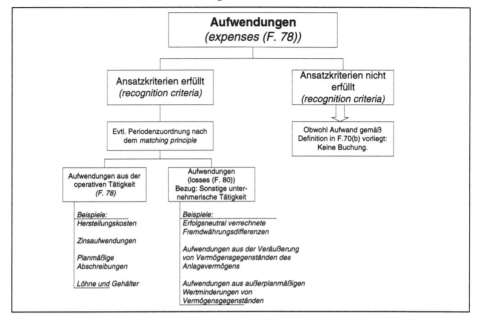

Nach F. 78 wird zwischen Aufwendungen unterschieden, die bei der operativen Tätigkeit entstehen,[518] und Aufwendungen, die aus sonstigen unternehmerischen Tätigkeiten stammen *(losses)* (vgl. Übersicht E-11). Die **Aufwendungen aus der operativen Tätigkeit** umfassen z. B. Herstellungskosten, Löhne und Gehälter und planmäßige Abschreibungen. Sie entstehen regelmäßig und unterscheiden sich dadurch von den eher fallweise auftretenden **Aufwendungen aus sonstigen unternehmerischen Tätigkeiten** *(losses)*. Letztere können zwar zum ordentlichen Erfolg zählen (F. 79), enthalten aber auch sämtliche außerordentlichen Aufwendungen.

Festzuhalten ist, daß Aufwendungen handelsrechtlich stets erfolgswirksam gebucht werden, während Aufwendungen nach IAS z. T. auch erfolgsneutral gebucht werden können. Andere Unterschiede zwischen den Aufwendungen nach HGB und nach IAS resultieren aus speziellen Bilanzierungsvorschriften (z. B. bei den nach IAS unzulässigen steuerrechtlichen Abschreibungen gemäß § 254 HGB). Sie sind nicht darauf zurückzuführen, daß Aufwendungen nach HGB und nach IAS verschieden abgegrenzt werden. Soweit bei der Vergangenheitsanalyse Bereinigungserfordernisse bei den Aufwendungen in einem HGB-Abschluß entstehen, die in einem IAS-Abschluß nicht zu bereinigen sind, ist dies also nicht auf die unterschiedliche Abgrenzung der Aufwendungen in den beiden Rechtskreisen zurückzuführen, sondern auf spezielle Bilanzierungsvorschriften.

---

518 Für Aufwendungen aus der operativen Tätigkeit enthalten die IAS keinen speziellen Terminus.

3. Bereinigungen des Betriebsergebnisses

3.1. Vorbemerkung

Die GuV darf handelsrechtlich und nach IAS entweder nach dem Umsatz- oder nach dem Gesamtkostenverfahren aufgestellt werden (§ 275 Abs. 2 und 3 HGB und IAS 2.37). Das **Umsatzkostenverfahren** (UKV) dient u. a. dem Ziel, eine grenzüberschreitende Vergleichbarkeit der GuV zu ermöglichen, da das UKV international eher üblich ist.[519] Bspw. muß in den USA das UKV angewendet werden; das **Gesamtkostenverfahren** (GKV) ist dagegen nicht zulässig. Daher wird im folgenden das UKV zugrunde gelegt.

Im folgenden werden zunächst die betriebswirtschaftliche Bedeutung des jeweils betrachteten Sachverhalts sowie eventuelle Gestaltungsmöglichkeiten des Bilanzierenden nach HGB und nach IAS erläutert und danach die erforderlichen Bereinigungen behandelt. Im Ergebnis sollen die bereinigten Vergangenheitsdaten weder von bilanzpolitischen oder sachverhaltsgestaltenden Maßnahmen abhängen, noch durch länderspezifische Rechnungslegungsvorschriften des zu bewertenden Unternehmens beeinflußt werden. Der folgende Abschnitt E. kann dabei nicht nach dem handelsrechtlichen Gliederungsschema für das Umsatzkostenverfahren aufgebaut werden, da viele Bereinigungsmaßnahmen mehrere GuV-Posten betreffen. Zum Beispiel erstrecken sich sowohl die Bereinigung der Abschreibungen auf Vermögensgegenstände des Anlagevermögens als auch der Personalkosten u. a. auf die Herstellungskosten, die allgemeinen Verwaltungskosten und die Vertriebskosten. Der Abschnitt E. wird daher nicht nach den GuV-Posten, sondern nach den sachlich zusammengefaßten Bereinigungsgruppen gegliedert (z. B. Bereinigungen der Abschreibungen auf Vermögensgegenstände des Anlagevermögens). Wie die einzelnen Posten in der GuV nach dem UKV zu bereinigen sind und wie die nach IAS und HGB unterschiedlichen GuV-Strukturen die Vergangenheitsanalyse beeinflussen, wird anschließend im Abschnitt F. behandelt.

3.2. Bereinigungen von Erträgen innerhalb des Betriebsergebnisses

3.2.1. Umsatzerlöse

Umsatzerlöse können durch Verkäufe von Vermögensgegenständen entstehen, durch Vermietung und Verpachtung oder durch das Erbringen einer Dienstleistung (vgl. Übersicht E-12):

---

519 Vgl. *Lachnit, L.*, § 275, S. 26, Rn. 47.

Übersicht E-12: Inhalt des Postens „Umsatzerlöse"[520]

Umsatzvorgang	Umsatzobjekt *)	Umsatzhöhe **)
Verkauf	Erzeugnisse Waren	Verkaufspreis
Vermietung und Verpachtung	Erzeugnisse Waren	Bemessung nach dem Miet- bzw. Pachtvertrag
Erbringen einer Dienstleistung	Dienstleistungen	Entgelt für Dienstleistungen

*): Sofern für die gewöhnliche Geschäftstätigkeit typisch.
**): Abzüglich Erlösschmälerungen und Umsatzsteuer.

Bei der Unternehmensbewertung zählen die Umsatzerlöse zu den wichtigsten GuV-Posten, da die prognostizierte Höhe der Umsatzerlöse den Ertragswert entscheidend beeinflußt.[521] Dies liegt u. a. daran, daß das Mengengerüst der Umsatzplanung meistens in die Kostenplanung übertragen wird.[522] Die Bedeutung der Umsätze der Vergangenheit nimmt dabei noch zu, wenn der Bewerter nur über wenige oder über gar keine Planungsunterlagen des zu bewertenden Unternehmen verfügt.

Künftige Umsätze werden normalerweise auf Basis der Umsätze der Vergangenheit geplant.[523] Doch auch wenn Umsatzerlöse in der Bilanzanalyse als nachhaltig und als „Erfolg erster Klasse" eingeordnet werden,[524] entstehen sie nicht Jahr für Jahr in konstant gleicher Höhe. Die **Umsatzkonstanz** in verschiedenen Branchen unterscheidet sich dabei deutlich:[525] Bspw. liegt bei kleineren Handelsunternehmen (z. B. Lebensmittelgeschäften, Apotheken) normalerweise eine hohe Umsatzkonstanz vor.[526] Dagegen waren z. B. bei einem zum Verkauf anstehenden Computerunternehmen 40% des vorherigen Wartungsumsatzes kurz vor Vertragsschluß entfallen.[527]

Auch in der Rechtsprechung wurde auf die fehlende Konstanz der Umsatzerlöse eingegangen. Laut *BGH* hat der Käufer keinen Anspruch auf Umsätze in bestimmter Höhe (z. B. in Höhe der Vorjahre), da eine bestimmte Umsatzhöhe keine zugesicherte Eigenschaft des Unternehmens darstellt.[528] Selbst wenn - wie im obigen Beispiel - 40% des

---

520 Vgl. *Rogler, S.*, Gewinn- und Verlustrechnung nach dem UKV, S. 275-276.
521 Vgl. *Gregory, A.*, Forecasting Costs and Revenues, S. 50.
522 Vgl. *Born, K.*, Unternehmensanalyse und Unternehmensbewertung, S. 102.
523 Vgl. *Niehues, K.*, Unternehmensbewertung bei Unternehmenstransaktionen, S. 2244; *Englert, J.*, Bewertung von freiberuflichen Praxen, S. 144.
524 Vgl. z. B. *Baetge, J./Bruns, C.*, Erfolgsquellenanalyse, S. 391-393; *Coenenberg, A. G.*, Externe Ergebnisquellenanalyse, S. 102-103.
525 Auf die Besonderheiten von Umsätzen aus langfristigen Fertigungsaufträgen wird in Abschnitt E. 6.1. eingegangen.
526 Vgl. *Piltz, D.*, Unternehmensbewertung in der Rechtsprechung, S. 42. Teilweise werden diese Unternehmen deswegen auch über Umsatz- oder Gewinnmultiplikatoren statt mit ihrem Ertragswert bewertet.
527 Vgl. *BGH*, Entscheidung vom 6.12.1995 - VIII ZR 192/94, S. 284.
528 Vgl. *BGH*, Entscheidung vom 6.12.1995 - VIII ZR 192/94, S. 284. Ähnlich schon *BGH*, Urteil vom 12.11.1969 - I ZR 93/67, S. 42.

Bereinigungen des Betriebsergebnisses 111

Umsatzes von einem wichtigen Umsatzträger wegfallen, trifft den Verkäufer lediglich eine Aufklärungspflicht über den Vorfall; ein Sachmangel liegt nicht vor.[529] Durch die Analyse von Umsatz- oder Ertragsangaben über einen Zeitraum von mehreren Jahren - wie es bei der Vergangenheitsanalyse üblich ist -, erwirbt der Käufer indes einen Anspruch auf die Ertragsfähigkeit des Unternehmens, die rechtlich als Sacheigenschaft anerkannt ist.[530]

Genauso wie die Planung mindestens nach **Umsatzsegmenten** unterteilt werden sollte,[531] empfiehlt sich eine Segmentierung der Umsätze auch für die Vergangenheitsanalyse (die Daten müssen nach IAS 14 angegeben werden). Segmente können dabei - wenn man der Unterteilung in IAS 14 folgt - sachlich[532] und geographisch aufgefaßt werden. Die Segmentierung des Umsatzes nach seiner geographischen Verteilung oder nach sachlichen Merkmalen wie Produkten oder Vertriebskanälen ist auch in der Bewertungspraxis üblich.[533] Bei der Analyse der Vergangenheitsumsätze werden den Umsätzen i. d. R. auch ihre möglichen Einflußfaktoren gegenübergestellt, z. B. Wettbewerbsintensität, Entwicklung der Marktanteile, konjunkturelle und saisonale Schwankungen, Werbemaßnahmen, Preiselastizität der Nachfrage.[534]

Bei den Umsatzerlösen ist **kein wesentlicher Einfluß von Sachverhaltsgestaltungen**[535] zu erwarten, da z. B. eine beschleunigte Auftragsbearbeitung wegen produktions- und kundenbedingter Restriktionen nicht in großem Maße umsetzbar ist.[536] Vorzeitig realisierte Umsatzerlöse, die also nur eine Periodenverschiebung darstellen und nicht nachhaltig entstehen, sind daher nur selten in wesentlichem Umfang zu erwarten.[537] Bereinigungen wären indes notwendig, wenn vor dem Bewertungsstichtag **Son-**

---

529 Vgl. *BGH*, Entscheidung vom 6.12.1995 - VIII ZR 192/94, S. 284.
530 Vgl. *Loges, R.*, Der Einfluß der Due Diligence, S. 966. Vgl. auch *BGH*, Urteil vom 18.3.1977 - I ZR 132/75, S. 1042.
531 Segmentbezogene Prognosen sind nach Studien von *Collings* und *Kinney* genauer als nicht segmentierte Umsatzprognosen; vgl. *Collins, D. W.*, Predicting Earnings with Sub-Entity Data, S. 170-175; *Kinney, W. R.* Predicting Earnings, S. 132-136.
532 Nach IAS 14.5 lassen sich sachliche segmentierte Geschäftsfelder anhand der Produkte oder Dienstleistungen bzw. Gruppen von ähnlichen Produkten und Dienstleistungen, die primär für Kunden außerhalb des Unternehmens erstellt oder erbracht werden, voneinander unterscheiden.
533 Vgl. *Weiss, H.-J.*, Kaufvoruntersuchung, S. 388; *Born, K.*, Unternehmensanalyse und Unternehmensbewertung, S. 102.
534 Vgl. *Gregory, A.*, Forecasting Costs and Revenues, S. 59-62; *Fishman, J. E.*, Valuation Methodology, S. 2-13.
535 Unter Sachverhaltsgestaltung werden Maßnahmen verstanden, die vor dem Bilanzstichtag unternommen werden und dazu dienen, das Jahresergebnis zu beeinflussen, indem das Mengengerüst der Aktiva und Passiva verändert wird; vgl. *Heinhold, M.*, Bilanzpolitik, Sp. 533.
536 Vgl. *Hinz, M.*, Sachverhaltsgestaltungen, S. 307.
537 Ein Gegenbeispiel war etwa 1986 die vorgezogene Realisierung von Ticketerlösen in Höhe von 30 Mio. US-$ bei der Pan Am Corporation; vgl. *Fridson, M. S.*, Financial Statement Analysis, S. 65-67.

derverkäufe[538] von Fertigerzeugnissen oder Waren getätigt wurden. Die Erlöse aus Sonderverkäufen zählen zu den typischen Maßnahmen bei Liquiditätsgefährdung des Unternehmens[539] und sind zudem nicht nachhaltig.[540]

Erlöse aus Sonderverkäufen zählen zu den **nicht nachhaltigen Umsatzerlösen** und sind sowohl in IAS-Abschlüssen als auch in HGB-Abschlüssen nach dem Grundsatz der Nachhaltigkeit zu bereinigen. Zu den nicht nachhaltigen Umsatzerlösen gehören zum Beispiel auch Umsatzerlöse, die von künftig nicht mehr zum Unternehmen gehörenden Betriebsteilen/Geschäftseinheiten erzielt worden sind (zum Beispiel die Umsatzerlöse, die auf das nicht betriebsnotwendige Vermögen entfallen). Falls das zu bewertende Unternehmen Erlöse aus Sonderverkäufen oder andere wesentliche, aber nicht nachhaltige Umsatzerlöse vereinnahmt hat, sind die Umsatzerlöse in den Vergangenheitsergebnissen um diesen Betrag zu verringern.

Weiterhin sind bei der Vergangenheitsanalyse eines handelsrechtlichen Abschlusses **durchlaufende Posten** zu eliminieren (z. B. erhaltene und abzuführende Umsatzsteuern).[541] Die umsatzbezogenen Steuern oder andere umsatzbezogenen Abgaben würden ansonsten die Aussagefähigkeit der Umsatzerlöse und des Ergebnisses der gewöhnlichen Geschäftstätigkeit beeinträchtigen, da sie häufig einen erheblichen Teil des Umsatzes ausmachen (z. B. Mineralölsteuer).[542] Im Gegensatz zum handelsrechtlichen Abschluß entfällt diese Bereinigung bei einem IAS-Abschluß. Nach IAS 18.9 werden Umsatzerlöse grundsätzlich mit dem beizulegenden Zeitwert *(fair value)*[543] bewertet. Sie dürfen daher keine durchlaufenden Posten enthalten.

Beim **Verkauf mit Rückgaberecht** muß handelsrechtlich die Frist für die Rücksendung abgelaufen sein, damit die Gewinnrealisierung angenommen werden kann - auch wenn eine statistische Rücksendungsquote zuverlässig ermittelt werden kann.[544] Die aus Sicht der Unternehmensbewertung sinnvolle Überlegung, statt dessen die Rücksendungsquote zu berücksichtigen und im übrigen Gewinnrealisierung anzunehmen, wird handelsrechtlich nicht für zulässig gehalten.[545] Nach IAS 18 ist dies wiederum

---

538 Unter Sonderverkäufen werden hier ungewöhnliche und seltene Verkäufe von Fertigerzeugnissen und Waren verstanden. Nicht dazu zählt z. B. der zum normalen Geschäftsverlauf gehörende Sommerschlußverkauf im Bekleidungseinzelhandel.
539 Vgl. *Walz, H.*, Investitions- und Finanzplanung, S. 241.
540 Vgl. *Fridson, M. S.*, Financial Statement Analysis, S. 67.
541 Vgl. auch Abschnitt F. 3.2.9.
542 Vgl. *Förschle, G.*, § 275, S. 1087-1088, Rn. 66; *Baetge, J.*, Bilanzen, S. 556; *Rogler, S.*, Gewinn- und Verlustrechnung nach dem UKV, S. 25.
543 Für den Begriff „*fair value*" gibt es in der handelsrechtlichen Rechnungslegung kein genaues Äquivalent. Daß nicht der Marktwert i. S. v. „*market value*" gemeint ist, zeigt IAS 16.32. Damit keine begrifflichen Kollisionen mit im deutschen Handels- und Steuerrecht bereits belegten Begriffen auftreten, wird „*fair value*" im folgenden als „beizulegender Zeitwert" übersetzt.
544 Vgl. *IDW (Hrsg.)*, WP-Handbuch 1996, Bd. I, S. 282, Rn. 404; *Adler, H./Düring, W./Schmaltz, K.*, § 252, S. 55, Rn. 82.
545 Vgl. *Adler, H./Düring, W./Schmaltz, K.*, § 252, S. 55, Rn. 82.

vorgeschrieben:[546] Der Ertrag wird beim Übergang des wirtschaftlichen Eigentums realisiert. Soweit künftige Gewährleistungen o. ä. zu erwarten sind, werden sie durch eine Schuld antizipiert, deren Höhe nach den Erfahrungswerten des Unternehmens zu bemessen ist.[547] In vielen Fällen wird dieser Unterschied zwischen HGB und IAS die Umsatzerlöse aber nicht so bedeutend beeinflussen, daß deswegen eine Bereinigung notwendig ist.

Insgesamt werden die Umsatzerlöse nach IAS 18 im Regelfall zum gleichen Zeitpunkt wie im Handelsrecht realisiert.[548] Die größten Unterschiede der Umsatzerlöse nach IAS und nach HGB liegen in den durchlaufenden Posten, die in den Umsatzerlösen nach IAS nicht enthalten sein dürfen, sowie in den Umsatzerlösen, die aus langfristiger Auftragsfertigung[549] erzielt werden. In der Vergangenheitsanalyse sind Bereinigungen vor allem bei nicht nachhaltigen Umsatzerlösen, bei durchlaufenden Posten und bei den Umsatzerlösen aus langfristiger Fertigung notwendig. Da die Umsatzerlöse nur geringe Gestaltungsspielräume ermöglichen, sind Bereinigungen aufgrund sachverhaltsgestaltender Maßnahmen eher selten zu erwarten.

3.2.2. Sonstige betriebliche Erträge

3.2.2.1. Erträge aus der Aktivierung von Eigenleistungen

Im deutschen Handelsrecht betreffen aktivierte Eigenleistungen lediglich das Anlagevermögen, z. B. selbst erstellte Gebäude, Anlagen, Maschinen sowie aktivierte Großreparaturen, wenn diese keinen Erhaltungsaufwand darstellen.[550] Aktivierte Eigenleistungen dürfen keine wesentlichen und nur weiterverarbeitete Zulieferungen von Dritten enthalten (z. B. bezogene Maschinen); auch nicht aktivierungsfähige Aufwendungen dürfen nicht als aktivierte Eigenleistungen ausgewiesen werden (z. B. Reparaturaufwendungen oder durch Rückstellungen gedeckte Aufwendungen).[551] Handelsrechtlich enthält nur das GKV einen gesonderten Ertragsposten für „Andere aktivierte Eigenleistungen" (Posten Nr. 3). Im UKV darf der Bilanzierende wählen, ob aktivierte Eigenleistungen direkt über die korrespondierenden Aufwandskonten gebucht werden (z. B. durch die Buchung: Maschine an Personalaufwand und an Materialaufwand) oder ob ein sonstiger betrieblicher Ertrag ausgewiesen wird.[552]

---

546 Vgl. auch *Ordelheide, D./Böckem, H.*, IAS 18, S. 603-604, Rn. 31.
547 Vgl. *Demming, C.*, Die Regelungen des IASC, S. 293.
548 Vgl. zum Realisationszeitpunkt Abschnitt E. 2.4.5.
549 Vgl. dazu Abschnitt E. 6.1.
550 Vgl. *Förschle, G.*, § 275, S. 1090, Rn. 80; *Borchert, D.*, § 275, S. 1670-1671, Rn. 34; *Baetge, J.*, Bilanzen, S. 557 m. w. N.
551 Vgl. *Förschle, G.*, § 275, S. 1090-1092, Rn. 80-81, 83.
552 Vgl. *Baetge, J.*, Bilanzen, S. 601-602.

Nach IASC-Grundsätzen ist bei Aktivierungen nicht maßgebend, ob der Vermögenswert selbst erstellt wurde oder nicht, beispielsweise sind nicht entgeltlich erworbene Mineralrechte zu aktivieren, wenn deren Wert durch ein Gutachten belegt wird. Auch nicht entgeltlich erworbene Lizenzen sind zu aktivieren, wenn dafür ein am Markt erzielbarer Preis bekannt ist.[553] Die IAS geben nicht vor, ob bei der Aktivierung ein betrieblicher Ertrag zu buchen ist oder ob die Aktivierung über die Aufwandskonten vorzunehmen ist. Daher ist davon auszugehen, daß **beide Verfahrensweisen zulässig** sind. Ein betrieblicher Ertrag bei der Aktivierung von Eigenleistungen wurde zum Beispiel im IAS-Konzernabschluß 1996 der *Von Roll Holding AG* mit Sitz in Gerlafingen/Schweiz gebucht.[554]

Bei der Vergangenheitsanalyse ist ein bei der Aktivierung der Eigenleistungen gebuchter sonstiger betrieblicher Ertrag (HGB) bzw. ein anderer betrieblicher Ertrag (IAS) zu bereinigen (vgl. Übersicht E-13). Dieser Ertrag ist weder nachhaltig, noch zahlungswirksam und darf daher nicht in den Vergangenheitsergebnissen enthalten sein.

Übersicht E-13: Bereinigungen bei aktivierten Eigenleistungen

Bereinigungen bei aktivierten Eigenleistungen (IAS und HGB)
• Falls bei der Aktivierung der Eigenleistungen ein sonstiger betrieblicher Ertrag (HGB) oder ein anderer betrieblicher Ertrag (IAS) gebucht wurde, ist dieser zu bereinigen (zu eliminieren). • Wenn der selbsterstellte Vermögensgegenstand betriebsnotwendig ist, sind Reinvestitionsraten anzusetzen. • Die Aufwendungen für die Erstellung des Vermögensgegenstands sind zu bereinigen (zu eliminieren), wenn der Vermögensgegenstand betriebsnotwendig ist und die Eigenleistungen nicht über die Aufwandskonten aktiviert wurden. • Die Aufwendungen für die Erstellung des Vermögensgegenstands sind zu bereinigen (zu eliminieren), falls der Vermögensgegenstand nicht betriebsnotwendig ist.

Weiterhin ist in der Vergangenheitsanalyse festzustellen, ob der selbsterstellte Vermögensgegenstand betriebsnotwendig ist oder nicht. Für einen betriebsnotwendigen Vermögensgegenstand sind Reinvestitionsraten anzusetzen.[555] Daraus folgt, daß die Aufwendungen für die Erstellung des Vermögensgegenstands aus den Vergangenheitsergebnissen zu eliminieren sind, weil statt dessen Reinvestitionsraten angesetzt werden. Diese Aufwendungen sind auch zu bereinigen, wenn der selbsterstellte Vermögensgegenstand nicht betriebsnotwendig ist (**Grundsatz der Betriebsnotwendigkeit**[556]). Dabei ist zu beachten, daß die Aufwendungen nicht mehr in der GuV enthalten sind, wenn die Eigenleistungen über die Aufwandskonten aktiviert wurden und kein sonstiger betrieblicher Ertrag (HGB) bzw. anderer betrieblicher Ertrag (IAS) gebucht wurde.

---

553 Vgl. *Achleitner, A.-K./Wollmert, P./Hulle, K. van,* Grundlagen, S. 48, Rn. 49.
554 Vgl. *Von Roll Holding AG (Hrsg.),* Geschäftsbericht 1996, S. 54.
555 Vgl. dazu Abschnitt E. 3.3.6.
556 Vgl. Abschnitt C. 2.4.3.

Die Bereinigung der Aufwendungen erübrigt sich dann, weil sie bereits nicht mehr in den Vergangenheitsergebnissen enthalten sind.

3.2.2.2. Erträge aus dem Abgang von Vermögensgegenständen

Wenn ein Anlagegegenstand zu einem Betrag verkauft wird, der seinen Buchwert übersteigt, entsteht handelsrechtlich und nach IAS ein Ertrag aus dem Abgang dieses Anlagegegenstands. Dieser Ertrag dient zur **Korrektur der vorher auf das Anlagegut verrechneten Abschreibungen.** Da die Abschreibungen bei der Unternehmensbewertung neu berechnet werden müssen, sind bei der Vergangenheitsanalyse sowohl die ursprünglich verrechneten Abschreibungen zu eliminieren als auch die Erfolgsbeiträge zu deren Korrektur (z. B. Zuschreibungen, Erträge aus dem Abgang von Anlagegegenständen). Erträge und Aufwendungen aus dem Abgang von abnutzbaren Vermögensgegenständen des Anlagevermögens sind daher zu bereinigen, weil sie sonst doppelt gezählt würden.[557] Sie werden bei der Vergangenheitsanalyse eliminiert. Diese Bereinigung ist in HGB-Abschlüssen und in IAS-Abschlüssen erforderlich.

Auch wenn Aufwendungen oder Erträge aus dem Abgang betriebsnotwendiger Vermögensgegenstände des *Umlaufvermögens* entstanden sind, müssen sie bereinigt (eliminiert) werden. Zum Beispiel kann die Veräußerung von Roh-, Hilfs- und Betriebsstoffen, die kurzfristig nicht zur Produktion benötigt werden, die Liquiditätssituation für kurze Zeit verbessern.[558] Diese Roh-, Hilfs- und Betriebsstoffe sind betriebsnotwendig und müssen daher wiederbeschafft werden. Die Erträge oder Aufwendungen aus ihrem Verkauf können also nicht nachhaltig sein und sind daher zu bereinigen. Auch diese **Bereinigung** ist gegebenenfalls sowohl in HGB-Abschlüssen als auch in IAS-Abschlüssen notwendig.

Mitunter enthalten die vergangenen Jahresabschlüsse auch Erfolgsbeiträge aus **sachverhaltsgestaltenden Verkäufen** nicht betriebsnotwendiger Vermögensgegenstände (z. B. Verkäufe von Werkswohnungen oder von nicht mehr benötigten Produktionsanlagen).[559] Diese Erfolgsbeiträge sind nicht nachhaltig und daher aus den Vergangenheitsergebnissen herauszurechnen. Im Zusammenhang mit der Bereinigung dieser Erfolgsbeiträge ist zu prüfen, wieweit die veräußerten Vermögensgegenstände zu Aufwendungen oder Erträgen geführt haben. Zum Beispiel wären Grundsteuerzahlungen bei veräußerten Grundstücken aus den Vergangenheitsergebnissen herauszurechnen; beim Verkauf von Werkswohnungen entfallen u. a. Mieterträge und Instandhaltungsaufwendungen. Allgemein sind sämtliche Erfolgsbeiträge, die ein nicht betriebsnot-

---

557 Vgl. Abschnitt E. 3.3.3.
558 Vgl. *Walz, H.*, Investitions- und Finanzplanung, S. 241.
559 Vgl. *Hinz, M.*, Sachverhaltsgestaltungen, S. 249-250.

wendiger Vermögensgegenstand verursacht hat, gemäß dem Grundsatz der Betriebsnotwendigkeit zu bereinigen.

Ein Sonderfall entsteht bei **stillgelegten Gegenständen des Sachanlagevermögens**. Gemäß IAS 16.61 ist ein Vermögenswert des Sachanlagevermögens aus der Bilanz auszubuchen, wenn er nicht mehr genutzt wird und kein wirtschaftlicher Nutzen aus seiner Veräußerung erwartet werden kann. Nach IAS 16.62 führt die Stillegung sofort zu Erfolgswirkungen in der GuV: Die Differenz zwischen Buchwert und geschätztem Nettoveräußerungserlös *(net disposal proceeds)* ist als Aufwand oder Ertrag in der GuV zu buchen, unabhängig davon, wann der stillgelegte Vermögensgegenstand tatsächlich verkauft oder verschrottet werden soll. Dies gilt auch, wenn der geschätzte Veräußerungserlös über dem Buchwert des stillgelegten Vermögensgegenstands liegt. Unklar ist dabei allerdings, wie ein positiver Veräußerungserlös entstehen soll, wenn nach IAS 16.61 kein wirtschaftlicher Nutzen aus der Veräußerung erwartet werden kann.[560]

Die Regelung im Handelsrecht ist mit IAS 16.61-62 nicht vereinbar. Ersten darf handelsrechtlich wegen des **Realisationsprinzips** kein (sonstiger betrieblicher) Ertrag ausgewiesen werden, was IAS 16.61 dagegen – trotz des genannten Widerspruchs – vorschreibt. Zweitens muß der stillgelegte Vermögensgegenstand wegen des Grundsatzes der Vollständigkeit (§ 246 Abs. 1 HGB) bis zu seinem physischen Abgang im Inventar geführt werden.[561] Er darf bis zu seinem physischen Abgang nicht ausgebucht werden. Die HGB-Regelungen und IAS 16.61-62 stimmen daher nur überein, wenn ein Verlust erwartet wird, d. h. der geschätzte Nettoveräußerungserlös geringer sein wird als der Buchwert des stillgelegten Anlagegegenstands. Bei einem erwarteten Verlust wird der stillgelegte Anlagegegenstand gleichermaßen nach § 253 Abs. 2 Satz 3 2. Halbsatz HGB und nach IAS 16.62 außerplanmäßig abgeschrieben.[562]

Falls am Bewertungsstichtag ein stillgelegter Anlagegegenstand vorhanden ist, für den eine **außerplanmäßige Abschreibung** gebucht wurde, ist diese Abschreibung sowohl in HGB-Abschlüssen als auch in IAS-Abschlüssen zu bereinigen. Sie ist weder nachhaltig, noch zahlungswirksam. Zudem ist ein stillgelegter Anlagegegenstand zum nicht betriebsnotwendigen Vermögen zu rechnen. Daher sind nach dem Grundsatz der Betriebsnotwendigkeit sämtliche Aufwendungen und Erträge, die er verursacht hat, zu bereinigen (zu eliminieren). Somit sind – nur in IAS-Abschlüssen – auch vorgezogene Erträge aus der Veräußerung des Anlagegegenstands aus den Vergangenheitsergebnissen herauszurechnen.

---

560 Vgl. *Ballwieser, W.*, IAS 16, S. 542, Rn. 57.
561 Ebenso *GEFIU*, Anpassung an die Rechnungslegungsgrundsätze des IASC, S. 1141.
562 Vgl. *Risse, A.*, IAS für den deutschen Konzernabschluß, S. 164.

3.2.2.3. Erträge aus der Währungsumrechnung

Fragen der Währungsumrechnung stellen sich im Einzelabschluß vor allem bei Währungsforderungen oder Währungsverbindlichkeiten; aber auch Maschinen, Beteiligungen, Wertpapiere und andere Vermögensgegenstände des Anlage- oder Umlaufvermögens, deren Anschaffungs- oder Herstellungskosten in einer Fremdwährung entstanden sind, erfordern eine Währungsumrechnung.[563]

Handelsrechtlich wird dazu **keine bestimmte Methode** vorgeschrieben, sondern es sind lediglich die **allgemeinen Bewertungsgrundsätze zu beachten** (besonders das Anschaffungswertprinzip, das Realisationsprinzip und das Imparitätsprinzip).[564] Beim Zugang eines in Fremdwährung angeschafften Vermögensgegenstands ergeben sich die Anschaffungskosten handelsrechtlich aus dem tatsächlich abgeflossenen DM-Betrag.[565] Bei Zielkäufen werden auch Vereinfachungsverfahren (z. B. die Umrechnung auf Basis eines monatlichen Durchschnittskurses) für zulässig gehalten, soweit die Wechselkurse nicht wesentlich schwanken. Die Folgebewertung erfordert am Bilanzstichtag einen Niederstwerttest, um festzustellen, ob die fortgeführten Anschaffungs- oder Herstellungskosten zum Stichtagskurs niedriger liegen als die fortgeführten Anschaffungs- oder Herstellungskosten zum historischen Zugangskurs.[566]

Nach IAS 21 müssen - im Unterschied zum Handelsrecht - monetäre Posten (= liquide Mittel, Forderungen, Verbindlichkeiten) im Einzelabschluß zum Stichtagskurs umgerechnet werden, auch wenn dadurch unrealisierte Erträge entstehen.[567] Diese Differenzen aus der Abwicklung und Umrechnung monetärer Posten werden dann gemäß der Benchmark-Methode *(Benchmark Treatment)* in IAS 21.15-18 sofort erfolgswirksam ausgewiesen. Handelsrechtlich dürfen **unrealisierte Erträge** aus der Währungsumrechnung dagegen nicht erfolgswirksam vereinnahmt werden, weil dies gegen das Anschaffungskostenprinzip und das Realisationsprinzip verstoßen würde.[568] Auch in zwei

---

563 Gem. § 244 HGB ist der Jahresabschluß in Deutscher Mark aufzustellen, so daß alle Fremdwährungsbeträge umzurechnen sind. Nach IAS 1.53 (revised 1997) wird lediglich die einheitliche Anwendung einer Währung vorgeschrieben. Ein Unternehmen mit Sitz in Deutschland dürfte daher bei der Aufstellung eines IAS-Abschlusses wählen, in welcher Währung der Abschluß aufgestellt werden soll.
564 Vgl. *Adler, H./Düring, W./Schmaltz, K.*, § 253, S. 122, Rn. 91. Zu den umrechnungsrelevanten GoB vgl. z. B. *Schlösser, J.*, Die Währungsumrechnung im Jahresabschluß von Kreditinstituten, S. 75-80. § 284 Abs. 2 Nr. 2 HGB verlangt eine Anhangangabe über die Grundlagen der Währungsumrechnung (z. B. Art des Umrechnungskurses, der Bewertungsstichtag, die Verrechnung von Währungsgewinnen und -verlusten gehören).
565 Vgl. *Ellrott, H./Schmidt-Wendt, D.*, § 255, S. 658, Rn. 53.
566 Vgl. z. B. *Baetge, J.*, Bilanzen, S. 284.
567 Vgl. *IDW (Hrsg.)*, Rechnungslegung nach IAS, S. 63-64; *Demming, C.*, Die Regelungen des IASC, S. 96-97.
568 Vgl. *Oechsle, E./Müller, K./Wildburger, D.*, IAS 21, S. 756, Rn. 99; *IDW (Hrsg.)*, WP-Handbuch 1996, Bd. I, S. 282, Rn. 405; *IDW (Hrsg.)*, Rechnungslegung nach IAS, S. 64-65.

weiteren Punkten unterscheiden sich Handelsrecht und IAS bei der Währungsumrechnung im Einzelabschluß: (1) Umrechnungsdifferenzen dürfen handelsrechtlich nicht **erfolgsneutral mit dem Eigenkapital verrechnet** werden. Dies ist nach IAS 21 in Sonderfällen möglich und u. U. vorgeschrieben.[569] (2) Umrechnungsdifferenzen dürfen unter besonderen Umständen, die hier nicht vertieft werden sollen,[570] als **nachträgliche Anschaffungskosten** aktiviert werden. Handelsrechtlich ist dies nach h. M. nicht zulässig.[571]

Bei der Unternehmensbewertung müssen Aufwendungen oder Erträge aus der Währungsumrechnung eliminiert werden, soweit sie der Bewerter nicht für nachhaltig hält, unabhängig davon, ob ein IAS-Abschluß oder ein HGB-Abschluß zugrunde liegt. Ob Aufwendungen oder Erträge aus der Währungsumrechnung nachhaltig sind, hängt von den zugrundeliegenden Vermögensgegenständen und Schulden ab: Die Aufwendungen und Erträge können einerseits aus der Umrechnung von nicht betriebsnotwendigem Vermögen entstanden sein. In diesem Fall müssen sie eliminiert werden, weil von einem baldigen Verkauf dieser Vermögensgegenstände auszugehen ist. Sämtliche Erfolgsströme im Zusammenhang mit diesen Vermögensgegenständen (z. B. Aufwendungen aus der Währungsumrechnung) werden nach dem Verkauf nicht mehr entstehen. Andererseits können die Aufwendungen und Erträge aus der Währungsumrechnung von betriebsnotwendigem Vermögen entstanden sein. Beim betriebsnotwendigen und nicht abnutzbaren Anlagevermögen beeinflussen Wechselkursänderungen die künftigen Zahlungsströme nicht, da nicht abnutzbares Anlagevermögen dauerhaft dem Unternehmen dienen soll und nicht wiederbeschafft werden muß (z. B. ein in Fremdwährung erworbenes Grundstück).

Fremdwährungsforderungen und Fremdwährungsverbindlichkeiten oder abnutzbares Anlagevermögen können grundsätzlich nachhaltige Aufwendungen oder Erträge aus der Währungsumrechnung verursachen, wenn sich Währungsrelationen über einen langen Zeitraum kontinuierlich in eine Richtung entwickeln. Allerdings müssen hier **volkswirtschaftliche Grenzen** beachtet werden: Länder mit einer „starken" Währung würden die Folgen fortgesetzter Aufwertungen langfristig nicht verkraften können, da ihre Exportnachfrage mit jeder wechselkursbedingten Preissteigerung nachläßt, während gleichzeitig die Preise der konkurrierenden Importprodukte stetig sinken würden. Damit beschränkt sich die Nachhaltigkeit von Aufwendungen und Erträgen aus der Währungsumrechnung bestenfalls auf einen mittelfristigen Zeitraum.

In der Praxis werden Erträge und Aufwendungen aus der Währungsumrechnung dennoch häufig in die Zukunft fortgeschrieben. Dabei bietet sich vor allem an, den in der

---

569 Vgl. ausführlich zu diesen Sonderfällen *Oechsle, E./Müller, K./Wildburger, D.*, IAS 21, S. 719-722, Rn. 31-38.
570 Vgl. dazu die in IAS 21.21 genannten Bedingungen sowie *Oechsle, E./Müller, K./Wildburger, D.*, IAS 21, S. 722-723, Rn. 39-40.
571 Vgl. *IDW (Hrsg.)*, Rechnungslegung nach IAS, S. 65.

Bereinigungen des Betriebsergebnisses 119

Vergangenheit beobachteten Trend der Währungsrelationen auch für die Zukunft zu unterstellen.[572] Dies impliziert eine problematische, weil unkritische Trendfortschreibung. Indes kann eine solche Trendfortschreibung i. d. R. aber noch besser begründet werden als der Abbruch eines Trends.

Empirisch wurde bei **Wechselkursprognosen eine geringe Trefferquote** festgestellt: Bei einer Untersuchung der Wechselkursprognosen von mehr als 100 darauf spezialisierten Institutionen waren nicht einmal 13% der DM-Prognosen signifikant besser als eine Reihe von zufällig generierten Zahlen.[573] Unabhängig von einer bestimmten Währung erzielte die naive Prognose in den meisten Fällen bessere Ergebnisse als die veröffentlichten Prognosen der untersuchten Institutionen.[574]

Insgesamt bedeutet dies für die Vergangenheitsanalyse, daß die Nachhaltigkeit von Erträgen und Aufwendungen aus der Währungsumrechnung zu bezweifeln ist. Letztendlich obliegt diese Entscheidung aber dem Bewerter. Hält er die Erfolgsbeiträge für nicht nachhaltig, müssen sie vollständig eliminiert werden, unabhängig davon, auf Basis welchen Kurses umgerechnet wurde und ob ein IAS-Abschluß oder ein HGB-Abschluß zugrunde liegt. Wenn nicht vorhersehbar ist, ob die Wechselkurse steigen oder fallen werden, beträgt der Erwartungswert von Aufwendungen und Erträgen aus der Währungsumrechnung null.[575]

3.2.2.4. Erträge aus der Auflösung eines passivierten negativen Unterschiedsbetrags

Im Einzelabschluß kann ein negativer Unterschiedsbetrag nur bei der Übernahme von rechtlich unselbständigen Betriebsteilen o. ä. entstehen. Er darf im handelsrechtlichen Einzelabschluß nicht ausgewiesen werden.[576] Erträge aus der Auflösung eines passivierten negativen Unterschiedsbetrags gibt es daher in handelsrechtlichen Einzelabschlüssen nicht. Bereinigungsmaßnahmen sind aufgrund der Erträge aus der Auflösung eines passivierten negativen Unterschiedsbetrags im HGB-Abschluß nicht erforderlich.

Nach IAS 22 muß ein negativer Unterschiedsbetrags auch im Einzelabschluß bilanziert werden. Dabei besteht ein Wahlrecht zwischen der Passivierung des GoF in voller Höhe (*Allowed Alternative Treatment*) und vorhergehenden der Abstockung der Zeitwerte der übernommenen Aktiva (*Benchmark Treatment*), wodurch der *negative goodwill*

---

572 Vgl. *Weber, E.*, Bewertung von ausländischen Unternehmen, S. 1271.
573 Vgl. *MacDonald, R./Marsh, I. W.*, Combining Exchange Rate Forecasts, S. 323.
574 Vgl. *MacDonald, R./Marsh, I. W.*, Combining Exchange Rate Forecasts, S. 329.
575 Da die Wechselkursentwicklung kaum kalkulierbar ist, eignet sich der - lange vor dem Bilanzstichtag festzulegende - Wechsel eines Umrechnungsverfahrens auch nicht als bilanzpolitisches Instrument.
576 Vgl. *Baetge, J.*, Bilanzen, S. 496.

verringert oder beseitigt wird.[577] Genauso wie die Abschreibungen eines aktivierten GoF bereinigt werden müssen, sind auch Erträge aus der Auflösung eines passivierten *negative goodwill* zu eliminieren, da sie ebenfalls nicht nachhaltig sind.

3.2.2.5. Erträge aus der Auflösung von Rückstellungen

Rückstellungen, die nicht vollständig verbraucht werden oder bei denen der Grund für die Rückstellungsbildung entfallen ist, führen bei ihrer Auflösung handelsrechtlich zu einem sonstigen betrieblichen Ertrag. Auch nach IASC-Grundsätzen muß ein Ertrag gebucht werden, wenn eine zu hoch dotierte Rückstellung aufgelöst wird. Bei der Vergangenheitsanalyse muß sich der Bewerter wegen des Grundsatzes der Maßgeblichkeit der Zahlungen an den Zahlungen orientieren, die der zugrundeliegende Sachverhalt verursacht hat. Da die Erträge aus der Auflösung von Rückstellungen nicht zahlungswirksam sind, müssen sie bereinigt (eliminiert) werden.

3.2.2.6. Erträge aus Zuschreibungen

Im HGB-Abschluß sind Zuschreibungen nach überwiegender Meinung unzulässig, soweit damit planmäßige Abschreibungen rückgängig gemacht werden sollen.[578] Allerdings müssen Kapitalgesellschaften nach derzeit geltendem Handelsrecht gemäß § 280 Abs. 1 HGB eine Wertaufholung vornehmen, wenn die Gründe für eine vorherige außerplanmäßige Abschreibung entfallen sind. Das Wertaufholungsgebot gilt nicht für Abschreibungen, die der umgekehrten Maßgeblichkeit unterliegen, d. h. wenn eine außerplanmäßige Abschreibung in der Steuerbilanz beibehalten werden kann (das ist gem. § 6 Abs. 1 EStG erlaubt), darf sie auch in der Handelsbilanz unterbleiben. Statt eines Wertaufholungsgebots besteht damit **handelsrechtlich ein faktisches Wertaufholungswahlrecht**.[579]

Aufgrund einer z. Z. diskutierten Änderung des Steuerrechts könnte dieses faktische Wertaufholungswahlrecht entfallen. Wenn das steuerliche Beibehaltungswahlrecht gem. § 6 Abs. 1 EStG gestrichen wird, würden die außerplanmäßigen Abschreibungen nicht länger der umgekehrten Maßgeblichkeit unterliegen. Handelsrechtlich würde dann für Kapitalgesellschaften eine Zuschreibungspflicht bestehen, wenn die Gründe für eine vorherige außerplanmäßige Abschreibung entfallen.

---

577 Vgl. dazu Abschnitt E. 3.3.3.
578 Vgl. z. B. *Adler, H./Düring, W./Schmaltz, K.,* § 253, S. 234-235, Rn. 433 und S. 297, Rn. 605; *Budde, W. D./Karig, K. P.,* § 280, S. 1181, *Baetge, J.,* Bilanzen, S. 277-278 m. w. N.; a. A. *Leffson, U.,* Grundsätze ordnungsmäßiger Buchführung, S. 446.
579 Vgl. etwa *Baetge, J.,* Bilanzen, S. 278-279.

Nach IASC-Grundsätzen sind Zuschreibungen erforderlich, wenn der Grund für eine vorangegangene außerplanmäßige Abschreibung entfallen ist. Nach IAS 36.99 sind Zuschreibungen sofort als Ertrag *(income)* zu buchen. Für die Vermögenswerte, die nicht vom Anwendungsbereich des IAS 36[580] erfaßt werden, gibt es allerdings Sonderregelungen (zum Beispiel den Goodwill, für den gemäß IAS 22.47 ein Zuschreibungsverbot besteht).

Bei der Vergangenheitsanalyse sind sowohl im HGB-Abschluß als auch im IAS-Abschluß sämtliche Erträge aus Zuschreibungen zu eliminieren. Zuschreibungen sind dabei im Zusammenhang mit den Abschreibungen zu betrachten, denn sie dienen als Korrektur der vorher verrechneten Abschreibungen. Da die Abschreibungen bei der Unternehmensbewertung neu berechnet werden müssen und durch Reinvestitionsraten ersetzt werden, sind bei der Vergangenheitsanalyse sowohl die Abschreibungen zu eliminieren als auch die Erfolgsbeiträge zu deren Korrektur (einschließlich der Zuschreibungen).

3.3. Bereinigungen von Aufwandsposten des Betriebsergebnisses

3.3.1. Ingangsetzungs- und Erweiterungsaufwendungen

Nach § 269 HGB darf der Bilanzierende in den besonders ausgabenintensiven Phasen der Ingangsetzung und Erweiterung seines Geschäftsbetriebs bestimmte Aufwendungen aktivieren und auf die Folgejahre verteilen. Zu den **Ingangsetzungsaufwendungen** zählen z. B. die Einführungswerbung, Aufwendungen für den Aufbau der Unternehmensorganisation, die Einarbeitung (Schulung) von Mitarbeitern und der Aufbau von Beschaffungs- und Absatzkanälen.[581] Die Ingangsetzungsphase ist abgeschlossen, wenn der laufende Geschäftsbetrieb einsetzt und beispielsweise die ersten Absatzgeschäfte abgeschlossen werden.[582] Eine **Erweiterung des Geschäftsbetriebs**, die die Inanspruchnahme der Bilanzierungshilfe gem. § 269 HGB rechtfertigt, liegt nur bei einer wesentlichen, außergewöhnlichen und abgrenzbaren Kapazitätserhöhung des Unternehmens vor, z. B. bei der Aufnahme eines neuen Geschäftszweigs.[583]

Im Gegensatz zum Handelsrecht dürfen Ingangsetzungs- und Erweiterungsaufwendungen nach IASC-Grundsätzen nicht aktiviert werden, da die Ansatzkriterien für einen Vermögenswert nicht erfüllt sind.[584] Ein ausdrückliches Aktivierungsverbot für ver-

---

580 Zum Anwendungsbereich des IAS 36 vgl. IAS 36.1-4.
581 Vgl. *Commandeur, D.*, Ingangsetzung und Erweiterung des Geschäftsbetriebs, S. 112; *Budde, W. D./Karig, K. P.*, § 269, S. 922, Rn. 2.
582 Vgl. *Commandeur, D.*, Ingangsetzung und Erweiterung des Geschäftsbetriebs, S. 112-115.
583 Vgl. *Commandeur, D.*, Ingangsetzung und Erweiterung des Geschäftsbetriebs, S. 131-132; *Budde, W. D./Karig, K. P.*, § 269, S. 923, Rn. 5.
584 Vgl. *Achleitner, A.-K./Wollmert, P./Hulle, K. van*, Grundlagen, S. 48, Rn. 49.

schiedene typische Ingangsetzungs- und Erweiterungsaufwendungen enthält auch der Exposure Draft E 60 *Intangible Assets*, der den früheren E 50 *Intangible Assets* ersetzt hat. Nach E 60.49 dürfen zum Beispiel Einführungswerbung (E 60.49 (e)) und Aufwendungen für die Schulung von Mitarbeitern (E 60.49 (d)) nicht aktiviert werden. Diese Aufwendungen sind im IAS-Abschluß sofort erfolgswirksam zu buchen.

Die **Abgrenzung von Ingangsetzungs- und Erweiterungsaufwendungen** und Aufwendungen für die Gründung und Eigenkapitalbeschaffung des Unternehmens gelingt nicht exakt.[585] Im Gegensatz zu den Ingangsetzungs- und Erweiterungsaufwendungen dürfen Aufwendungen für die Gründung und Eigenkapitalbeschaffung nicht aktiviert werden (Aktivierungsverbot gem. § 248 Abs. 1 HGB). Auch nach E 60.49 dürfen keine allgemeinen Gründungskosten (E 60.49 (b)) aktiviert werden.

Die sofortige Aufwandsverrechnung von Ingangsetzungs- und Erweiterungsaufwendungen führt dazu, daß bestimmte Aufwandsposten ungewöhnlich hoch sind (z. B. die allgemeinen Verwaltungskosten aufgrund der Einarbeitung des Personals oder die Vertriebskosten wegen der Einführungswerbung). Der Bewerter muß bei der Vergangenheitsanalyse einschätzen, wie hoch die **nachhaltigen Aufwendungen** sind. Bestimmte Aufwendungen sind schnell als nicht nachhaltig zu identifizieren (z. B. Notarkosten), während der nachhaltige Aufwand zum Beispiel bei den Werbeaufwendungen schwieriger zu beurteilen ist.

In der Bereinigungsrechnung dürfen die Abschreibungen der aktivierten Ingangsetzungs- und Erweiterungsaufwendungen nicht die Vergangenheitsergebnisse mindern, weil sie nicht nachhaltig sind. Die Ertragskraft des zu bewertenden Unternehmens würde durch die Abschreibungen schlechter dargestellt als sie wirklich ist. Diese Abschreibungen dürfen auch in der steuerlichen Nebenrechnung nicht berücksichtigt werden, weil sie steuerlich nicht abzugsfähig sind.[586]

3.3.2. Forschungs- und Entwicklungskosten

Die Begriffe „Forschung" und „Entwicklung" werden handelsrechtlich und nach IASC-Grundsätzen einheitlich verwendet.[587] Im Gegensatz zum Handelsrecht enthält IAS 9 eine Definition der beiden Begriffe: Als **Forschung** *(research)* wird die originäre und geplante Analyse bezeichnet, mit der neues wissenschaftliches oder technisches Wissen bzw. Verständnis erlangt werden soll (IAS 9.6). **Entwicklung** *(development)*

---

585 Vgl. *Commandeur, D.*, Ingangsetzung und Erweiterung des Geschäftsbetriebs, S. 114 m. w. N.
586 Nach ständiger Rechtsprechung des *BFH* müssen die handelsrechtlich gem. § 269 HGB aktivierbaren Aufwendungen steuerlich sofort als Betriebsausgabe geltend gemacht werden; vgl. *BFH*, Urteil vom 10.12.1992 - XI R 45/88, S. 1254.
587 Vgl. *Risse, A.*, IAS für den deutschen Konzernabschluß, S. 140; *Nonnenmacher, R.*, Bilanzierung von Forschung und Entwicklung, S. 1231.

Bereinigungen des Betriebsergebnisses 123

ist die Umsetzung von Forschungsergebnissen oder von anderem Wissen in Pläne oder Modelle, die für die Herstellung von neuen oder wesentlich verbesserten Materialien, Geräten, Produkten, Verfahren, Geräten, Systemen oder Dienstleistungen verwendet werden (bevor mit der eigentlichen Produktion begonnen wird).[588]

Zu den **Forschungs- und Entwicklungskosten** zählen im Handelsrecht Aufwendungen für Grundlagenforschung, Konstruktionszeichnungen, Arbeitsmodelle u. ä.[589] Forschungs- und Entwicklungskosten dürfen nach § 248 Abs. 2 HGB nicht als immaterielle Vermögensgegenstände des Anlagevermögens aktiviert werden, auch wenn die Forschung z. B. in Form von neuen Rezepturen oder Produktionsverfahren erfolgreich gewesen ist.[590] Eine Aktivierung gem. § 255 Abs. 2 HGB - z. B. als Sondergemeinkosten der Fertigung[591] - ist nach h. M. unzulässig, soweit es sich um Kosten für die Neuentwicklung von Produkten bzw. Produktionsverfahren oder um Kosten der Grundlagenforschung handelt.[592] Auch im deutschen Steuerrecht dürfen Forschungs- und Entwicklungskosten nach § 5 Abs. 2 EStG nicht aktiviert werden.

In der Praxis bereitet allerdings die Abgrenzung zwischen Entwicklung und Produktion Schwierigkeiten.[593] So können Sonderkosten der Fertigung sowie Forschungs- und Entwicklungskosten nicht klar voneinander getrennt werden. Unterschieden werden Sonderkosten der Fertigung sowie Forschungs- und Entwicklungskosten vor allem durch das Kriterium des „Fertigungsbezugs von Vorarbeiten". Fallen Aufwendungen bei fertigungsbezogenen Vorarbeiten an (z. B. Planungsaufwand, Entwurfskosten), dann besteht für diese Aufwendungen gemäß R 33 Abs. 3 EStR ein Aktivierungswahlrecht.[594] Des weiteren müssen immaterielle Vermögensgegenstände in der Handelsbilanz und in der Steuerbilanz aktiviert werden, wenn sie zum Umlaufvermögen gehören.

IAS 9.12 zufolge umfassen Forschungs- und Entwicklungskosten z. B. Aufwendungen für die Mitarbeiter, die mit Forschungs- oder Entwicklungsaufgaben betraut sind (einschließlich der Lohnnebenkosten), Aufwendungen für Materialien und Dienstleistungen, die bei Forschungs- und Entwicklungsaktivitäten verbraucht werden oder Abschreibungen auf Sachanlagen (soweit diese Vermögensgegenstände für Forschungs- und Entwicklungstätigkeiten eingesetzt werden). Die Forschungs- und Entwicklungskosten werden daher nach IAS 9 ähnlich abgegrenzt wie im deutschen Handelsrecht. In

---

588 IAS 9.6; vgl. auch *Keitz, I. v.*, Immaterielle Güter, S. 188; *Veit, K.-R.*, Forschung und Entwicklung, S. 591; *Nonnenmacher, R.*, Bilanzierung von Forschung und Entwicklung, S. 1231.
589 Vgl. *Adler, H./Düring, W. /Schmaltz, K.*, § 255, S. 383-384, Rn. 151-152.
590 Vgl. *IDW (Hrsg.)*, Rechnungslegung nach IAS, S. 84; *Busse von Colbe, W.*, Anpassung der Rechnungslegung, S. 384.
591 Für Sondergemeinkosten der Fertigung besteht ein handelsrechtliches Einbeziehungswahlrecht; vgl. z. B. *Nonnenmacher, R.*, Bilanzierung von Forschung und Entwicklung, S. 1232 m. w. N.
592 Vgl. *Adler, H./Düring, W. /Schmaltz, K.*, § 255, S. 383, Rn. 151; *Ellrott, H./Fitzner, G.*, § 255, S. 730, Rn. 425; *IDW (Hrsg.)*, WP-Handbuch 1996, Bd. I, S. 232, Rn. 262.
593 Vgl. *Nonnenmacher, R.*, Bilanzierung von Forschung und Entwicklung, S. 1231.
594 Vgl. *IDW (Hrsg.)*, WP-Handbuch 1996, Bd. I, S. 232, Rn. 262.

einigen Details entstehen dennoch Unterschiede zwischen der Abgrenzung nach IAS und nach HGB. Zum Beispiel gehören die unmittelbar für die Erstellung eines **Prototypen** entstandenen Kosten handelsrechtlich nicht zu den Entwicklungskosten und dürfen innerhalb der Herstellungskosten aktiviert werden.[595] In IAS 9.9 (b) werden die Aufwendungen für die Erstellung von Prototypen dagegen als Beispiel für Entwicklungskosten aufgeführt, die bei Vorliegen der unten geschilderten Kriterien als immaterieller Vermögenswert aktiviert werden müssen.[596]

Nach dem derzeit gültigen IAS 9 müssen **Entwicklungskosten** aktiviert werden, wenn fünf dort genannte, eher „weiche" Kriterien kumulativ erfüllt werden (z. B. Abgrenzbarkeit des Produkts und eindeutige Zurechenbarkeit der Kosten).[597] Hinter der Aktivierung von Entwicklungskosten steckt dabei die betriebswirtschaftlich sinnvolle Idee, erworbene Forschungsleistungen (z. B. gekaufte Patente) und eigene Forschungsleistungen gleich zu behandeln.[598] Im IAS-Abschluß aktivierte Entwicklungskosten werden dann gemäß IAS 9.21 planmäßig abgeschrieben.[599] Wie im Handelsrecht werden **Forschungskosten** auch nach IAS 9.15 in der Periode ihrer Entstehung als Aufwand gebucht; auch nachträglich dürfen Forschungskosten nicht aktiviert werden.

Mit Hilfe der Kriterien in IAS 9.16 können der IAS-Abschluß und der HGB-Abschluß hinsichtlich der Bilanzierung von Entwicklungskosten durch **Sachverhaltsgestaltung und Ermessensausübung** in Einklang gebracht werden. Schließlich braucht lediglich eines der fünf Kriterien in IAS 9.16 nicht erfüllt zu sein. Entwicklungskosten dürfen dann nicht aktiviert werden. Der Bilanzierende verfügt hier über einen erheblichen Ermessensspielraum, z. B. kann nicht operational entschieden werden, ob die Entwicklungsausgaben zu bedarfsgerechten oder unnützen Erfindungen führen.[600] Die fünf Kriterien werden indes mit der Umsetzung des E 60 *Intangible Assets* entfallen (der E 60 soll mit dem bislang gültigen IAS 9 zusammengefaßt werden[601]). Nach E 60.18 werden voraussichtlich die beiden allgemeinen Ansatzkriterien für Vermögenswerte[602] in entsprechend modifizierter Form auch für die Aktivierung von Entwicklungskosten maßgebend sein. E 60.19-47 enthalten zudem ausführliche Erläu-

---

595 So die überwiegende Meinung des handelsrechtlichen Schrifttums, vgl. etwa *Knop, W./Küting, K.*, § 255, S. 1109, Rn. 348; *Adler, H./Düring, W. /Schmaltz, K.*, § 255, S. 384, Rn. 152.
596 Vgl. auch *Keitz, I. v.*, Immaterielle Güter, S. 188-189; *Koberg, A.*, IASC: 10 revidierte Standards, S. 17.
597 Vgl. dazu *Keitz, I. v.*, Immaterielle Güter, S. 191-193.
598 Vgl. *Zimmerer, C.*, Die Bilanzwahrheit und die Bilanzlüge, S. 140-141.
599 Bei *Nokia* betragen die abgeschriebenen Entwicklungskosten z. B. fast ein Drittel sämtlicher planmäßigen Abschreibungen des Konzerns und übersteigen die Abschreibungen auf vorhandene Goodwills um mehr als das Zwanzigfache; vgl. *Nokia (Hrsg.)*, Annual Report 1996, S. 39.
600 Vgl. *Keitz, I. v.*, Immaterielle Güter, S. 192-193.
601 Vgl. *IASC*, IASC update January 1997, S. 2.
602 Vgl. dazu Abschnitt E. 2.4.3.

terungen über die Anwendung dieser Ansatzkriterien auf immaterielle Vermögenswerte, zu denen nach E 60 auch Entwicklungskosten zählen können.

Die vorangegangenen Überlegungen zeigen, daß die „weichen" Aktivierungskriterien von Entwicklungskosten und die vielen ungeklärten Details erhebliche Gestaltungsmöglichkeiten bei der Bilanzierung nach IAS eröffnen.[603] Trotz z. T. verschiedener Auffassungen im Schrifttum und der betriebswirtschaftlich nicht vollständig überzeugenden Regelung, Entwicklungskosten sofort als Aufwand zu buchen,[604] ist die handelsrechtliche Regelung eindeutiger und eröffnet dem Bilanzierenden weniger Spielräume. Dadurch wird u. a. vermieden, daß Aufwendungen aktiviert werden, die niemals zu entsprechenden Erträgen führen werden.[605]

Nach *Zimmerer* verzehrt ein Unternehmen seine immaterielle Substanz, wenn es nicht in die stillen Aktiva investiert (= nicht ausreichend forscht).[606] Indes läßt sich die **erforderliche Höhe der Forschungs- und Entwicklungskosten** nur näherungsweise herleiten. So können bei vielen Forschungsprojekten weder die Dauer noch die insgesamt entstehenden Kosten einer Neuentwicklung hinreichend sicher prognostiziert werden. Ferner wird die **Wirtschaftlichkeit der Forschungstätigkeit** in hohem Maße von der Kreativität und den Kenntnissen des F&E-Personals beeinflußt. Die Wirtschaftlichkeit der Forschung kann zudem nur schwer gemessen werden, beispielsweise können Erfahrungen aus der Grundlagenforschung nicht in finanziellen Größen ausgedrückt werden.[607] Aus diesen und den vorangegangenen Überlegungen lassen sich für die Vergangenheitsanalyse folgende Aspekte ableiten:

1. Da Forschung und Entwicklung schwer abzugrenzen sind[608] und der Erfolg von F&E-Projekten meistens unsicher ist[609], empfiehlt sich das generelle **Zurückrechnen von aktivierten Entwicklungskosten**. Schon wegen des i. d. R. knappen Zeitbudgets des Bewerters ist es nicht angemessen, von ihm eine Beurteilung zu verlangen, ob und in welcher Höhe Entwicklungskosten hätten aktiviert werden müssen. Soweit Entwicklungskosten aktiviert wurden, sind die entsprechenden Aufwendungen im Jahr ihres Entstehens als Minderung der Vergangenheitsergebnisse zu berücksichtigen. Diese Bereinigung betrifft nur IAS-Abschlüsse.

2. Ob die Forschungstätigkeit ausreichend war oder nicht, kann der Bewerter i. d. R. nicht selbständig beurteilen. Daher greifen vor allem akquisitionserfahrene Konzer-

---

603 Vgl. *Küting, K./Hayn, S.,* Angelsächsischer Konzernabschluß im Vergleich zum HGB-Abschluß, S. 54.
604 Vgl. etwa *Baetge, J.,* Möglichkeiten der Objektivierung des Jahreserfolgs, S. 48; *Zimmerer, C.,* Die Bilanzwahrheit und die Bilanzlüge, S. 140-141.
605 Vgl. dazu die auf die Situation in Großbritannien bezogenen Beispiele in *Niehus, R. J.,* Accounting for Growth, S. 58-59.
606 Vgl. *Zimmerer, C.,* Ertragswertgutachten, S. 420.
607 Vgl. *Eckstein, W.,* Bewertung forschungsintensiver Unternehmen, S. 38.
608 Vgl. z. B. *Reither, C.,* Comparative Analysis of IAS 9, S. 168.
609 Vgl. *Nonnenmacher, R.,* Bilanzierung von Forschung und Entwicklung, S. 1233.

ne regelmäßig auf das **Know-how externer und interner technischer Experten** zurück.[610] Weitere Hinweise erhält der Bewerter durch Zeitvergleiche und Betriebsvergleiche der Forschungs- und Entwicklungskosten (z. B. Vergleich der Forschungstätigkeit des zu bewertenden Unternehmens mit den wichtigsten Wettbewerbern).[611]

3. Bei der **Bewertung einer Konzerntochter** muß der Bewerter feststellen, ob über Forschungs- und Entwicklungskosten Gewinne konzernintern verschoben wurden.[612] Der Bewerter muß also versuchen zu beurteilen, welche Leistungen der F&E-Abteilung zwar vom zu bewertenden Unternehmen bezahlt wurden, aber von anderen Konzernunternehmen genutzt wurden bzw. welche Leistungen der F&E-Abteilung das zu bewertende Unternehmen empfangen hat, ohne sie adäquat zu vergüten. Ähnlich wie unter 2. dürfte auch hier der Rückgriff auf das Wissen technischer Experten notwendig sein.

4. Wird ein **subjektiver Unternehmenswert** ermittelt, dann orientiert sich der Bewerter weniger an den Vergangenheitswerten, sondern daran, wieweit a) bestehende Produktionsverfahren und Produkte weiterentwickelt werden müssen und b) wieweit voraussichtlich neue Produkte auf neuen Märkten erforderlich sein werden.[613] Die Forschungs- und Entwicklungskosten der Vergangenheit können dennoch als Maßstab dienen. In den meisten Fällen definieren sie wenigstens die Untergrenze künftiger Forschungsausgaben. Empirisch wurden z. B. bei Management Buy-Outs von Konzernunternehmen durchweg keine Rationalisierungspotentiale im Forschungsbereich festgestellt.[614]

3.3.3. Werbeaufwendungen

Als **Werbung** wird jede Art einer nicht-persönlichen Darstellung und Förderung von Ideen, Waren oder Dienstleistungen eines eindeutig identifizierbaren Auftraggebers bezeichnet, bei der bezahlte Medien eingesetzt werden.[615] Abhängig von der Art des Unternehmens und seinen Produkten können Werbeaufwendungen erhebliche Bedeutung besitzen - bei Schmerzmitteln, Allzweckreinigern und Schlankheitsmitteln ca. 20 bis 30% des Umsatzes[616] - und damit den Ertragswert stark beeinflussen. Je stärker der Konkurrenzdruck in einer Branche ist, um so mehr Werbung ist notwendig, damit der

---

610 Vgl. etwa *Kinast, G.*, Abwicklung einer Akquisition, S. 35-37.
611 Vgl. *Helbling, C.*, Unternehmensbewertung und Steuern, S. 339.
612 Vgl. *Helbling, C.*, Unternehmensbewertung und Steuern, S. 393.
613 Vgl. *Born, K.* Unternehmensanalyse und Unternehmensbewertung, S. 103.
614 Vgl. *Vest, P.*, Der Verkauf von Konzernunternehmen, S. 163.
615 Vgl. *Kotler, P.*, Marketing-Management, S. 955.
616 Vgl. *Kotler, P.*, Marketing-Management, S. 955.

Marktanteil gehalten werden kann (diese Phänomene waren 1995 z. B. in der Automobilbranche oder bei den Medienanbietern zu beobachten[617]).

Handelsrechtlich dürfen Werbeaufwendungen nicht aktiviert werden, da sie **nicht selbständig verwertbar** sind (der wirtschaftliche Vorteil aus Werbemaßnahmen kann nicht gegenüber einem Dritten veräußert werden) und damit nach der handelsrechtlichen Aktivierungskonzeption[618] nicht aktivierungsfähig sind.

Nach IASC-Grundsätzen wären Werbeaufwendungen aktivierungspflichtig, wenn sie (1) zu den Vermögenswerten *(assets)* zählen und (2) die Ansatzkriterien[619] für Vermögenswerte erfüllen. Die (1) Definition eines Vermögenswerts ist dabei in aller Regel erfüllt, da dem Unternehmen üblicherweise durch die Werbemaßnahmen ein künftiger Nutzen entsteht, indem durch die Werbemaßnahmen höhere Umsätze erzielt werden. Normalerweise kann der künftige Nutzen der Werbemaßnahmen nicht gemessen werden, so daß sie auch nicht aktiviert werden dürfen.[620] Mit der Umsetzung des E 60 wird voraussichtlich die Aktivierung von Werbeaufwendungen und anderen, damit verbundenen Aufwendungen generell nicht mehr möglich sein (E 60.49 (e)).

Falls in einem IAS-Abschluß Werbeaufwendungen aktiviert wurden, sind sie nach der hier vertretenen Meinung zu bereinigen. Werbeaufwendungen besitzen zwar einen „investiven Charakter"[621]. Indes ist es unrealistisch, bei einer Unternehmensbewertung beurteilen zu wollen, auf wie viele Jahre z. B. die Werbewirkung und der Werbeaufwand in der Vergangenheit zu verteilen war bzw. künftig zu verteilen sein wird.

Sowohl in IAS-Abschlüssen als auch in HGB-Abschlüssen können Bereinigungen wegen unangemessen hoher oder unangemessen niedriger Werbeaufwendungen erforderlich sein. Da Werbeaufwendungen **kurzfristig stark beeinflußbar** sind,[622] bieten sie erhebliche Spielräume für sachverhaltsgestaltende Maßnahmen. Daher sollte der Bewerter auch bei tendenziell rückläufigen Absatzzahlen einen deutlich verminderten Werbeetat nicht akzeptieren. Dies wurde bezogen auf Management Buy-Out-Fälle auch empirisch belegt: So wurde bei Befragungen von Managern festgestellt, daß diese selbst in Krisensituationen nur selten Aufwandssenkungen im Marketing und Vertrieb (und damit auch im Bereich der Werbeaufwendungen) für möglich hielten.[623] Unterlassene Werbemaßnahmen, die die Marktstellung des zu bewertenden Unternehmens

---

617 Vgl. *Zentralverband der deutschen Werbewirtschaft (Hrsg.)*, Werbung in Deutschland 1996, S. 137.
618 Vgl. zur handelsrechtlichen Aktivierungskonzeption *Baetge, J.*, Bilanzen, S. 148-152.
619 Vgl. zu den Ansatzkriterien Abschnitt E. 2.4.2.
620 Ebenso *Achleitner, A.-K./Wollmert, P./Hulle, K. van*, Grundlagen, S. 48, Rn. 49; *Küting, K./Hayn, S.*, Angelsächsischer Konzernabschluß im Vergleich zum HGB-Abschluß, S. 54; *Keitz, I. v.*, Immaterielle Güter, S. 181.
621 *Zimmerer, C.*, Aufwendungen, S. 848.
622 Vgl. *Hinz, M.*, Sachverhaltsgestaltungen, S. 240-241; *Heinhold, M.*, Bilanzpolitik, Sp. 534; *IDW (Hrsg.)*, WP-Handbuch 1992, Bd. II, S. 70, Rn. 145.
623 Vgl. *Vest, P.*, Verkauf von Konzernunternehmen, S. 167.

geschwächt haben, mindern den Ertragswert, weil künftig sinkende Umsatzerlöse zu erwarten sind.[624]

Welchen Aussagewert die Höhe die Werbeaufwendungen der Vergangenheit besitzen, hängt wesentlich von der **Branche** des zu bewertenden Unternehmens ab. Bspw. sind die Werbeaufwendungen für Haarpflegeprodukte und Kosmetik erheblich konstanter als in Branchen, in denen Produktinnovationen den Werbeetat prägen (z. B. stiegen die Werbeaufwendungen in der EDV-Branche 1995 um 30,3 v. H., bei den Anbietern von Büromaschinen sogar um 48,7 v. H.).[625] Da die Vergangenheitsdaten bei solch starken Schwankungen wenig aussagekräftig sind, sollte sich der Bewerter in den betroffen Branchen an anderen Maßstäben orientieren, wenn der künftige Werbeaufwand prognostiziert werden soll (dafür kommen z. B. Kriterien in Frage, die für die Festlegung von Werbebudgets verwendet werden[626]).

Bei der Ermittlung eines **objektivierten Unternehmenswerts** ist eine normale, aus Objektivierungsgründen ungefähr branchenübliche Höhe der Werbeaufwendungen anzustreben (z. B. in Bezug auf den Umsatz). Die Ermittlung eines **subjektiven Unternehmenswerts** erfordert dagegen eine stärkere Berücksichtigung der Eigenschaft von Werbeaufwendungen, den Umsatz beeinflussen zu können.[627] Maßgeblich ist hier die Einschätzung des Bewerters, wieweit sich durch veränderte Werbeaufwendungen der Ertragswert steigern läßt.[628]

3.3.4. Personalaufwand

3.3.4.1. Löhne und Gehälter von Arbeitnehmern

Löhne und Gehälter von Arbeitnehmern zählen - vor allem in lohnintensiven Branchen wie dem Handel oder dem Handwerk - häufig zu den größten Aufwandsposten in der GuV.[629] Bilanziell erlauben die Löhne und Gehälter indes keinen großen Gestaltungsspielraum. Sie werden sowohl in IAS-Abschlüssen als auch in HGB-Abschlüssen i. d. R. sofort als Aufwand gebucht; der Zahlungszeitpunkt und die Aufwandsbuchung in der GuV liegen i. d. R. nahe beieinander. Die Vergangenheitsanalyse umfaßt daher nur wenige Aspekte; viel bedeutender sind meistens die Feststellungen, wie leistungs-

---

624 Vgl. *Zimmerer, C.*, Aufwendungen, S. 849-850.
625 Vgl. *Zentralverband.der deutschen Werbewirtschaft (Hrsg.)*, Werbung in Deutschland 1996, S. 12-13.
626 Vgl. dazu *Kotler, P.*, Marketing-Management, S. 963.
627 Im Gegensatz zu den Werbeaufwendungen hängen viele andere Kosten u. a. von der Umsatzplanung ab, da der geplante Absatz Grundlage für das geplante Mengengerüst vieler Kosten ist; vgl. *Born, K.*, Unternehmensanalyse und Unternehmensbewertung, S. 102-103.
628 Vgl. *Born, K.*, Unternehmensanalyse und Unternehmensbewertung, S. 103.
629 Vgl. *Peemöller, V.*, Bilanzanalyse und Bilanzpolitik, S. 160.

fähig und leistungswillig das Personal des zu bewertenden Unternehmens ist. Diese Analyse zählt indes nicht zur Vergangenheitsanalyse. Das Gleiche gilt für die Begutachtung der laufenden Verträge mit den Arbeitnehmern. Auch die Angemessenheit des Personalbestands wird bei der Unternehmensanalyse untersucht.[630] Dabei ist ein überhöhter Personalbestand um so eher anzunehmen, je mehr ein Unternehmen insolvenzgefährdet ist. Nach einer Untersuchung von *Vest* wiesen z. B. sämtliche Unternehmen, bei denen zur Abwendung einer Unternehmenskrise ein Management Buy-Out durchgeführt wurde, Rationalisierungspotentiale im Bereich des Personals auf.[631]

Die Löhne und Gehälter von Arbeitnehmern umfassen nicht nur den Arbeitslohn im engeren Sinne, sondern auch die **Lohnnebenkosten**. Die Lohnnebenkosten betragen in Deutschland zwischen 67% und 100% des Bruttolohns.[632] Sie sind daher in hohem Maße für die Unternehmensbewertung relevant, vor allem dann, wenn nach einem Unternehmenserwerb die sozialen Leistungen der Beschäftigten in den beiden Unternehmen angeglichen werden müssen.[633] Solche negativen Synergieeffekte zählen allerdings eher zur Prognose als zur Bereinigungsrechnung und werden hier nicht weiter behandelt.

3.3.4.2. Kalkulatorischer Unternehmerlohn

Bei Personenhandelsgesellschaften wird der **Unternehmerlohn steuerlich nicht als Aufwand berücksichtigt**,[634] da steuerrechtlich alle Einnahmen als Gewinnverwendung betrachtet werden, die ein Gesellschafter von der Gesellschaft für seine Tätigkeit oder für überlassene Vermögensgegenstände erhält. Soweit in der Handelsbilanz ein Unternehmerlohn angesetzt wurde, gehört er steuerlich zu den nicht-abzugsfähigen Betriebsausgaben.

Sowohl in IAS-Abschlüssen als auch in HGB-Abschlüssen ist die Arbeitsleistung des bisherigen Inhabers bei der Vergangenheitsanalyse zu berücksichtigen, da sonst Erträge aus einer Kapitalanlage (= dem Unternehmen) zuzüglich der Arbeitsleistung des

---

630 In US-amerikanischen Quellen findet sich z. T. auch die Empfehlung, die Zugehörigkeitsquote der Arbeitnehmer zu den Gewerkschaften in der Bewertung zu berücksichtigen; vgl. z. B. *Forbes, W. F.*, Manufacturing, S. 15-8 bis 15-9.
631 Vgl. *Vest, P.*, Der Verkauf von Konzernunternehmen, S. 162.
632 Vgl. *Institut der deutschen Wirtschaft Köln (Hrsg.)*, Zahlen zur wirtschaftlichen Entwicklung 1997, Tab. 54. Die Obergrenze (98,4% des Bruttolohns) bildet das Kreditgewerbe, die Untergrenze (67,1%) der Einzelhandel (jeweils bezogen auf die alten Bundesländer).
633 Vgl. *Pearson, B.*, Acquisition of Unquoted Companies, S. 62; *Fishman, J. E.*, Valuation Methodology, S. 2-25; *Sieben, G./Böing, W./Hafner, R.*, Expertensysteme zur Bewertung ganzer Unternehmen, S. 534.
634 Steuerlich ist der Unternehmerlohn aber bei der Abfindungsberechnung einzubeziehen, wenn ein Gesellschafter aus einer Personengesellschaft ausscheidet; vgl. *BFH*, Urteil vom 25.1.1979 - IV R 56/75, S. 161-162.

Unternehmers mit reinen Kapitalerträgen verglichen würden.[635] Dies ergibt sich aus dem **Äquivalenzprinzip**.[636] Sinnvolle Ergebnisse beim Vergleich von Einzahlungsüberschüssen aus dem zu bewertenden Unternehmen und Einzahlungsüberschüssen aus der Alternativanlage sind nur möglich, wenn diese Größen z. B. hinsichtlich ihrer Risiken, der Laufzeit, der Verfügbarkeit der Überschüsse, dem Arbeitseinsatz des Investierenden usw. vergleichbar sind.[637] Daher wird bei der Unternehmensbewertung ein Entgelt für die Unternehmertätigkeit (kalkulatorischer Unternehmerlohn) erfolgsmindernd angesetzt.[638] Falls **Angehörige des Unternehmers** ohne marktübliche Entlohnung mitarbeiten, ist auch für sie ein kalkulatorischer Unternehmerlohn zu verrechnen.[639]

Der Unternehmerlohn für einen im Unternehmen tätigen Gesellschafter soll in der Höhe eines Gehaltes angesetzt werden, wie es einem Dritten mit entsprechenden Aufgaben gezahlt würde. Nach den Leitsätzen für die Preisbildung auf Grund von Selbstkosten (LSP) wäre dabei ein kalkulatorische Unternehmerlohn in Höhe des durchschnittlichen Gehalts eines Angestellten mit gleichwertiger Tätigkeit in einem Unternehmen gleichen Standorts, gleichen Geschäftszweiges und gleicher Bedeutung anzusetzen (der keine Anteile am Unternehmen besitzt).[640] Allerdings dürfte ein Zuschlag auf dieses Angestelltengehalt sachgerecht sein (z. B. in Höhe von 20 bis 30%[641]), weil die größere Verantwortung und der nicht selten höhere Arbeitseinsatz eines Unternehmers im Vergleich zu einem Angestellten berücksichtigt werden müssen. Daher wird die **Höhe des kalkulatorischen Unternehmerlohns** häufig über **Vergütungsstudien** hergeleitet. Der kalkulatorische Unternehmerlohn umfaßt dabei nicht nur das Gehalt an sich, sondern auch sämtliche anderen damit zusammenhängenden Aufwendungen (z. B. Sozialversicherung, betriebsübliche Boni).[642]

Wird ein subjektiver Unternehmenswert ermittelt, können auch Opportunitätskosten für die Ermittlung des Unternehmerlohns maßgebend sein:[643] Bspw. ist denkbar, daß

---

635 Vgl. *Busse von Colbe, W.*, Der Zukunftserfolg, S. 96; *Großfeld, B.*, Unternehmens- und Anteilsbewertung, S. 43.
636 Vgl. *Moxter, A.*, Grundsätze ordnungsmäßiger Unternehmensbewertung, [2. Aufl.], S. 176.
637 Vgl. *Mandl, G./Rabel, K.*, Unternehmensbewertung, S. 75-78.
638 Vgl. *Schmalenbach, E.*, Die Beteiligungsfinanzierung, S. 41; *Busse von Colbe, W.*, Gesamtwert der Unternehmung, Sp. 598; *Hackmann, A.*, Unternehmensbewertung und Rechtsprechung, S. 174 m. w. N.; auch die Rechtsprechung fordert den Ansatz eines Unternehmerlohns, vgl. z. B. *BGH*, Urteil vom 12.2.1979 - II ZR 106/78, S. 432-433; Vgl. *BFH*, Urteil vom 19.3.1987 - IV R 85/85, S. 580 m. w. N.; *OLG* Düsseldorf, Urteil vom 27.1.1984 - 3 UF 50/83, S. 703.
639 Vgl. *OLG Koblenz*, Urteil vom 29.11.1982 - 13 UF 282/82, S. 168; *Jones, J. D.*, Income Approach, S. 190.
640 Vgl. *Helbling, C.*, Unternehmensbewertung und Steuern, S. 335.
641 Dieser Wert wird erwähnt von *Englert, J.*, Bewertung von freiberuflichen Praxen, S. 144.
642 Vgl. *Helbling, C.*, Unternehmensbewertung und Steuern, S. 335; *Scarlata, R.*, „Middle Market" and „Small" Businesses, S. 63.
643 Vgl. *Busse von Colbe, W.*, Der Zukunftserfolg, S. 97-98.

das bisherige Gehalt des potentiellen Käufers eines Einzelunternehmens bzw. einer Personenhandelsgesellschaft deutlich von einem durchschnittlichen Geschäftsführungsgehalt in einem vergleichbaren Unternehmen abweicht. Der potentielle Käufer wird dann als Unternehmerlohn den Betrag einsetzen, den er bisher verdient hat (und den er beim Einstieg in das zu bewertende Unternehmen verlieren würde).

Wenn die Abfindung für einen ausscheidenden persönlich haftenden Gesellschafter berechnet werden soll, sind **Vorwegabzüge vom Gewinn**, die der Gesellschafter als Entgelt für das übernommene Haftungsrisiko erhalten hatte, als Unternehmerlohn zu behandeln.[644] Solche Vorwegabzüge erlöschen mit dem Ausscheiden des Gesellschafters und können daher nicht den Unternehmenswert beeinflussen.[645]

Bei **Kapitalgesellschaften** muß die Angemessenheit des gezahlten Unternehmerlohns geprüft werden.[646] Dabei muß sichergestellt sein, daß weder zur Liquiditätssicherung zu niedrige Bezüge gezahlt wurden, noch verdeckte Gewinnausschüttungen durch einen zu hohen Unternehmerlohn entstanden sind.[647]

Falls bei einer Akquisition damit zu rechnen ist, daß die Integration des akquirierten Unternehmens wesentliche Managementkapazitäten binden wird, ist dies ebenfalls bei der Ertragswertermittlung zu berücksichtigen. Vor allem bei sanierungs- und umstrukturierungsbedürftigen Unternehmen, die hohe Anforderungen an das Management stellen, führen die Managementleistungen des Käufers i. d. R. zu wesentlichen und oft unterschätzten Beträgen.[648]

Die Bilanzierung des Unternehmerlohns wird in den IAS nicht ausdrücklich geregelt. Nach IAS F. 70 (b) sind Aufwendungen *(expenses)* als Abnahme wirtschaftlichen Nutzens während eines Geschäftsjahrs definiert, die in Form eines direkten mengen- oder wertmäßigen Abgangs von Vermögenswerten oder einer Erhöhung der Schulden auftreten kann.[649] Darunter fällt auch der Unternehmerlohn. Beim Unternehmerlohn darf es sich indes nicht um eine faktische Ausschüttung handeln, da Ausschüttungen an Gesellschafter nach IAS F. 70 (b) ausdrücklich nicht zu den Aufwendungen zählen. Die IAS regeln dabei nicht, ob (1) Unternehmerlohn generell eine Ausschüttung darstellt oder (2) nur ein überhöhter Unternehmerlohn als Ausschüttung aufzufassen ist, d. h. im Fall (2) eine Ausschüttung vorliegt, wenn der Betrag überschritten wird, der einem Dritten für die gleiche Tätigkeit gezahlt worden wäre. Im Fall (2) wäre der Unternehmerlohn im IAS-Abschluß nicht zu bereinigen, sofern sich die Rechtsform des zu bewertenden Unternehmens nicht ändert. Ansonsten ist in der Bereinigungsrechnung si-

---

644 Vgl. *Neuhaus, C.*, Unternehmensbewertung und Abfindung, S. 88 und 130-131.
645 Vgl. *Neuhaus, C.*, Unternehmensbewertung und Abfindung, S. 88.
646 Vgl. *Hackmann, A.*, Unternehmensbewertung und Rechtsprechung, S. 174.
647 Vgl. *Helbling, C.*, Bewertung von kleinen und mittleren Unternehmen, S. 936.
648 Vgl. *Helbling, C.*, Unternehmensbewertung und Steuern, S. 335.
649 Vgl. *Achleitner, A.-K./Wollmert, P./Hulle, K. van*, Grundlagen, S. 44, Rn. 36; *KPMG*, International Accounting Standards, S. 33-34. Vgl. auch Abschnitt E. 3.3.8.2.5.

cherzustellen, daß die Geschäftsführungstätigkeit bei Personenhandelsgesellschaften mit einem Unternehmerlohn in der Höhe abgegolten wird, in der ein durchschnittliches Geschäftsführergehalt an einen angestellten Dritten gezahlt worden wäre. Im Fall (1) wäre daher ein Unternehmerlohn anzusetzen.

3.3.4.3. Aus- und Weiterbildungskosten

Aus- und Weiterbildungskosten gehören zu den Aufwandsarten, die relativ kurzfristig gesenkt werden können, ohne daß sich dies durch entsprechende Einbußen auf der Ertragsseite unmittelbar bemerkbar macht. Für die Vergangenheitsanalyse entstehen dadurch Risiken, die um so bedeutender werden, je mehr das Unternehmen für Aus- und Weiterbildungskosten ausgegeben hat (z. B. gemessen am Umsatz). Statt zu weniger Auszubildender kann ein Betrieb theoretisch auch - z. B. aus politischer und sozialer Verantwortung - zu viele Auszubildende beschäftigen (Überbestand); streitig ist dann, ob für diesen Verpflichtungsüberschuß des Unternehmens handelsrechtlich eine Drohverlustrückstellung gebildet werden darf.[650] Durch die Bildung einer Drohverlustrückstellung[651] könnte der Bewerter ohne weiteres ein Restrukturierungspotential erkennen, da i. d. R. Kostensenkungen möglich sein dürften, indem die Zahl der Auszubildenden auf das notwendige Maß bzw. ein betriebs- oder branchenübliches Niveau gesenkt würde.

Bei der Einschätzung der Wesentlichkeit muß der Bewerter beachten, daß sich Aus- und Weiterbildungskosten nicht nur in einem GuV-Posten niederschlagen, sondern in mehreren. So sollen die Aus- und Weiterbildungskosten mit etwa 50% auf die Personalkosten für die Auszubildenden entfallen, mit etwa 30% auf Personalkosten für ihre Ausbilder und mit etwa 20% auf Sachkosten.[652] Im Umsatzkostenverfahren können sich Aus- und Weiterbildungskosten z. B. in den Posten Vertriebskosten, allgemeine Verwaltungskosten oder Herstellungskosten befinden; je nachdem, wo die betroffenen Mitarbeiter beschäftigt werden. Die **Zuordnung der Aus- und Weiterbildungskosten** unterscheidet sich dabei nach IAS und HGB nicht.

Bei den Aus- und Weiterbildungskosten können sich Schnittstellen zu den handelsrechtlich aktivierbaren Ingangsetzungs- und Erweiterungsaufwendungen ergeben, wenn die Aus- und Weiterbildung z. B. dem Auf- und Ausbau einer Organisations-

---

650 Für die Bildung einer Drohverlustrückstellung: *Clemm, H./Nonnenmacher, R.*, § 249, S. 325, Rn. *100; Fey, D.*, Imparitätsprinzip und GoB, S. 156-159; dagegen: *BFH*, Urteil vom 3.2.1993 - I R 37/91, S. 962-964.
651 Zur Bereinigung von Drohverlustrückstellungen vgl. Abschnitt E. 3.3.8.2.3.
652 Vgl. *Zimmerer, C.*, Die Bilanzwahrheit und die Bilanzlüge, S. 44. Da die Quelle aus 1981 stammt, können sich die genannten Daten allerdings u. U. deutlich verändert haben.

struktur dient.[653] Indes dürfen nach den *BFH*-Urteilen vom 28.1.1954 und 14.6.1955 Organisationsaufwendungen steuerlich nicht aktiviert werden, weil der Aktivierung dann kein aktivierungsfähiges Wirtschaftsgut zugrunde liegt.[654] Daher können z. B. bei der Einführung einer neuen Software wie SAP R/3 erhebliche Aus- und Weiterbildungskosten entstehen.[655] Bei der Vergangenheitsanalyse muß dann beurteilt werden, wie hoch die nachhaltigen Aus- und Weiterbildungskosten sind.

3.3.5. Die Bedeutung der Verbrauchsfolgeverfahren

Sowohl handelsrechtlich als auch nach IAS dürfen gleichartige Vermögensgegenstände des Vorratsvermögens auf Basis von **Verbrauchsfolgeverfahren** bewertet werden. Diese Verbrauchsfolgeverfahren unterstellen eine bestimmte Reihenfolge, in der die Vermögensgegenstände verbraucht oder veräußert werden (vgl. Übersicht E-14). Handelsrechtlich sind mehrere Bewertungsmethoden zulässig, von denen das Lifo-Verfahren in Deutschland am bedeutendsten sein dürfte (lifo: last in - first out).[656] Beim lifo-Verfahren wird zum Beispiel unterstellt, daß die zuletzt angeschafften oder hergestellten Vermögensgegenstände zuerst verbraucht oder veräußert werden.[657]

---

653 Vgl. *Zimmerer, C.*, Aufwendungen, S. 855; nur mit Bezug auf die Ingangsetzung und nicht auf die Erweiterung des Geschäftsbetriebs: *Commandeur, D.*, § 269, S. 1432, Rn. 26.
654 Vgl. *BFH*, Urteil vom 14.6.1955 - I 154/54 U, S. 221-222; *BFH*, Urteil vom 28.1.1954 - IV 255/53, S. 109-111.
655 Vgl. *Zimmerer, C.*, Aufwendungen, S. 855.
656 Vgl. *Oechsle, E./Rudolph, R. W.*, Anwendungsprobleme des Lifo-Verfahrens, S. 92.
657 Vgl. *Baetge, J.*, Bilanzen, S. 292; *Coenenberg, A. G.*, Jahresabschluß und Jahresabschlußanalyse, S. 164.

Übersicht E-14: Verbrauchsfolgeverfahren nach HGB und IAS

	HGB	IAS
Last in – first out (lifo)	Zulässig (§ 256 Satz 1 HGB).	Alternativ zulässige Methode; permanentes Lifo und Perioden-Lifo sind beide erlaubt.[658]
First in – first out (fifo)	Zulässig (§ 256 Satz 1 HGB).	Benchmark-Methode.
Durchschnittsverfahren	Zulässig (§ 256 Satz 1 HGB).	Benchmark-Methode.
Andere handelsrechtlich zulässige Verfahren (z. B. highest in - first out)	Zulässig (§ 256 Satz 1 HGB).	Nicht zulässig (Ausnahme: Unwesentlichkeit).[659]

Aus Sicht der Unternehmensbewertung könnten Bereinigungen entfallen, wenn die gewählte der tatsächlichen Verbrauchsfolge entsprechen würde.[660] Allerdings hängt die Anwendung eines Verbrauchsfolgeverfahrens handelsrechtlich nicht davon ab, ob das Verfahren den tatsächlichen Verhältnissen entspricht.[661] Ein Teil des handelsrechtlichen Schrifttums hält Verbrauchsfolgeverfahren für zulässig, die den tatsächlichen Verhältnissen gar nicht entsprechen können (z. B. die Anwendung des Lifo-Verfahrens auf verderbliche Waren).[662]

Im folgenden sollen anhand eines Beispiels die Wirkungen der Anwendung des Lifo-Verfahrens, des Fifo-Verfahrens und der Durchschnittsmethode gezeigt werden. Diese Verfahren sind sowohl im HGB-Abschluß als auch im IAS-Abschluß zulässig. Andere handelsrechtlich erlaubte Verfahren werden eher selten angewendet (zum Beispiel highest in – first out);[663] nach IASC-Grundsätzen sind sie nicht erlaubt.

---

658 Vgl. *Pellens, B.*, Internationale Rechnungslegung, S. 419-420; *Cairns, D.*, Applying IAS, S. 436. Die IAS schreiben noch eine wichtige Angabepflicht vor: Wenn die Lifo-Methode angewendet wird, muß die Differenz des nach Lifo ermittelten Werts des Vorratsbestands zum hypothetischen Wert bei Anwendung der Fifo- oder der Durchschnittsmethode angegeben werden.

659 Ebenso *Risse, A.*, IAS für den deutschen Konzernabschluß, S. 125.

660 Vgl. *Jung, W.*, Praxis des Unternehmenskaufs, S. 210-211.

661 Vgl. *Baetge, J.*, Bilanzen, S. 293-294; *Oechsle, E./Rudolph, R. W.*, Anwendungsprobleme des Lifo-Verfahrens, S. 98.

662 Vgl. *Oechsle, E./Rudolph, R. W.*, Anwendungsprobleme des Lifo-Verfahrens, S. 98; *Baetge, J.*, Bilanzen, S. 293-294.

663 Vgl. *Baetge, J.*, Bilanzen, S. 300.

Übersicht E-15: Beispiel zur Anwendung von Verbrauchsfolgeverfahren

		Wert der Vorräte	Aufwand
Anfangsbestand	100 kg à 10 DM	1000 DM	–
Zugänge	150 kg à 12 DM	1800 DM	–
Lifo			
Abgänge	150 kg à 12 DM	1800 DM	1800 DM
Endbestand	100 kg à 10 DM	1000 DM	–
Fifo			
Abgänge	100 kg à 10 DM	1000 DM	1000 DM
	50 kg à 12 DM	600 DM	600 DM
Endbestand	100 kg à 12 DM	1200 DM	–
Durchschnittsmethode			
Abgänge	150 kg à 11,2 DM	1680 DM	1680 DM
Endbestand	100 kg à 11,2 DM	1120 DM	–

Wie das Beispiel – vgl. Übersicht E-15 und Übersicht E-16 – verdeutlicht, wirken die Verbrauchsfolgeverfahren einerseits auf die Bilanz (= Wert der Vorräte) und andererseits auf die GuV (= Aufwendungen beim Abgang der Vermögensgegenstände). Obwohl sich Anfangs- und Endbestand der Vorräte im Beispiel ausgleichen, entstehen spürbare Wirkungen durch die Verbrauchsfolgeverfahren. Beim Lifo-Verfahren führen steigende Preise zu einer zu hohen Aufwandsverrechnung und einer zu niedrigen Bestandsbewertung.[664] Im Unterschied zum Durchschnittsverfahren basiert das Lifo-Verfahren dabei nicht auf durchschnittlichen Preisen, sondern es wird beim Lifo-Verfahren in gewissem Umfang eine Inflationskorrektur vorgenommen. Eine solche Inflationskorrektur fehlt indes bei anderen GuV-Posten (z. B. den Umsatzerlösen), so daß die GuV-Posten durch die Anwendung der Lifo-Methode nicht mehr kaufkraftäquivalent behandelt werden.

Übersicht E-16: Beispiel für die Wirkungen von Verbrauchsfolgeverfahren

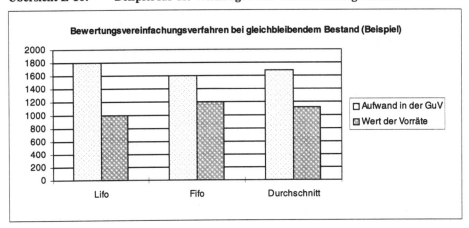

---

664 Vgl. zum Beispiel *Helfert, E. A.*, Techniques of Financial Analysis, S. 123-124.

Beim Fifo-Verfahren werden bei steigenden Preisen keine stillen Reserven gebildet. Das Fifo-Verfahren ist vor allem dann anzuwenden, wenn tatsächlich eine „first in-first out"-Verbrauchsfolge naheliegt (z. B. bei verderblichen Waren). Ansonsten ist die Anwendung der Durchschnittsmethode sinnvoll. Die Anwendung der Durchschnittsmethode ist zu empfehlen, wenn keine bestimmte Verbrauchsfolge erkennbar ist.

Die **Wirkung auf das Jahresergebnis** bei einer Umstellung des Verbrauchsfolgeverfahrens von Fifo auf Lifo werden unter bestimmten Annahmen auf 6% des Jahresergebnisses[665] geschätzt, so daß eine Bereinigung als erforderlich gelten kann.[666] Wie hoch der zu bereinigende Betrag ist (= Aufwand bei Anwendung der Durchschnittsmethode ./. Aufwand bei Anwendung des lifo-Verfahrens), kann i. d. R. weder einem HGB-Abschluß noch einem IAS-Abschluß entnommen werden. Indes erlauben die im Vergleich zu § 284 Abs. 2 Nr. 4 HGB wesentlich umfangreicheren Angabepflichten in IAS 2, die die Bilanzierung und Bewertung der Vorräte betreffen, einen weitaus besseren Einblick für den externen Bilanzadressaten.[667] Bei der Unternehmensbewertung auf der Basis eines IAS-Abschlusses entstehen für den Bewerter **zwei Vorteile** gegenüber einer Bewertung auf Basis eines HGB-Abschlusses: Zum einen verfügt der Bewerter bei einem IAS-Abschluß wegen der detaillierten Angabepflichten hinsichtlich der Vorräte über bessere Vorinformationen. Zum anderen lassen sich mit den internen Daten z. B. die Wirkungen des lifo-Verfahrens ohne Schwierigkeiten ermitteln und bereinigen, da der Bilanzierende diese Daten bereits errechnen mußte, um seinen Angabepflichten nach IAS 2 genügen zu können.[668]

3.3.6. Abschreibungen auf Vermögensgegenstände des Anlagevermögens

3.3.6.1. Die Aufgabe der Abschreibungen bei der Unternehmensbewertung

Abschreibungen auf Vermögensgegenstände des Anlagevermögens dienen bei der Unternehmensbewertung dazu, die technische und wirtschaftliche Abnutzung der betriebsnotwendigen Substanz zu berücksichtigen. Die Abschreibungen basieren dabei auf dem Mengengerüst des betriebsnotwendigen Sachanlagevermögens. Dieses Mengengerüst wird aus dem voraussichtlichen Bedarf an Sachanlagevermögen abgeleitet, wozu u. a. die Investitionsplanung heranzuziehen ist. Wenn das Mengengerüst feststeht, wird die Höhe der Abschreibungen ermittelt. Die Höhe der Abschreibungen bemißt sich nach der künftig wiederzubeschaffenden Substanz und nicht nach den histo-

---

665 Vgl. *Baetge, J.*, Möglichkeiten der Objektivierung des Jahreserfolgs, S. 94-95.
666 Ähnlich *Bishop, D. M.*, Recasting Financial Statements, S. 90.
667 Vgl. *Jacobs, O. H.*, IAS 2, S. 190-195, Rn. 65-72.
668 Vgl. *Jacobs, O. H.*, IAS 2, S. 195, Rn. 72.

rischen Anschaffungs- oder Herstellungskosten des vorhandenen Sachanlagevermögens.[669]

Abschreibungen weisen bei der Unternehmensbewertung den Charakter von „**Reinvestitionsraten**" auf. Die Reinvestitionsrate eines Anlageguts gibt dabei den Betrag wieder, der durchschnittlich je Periode aufgewendet werden muß, um das Anlagegut am Ende seiner Nutzungsdauer wiederzubeschaffen. Durch die Verwendung von Reinvestitionsraten wird ein kontinuierlicher Austausch des wirtschaftlich aufgezehrten betriebsnotwendigen Vermögens unterstellt und damit ein Substanzverzehr verhindert.

Nicht betriebsnotwendiges Vermögen wird bei der Unternehmensbewertung nicht abgeschrieben, da i. d. R. unterstellt wird, daß das nicht betriebsnotwendige Vermögen verkauft wird. Das nicht betriebsnotwendige Vermögen wird dann meistens mit dem Liquidationswert bewertet; in jedem Fall sind bei der Vergangenheitsanalyse die Erträge und Aufwendungen aus den Vergangenheitsergebnissen herauszurechnen, die durch das nicht betriebsnotwendige Vermögen entstanden sind. Da keine Wiederbeschaffung des nicht betriebsnotwendigen Vermögens geplant ist, werden dafür auch keine Abschreibungen auf Basis von Wiederbeschaffungswerten angesetzt (vgl. Übersicht E-17).

Übersicht E-17: Determinanten der Abschreibungen bei der Unternehmensbewertung: Betriebsnotwendigkeit

Determinanten der Abschreibungen bei der Unternehmensbewertung: Betriebsnotwendigkeit	
Nicht betriebsnotwendiges Vermögen	Betriebsnotwendiges Vermögen
Kein Ansatz von Abschreibungen in der Prognoserechnung; Bereinigung der Abschreibungen auf nicht betriebsnotwendiges Vermögen.	Ansatz von Abschreibungen in der Prognoserechnung.

Bei den meisten Bewertungsanlässen kann der Bewerter wählen, ob er Wiederbeschaffungskosten nach den Preisverhältnissen am Bewertungsstichtag ermittelt und damit eine Prognose auf Basis realer Werte vornimmt oder ob er künftige Preisverhältnisse zugrunde legt (= Prognose auf Basis von Nominalwerten).[670] Wird auf Basis von Nominalwerten prognostiziert, muß die Preisentwicklung der Vermögensgegenstände über den gesamten Prognosezeitraum antizipiert werden (z. B. durch Schätzung jährlicher Preissteigerungsraten). Bei der Ertragswertermittlung dürfen dann keine konstanten **Wiederbeschaffungswerte** auf der Preisbasis des Bewertungsstichtags angesetzt werden, sondern der Bewerter muß die Entwicklung der Wiederbeschaffungswerte einbeziehen. Bspw. könnte der effektive Wiederbeschaffungswert einer Maschine in fünf Jahren bei 1.000 GE liegen, in zehn Jahren bei 1.200 GE usw. Für die Prognose künftiger Preise von Vermögensgegenständen kann der Bewerter zum Beispiel veröffentlichte Prognosen nutzen, z. B. von einschlägigen Wirtschaftsforschungs-

---

669 Vgl. *Moxter, A.*, Grundsätze ordnungsmäßiger Unternehmensbewertung, [2. Aufl.], S. 109; *Busse von Colbe, W.*, Der Zukunftserfolg, S. 81-82.

instituten. Ansonsten können diese Preise mit Hilfe der üblichen statistischen und intuitiven Prognoseverfahren prognostiziert werden (z. B. Zeitreihenanalyse, Regressionsanalyse oder Delphi-Methode).[671]

Übersicht E-18: Determinanten der Abschreibungen bei der Unternehmensbewertung: Inflationsberücksichtigung

Determinanten der Abschreibungen bei der Unternehmensbewertung: Prognose auf Basis von Nominalwerten oder Realwerten	
Prognose auf Basis von Nominalwerten (= künftige Preisverhältnisse)	*Prognose auf Basis von Realwerten (= Preisverhältnisse am Bewertungsstichtag)*
Künftige Wiederbeschaffungskosten müssen geschätzt werden, d. h. die Abschreibungen sind auf Basis der künftigen Wiederbeschaffungskosten zu berechnen.	Wiederbeschaffungskosten am Bewertungsstichtag sind zugrunde zu legen.

Wenn die Prognose auf Basis von Realwerten vorgenommen wird, müssen die **Wiederbeschaffungskosten nach dem aktuellen Wiederbeschaffungswert** bestimmt werden. Mögliche künftige Wiederbeschaffungswerte dürfen nicht verwendet werden, da von den Preisverhältnissen am Bewertungsstichtag auszugehen ist.[672] Die Höhe aktueller Wiederbeschaffungswerte von extern bezogenen Vermögensgegenständen kann z. B. über Preislisten oder das Einholen von Angeboten bei potentiellen Lieferanten ermittelt werden.[673]

Werden die **Vermögensgegenstände selbst erstellt,** ist zu prüfen, ob die als Abschreibungsgrundlage verwendeten Herstellungskosten den Selbstkosten entsprechen.[674] Die **Selbstkosten** dienen bei selbsterstellten Vermögensgegenständen als Basis für die Ermittlung der Reinvestitionsraten. Sie werden auf Basis von pagatorischen Kosten ermittelt. Kalkulatorische Kosten werden bei der Unternehmensbewertung grundsätzlich nicht berücksichtigt, da deren Aufgaben (z. B. die Berücksichtigung von Opportunitäten) bereits implizit durch den Kapitalisierungszinsfuß übernommen werden.[675] Weiterhin ist es nicht entscheidend, ob ein Vermögensgegenstand bisher selbst erstellt worden ist oder nicht. Maßgebend sind die Annahmen über die künftige Entwicklung. Wenn zum Beispiel künftig von einem Fremdbezug zu vorteilhaften Einkaufskonditionen auszugehen ist und die Selbstkosten entsprechend niedrig liegen, basieren die Reinvestitionsraten auf diesen niedrigen Selbstkosten. Falls das zu bewertende Unternehmen also zum Beispiel einen Teil seines Anlagevermögens von anderen Konzernunternehmen erworben hat und dafür keine Marktpreise berechnet worden sind, sind

---

670 Vgl. auch Abschnitt D. 3.4.
671 Vgl. *Warschburger, V.*, Bewältigung der Preissteigerungsproblematik, S 64-71.
672 Vgl. z. B. *OLG Celle*, Beschluß vom 4.4.1979 - 9 W 2/77, S. 232.
673 Vgl. *Jung, W.*, Praxis des Unternehmenskaufs, S. 191-194; *Warschburger, V.*, Bewältigung der Preissteigerungsproblematik, S 57.
674 Vgl. *Helbling, C.*, Unternehmensbewertung und Steuern, S. 333.
675 Vgl. auch die auf Zahlungen basierende Definition des Ertragswerts in Abschnitt B. 5.

solche Marktpreise für die Bemessung der Reinvestitionsraten zugrunde zu legen. Ein Unterschied zwischen IAS-Abschlüssen und HGB-Abschlüssen besteht in dieser Hinsicht nicht.

3.3.6.2. Finanzierungseffekte durch Reinvestitionsraten

Bei der Unternehmensbewertung werden die bilanziellen Abschreibungen durch Abschreibungen auf Basis von Wiederbeschaffungswerten (**Reinvestitionsraten**) ersetzt.[676] Diese Reinvestitionsraten verhindern, daß Scheingewinne ausgeschüttet werden. Reinvestitionsraten stellen im Gegensatz zu den bilanziellen Abschreibungen sicher, daß die Substanz des betriebsnotwendigen Vermögens erhalten bleibt. Die Substanzerhaltung wird dabei als gewährleistet angesehen, wenn die eingesetzten Produktionsfaktoren (z. B. Maschinen) in gleicher Menge und Qualität wiederbeschafft werden können, ohne daß dem Unternehmen zusätzliche Mittel von außen zugeführt werden müssen.[677] Da sich die Reinvestitionsraten immer an den Beträgen orientieren, die bei einer künftigen Wiederbeschaffung der Vermögensgegenstände bezahlt werden müssen, wird keine Substanz verzehrt, unabhängig davon, ob die Wiederbeschaffungswerte auf realer oder nominaler Basis prognostiziert werden.

Auch die Frage nach der zugrundegelegten Substanzerhaltungskonzeption (z. B. Nominalkapitalerhaltung, Realkapitalerhaltung, usw.) stellt sich bei der Unternehmensbewertung nicht. Die Bemessung von Reinvestitionsraten unterstellt implizit eine reale Kapitalerhaltung. Der nach Abzug der Reinvestitionsraten ermittelte prognostizierte Einzahlungsüberschuß kann damit in voller Höhe ausgeschüttet werden.

Die meisten Unternehmen verfügen über zahlreiche abnutzbare Anlagegegenstände, deren Nutzungsdauern, Wiederbeschaffungszeitpunkte und Wiederbeschaffungspreise sich i. d. R. unterscheiden. Dadurch entsteht ein einigermaßen kontinuierlicher Reinvestitionsbedarf, und die durch die Abschreibungen freigesetzten finanziellen Mittel werden oft unmittelbar in neues Anlagevermögen umgesetzt (wobei die bilanziellen Abschreibungen i. d. R. kleiner sind als der vollständige wiederzubeschaffende Betrag).[678] Die Annahme eines kontinuierlichen Reinvestitionsbedarfs ist um so realistischer, je größer das zu bewertende Unternehmen ist.[679]

---

676 Vgl. *IDW (Hrsg.)*, WP-Handbuch 1992, Bd. II, S. 71-75, Rn. 147-156.
677 Vgl. *Zwehl, W. v.*, Die Substanzerhaltung, S. 182.
678 Vgl. *Hax, K.*, Substanzerhaltung der Betriebe, S. 212. Ähnlich *OLG Celle*, Beschluß vom 4.4.1979 - 9 W 2/77, S. 232.
679 Ähnlich *Bishop, D. M.*, Recasting Financial Statements, S. 86.

Übersicht E-19: Determinanten der Abschreibungen bei der Unternehmensbewertung: Wiederbeschaffung

Determinanten der Abschreibungen bei der Unternehmensbewertung: Wiederbeschaffung des Abschreibungsobjekts		
Regelmäßig (=einigermaßen kontinuierliche Investitionstätigkeit)	*Unregelmäßig (=Investitionsschübe, bspw. bei teuren Anlagegütern)*	*Keine Wiederbeschaffung*
Abschreibungen als Reinvestitionsraten ansetzen; Zinseffekte müssen nicht berücksichtigt werden.	Abschreibungen als Reinvestitionsraten ansetzen und gesondert unter Berücksichtigung des Zinseffekts ansparen.	Kein Ansatz von Abschreibungen.

Ein geringes Anlagevermögen oder eine ungleichmäßige Altersstruktur der Anlagegüter führen zu einem diskontinuierlichen Reinvestitionsbedarf und entsprechend zu Investitionsschüben. Unter der Voraussetzung, daß die Reinvestitionsraten über den Umsatzprozeß erwirtschaftet werden, müssen dann Zwischenfinanzierungseffekte bei der Bewertung berücksichtigt werden.[680] Die **Zwischenfinanzierungseffekte** entstehen durch Anlage der noch nicht benötigten Finanzmittel am Kapitalmarkt bzw. zwischenzeitliche Rückzahlung des Fremdkapitals.[681] Für die Unternehmensbewertung bedeutet ein diskontinuierlicher Reinvestitionsbedarf, daß Abschreibungen auf Wiederbeschaffungswerte angesetzt werden müssen und unter Berücksichtigung des Zinseffekts anzusparen sind, um so die Zwischenfinanzierungseffekte zu erfassen (vgl. Übersicht E-19).

3.3.6.3. Bereinigungen bei Abschreibungen auf Vermögensgegenstände des Anlagevermögens

3.3.6.3.1. Die Bemessung von Reinvestitionsraten

Die Nutzungsdauer ist so anzusetzen, daß sie der betriebsüblichen Nutzung entspricht; die steuerliche Nutzungsdauer ist nicht relevant.[682] Die Wiederbeschaffungskosten werden üblicherweise linear auf die **betriebsübliche Nutzungsdauer** des Vermögensgegenstands verteilt (auch wenn ein davon abweichender Nutzungsverlauf anzunehmen ist).[683]

Bei der Ermittlung eines objektivierten Unternehmenswerts ist davon auszugehen, daß verbrauchte Anlagegüter durch Anlagegüter mit gleicher Leistungsfähigkeit ersetzt

---

680 Vgl. *Hax, K.*, Substanzerhaltung der Betriebe, S. 229.
681 Vgl. *Hasenack, W.*, Anlagenabschreibung im Wertumlauf der Betriebe, S. 126-127.
682 Vgl. *OLG Düsseldorf*, Beschluß vom 11.1.1990 - 19 W 6/86, S. 398. In diesem Fall waren Chemie-, Druckgas- und Staubgutwagen, deren steuerliche Nutzungsdauer 12 Jahre beträgt, zum Teil bereits 30 Jahre im Einsatz.
683 Vgl. *IDW (Hrsg.)*, WP-Handbuch 1992, Bd. II, S. 74, Rn. 154; dazu kritisch, aber seine Auffassung nicht begründend: *Großfeld, B.*, Unternehmens- und Anteilsbewertung, S. 42.

werden.⁶⁸⁴ Im Ergebnis kommt es darauf an, den Investitionsbetrag zu ermitteln, mit dem die geforderte Leistung nach dem Bewertungsstichtag bereitgestellt werden kann.⁶⁸⁵ Hat sich die Leistungsfähigkeit der auf dem Investitionsgütermarkt angebotenen Anlagegüter verändert, müssen die veränderten technischen Daten und Preise auf das niedrigere Leistungsniveau am Bewertungsstichtag umgerechnet werden.⁶⁸⁶ Der technische Fortschritt wirft dabei u. a. die Schwierigkeit auf, daß sich Ersatzinvestitionen und Erweiterungsinvestitionen häufig nicht einwandfrei trennen lassen.⁶⁸⁷ Üblicherweise wird dabei von **technischem Fortschritt** gesprochen, wenn (1) ein neues Anlagegut bei gleicher Leistung eine günstigere Herstellung ermöglicht (z. B. durch geringeren Rohstoffeinsatz) oder (2) wenn die Leistungsfähigkeit der Anlage steigt (bei gleichem Preis des Anlageguts).⁶⁸⁸

Die technische Entwicklung läßt sich zwar nicht sicher prognostizieren, zumindest aber lassen sich „Überraschungen bei aufmerksamer Beobachtung der Entwicklungstendenzen weitgehend vermeiden"⁶⁸⁹. Indes kann von einem Unternehmensbewerter als betriebswirtschaftlich geschultem Gutachter nicht erwartet werden, daß er technische Entwicklungen vorhersieht. Bei der Bemessung der Reinvestitionsraten bzw. allgemeiner: bei der Investitionsplanung hängt der Bewerter daher vom Wissen technischer Experten ab, wenngleich auch technische Experten oft wenig konkrete Vorstellungen über langfristige Entwicklungen haben, und zum Beispiel die wahrscheinlich entstehenden Investitionsausgaben ab einem Zeitraum von fünf Jahren kaum mehr schätzen können.⁶⁹⁰

3.3.6.3.2. Bereinigungen bei abnutzbaren Vermögensgegenständen des Anlagevermögens

Zum abnutzbaren Anlagevermögen zählen handelsrechtlich die meisten Sachanlagen und immateriellen Vermögensgegenstände, z. B. Verschleißanlagen wie Maschinen, die Betriebs- und Geschäftsausstattung, Konzessionen und der Geschäfts- oder Firmenwert.⁶⁹¹ Anlagevermögen stellen dabei nach § 247 Abs. 2 HGB nur die Gegenstände dar, die dem Geschäftsbetrieb dauernd dienen sollen. Ähnlich wird das Sachanlagevermögen in IAS 16.7 definiert: **Sachanlagevermögen** umfaßt materielle Ver-

---

684 Vgl. *IDW (Hrsg.)*, WP-Handbuch 1992, Bd. II, S. 72, Rn. 149; ebenso *HFA des IDW*, Stellungnahme 2/1983, S. 476.
685 Vgl. *IDW (Hrsg.)*, WP-Handbuch 1992, Bd. II, S. 72, Rn. 145.
686 Vgl. *IDW (Hrsg.)*, WP-Handbuch 1992, Bd. II, S. 73, Rn. 152.
687 Vgl. *Hasenack, W.*, Anlageabschreibung im Wertumlauf der Betriebe, S. 119.
688 Vgl. *Schneider, D.*, Substanzerhaltung und technischer Fortschritt, S. 2651-2652.
689 *Trilling, G.* Berücksichtigung des technischen Fortschritts, S. 197.
690 Vgl. *Born, K.*, Unternehmensanalyse und Unternehmensbeurteilung, S. 107.
691 Vgl. *IDW (Hrsg.)*, WP-Handbuch 1996, Bd. I, S. 233, Rn. 270.

mögenswerte, die (a) ein Unternehmen für Zwecke der Herstellung oder der Lieferung von Gütern und Dienstleistungen, zur Vermietung an Dritte oder für Verwaltungszwecke besitzt und die (b) erwartungsgemäß länger als eine Periode genutzt werden. Das abnutzbare Anlagevermögen wird indes nach IAS und nach HGB anders abgegrenzt, weil die Begriffe „Vermögensgegenstand" und „Vermögenswerte *(asset)*" nicht identisch sind.[692] Vor allem die immateriellen Vermögensgegenstände verursachen dabei Unterschiede, zum Beispiel zählen aktivierte Entwicklungskosten nach IAS zu den (abnutzbaren) Vermögenswerten, sind aber keine (abnutzbaren) Vermögensgegenstände im handelsrechtlichen Sinne.

Der Wert des abnutzbaren Anlagevermögens wird durch **planmäßige Abschreibungen** verringert, damit die Anschaffungsauszahlung auf die Jahre der Nutzung des Vermögensgegenstands verteilt wird (§ 253 Abs. 2 Satz 1 HGB bzw. IAS 16.29-30). Weiterhin können **außerplanmäßige Abschreibungen** erforderlich sein, um Wertminderungen zu berücksichtigen, die z. B. durch technischen Fortschritt, Modewechsel u. ä. entstanden sind.[693] Bei einer voraussichtlich dauernden Wertminderung sind Vermögensgegenstände des abnutzbaren Anlagevermögens außerplanmäßig abzuschreiben (§ 253 Abs. 2 Satz 3 2. Halbsatz HGB bzw. IAS 16.56). Handelsrechtlich besteht bei lediglich vorübergehender Wertminderung ein Abschreibungswahlrecht für Nicht-Kapitalgesellschaften (§ 253 Abs. 2 Satz 3 1. Halbsatz HGB); Kapitalgesellschaften dürfen dieses Wahlrecht nur auf die – i. d. R. nicht abnutzbaren – Finanzanlagen anwenden (§ 279 Abs. 1 Satz 2 HGB). Die Abschreibungspflicht nach IAS 16.56 gilt dagegen uneingeschränkt für Unternehmen aller Rechtsformen sowie für vorübergehende und dauernde Wertminderungen.[694] Schließlich wird der Wert des abnutzbaren Anlagevermögens noch durch steuerlich bedingte **Sonderabschreibungen** gemindert. Da Sonderabschreibungen aus wirtschaftspolitischen Überlegungen des Gesetzgebers kodifiziert wurden, steht ihnen kein Substanzverzehr und keine echte Wertminderung gegenüber. Wie im folgenden gezeigt wird, sind sämtliche Abschreibungen auf das abnutzbare Anlagevermögen in der Vergangenheitsanalyse zu bereinigen (vgl. Übersicht E-20), unabhängig davon, ob die Vergangenheitsanalyse auf Basis eines HGB-Abschlusses oder eines IAS-Abschlusses vorgenommen wird. Bei Bewertungen deutscher Unternehmen sind die handelsrechtlichen Abschreibungen, die in der Vergangenheitsanalyse zu eliminieren sind, i. d. R. bei der steuerlichen Nebenrechnung heranzuziehen.

---

692 Vgl. dazu Abschnitt E. 2.4.3.
693 Vgl. *Hasenack, W.*, Anlagenabschreibung im Wertumlauf der Betriebe, S. 114-115.
694 Ebenso *Ballwieser, W.*, IAS 16, S. 540, Rn. 53; a. A. *Epstein, B. J./Mirza, A. A.*, IAS 97, S. 227.

Übersicht E-20: Bereinigungen bei VG des abnutzbaren AV im Falle der Anwendung der Anschaffungskostenmethode (IAS und HGB)

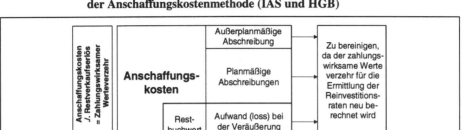

Die Unternehmensanalyse und die Bereinigungsrechnung verlangen in erster Linie die Beachtung dreier, z. T. ineinandergreifender Aspekte: Erstens muß festgestellt werden, wie verläßlich die **Aufzeichnungen** sind (z. B. Einsichtnahme in die Inventurunterlagen[695]). Im Gegensatz zum immateriellen Vermögen verfügt das zu bewertende Unternehmen beim Sachanlagevermögen meistens über relativ ausführliche Aufzeichnungen.[696] Zweitens muß die **Altersstruktur der Anlagen** geprüft werden, um den technischen Stand und die verbleibende wirtschaftliche Nutzungsdauer zu ermitteln.[697] Der Bewerter kann dann u. a. Rückschlüsse auf den künftigen Investitionsbedarf ziehen.[698] Bei der Analyse der Altersstruktur der Anlagen wird allerdings i. d. R. auch die Höhe der stillen Reserven untersucht, weil sie die künftigen Steuerzahlungen beeinflussen.[699] Drittens müssen die **Abschreibungen und korrespondierende GuV-Posten bereinigt** werden:

Die „traditionelle" Art der Bereinigung, die auch im WP-Handbuch 1992 erwähnt wird, besteht darin, die planmäßigen Abschreibungen - sie sind wegen § 7 Abs. 2 EStG in Deutschland häufig degressiv - durch lineare Abschreibungen auf Wiederbeschaffungswerte zu ersetzen.[700] Dies reicht indes nicht aus. Als allgemeine Regel läßt sich sagen, daß alle Aufwendungen und Erträge bereinigt werden müssen, die den Wert des abnutzbaren Vermögensgegenstands erhöht oder gemindert haben, ohne daß sie zu Zahlungen geführt haben (z. B. Zuschreibungen). Bereinigt werden müssen sie erstens

---

695 Gegen unrichtige Auskünfte oder Unterlagen sollte sich der potentielle Käufer durch entsprechende Klauseln im Kaufvertrag absichern. Indes haftet der Verkäufer auch bei schuldhafter Verletzung einer vorvertraglichen Pflicht, d. h. wenn er dem Käufer bewußt falsch informiert; vgl. *Loges, R.*, Einfluß der Due Diligence, S. 966.
696 Vgl. *Weiss, H.-J.*, Kaufvoruntersuchung, S. 383.
697 Vgl. *Born, K.*, Unternehmensanalyse und Unternehmensbewertung, S. 74.
698 Vgl. *Weiss, H.-J.*, Kaufvoruntersuchung, S. 383.
699 Vgl. *Weiss, H.-J.*, Kaufvoruntersuchung, S. 386.
700 Vgl. *IDW (Hrsg.)*, WP-Handbuch 1992, Bd. II, S. 65, Rn. 130.

wegen der notwendigen Orientierung an Zahlungsgrößen[701] und zweitens zur Vermeidung von Doppelerfassungen. Der **zahlungswirksame Werteverzehr**, also die Differenz zwischen den Anschaffungskosten und dem Restverkaufserlös, wird in der Unternehmensbewertung durch die Wiederbeschaffungskosten ersetzt. Übersicht E-20 zeigt, daß der zahlungswirksame Wertverzehr auch indirekt über die genannten nicht zahlungswirksamen Aufwendungen und Erträgen ermittelt werden kann (z. B. Abschreibungen, Aufwand oder Ertrag beim Abgang des Vermögensgegenstands). Um Doppelerfassungen zu vermeiden, müssen daher alle nicht zahlungswirksamen Aufwendungen und Erträge im Zusammenhang mit den abnutzbaren Anlagegegenständen bereinigt werden. Wenn z. B. die sonstigen betrieblichen Erträge aus dem Abgang von Vermögensgegenständen des Anlagevermögens in der GuV verblieben und nur die Abschreibungen bereinigt würden, würde die Ertragslage des Unternehmens fälschlich zu gut dargestellt.[702]

Übersicht E-21 und Übersicht E-22 fassen die Bereinigungsmaßnahmen im Zusammenhang mit den Abschreibungen auf Vermögensgegenstände des abnutzbaren Anlagevermögens zusammen:

Übersicht E-21: Bereinigungen der Abschreibungen auf Vermögensgegenstände des abnutzbaren Anlagevermögens nach HGB

Bereinigungen der planmäßigen Abschreibungen auf VG des abnutzbaren AV
HGB-Abschluß
• Die planmäßigen Abschreibungen sind zu eliminieren.
• Steuerliche Sonderabschreibungen auf die betroffenen Vermögensgegenstände sind zu eliminieren.
• Außerplanmäßige Abschreibungen auf die betroffenen Vermögensgegenstände sind zu eliminieren.
• Abschreibungen nach vernünftiger kaufmännischer Beurteilung (§ 253 Abs. 4 HGB) sind zu eliminieren.
• Erträge aus Zuschreibungen auf die betroffenen Vermögensgegenstände sind zu eliminieren.
• Aufwendungen und Erträge aus dem Abgang des betroffenen Vermögensgegenstands sind zu eliminieren.

Die Bereinigungen bei einem HGB-Abschluß und bei einem IAS-Abschluß entsprechen sich dabei grundsätzlich, soweit im IAS-Abschluß die Benchmark-Methode (IAS 16.29) zur Folgebewertung von Vermögenswerten des Sachanlagevermögens angewendet wird. Bei der bevorzugten Methode wird ein Vermögenswert des Sachanlagevermögens mit seinen Anschaffungskosten abzüglich der kumulierten Abschreibungen angesetzt, soweit keine außerplanmäßige Abschreibung auf den erlösbaren Betrag *(re-*

---

701 Zum Grundsatz der Maßgeblichkeit der Zahlungen vgl. Abschnitt C. 2.2.6.
702 Nach *IDW (Hrsg.)*, WP-Handbuch 1992, Bd. II, S. 75, Rn. 156 müssen sonstige betriebliche Aufwendungen und Erträge aus dem Abgang von Anlagen „im Normalfall" bereinigt werden (Ausnahmen werden indes nicht genannt). Wie gezeigt, müssen sie *immer* bereinigt werden.

coverable amount) gem. IAS 15.56 erforderlich ist.[703] Die Benchmark-Methode stimmt damit weitestgehend mit der handelsrechtlichen Bilanzierung zu fortgeführten Anschaffungskosten überein. Unterschiede können z. B. dadurch auftreten, daß nach IASC-Grundsätzen verschiedene Wertmaßstäbe als erlösbarer Betrag möglich sind, beispielsweise wird bewußt nicht geregelt, ob der erlösbare Betrag auf den Bilanzstichtag abgezinst werden muß oder nicht.[704]

Übersicht E-22: Bereinigungen der Abschreibungen auf Vermögensgegenwerte des abnutzbaren Anlagevermögens nach IAS (bevorzugte Methode)

> *IAS-Abschluß*
> *Bereinigungen bei Anwendung der bevorzugten Methode (fortgeführte AK/HK)*
> - Die planmäßigen Abschreibungen sind zu eliminieren.
> - Außerplanmäßige Abschreibungen auf die betroffenen Vermögenswerte sind zu eliminieren (⇒ oft andere Beträge als nach HGB).
> - Erträge aus Zuschreibungen auf die betroffenen Vermögenswerte sind zu eliminieren.
> - Aufwendungen und Erträge aus dem Abgang des betroffenen Vermögenswerts sind zu eliminieren.

Ergebnisschwankungen im Zeitablauf, die z. B. durch steuerliche Sonderabschreibungen oder außerplanmäßige Abschreibungen entstehen, und zu einem Auf und Ab der Vollkosten[705] von den produzierten Erzeugnissen führen, werden durch **konstante Abschreibungen auf Wiederbeschaffungswerte** ausgeschaltet. Durch die vollständige Bereinigung der Abschreibung aus den vergangenen Jahresabschlüssen wird auch das zuweilen in der Kostenrechnung entstehende Problem bedeutungslos, wie bereits abgeschriebene Vermögensgegenstände zu behandeln sind: Die bilanziellen Abschreibungen werden vollständig eliminiert und durch Reinvestitionsraten ersetzt, deren Höhe sich nach der tatsächlichen Nutzungsdauer der Vermögensgegenstände richtet.

3.3.6.3.3. Bereinigungen bei Anwendung der Neubewertungsmethode nach IAS 16

Vermögenswerte des Sachanlagevermögens dürfen nach IAS 16 alternativ mit ihren fortgeführten Anschaffungskosten (Benchmark-Methode nach IAS 16.29) und nach der Neubewertungsmethode (alternative Methode nach IAS 16.30) bilanziert werden. Die auch für Finanzinvestitionen nach IAS 25 zulässige Neubewertungsmethode darf han-

---

703 Vgl. *Born, K.*, Rechnungslegung international, S. 94.
704 Vgl. dazu IAS 16.58: „This standard does not require or preclude the discounting of cash flows in determining the recoverable amount."
705 Auch nach einer Untersuchung von *Coenenberg* trugen Abschreibungen auf Sachanlagen und Aufwendungen aus Anlagenabgängen nicht zur Gewinnglättung bei, sondern verursachten einer weniger stetigen Gewinnverlauf; vgl. *Coenenberg, A. G.*, Instrumente der Gewinnregulierungspolitik, S. 125.

delsrechtlich nicht angewendet werden, weil sie das Anschaffungskostenprinzip verletzt.[706]

Bei der Neubewertungsmethode sollen die Vermögenswerte mit einem Betrag angesetzt werden, der ihrem **beizulegenden Zeitwert** *(fair value)* am Tage der Neubewertung abzüglich der aufgelaufenen planmäßigen Abschreibungen entspricht (IAS 16.30). Dazu sind die betroffenen Vermögenswerte in regelmäßigen Abständen neu zu bewerten, damit der Buchwert am Bilanzstichtag möglichst nahe am beizulegenden Zeitwert liegt (IAS 16.30). Wird ein Vermögenswert des Sachanlagevermögens neu bewertet, dann muß auch die Gruppe *(class),* zu der dieser Vermögenswert gehört, neu bewertet werden (IAS 16.36).

Wenn die Neubewertung den Buchwert des Vermögenswerts erhöht, ist diese positive Differenz (= die Aufwertung) erfolgsneutral in eine **Neubewertungsrücklage** einzustellen. Die Neubewertungsrücklage zählt dabei zum Eigenkapital. Liegt umgekehrt eine negative Differenz vor (= Abwertung), dann ist zu unterscheiden, ob durch die Abwertung eine frühere Aufwertung rückgängig gemacht wird oder nicht. Falls durch die Abwertung eine frühere Aufwertung rückgängig gemacht wird (= eine Neubewertungsrücklage für den betreffenden Posten existiert), muß die Abwertung zunächst erfolgsneutral mit der Neubewertungsrücklage verrechnet werden (IAS 16.40). Eine erfolgsneutrale Abwertung kann daher keinen zahlungswirksamen Werteverzehr verursachen (vgl. Übersicht E-23). Ansonsten besitzt die Abwertung den Charakter einer außerplanmäßigen Abschreibung, d. h. soweit sie keine frühere Aufwertung rückgängig macht, ist sie als Aufwand der Periode zu erfassen.

---

[706] Vgl. *IDW (Hrsg.),* Rechnungslegung nach IAS, S. 92.

Übersicht E-23: Bereinigungen bei VG des Anlagevermögens im Falle der Anwendung der Neubewertungsmethode nach IAS

Die Bereinigungen bei Anwendung der Neubewertungsmethode nach IAS 16 unterscheiden sich nur wenig von denen, die bei der Anwendung der Anschaffungskostenmethode notwendig sind. Sowohl bei der Bilanzierung mit den fortgeführten Anschaffungskosten als auch bei der Neubewertungsmethode müssen alle nicht zahlungswirksamen Aufwendungen und Erträge bereinigt werden, die den Wert des Vermögenswerts beeinflußt haben. Mit anderen Worten: Auch bei der Neubewertungsmethode orientieren sich die Bereinigungen am **zahlungswirksamen Werteverzehr**. Der zahlungswirksame Werteverzehr ergibt sich dabei auch bei der Neubewertungsmethode aus der Differenz der Anschaffungskosten und dem Restverkaufserlös.

Übersicht E-24: Bereinigungen bei Anwendung der Neubewertungsmethode

IAS-Abschluß
Bereinigungen bei Anwendung der alternativen Methode (Neubewertungsmethode nach IAS 16)
• Die planmäßigen Abschreibungen sind zu eliminieren.
• Erfolgswirksame Abwertungen bzw. außerplanmäßige Abschreibungen sind zu eliminieren.
• Erfolgswirksame Aufwertungen sind zu eliminieren.
• Aufwendungen und Erträge aus dem Abgang des betroffenen Vermögenswerts sind zu eliminieren.

Für den Bewerter weist die Neubewertungsmethode gem. IAS 16 den Vorteil auf, daß die Wiederbeschaffungswerte eines Vermögenswerts einfacher ermittelt werden können als bei einer Bilanzierung mit den fortgeführten Anschaffungskosten. Dies liegt daran, daß bei der Neubewertungsmethode regelmäßig Gutachten über den Wiederbeschaffungswert am Bilanzstichtag erstellt werden müssen (IAS 16.31) und der Bewerter damit über einen geeigneten Ansatzpunkt für die Ermittlung der Wiederbeschaffungskosten am Bewertungsstichtag verfügt. Die Ermittlung der Reinvestitionsraten wird vereinfacht, wenn bereits Informationen über die Wiederbeschaffungskosten vorliegen.

3.3.6.3.4. Bereinigungen außerplanmäßiger Abschreibungen auf Vermögensgegenstände des nicht abnutzbaren Anlagevermögens

Zum nicht abnutzbaren Anlagevermögen, dessen Wert weder handelsrechtlich noch nach den IAS durch planmäßige Abschreibungen gemindert werden darf, gehören z. B. Grundstücke, Beteiligungen und andere Finanzanlagen. Beim nicht abnutzbaren Anlagevermögen können daher **nur außerplanmäßige Wertminderungen** entstehen (z. B. durch Umweltschäden).

Nach der gemilderten **Niederstwertvorschrift** in § 253 Abs. 2 HGB besteht bei einer voraussichtlich dauernden Wertminderung des Vermögensgegenstands eine Abschreibungspflicht. Bei einer lediglich vorübergehenden Wertminderung dürfen Nicht-Kapitalgesellschaften außerplanmäßig auf den niedrigeren beizulegenden Wert abschreiben (§ 253 Abs. 2 Satz 3 1. Halbsatz HGB). Bei Kapitalgesellschaften gilt dieses Wahlrecht nur für Finanzanlagen (§ 279 Abs. 1 Satz 2 HGB). Wie im Handelsrecht müssen langfristige Finanzanlagen auch nach IAS 25 bei voraussichtlich dauernder Wertminderung außerplanmäßig abgeschrieben werden.[707]

Zudem gab es für langfristige Finanzanlagen nach IAS 25.23 bis zur Verabschiedung von IAS 36 keine Abschreibungspflicht, wenn es sich um eine voraussichtlich nur vorübergehende Wertminderung handelte. Nach IAS 36.58 besteht nunmehr für alle Vermögenswerte (abgesehen von den unter IAS 36.1-4 genannten Ausnahmen) eine Abschreibungspflicht, wenn der Buchwert eines Vermögenswerts geringer ist als sein erlösbarer Betrag (*recoverable amount*). Die Abschreibungspflicht ist dabei unabhängig davon, ob die Wertminderung voraussichtlich dauerhaft ist oder nicht.

Weiterhin können sich HGB und IAS in der Höhe der außerplanmäßigen Abschreibungen unterscheiden (z. B. darf der erlösbare Betrag nach IAS 16.58 z. B. als Barwert der aus der Nutzung des Gegenstands resultierenden Zahlungsüberschüsse oder als Nominalwert der aus der Nutzung des Gegenstands resultierenden Zahlungsüberschüsse interpretiert werden[708]). Diese Unterschiede kommen indes nicht zum Tragen, da **sämtliche Abschreibungen auf das nicht abnutzbare Anlagevermögen zu bereinigen** sind.

Für die Bereinigung von Abschreibungen auf nicht abnutzbare Vermögensgegenstände ist zwischen **betriebsnotwendigem und nicht betriebsnotwendigem Vermögen** zu unterscheiden: Wenn das Grundstück nicht betriebsnotwendig ist, gibt die Abschreibung an, in welcher Höhe die künftigen Einzahlungen beim geplanten Verkauf des

---

707 Vgl. auch *IDW (Hrsg.)*, Rechnungslegung nach IAS, S. 131.
708 Vgl. *Ballwieser, W.*, IAS 16, S. 541, Rn. 54; *Coopers & Lybrand*, Understanding IAS, S. 16-16.

Grundstücks gemindert wurden. Dies ist in der Prognoserechnung zu berücksichtigen. In der Vergangenheitsanalyse ist die außerplanmäßige Abschreibung aus den Vergangenheitsergebnissen herauszurechnen, weil sie nicht nachhaltig ist. Bei betriebsnotwendigen Vermögensgegenständen werden die künftigen Einzahlungsüberschüsse nicht durch die Abschreibung beeinflußt, wenn die Funktion des Vermögensgegenstands nicht beeinträchtigt wurde. Eine außerplanmäßige Abschreibung auf ein Grundstück kann zum Beispiel aufgrund eines gesunkenen Marktwerts des Grundstücks erforderlich werden. Für die Unternehmensbewertung ist der Marktwert des Grundstücks indes solange nicht relevant, wie dieses Grundstück als betriebsnotwendig angesehen wird und daher nicht verkauft werden kann. Im Beispiel würde die außerplanmäßige Abschreibung die künftigen Einzahlungsüberschüsse des zu bewertenden Unternehmens nicht mindern, d. h. sie mindert den Unternehmenswert nicht und ist daher in der Vergangenheitsanalyse zu bereinigen (zu eliminieren).

Für betriebsnotwendige Anlagegüter kann eventuell ein *sale and lease back*-Geschäft in Betracht kommen. Ansonsten können sie, eben weil sie betriebsnotwendig sind, nicht verkauft werden. Allerdings lassen sich auch durch ein *sale and lease back*-Geschäft keine nachhaltigen Erträge erwirtschaften. Beim *sale and lease back*-Geschäft eines nicht abnutzbaren Vermögensgegenstands wird der Barwert der Einzahlungsüberschüsse aus diesem Geschäft i. d. R. höchstens null betragen, wenn marktübliche Konditionen zugrunde gelegt werden. Selbst unter der Annahme, daß ein nicht abnutzbarer, betriebsnotwendiger Vermögensgegenstand durch ein *sale and lease back*-Geschäft verkauft wird, wären außerplanmäßige Abschreibungen auf diesen Vermögensgegenstand nicht nachhaltig und daher zu bereinigen.

3.3.6.3.5. Bereinigung von Abschreibungen des Goodwills

Der **Geschäfts- oder Firmenwert**[709] **(GoF)** soll die nach dem Aktivierungsgrundsatz nicht bilanzierungsfähigen Werte eines Unternehmens erfassen (z. B. den Kundenstamm oder die Qualität des Managements). Da er nicht selbständig verwertbar ist und damit handelsrechtlich keinen Vermögensgegenstand darstellt, aber auch nicht eindeutig als Bilanzierungshilfe eingeordnet werden kann, wird er als **Wert eigener Art** bezeichnet.[710] Der GoF wird als Unterschiedsbetrag zwischen den Anschaffungskosten (= Kaufpreis und Nebenkosten des Erwerbs) und den Zeitwerten der übernommenen Vermögensgegenstände abzüglich der Zeitwerte der Schulden ermittelt (vgl. Übersicht E-25).

---

709 „Geschäfts- oder Firmenwert" und die angelsächsische Bezeichnung „Goodwill", die auch in IAS 22 verwendet wird, werden hier synonym gebraucht. Auch die Begriffe „negativer Geschäfts- oder Firmenwert" und „Badwill" sind hier bedeutungsgleich.
710 Vgl. *Baetge, J.*, Bilanzen, S. 495; *Küppers, C.*, Der Firmenwert, S. 1633-1636.

Übersicht E-25: Ermittlung des GoF und des negativen GoF

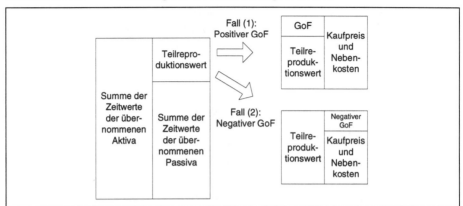

Der GoF stellt damit eine **Restgröße** dar.[711] Im Einzelabschluß[712] kann ein GoF nur durch die Übernahme von rechtlich unselbständigen Betriebsteilen o. ä. entstehen.

Ein selbstgeschaffener, **originärer GoF** darf weder handelsrechtlich noch nach IASC-Grundsätzen aktiviert werden. Entsteht der GoF dagegen z. B. bei der Übernahme eines Betriebsteils, dann darf er nach (§ 255 Abs. 4 Satz 1 HGB) aktiviert werden. Dieser sogenannte **derivative Geschäfts- oder Firmenwert** darf handelsrechtlich angesetzt werden, wenn die Anschaffungskosten den Saldo der Zeitwerte der übernommenen Vermögensgegenstände und Schulden übersteigen. IAS 22.40 sieht dagegen eine Aktivierungspflicht für den derivativen GoF vor. Ein derivativer Geschäfts- oder Firmenwert entsteht dabei im Einzelabschluß nicht durch den Erwerb von Anteilen an einem Unternehmen, da diese mit ihren fortgeführten Anschaffungskostenmethode bilanziert werden, sondern wenn z. B. ein erworbener Betriebsteil in das Unternehmen eingegliedert wurde.

Das handelsrechtliche Aktivierungswahlrecht für den derivativen Geschäfts- oder Firmenwert gewährt einen großen bilanzpolitischen Spielraum, z. B. kann der GoF sofort aufwandswirksam verrechnet werden oder vollständig oder teilweise aktiviert werden; auch bei der Abschreibung des GoF verfügt der Bilanzierende über mehrere Alternativen.[713] In diesem Punkt unterscheidet sich die handelsrechtliche Bilanzierung von den IAS, da IAS 22 deutlich weniger bilanzpolitische Spielräume zuläßt als das deutsche Handelsrecht.[714]

---

711 Vgl. *Ellrott, H./Schmidt-Wendt, D.*, § 255, S. 750, Rn. 511.
712 Die Rechnungslegung im Konzernabschluß wird hier nicht betrachtet; vgl. Abschnitt A. 1.
713 Vgl. *Baetge, J.*, Bilanzen, S. 496-498; *Knop, W./Küting, K.*, § 255, S. 1145, Rn. 487; *Küting, K./Hayn, S.*, Angelsächsischer Konzernabschluß im Vergleich zum HGB-Abschluß, S. 56-57.
714 Vgl. ausführlich *Baetge, J./Siefke, M.*, IAS 22, S. 870-872, Rn. 258-262.

Bereinigungen des Betriebsergebnisses 151

Der Ansatz eines **negativen Unterschiedsbetrags** kommt im handelsrechtlichen Einzelabschluß nicht in Betracht.[715] Soweit der Saldo der übernommenen Zeitwerte der Aktiva und Passiva den Kaufpreis übersteigt, müssen die Zeitwerte der übernommenen Aktiva gekürzt werden, d. h. ein eventuell auftretender negativer Unterschiedsbetrag wird durch Abstockung der Zeitwerte der übernommenen nicht-monetären Vermögensgegenstände beseitigt.[716] Die handelsrechtliche Regelung ist mit der Benchmark-Methode (IAS 22.49) vergleichbar, da auch IAS 22.49 eine Abstockung der Wertansätze nicht-monetärer Vermögenswerte *(non-monetary assets)* verlangt.[717] Nach der alternativen Methode *(Allowed Alternative Treatment)* wird dagegen nicht abgestockt. Die derzeitige Regelung in IAS 22.49 schreibt vor, einen negativen Unterschiedsbetrag i. d. R. über höchstens fünf Jahre erfolgswirksam aufzulösen. In Ausnahmefällen sind auch bis zu zwanzig Jahre zulässig. Diese Regelung wird allerdings mit der Umsetzung von E 61 voraussichtlich geändert werden.

Handelsrechtlich darf ein negativer Unterschiedsbetrag nicht planmäßig aufgelöst werden.[718]

Übersicht E-26: Ansatz des Geschäfts- oder Firmenwerts

	HGB	IAS 22
Originärer GoF	Aktivierungsverbot	Aktivierungsverbot
Derivativer GoF	Aktivierungswahlrecht	Aktivierungspflicht
Negativer Unterschiedsbetrag	Vollständige Eliminierung des negativen Unterschiedsbetrags durch Abstockung, da Passivierungsverbot	*Benchmark Treatment:*[719] Abstockung des negativen Unterschiedsbetrags; Passivierungspflicht für evtl. verbleibenden Restbetrag (IAS 22.49) *Allowed Alternative Treatment:* Vollständige Passivierung des negativen Unterschiedsbetrags (IAS 22.51)

Helbling zufolge ist die Veränderung des (selbstgeschaffenen) Geschäfts- oder Firmenwerts bei der Unternehmensbewertung als Aufwand oder Ertrag zu berücksichtigen, weil die Minderung des Goodwills z. B. unterlassene Forschungs- und Entwicklungskosten anzeige.[720] Aus Gründen der Klarheit ist es vorzuziehen, unterlassene Forschungs- und Entwicklungskosten auch entsprechend zu bezeichnen. Dadurch kann

---

715 Vgl. *Baetge, J.*, Bilanzen, S. 496.
716 So die h. M., vgl. etwa *Ellrott, H./Schmidt-Wendt, D.*, § 255, S. 752, Rn. 516; *Adler, H./Düring, W. /Schmaltz, K.*, § 255, S. 427-428, Rn. 294-295; *Baetge, J.*, Bilanzen, S. 496 m. w. N.
717 Vgl. *Baetge, J./Siefke, M.*, IAS 22, S. 873, Rn. 265.
718 Vgl. *Adler, H./Düring, W. /Schmaltz, K.*, § 255, S. 428, Rn. 295.
719 Falls E 61 in der vorliegenden Fassung umgesetzt wird, werden die alternativen Bilanzierungsmethoden (= *Benchmark Treatment* und *Allowed Alternative Treatment*) in IAS 22 entfallen; vgl. dazu E 61.49-51A.
720 Vgl. *Helbling, C.*, Unternehmensbewertung und Steuern, S. 338-339.

vermieden werden, in der GuV schwer zu erläuternde und mit anderen Unternehmen kaum vergleichbare Veränderungen des Goodwills auszuweisen.

Abschreibungen des GoF sind vollständig zu eliminieren, da sie weder zahlungswirksam noch nachhaltig sind. Falls im IAS-Abschluß Erträge aus der Auflösung eines negativen GoF gebucht worden sind, müssen diese Beträge ebenfalls vollständig eliminiert werden. Außer für steuerliche Nebenrechnungen[721] ist der GoF für die Ertragswertermittlung nicht relevant.

3.3.6.4. Außerplanmäßige Abschreibungen auf Waren

Beim Vorratsvermögen muß in der Unternehmensanalyse festgestellt werden, ob das zugrunde gelegte Mengengerüst korrekt ist.[722] Hilfreich ist dabei neben der Analyse der Inventurunterlagen auch eine Besichtigung, um z. B. überhöhte Vorratsbestände zu identifizieren. Überhöhte Vorratsbestände gehören zum nicht betriebsnotwendigen Vermögen und sind gesondert zu bewerten.[723] Weiterhin ist festzustellen, wieweit der Warenbestand verkaufsfähig ist.[724] Dies spielt bei der Unternehmensbewertung eine wesentlich größere Rolle als bei der Jahresabschlußprüfung.[725] Besondere Risiken hinsichtlich eines unverkäuflichen Warenbestands entstehen zum Beispiel bei Bewertungen von Herstellern modischer Kleidung, Buchverlagen und chemischen Fabriken.[726]

Falls ein Teil des Vorratsbestands nicht (mehr) verkaufsfähig ist, entstehen dadurch i. d. R. Abschreibungspflichten für den Bilanzierenden. Nach der strengen Niederstwertvorschrift (§ 253 Abs. 3 Satz 1 und 2 HGB) müssen Vermögensgegenstände des Umlaufvermögens außerplanmäßig abgeschrieben werden, wenn der Buchwert am Bilanzstichtag durch einen niedrigeren Börsen- oder Marktpreis unterschritten wird oder ein niedrigerer beizulegender Wert vorliegt, wenn kein Börsen- oder Marktpreis festgestellt werden kann. **Abschreibungen auf Vermögensgegenstände des Umlaufvermögens** können dabei einem erheblichen bilanzpolitischen Spielraum unterliegen.

Typisch sind die sogenannten „**Reichweitenabschläge**"[727] auf Vorräte, die gemäß § 253 Abs. 3 Satz 1 und 2 HGB vorgenommen werden. Bei Reichweitenabschlägen handelt es sich um branchenübliche Bewertungsabschläge, deren Höhe sich nach der

---

721 Nach § 7 Abs. 1 Satz 3 EStG wird der derivative GoF steuerlich über 15 Jahre abgeschrieben; vgl. auch *Knop, W./Küting, K.*, § 255, S. 1143-1144, Rn. 480-484.
722 Vgl. *Weiss, H.-J.*, Kaufvoruntersuchung, S. 384.
723 Vgl. *Klocke, H.*, Dialogbeitrag zum Thema Ertragswertgutachten, S. 537.
724 Vgl. *Houlihan, R.*, Acquisition and Merger Due Diligence, S. 34.
725 Vgl. *Helbling, C.*, Unternehmensbewertung und Steuern, S. 195.
726 Vgl. *Helbling, C.*, Unternehmensbewertung und Steuern, S. 195.
727 Teilweise wird auch der Begriff „Gängigkeitsabschläge" verwendet; vgl. z. B. *Oechsle, E./Rudolph, R. W.*, Lifo-Verfahren in Handels- und Steuerrecht, S. 106-107.

durchschnittlichen Lagerumschlagshäufigkeit und der Höhe des Vorratsbestands richtet. Wird beispielsweise unter Rückgriff auf die durchschnittliche Lagerumschlagshäufigkeit ein Überbestand an Waren festgestellt, dann muß dieser Überbestand außerplanmäßig auf den niedrigeren beizulegenden Wert abgeschrieben werden. Abhängig vom Produkt sind z. B. bei Drogerien und Apotheken Abschläge bis zu 20%, bei Sport- und Spielwarengeschäften bis zu 50% und im Textileinzelhandel bis zu 90% der Anschaffungskosten denkbar.[728] Die Reichweitenabschläge führen zwar „nur" zu einer Periodenverschiebung von Aufwendungen und Erträgen, doch gewähren sie dem Bilanzierenden einen **erheblichen Ermessensspielraum**. In der Bereinigungsrechnung sind die Reichweitenabschläge daher über mehrere Jahre zu analysieren, da sonst kein normalisierter Geschäftsverlauf erkennbar ist. Zudem ist festzustellen, ob der aktuelle Vorratsbestand stille Reserven aufgrund überhöhter Reichweitenabschläge enthält oder das Potential künftiger Einzahlungen gemindert ist, weil der Vorratsbestand teilweise unverkäuflich ist.

Auch nach IASC-Grundsätzen müssen Vermögenswerte des Umlaufvermögens verlustfrei bewertet werden,[729] d. h. wenn der *net realisable value* die Anschaffungs- oder Herstellungskosten unterschreitet, muß dieser niedrigere Betrag angesetzt werden (IAS 2.6). Unter *net realisable value* wird dabei der unter normalen Bedingungen erzielbare Verkaufspreis abzüglich sämtlicher noch entstehender Kosten bis zur endgültigen Fertigstellung (einschließlich der Vertriebskosten) verstanden (IAS 2.4).

Die IASC-Regelungen über außerplanmäßige Abschreibungen auf Vermögenswerte des Vorratsvermögens unterscheiden sich vom Handelsrecht in dreierlei Hinsicht:

Erstens können nach IAS 2 nur die **Verhältnisse am Absatzmarkt** eine Abschreibung erforderlich machen (IAS 2.6). Handelsrechtlich können dagegen auch niedrigere Werte auf dem Beschaffungsmarkt zu einer Abschreibungspflicht führen.[730]

Zweitens darf der Bilanzierende nach § 253 Abs. 3 Satz 3 HGB **künftige Wertschwankungen von Vermögensgegenständen des Umlaufvermögens** antizipieren. Nach Meinung des Schrifttums darf dabei ein Zeitraum von bis zu zwei Jahren berücksichtigt werden.[731] § 253 Abs. 3 Satz 3 HGB ermöglicht damit einen Wertansatz für Vorratsgegenstände, der unter den Anschaffungs- oder Herstellungskosten sowie u. U. auch unter dem Niederstwert des § 253 Abs. 3 Satz 1 und 2 HGB liegt.[732] Da dieses Bewertungswahlrecht nicht zu einer fairen Berichterstattung führt,[733] sondern eine Er-

---

728 Vgl. *Nahlik, W.*, Praxis der Jahresabschlußanalyse, S. 155.
729 Vgl. *Jacobs, O. H.*, IAS 2, S. 184, Rn. 54.
730 Vgl. *IDW (Hrsg.)*, Rechnungslegung nach IAS, S. 158-159.
731 Vgl. *Döring, U.*, § 253, S. 959, Rn. 183; *Nahlik, W.*, Praxis der Jahresabschlußanalyse, S. 155; *Ellrott, H./Schulz, F./Beil, U.*, § 253 Abs. 3, S. 598, Rn. 620.
732 Vgl. *Ellrott, H./Schulz, F./Beil, U.*, § 253 Abs. 3, S. 597, Rn. 616.
733 Vgl. *Niehus, R. J.*, Zur Entwicklung von konzernarteigenen GoB, S. 647.

gebnisgestaltung ermöglicht, sind seine Wirkungen bei der Unternehmensbewertung zu bereinigen.

Drittens erlaubt § 253 Abs. 4 HGB Einzelkaufleuten und Personenhandelsgesellschaften, **Abschreibungen nach vernünftiger kaufmännischer** Beurteilung vorzunehmen. Diese (Willkür-)Abschreibungen nach § 253 Abs. 4 HGB sind allen anderen handelsrechtlich zulässigen Abschreibungsmöglichkeiten gegenüber nachrangig, d. h. sie kommen nur zum Tragen, wenn andere Abschreibungen nicht zulässig sind.[734] Nach IASC-Grundsätzen sind solche Abschreibungen unzulässig. Da die Abschreibungen nach § 253 Abs. 4 HGB vor allem der Bildung stiller Reserven dienen, sind sie zu bereinigen. Sowohl bei der Bereinigung der Abschreibungen nach § 253 Abs. 4 HGB als auch der Abschreibungen nach § 253 Abs. 3 Satz 3 HGB ist problematisch, daß diese Daten nur bei entsprechender Dokumentation der Abschreibungen oder durch Auskünfte von Mitarbeitern des zu bewertenden Unternehmens erlangt werden können.

3.3.6.5. Bereinigungen bei unentgeltlich erworbenen Vermögensgegenständen

Ein Sonderproblem entsteht, wenn Vermögensgegenstände unentgeltlich erworben werden. Handelsrechtlich wird vor allem die Auffassung vertreten, der Vermögensgegenstand sei zweckabhängig zu bilanzieren (wird beispielsweise mit der **Schenkung** beabsichtigt, die Ertragslage des Unternehmens zu verbessern, dann müsse der Vermögensgegenstand erfolgswirksam bilanziert werden[735]). Dient die Schenkung dagegen der Verbesserung der Kapitalstruktur oder ist dem Bilanzierenden der Schenkungszweck unbekannt, dann sei von „der gesetzlichen Vorstellung des erfolgsneutralen Anschaffungsvorgangs"[736] auszugehen. Nach *Adler/Düring/Schmaltz* liegt bei Schenkungen sogar ein faktisches Ansatzwahlrecht vor.[737] In IAS 16 wird dieser Fall unentgeltlich erworbener Vermögenswerte nicht explizit behandelt. Nach den Ansatzkriterien für Vermögenswerte und der Erläuterung in F. 59, daß ein Vermögenswert auch bei einem unentgeltlichen Erwerb vorliegen kann, ist indes nach IASC-Grundsätzen von einer Aktivierungspflicht auszugehen.[738]

Für die Unternehmensbewertung ist zunächst zu klären, ob der unentgeltlich erworbene Vermögensgegenstand zum betriebsnotwendigen Vermögen zählt oder nicht. Handelt es sich um einen **betriebsnotwendigen Vermögensgegenstand**, dann müssen Reinvestitionsraten verrechnet werden (es sei denn, ähnliche Schenkungen wären auch

---

734 Vgl. *Ellrott, H./Schramm, M./Beil, U.*, § 253 Abs. 4, S. 600, Rn. 651.
735 Vgl. *Ellrott, H./Schmidt-Wendt, D.*, § 255, S. 668-669, Rn. 100.
736 *Ellrott, H./Schmidt-Wendt, D.*, § 255, S. 668, Rn. 100.
737 Vgl. *Adler, H./Düring, W./Schmaltz, K.*, § 255, S. 360, Rn. 83.
738 Vgl. *Ballwieser, W.*, IAS 16, S. 543, Rn. 58.

Bereinigungen des Betriebsergebnisses 155

in der Zukunft zu erwarten, was z. B. bei einem Wechsel des Unternehmenseigners unwahrscheinlich sein dürfte). Die Reinvestitionsraten sind dann nach den oben dargestellten Grundsätzen zu bemessen.[739] Handelt es sich dagegen um einen nicht betriebsnotwendigen Vermögensgegenstand, ist er mit dem Liquidationswert zu bewerten.[740]

3.3.7. Instandhaltungsaufwendungen

Reparatur-und Instandhaltungsaufwendungen zählen zu den Aufwandsarten, die zumindest teilweise zeitlich gestaltbar sind.[741] Die Umsatzerlöse sinken zunächst nicht, wenn z. B. eine turnusmäßig anstehende Instandhaltungsmaßnahme auf die Zeit nach dem Bewertungsstichtag verschoben wird. Häufig läßt sich nicht eindeutig klären, ob zeitlich verschobene Instandhaltungsmaßnahmen als bewußte sachverhaltsgestaltende Maßnahmen anzusehen sind oder ob sie z. B. wegen eines vorübergehenden finanziellen oder personellen Engpasses verlegt werden mußten.[742]

Ob Instandhaltungsmaßnahmen verschoben wurden, muß vor allem für das letzte Geschäftsjahr geklärt werden, da sich aus verschobenen Instandhaltungsmaßnahmen Rückschlüsse auf die nachhaltigen Instandhaltungsaufwendungen ziehen lassen. Zudem beeinflussen Instandhaltungsmaßnahmen typischerweise die Höhe der Investitionen, so daß aus unterlassener Instandhaltung häufig auf den künftigen Investitionsbedarf geschlossen werden kann.

Handelsrechtlich werden Instandhaltungsaufwendungen (= Erhaltungsaufwand) als Periodenaufwand gebucht, soweit sie nicht als **nachträgliche Anschaffungs- oder Herstellungskosten** aktiviert werden müssen. Nachträgliche Anschaffungs- oder Herstellungskosten entstehen bei einer Erweiterung des Vermögensgegenstands oder wesentlichen Verbesserung über den ursprünglichen Zustand hinaus (§ 255 Abs. 2 Satz 1 HGB). Eine aktivierungspflichtige **Erweiterung oder Verbesserung** liegt dabei i. d. R. vor, wenn die Nutzungsmöglichkeiten des Vermögensgegenstands ausgeweitet werden und eine andere Gebrauchs- oder Verwendungsmöglichkeit geschaffen wird.[743] Lediglich substanzerhaltende Maßnahmen begründen keine aktivierungspflichtige Erweiterung oder Verbesserung; im Jahresabschluß sind dann Instandhaltungsaufwendungen zu buchen.[744]

---

739 Vgl. Abschnitt E. 3.3.6.3.1.
740 Zur Behandlung des nicht betriebsnotwendigen Vermögens vgl. Abschnitt D. 3.3.
741 Vgl. *IDW (Hrsg.)*, WP-Handbuch 1992, Bd.II, S. 70, Rn. 145.
742 Vgl. *Heinhold, M.*, Bilanzpolitik, Sp. 534.
743 Vgl. *Adler, H./Düring, W./Schmaltz, K.*, § 255, S. 372-374, Rn 122-126; *Baetge, J.*, Bilanzen, S. 225.
744 Vgl. mit Bezug auf Gebäude WFA des IDW, Zur Abgrenzung von Erhaltungsaufwand und Herstellungsaufwand bei Gebäuden, S. 103.

Die Instandhaltungsaufwendungen werden nach IAS 16 ähnlich von den nachträglichen Anschaffungs- oder Herstellungskosten abgegrenzt wie im HGB-Abschluß.[745] Nach IASC-Grundsätzen sind nachträgliche Anschaffungs- oder Herstellungskosten zu aktivieren, wenn es wahrscheinlich ist, daß die nach der Aktivierung geleisteten Zahlungen *(subsequent expenditures)* einen künftigen wirtschaftlichen Nutzen verursachen werden (IAS 16.24). Ein zusätzlicher Nutzen liegt beispielsweise vor, wenn technische Anlagen so verändert werden, daß sich deren Kapazität und Nutzungsdauer erhöht, Maschinen technisch so umgestaltet werden, daß die Verarbeitungsqualität wesentlich erhöht wird oder die Betriebskosten durch ein neues Produktionsverfahren wesentlich reduziert werden (IAS 16.25).

Bei der Unternehmensbewertung ist festzustellen, wie hoch die **Wiederbeschaffungskosten** eines betriebsnotwendigen Vermögensgegenstands sind, bei dem nachträgliche Herstellungskosten aktiviert worden sind. Relevant ist dabei nicht, wieviel für einen Vermögensgegenstand in der Vergangenheit bezahlt wurde, sondern was voraussichtlich künftig für die Wiederbeschaffung dieses Vermögensgegenstands bezahlt wird. Im Hinblick auf die Ermessensspielräume bei der Abgrenzung von Erhaltungsaufwand und nachträglichen Anschaffungs- oder Herstellungskosten empfiehlt sich zu prüfen, ob die Bilanzierungsrichtlinien des zu bewertenden Unternehmens Aktivierungskriterien bei Instandhaltungsmaßnahmen enthalten.[746]

Bei der Analyse der Instandhaltungsaufwendungen der letzten Jahre ist u. a. auf ungewöhnliche Trends zu achten und festzustellen, ob Anzeichen für unterlassene Instandhaltung vorliegen.[747] Im Beschluß des *OLG Düsseldorf* vom 11.1.1990 wurden beispielsweise die im Jahresabschluß ausgewiesenen Instandhaltungsaufwendungen um ca. 30-40% erhöht, weil sie bezogen auf den vorhandenen Wagenpark zu gering waren.[748] Relativ häufig kommen **Investitions- und Instandhaltungsrückstände** zum Beispiel vor, wenn ein bevorstehender Unternehmensverkauf schon längere Zeit geplant wurde.[749] Besonders wahrscheinlich sind Investitions- und Instandhaltungsrückstände bei wenig rentablen bzw. verlustträchtigen Unternehmen.[750]

Wurden in der Vergangenheit zu geringe Instandhaltungsaufwendungen festgestellt, dann ist für die Prognoserechnung erstens der nachhaltige Instandhaltungsaufwand festzustellen und zweitens die Höhe der Ersatzinvestitionen zu ermitteln. Hilfreich ist bei solchen Analysen, wenn das Unternehmen einem festgelegten Instandhaltungspro-

---

745 Nach *Ballwieser, W.*, IAS 16, S. 547-548, Rn. 75, sind dafür keine Überleitungsmaßnahmen vom HGB-Abschluß auf einen IAS-Abschluß erforderlich.
746 Vgl. *Weiss, H.-J.*, Kaufvoruntersuchung, S. 391.
747 Vgl. *Weiss, H.-J.*, Kaufvoruntersuchung, S. 391.
748 Vgl. *OLG Düsseldorf*, Beschluß vom 11.1.1990 - 19 W 6/86, S. 398.
749 Vgl. mit Bezug auf Investitionen *Brebeck, F./Bredy, J.*, Due Diligence aus bilanzieller und steuerlicher Sicht, S. 199.
750 Vgl. *Wollny, P.*, Unternehmens- und Praxisübertragungen, S. 385, Rn. 1609.

gramm folgt.[751] Zudem dienen die Aufwendungen in der Mehrzahl der Fälle der Werterhaltung, d. h. im Zweifel sind eher Instandhaltungsaufwendungen anzunehmen als nachträgliche Anschaffungs- oder Herstellungskosten. Dies bezieht sich sowohl auf IAS-Abschlüsse als auch auf HGB-Abschlüsse.[752]

Im Unterschied zu den IAS muß handelsrechtlich eine Rückstellung gebildet werden, wenn Instandhaltungsmaßnahmen aus einem früheren Geschäftsjahr im ersten Quartal des kommenden Geschäftsjahres nachgeholt werden sollen (§ 249 Abs. 1 Satz 2 Nr. 1 HGB). Als Sachverhaltsgestaltung können die Instandhaltungsarbeiten entweder beschleunigt erledigt werden (um handelsrechtlich und steuerrechtlich eine Passivierungspflicht zu erreichen) oder verzögert werden, damit die Passivierungspflicht entfällt.[753] Wenn die Instandhaltung nach Ablauf der Dreimonatsfrist in § 249 Abs. 1 Satz 2 Nr. 1 HGB nachgeholt wird, verfügt der Bilanzierende gemäß § 249 Abs. 1 Satz 3 HGB über ein Wahlrecht zur Rückstellungsbildung (steuerlich ist der Instandhaltungsaufwand dann dem neuen Geschäftsjahr zuzurechnen). Die praktische Bedeutung dieser möglichen Sachverhaltsgestaltung dürfte indes eher gering sein.[754]

Entsprechend dem Grundsatz der Maßgeblichkeit der Zahlungen sind wahlweise oder pflichtgemäß gebildete Rückstellungen für Instandhaltungsmaßnahmen und der zugehörige sonstige betriebliche Aufwand für die Bildung dieser Rückstellung zu eliminieren. Da diese Rückstellungen nach IASC-Grundsätzen nicht gebildet werden dürfen, entfallen entsprechende Bereinigungen.

3.3.8. Sonstiger betrieblicher Aufwand

3.3.8.1. Pauschalwertberichtigungen auf Forderungen

Pauschalwertberichtigungen wegen des allgemeinen Ausfallrisikos bei Forderungen dürfen im handelsrechtlichen Abschluß als aktivische Kürzung der Forderungen aus Lieferungen und Leistungen ausgewiesen werden.[755] Die IAS-Standards enthalten keine ausdrückliche Regelung über **Pauschalwertberichtigungen**. Indes ist wegen F. 85 davon auszugehen, daß normalerweise auch nach IASC-Grundsätzen Pauschalwertberichtigungen gebildet werden müssen; vor allem dann, wenn die Notwendigkeit einer Wertberichtigung beispielsweise durch Erfahrungswerte aus der Vergangenheit nach-

---

751 Vgl. *Weiss, H.-J.*, Kaufvoruntersuchung, S. 391.
752 Vgl. mit Bezug auf das deutsche Recht: *Moxter, A.*, Bilanzrechtsprechung, S. 180 sowie zu den IAS: IAS 16.26.
753 Vgl. *Hinz, M.*, Sachverhaltsgestaltungen, S. 238; *Heinhold, M.*, Bilanzpolitik, Sp. 534.
754 Vgl. *Hinz, M.*, Sachverhaltsgestaltungen, S. 240.
755 Vgl. *Lachnit, L.*, § 275, S. 38, Rn. 87.

gewiesen wird.[756] In der Praxis werden in den IAS-Abschlüssen internationaler Unternehmen sowohl Rückstellungen für voraussichtlich ausfallende Forderungen ausgewiesen[757] als auch die Forderungen mit den Wertberichtigungen saldiert.[758]

Aus Sicht der Unternehmensbewertung müssen Pauschalwertberichtigungen bei angemessener Höhe und nicht zu großen Schwankungen nicht bereinigt werden. Eine Korrektur der Pauschalwertberichtigung und der korrespondierenden Aufwands- und Ertragsgrößen kann daher unterbleiben, wenn der zugrunde gelegte Prozentsatz ausfallender Forderungen im Zeitraum der Vergangenheitsanalyse konstant geblieben ist und keine Anhaltspunkte für höhere oder niedrigere Forderungsausfälle vorliegen. Die Inanspruchnahme der Pauschalwertberichtigung und die Höhe der Zuführung gleichen sich dann ungefähr aus. Eine Bereinigung ist dagegen notwendig, wenn z. B. aus bilanzpolitischen Gründen die zugrunde gelegte Ausfallquote geändert wurde.

Allerdings führt die Bildung von Pauschalwertberichtigungen bzw. das Abschreiben von Forderungen dazu, daß ein erwarteter, als zahlungswirksam angesehener Ertrag (= der Umsatz) durch einen nicht zahlungswirksamen Aufwand korrigiert wird (= die Forderungsabschreibung). Bei einer indirekten Ermittlung eines **Cash Flow**[759] kann dadurch ein zu hoher Cash Flow ermittelt werden, wenn der Cash Flow nicht entsprechend korrigiert wird.[760] Weil Umsatzerlöse i. d. R. als zahlungswirksam angesehen werden, es aber nicht in vollem Umfang sind (z. B. geht für ausfallende Forderungen keine Zahlung ein), müßten indirekt ermittelte Cash Flows u. a. um den nicht zahlungswirksamen Teil der Umsatzerlöse korrigiert werden. Cash Flows werden beim hier betrachteten Wirtschaftsprüferverfahren zwar nicht unmittelbar zugrunde gelegt, dienen aber häufig z. B. als Korrekturgröße.

3.3.8.2. Aufwendungen für die Bildung oder Zuführung von Rückstellungen

3.3.8.2.1. Vorbemerkung

Da Rückstellungen aus einer Vielzahl verschiedener Gründe gebildet werden und sich die handelsrechtlichen Vorschriften zur Bildung von Rückstellungen von den korre-

---

756 Vgl. auch *KPMG*, International Accounting Standards, S. 83; *IDW (Hrsg.)*, Rechnungslegung nach IAS, S. 166.
757 *Fuchs* hält dies - allerdings ohne nähere Begründung - für unzulässig; vgl. *Fuchs, M.*, Jahresabschlußpolitik und IAS, S. 201.
758 Wertberichtigungen als Kürzung der Forderungen finden sich z. B. bei *Alusuisse-Lonza Holding AG (Hrsg.)*, Geschäftsbericht 1996, S. 57.
759 Der theoretisch richtige Cash Flow (=Σ Einzahlungen ./. Σ Auszahlungen) wird meist durch eine indirekte Ermittlung approximiert, z. B. Cash Flow= Jahresüberschuß +/- Veränderung der langfristigen Rückstellungen + Abschreibungen - Zuschreibungen; vgl. z. B. *Leffson, U.*, Bilanzanalyse, S. 158-159.
760 Vgl. *Münch, D.*, Erkenntnisgehalt der Cash-Flow-Analyse, S. 1302.

spondierenden IASC-Grundsätzen unterscheiden, werden kurz wesentliche Grundlagen für die Bilanzierung von Rückstellungen nach HGB und nach IAS dargestellt. Darauf aufbauend wird dann dargestellt, wie Aufwendungen für die Bildung und Zuführung von Rückstellungen im IAS-Abschluß und im HGB-Abschluß behandelt werden sowie welche Bereinigungen gegebenenfalls erforderlich sind.

3.3.8.2.2. Begriff der Rückstellungen und die zugrundeliegenden Verpflichtungen nach HGB und IAS

Handelsrechtlich werden Rückstellungen als Passivposten für Verpflichtungen des Unternehmens definiert, die am Bilanzstichtag dem Grund und/oder der Höhe nach ungewiß sind. Der Aufwand für die Rückstellungsbildung ist der Verursachungsperiode für die entstandene Verpflichtung zuzurechnen.[761] Handelsrechtlich werden in § 249 HGB **vier Rückstellungsarten** unterschieden:[762]

(1) Rückstellungen für ungewisse Verbindlichkeiten (Ansatzpflicht gemäß § 249 Abs. 1 Satz 1 HGB),

(2) Rückstellungen für drohende Verluste aus schwebenden Geschäften (Ansatzpflicht gemäß § 249 Abs. 1 Satz 1 HGB),

(3) Rückstellungen für Gewährleistungen ohne rechtliche Verpflichtung (Ansatzpflicht gemäß § 249 Abs. 1 Satz 2 Nr. 2 HGB) und

(4) Aufwandsrückstellungen (teilweise Ansatzpflicht (§ 249 Abs. 1 Satz 2 Nr. 1 HGB), teilweise Ansatzwahlrecht (§ 249 Abs. 1 Satz 3 und Abs. 2 HGB) .

Wenn der Rückstellung eine **Innenverpflichtung** zugrunde liegt, kommt nur eine (4) Aufwandsrückstellung in Frage. Liegt dagegen eine **Außenverpflichtung** vor, dann kann es sich um eine der unter (1) bis (3) genannten Rückstellungsarten handeln. Sie werden hier unter „Rückstellungen aufgrund rechtlicher oder wirtschaftlicher Drittverpflichtungen" zusammengefaßt.

Nach IASC-Grundsätzen umfaßt der *liability*-Begriff nicht nur Verbindlichkeiten im handelsrechtlichen Sinne, sondern auch Rückstellungen *(provisions)*. *Provisions* sind Verpflichtungen, die dem Grunde und/oder der Höhe nach ungewiß sind (E 59.10 sowie F. 64).[763] Aus handelsrechtlicher Sicht entsprechen sie daher ungefähr den Rückstellungen. Allerdings bestehen nach IASC-Grundsätzen zum einen keine Ansatzwahlrechte für Rückstellungen und zum anderen sind Aufwandsrückstellungen unzulässig,

---

761 Vgl. *Baetge, J.*, Bilanzen, S. 349.

762 Nach § 266 Abs. 3 B. HGB müssen Rückstellungen bei großen Kapitalgesellschaft in Rückstellungen für Pensionen und ähnliche Verpflichtungen, Steuerrückstellungen und sonstige Rückstellungen gegliedert werden.

763 Vgl. *IDW (Hrsg.)*, Rechnungslegung nach IAS, S. 26.

weil Aufwandsrückstellungen aufgrund von Innenverpflichtungen gebildet werden, die nach IAS in der Bilanz nicht angesetzt werden dürfen.[764]

3.3.8.2.3. Rückstellungen aufgrund rechtlicher oder wirtschaftlicher Drittverpflichtungen

Rückstellung für ungewisse Verbindlichkeiten (§ 249 Abs. 1 Satz 1 HGB) müssen bei einer Vielzahl von Sachverhalten gebildet werden, wenn die Kriterien des Passivierungsgrundsatzes erfüllt sind.[765] Ihnen liegt entweder eine bürgerlich-rechtliche Außenverpflichtung oder eine öffentlich-rechtliche Außenverpflichtung zugrunde. Zu den Rückstellungen aufgrund von **öffentlich-rechtlichen Außenverpflichtungen** gehören zum Beispiel Aufwendungen der Betriebsprüfung, Aufwendungen vorgeschriebener Sicherheitsinspektionen und Aufwendungen für Umweltschutzauflagen. Rückstellungen aufgrund von **bürgerlich-rechtlichen Außenverpflichtungen** sind z. B. Gewährleistungsrückstellungen oder Pensionsrückstellungen.

Im angelsächsischen Raum besitzen die sogenannten Restrukturierungsrückstellungen eine besondere Bedeutung. Der E 59 „*provisions, contingent liabilities and contingent assets*"[766] widmet ihnen sogar einen besonderen Abschnitt. Restrukturierungen treten vor allem bei internationalen Konzernen häufig auf, z. B. wenn Betriebsteile oder Tochtergesellschaften geschlossen werden.[767] **Restrukturierungsrückstellungen** nach IAS enthalten vielfach vor allem die Aufwendungen für künftige Entlassungen (Abfindungen bzw. Sozialplankosten) und Entsorgungsmaßnahmen. Für diese Aufwendungen müssen handelsrechtlich Rückstellungen für ungewisse Verbindlichkeiten gebildet werden.[768] Die vom Betrag her bedeutendsten Bestandteile der Restrukturierungsrückstellungen nach IAS führen daher auch handelsrechtlich zu einer Rückstellungspflicht. Nicht geregelt ist derzeit, ob z. B. Strafgebühren für die Kündigung von Leasingverträgen bei anstehenden Restrukturierungen[769] oder die Umstellung von Fortführungswerten auf Liquidationswerte (z. B. die Abschreibung von Waren und Maschinen auf Liquidations- oder Schrottwerte[770]) in den Restrukturierungsrückstellungen nach IAS erfaßt werden müssen. Indes ist davon auszugehen, daß die US-amerikanischen Rege-

---

764 Vgl. *Achleitner, A.-K./Wollmert, P./Hulle, K. van*, Grundlagen, S. 42, Rn. 24.
765 Vgl. *Mayer-Wegelin, E.*, § 249, S. 636-644, Rn. 40.
766 Ein *Exposure Draft* wurde im Juli 1997 veröffentlicht; das endgültige Statement soll für Geschäftsjahre gültig werden, die ab dem 1. Januar 1999 beginnen.
767 Vgl. *Bertschinger, P.*, Konzernrechnung aus internationaler Sicht, S. 336.
768 Vgl. zur Berücksichtigung von Sozialplankosten z. B. *Adler, H./Düring, W./Schmaltz, K.*, § 252, S. 40, Rn. 36; *Clemm, H./Nonnenmacher, R.*, § 249, S. 346, Rn. 100 und von Entsorgungsaufwendungen z. B. *Clemm, H./Nonnenmacher, R.*, § 249, S. 329-330, Rn. 100.
769 Vgl. *Baetge, J./Siefke, M.*, IAS 22, S. 792, Rn. 81.
770 Vgl. *Bertschinger, P.*, Konzernrechnung aus internationaler Sicht, S. 336.

lungen[771], nach denen diese Aufwendungen Beispiele für Bestandteile von Restrukturierungsrückstellungen darstellen, auch nach IASC-Grundsätzen rückstellungspflichtig sind.[772]

3.3.8.2.4. Aufwandsrückstellungen

Zuführungen zu den Aufwandsrückstellungen werden gem. § 249 Abs. 2 HGB als sonstige betriebliche Aufwendungen gebucht, unabhängig davon, ob z. B. künftige Reparaturen an einem Verwaltungsgebäude von eigenem oder fremdem Personal vorgenommen werden.[773] Die tatsächlichen Aufwendungen in nachfolgenden Perioden werden entweder durch sonstige betriebliche Erträge in gleicher Höhe neutralisiert oder direkt gegen die Rückstellung gebucht. Bei der **Bereinigungsrechnung** ist zunächst der Aufwand für die Bildung der Aufwandsrückstellung (= im Handelsrecht: Buchung als sonstiger betrieblicher Aufwand) zu eliminieren. Soweit bei der späteren Auflösung der Aufwandsrückstellung ein sonstiger betrieblicher Ertrag gebucht wird, weil die der Rückstellung zugrundeliegenden Aufwendungen (z. B. Materialaufwand, Personalaufwand) erfolgswirksam gebucht werden - und nicht erfolgsneutral gegen die Rückstellung -, muß dieser sonstige betriebliche Ertrag bereinigt werden. Es handelt sich dabei lediglich um eine Verlängerung der GuV. Sowohl dieser sonstige betriebliche Ertrag als auch der sonstige betriebliche Aufwand für die Bildung der Rückstellung sind nicht nachhaltig und daher zu bereinigen.

Nach IASC-Grundsätzen sind Aufwandsrückstellungen wegen der zugrundeliegenden Innenverpflichtungen nicht rückstellungsfähig, weil lediglich Verpflichtungen gegenüber Dritten, denen sich das Unternehmen aus rechtlichen oder wirtschaftlichen Gründen nicht entziehen kann, rückstellungsfähig und auch rückstellungspflichtig sind.[774] Bereinigungen aufgrund von Aufwandsrückstellungen sind in IAS-Abschlüssen daher nicht erforderlich.

3.3.8.2.5. Die Bereinigung der Aufwendungen aus der Bildung oder Zuführung von Rückstellungen

Bei der Bereinigung von Aufwendungen, die durch die Bildung von Rückstellungen oder Zuführung zu Rückstellungen entstanden sind, muß zwischen drei verschiedenen

---

771 Vgl. dazu vor allem *FASB (Hrsg.)*, EITF Abstracts 94-3 und 95-3.
772 Vgl. *Baetge, J./Siefke, M.*, IAS 22, S. 792-793, Rn. 81-83.
773 Vgl. *Förschle, G.*, § 275, S. 1108, Rn. 164.
774 Vgl. *IDW (Hrsg.)*, Rechnungslegung nach IAS, S. 211; *Pellens, B./Bonse, A., Fülbier, R. U.*, Organisatorischer und konzeptioneller Rahmen des IASC, S. 273.

Arten von Sachverhalten differenziert werden, die der Rückstellungsbildung zugrunde liegen können. Dabei kann es sich um (1) nachhaltige, (2) nicht nachhaltige und (3) in der Prognoserechnung gesondert berechnete Sachverhalte handeln (vgl. Übersicht E-27).

Übersicht E-27: Bereinigung von Rückstellungen

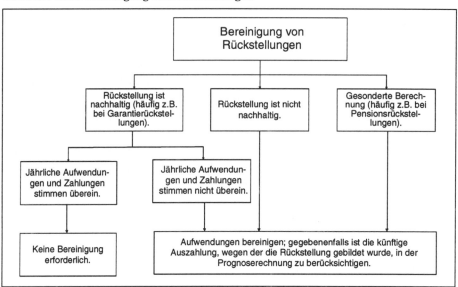

Ad (1): Nachhaltige Rückstellung

Bei nachhaltigen Rückstellungen (im Regelfall sind dies z. B. Garantierückstellungen) ist festzustellen, ob sich die jährlichen Auszahlungen wegen des zugrunde liegenden Sachverhalts in etwa mit den verrechneten Aufwendungen für die Rückstellungen ausgleichen. Ist dies der Fall, erübrigt sich eine Bereinigung. Werden dagegen zu hohe oder zu niedrige Aufwendungen verrechnet, dann bemißt sich der nachhaltige Aufwand nach den Auszahlungen. Falls die zu bereinigende Rückstellung diskontiert wurde, umfassen diese Aufwendungen auch den Zinsanteil der Zuführungen.

Ad (2): Nicht nachhaltige Rückstellung

Werden die Rückstellungen aufgrund von seltenen oder einmaligen Zahlungsverpflichtungen gebildet, dann sind sie nicht nachhaltig. Wenn es sich um eine nicht nachhaltige Rückstellung handelt, sind sämtliche Aufwendungen zu bereinigen (vgl. Übersicht E-27). Zu beachten ist dabei, daß die am Bilanzstichtag noch vorhandenen und nicht nachhaltigen Rückstellungen auf künftige Zahlungsverpflichtungen hinweisen, die in der Prognoserechnung berücksichtigt werden müssen. Diese Zahlungsverpflichtungen mindern die künftigen Einzahlungsüberschüsse. Dabei ist für die steuerliche Nebenrechnung zu beachten, daß der Aufwand für die Bildung der Rückstellung bereits steuerlich geltend gemacht worden sein kann.

Die Bereinigung nicht nachhaltiger Rückstellungen soll an einem **Beispiel** erläutert werden: Eine zu bewertende Kapitalgesellschaft erwartet nach dem Bewertungsstichtag nur noch eine Einzahlung (= Umsatz von 1.000 GE) und hat neben den Steuerzahlungen (Steuersatz von 40%) nur noch eine durch eine Rückstellung gedeckte Auszahlung zu tätigen (= Abfindungen von Mitarbeitern i. H. v. 700 GE). Zur Vereinfachung wird angenommen, daß alle Zahlungen einen Tag nach dem Bewertungsstichtag getätigt werden, so daß die Zahlungen nicht diskontiert werden müssen. Damit entsteht folgende Zahlungsreihe:

Übersicht E-28: Beispiel zum Einfluß von Rückstellungen auf den Unternehmenswert

	Einzahlungen	1.000 GE
./.	Auszahlungen für Abfindungen (der korrespondierende Aufwand wurde bei der Bildung der Rückstellung gebucht)	./. 700 GE
./.	Steuern	./. 400 GE
=	Unternehmenswert	./. 100 GE

Das Beispiel zeigt, daß die Aufwendungen aus einer nicht nachhaltigen Rückstellung den Unternehmenswert nicht beeinflussen dürfen. Doch auch wenn die Rückstellung nicht nachhaltig ist, erkennt der Bewerter durch das Vorhandensein dieser Rückstellung, daß künftig entsprechende Auszahlungen zu erwarten sind. Diese Auszahlungen sind in der Prognoserechnung zu berücksichtigen. Hingegen sind die Aufwendungen und Erträge aus der Bildung und Auflösung einer nicht nachhaltigen Rückstellung nur für die steuerliche Nebenrechnung relevant.

Ad (3): **Rückstellung bezieht sich auf einen in der Prognoserechnung gesondert berechneten Sachverhalt**

Vor allem die Pensionsrückstellungen werden aufgrund ihrer großen Bedeutung gesondert berechnet. In solchen Fällen wird z. B. durch gesonderte Gutachten oder Nebenrechnungen eine Zahlungsreihe für den zugrundeliegenden Sachverhalt prognostiziert. Bei der Vergangenheitsanalyse sind sämtliche Aufwendungen und Erträge zu bereinigen, die mit dem gesondert berechneten Posten zusammenhängen (z. B. die Aufwendungen für die Bildung der Rückstellung). Sofern die Zuführungen zu den Rückstellungen einen Zinsanteil enthalten, weil die Rückstellung diskontiert wurde, oder ein Zinsanteil gesondert als Zinsaufwand ausgewiesen wird, dann ist auch dieser Betrag zu bereinigen.

3.3.8.3. Aufwendungen aus der Währungsumrechnung

Aufwendungen aus der **Währungsumrechnung** sind handelsrechtlich entweder als sonstiger betrieblicher Aufwand zu bilanzieren oder in einem gesonderten Posten auszuweisen.[775] Sie sind analog den Erträgen aus der Währungsumrechnung zu behandeln. Wenn der Bewerter die Erfolgsbeiträge aus der Währungsumrechnung für nicht nachhaltig hält, müssen sie vollständig eliminiert werden, unabhängig davon, auf Basis welchen Kurses umgerechnet wurde und ob ein HGB-Abschluß oder ein IAS-Abschluß zugrunde liegt.

3.3.8.4. Andere sonstige betriebliche Aufwendungen

Unter „anderen sonstigen betrieblichen Aufwendungen" werden z. B. Aufwendungen für Anwaltskosten, Bürobedarf, Postgebühren, Aufwendungen für die Kantine, Konzessionsabgaben usw. zusammengefaßt. Normalerweise sind bei diesen Aufwendungen im IAS-Abschluß und im HGB-Abschluß keine Bereinigungen notwendig. Allerdings schreiben die IAS weder vor, daß ein mit den „sonstigen betrieblichen Aufwendungen" vergleichbarer Posten gebildet werden muß, noch wird - wenn ein solcher Posten freiwillig gebildet wird - der Inhalt dieses Postens vorgegeben. Daher können die genannten Aufwendungen in einem IAS-Abschluß auch anders ausgewiesen werden (z. B. als allgemeine Verwaltungskosten). Weiterhin hängt der Inhalt der sonstigen betrieblichen Aufwendungen im HGB-Abschluß bzw. eines vergleichbaren Postens im IAS-Abschluß bei Anwendung des UKV wesentlich davon ab, wie die Herstellungskosten der zur Erzielung der Umsatzerlöse erbrachten Leistungen abgegrenzt werden.[776]

3.3.9. Sonstige Steuern

Nach IASC-Grundsätzen muß kein Posten „sonstige Steuern" ausgewiesen werden. Ist ein solcher Posten vorhanden, entsprechen die Bereinigungen im IAS-Abschluß im wesentlich den Bereinigungen im HGB-Abschluß. Handelsrechtlich sind bei den sonstigen Steuern mehrere **Bereinigungen** notwendig:

Falls für die sonstigen Steuern ein Ausgleichsposten unter den sonstigen betrieblichen Erträgen besteht, weil die sonstigen Steuern einerseits den Aufgabenbereichen Herstellung, Verwaltung und Vertrieb zugeordnet werden und andererseits der Posten

---

775 Vgl. *Coenenberg, A. G.*, Jahresabschluß und Jahresabschlußanalyse, S. 395.
776 Vgl. *Förschle, G.*, § 275, S. 1137, Rn. 306.

Nr. 18 „sonstige Steuern" in voller Höhe ausgewiesen wird,[777] sind dieser Ausgleichsposten und eine der Aufwandsverrechnungen für die „sonstigen Steuern" aufzulösen.

Soweit es sich bei den sonstigen Steuern um **umsatzbezogene Verbrauchsteuern, Verkehrsteuern oder Monopolabgaben** handelt, sind diese Steuern mit dem betragsgleichen Gegenpart unter den Umsatzerlösen zu saldieren (z. B. Biersteuer, Mineralölsteuer, Tabaksteuer, Branntweinsteuer). Die als Aufwand ausgewiesenen sonstigen Steuern stellen dabei lediglich einen durchlaufenden Posten dar. Diese Bereinigung entfällt in IAS-Abschlüssen. Denn nach IAS 18.8 ist die Definition eines Ertrags[778] *(revenue)* nicht erfüllt, wenn ein vereinnahmter Betrag an einen Dritten weitergeleitet werden muß (z. B. vereinnahmte Umsatzsteuern). Dementsprechend entsteht auch kein Aufwand[779] *(expense)*, wenn z. B. vereinnahmte Mineralölsteuern oder Umsatzsteuern vom Unternehmen an das Finanzamt weitergeleitet werden. Für die Vergangenheitsanalyse bedeutet dies, daß sonstige Steuern nach IASC-Grundsätzen nicht als Aufwand ausgewiesen werden dürfen und daher auch nicht zu bereinigen sind, wenn sie einen durchlaufenden Posten darstellen.

Gezahlte **Grundsteuern** sind nach dem Grundsatz der Betriebsnotwendigkeit zu eliminieren, wenn sie für ein nicht betriebsnotwendiges oder mittlerweile veräußertes Grundstück entrichtet wurden.[780] Ansonsten zählen die Grundsteuern zum nachhaltigen ordentlichen Aufwand. **Grunderwerbsteuern** dürfen nicht unter den sonstigen Steuern ausgewiesen werden, da sie als Anschaffungsnebenkosten aktivierungspflichtig sind.[781] Aktivierte Grunderwerbsteuern wiederum werden i. d. R. nicht aufwandswirksam, da der zugrundeliegende Vermögensgegenstand (= ein Grundstück) nicht planmäßig abgeschrieben wird. Zu beachten ist allerdings, daß bei vielen Unternehmenskäufen Grunderwerbsteuern zu zahlen sind; u. U. sogar zweifach, wenn eine Erwerbsgesellschaft zunächst sämtliche Anteile übernimmt (= grunderwerbsteuerpflichtige Anteilsvereinigung) und in einem zweiten Schritt das Vermögen auf die Gesellschaft übertragen wird (= direkter steuerpflichtiger Grunderwerb).[782] **Umsatzsteuern auf den Eigenverbrauch** hat das Unternehmens selbst zu tragen; sie ist auch unter den sonstigen Steuern auszuweisen.[783] Häufig werden solche Beträge nicht wesentlich sein; ansonsten sind sie wegen mangelnder betrieblicher Veranlassung zu be-

---

777 Vgl. z. B. *Adler, H./Düring, W./Schmaltz, K.*, § 275, S. 536, Rn. 243.
778 Vgl. zur Definition von *revenue*: Abschnitt E. 2.4.5.
779 Vgl. zur Definition von *expense*: Abschnitt E. 2.4.6.
780 Vgl. *IDW (Hrsg.)*, WP-Handbuch 1992, Bd. II, S. 66, Rn. 133.
781 Vgl. *Ellrott, H./Schmidt-Wendt, D.*, § 255, S. 662, Rn. 71 m. w. N.
782 Vgl. zur Grunderwerbsteuer beim Unternehmenskauf: *Jung, W.*, Praxis des Unternehmenskaufs, S. 167-168. Mehrstufige Unternehmenskäufe dienen vor allem der Vermeidung von Körperschaftsteuer- und Gewerbeertragsteuerzahlungen; vgl. dazu etwa *Leimbach, A.*, Unternehmensübernahmen in der Bundesrepublik, S. 452-453.
783 Vgl. *Förschle, G.*, § 275, S. 1125, Rn. 248.

reinigen (beispielsweise der private „Einkauf" eines Unternehmers im eigenen Geschäft).

Nach § 250 Abs. 1 Nr. 1 HGB dürfen als Aufwand berücksichtigte Zölle und Verbrauchsteuern auf Vorratsvermögen als aktive Rechnungsabgrenzung angesetzt werden, d. h. handelsrechtlich besteht für **nicht erstattungsfähige Zölle und Verbrauchsteuern** auf Gegenstände des Vorratsvermögens ein Aktivierungswahlrecht. Das Aktivierungswahlrecht ist stetig auszuüben.[784] Nach IAS 2.8 zählen die nicht erstattungsfähigen Zölle und Verbrauchsteuern zu den aktivierungspflichtigen Anschaffungs- oder Herstellungskosten des Vorratsvermögens. Eine Rechnungsabgrenzung kommt nicht in Frage.[785] Wenn nicht erstattungsfähige Zölle und Verbrauchsteuern handelsrechtlich als aktivische Rechnungsabgrenzung bilanziert werden, werden sie genauso erfolgsneutral behandelt wie nach IASC-Grundsätzen. Die für die Unternehmensbewertung maßgebliche Erfolgsentwicklung unterscheidet sich daher nach HGB und IAS nur, wenn die Zölle und Verbrauchsteuern handelsrechtlich als Aufwand berücksichtigt werden, was nach IASC-Grundsätzen nicht erlaubt ist. Unter Beachtung des Grundsatzes der Wirtschaftlichkeit und Relevanz können daher Bereinigungen erforderlich sein, wenn erstens die Höhe der Zölle und Verbrauchsteuern wesentlich ist und sie zweitens von Geschäftsjahr zu Geschäftsjahr stark schwankt.

Im Ergebnis verbleiben bei einem handelsrechtlichen Jahresabschluß nach den Bereinigungen nur noch relativ wenige Aufwendungen in den sonstigen Steuern (z. B. Kraftfahrzeugsteuern, pauschale Lohnsteuer nach §§ 40, 40a und b EStG, evtl. Ausfuhrzölle[786]). Teilweise wird in handelsrechtlichen Jahresabschlüssen eine regelmäßig zu zahlende Steuer – dazu zählt bei manchen Industrie- und Handelsunternehmen auch die Versicherungsteuer[787] – innerhalb eines anderen Aufwandspostens ausgewiesen (z. B. den sonstigen betrieblichen Aufwendungen). Soweit dies die Aufwandsstrukturen nicht wesentlich ändert, muß diese Zuordnung nicht bereinigt werden.

4. Bereinigungen des Finanzergebnisses

4.1. Erträge aus Beteiligungen

Beteiligungen an Kapitalgesellschaften dürfen nach § 253 Abs. 1 HGB höchstens mit ihren Anschaffungskosten ausgewiesen werden, die ggf. um außerplanmäßige Abschreibungen gem. § 253 Abs. 2 HGB vermindert werden müssen (**Anschaffungskostenprinzip**). Die Anwendung der Equity-Methode ist im handelsrechtlichen Ein-

---

784 Vgl. *Kalabuch, J.*, Der Stetigkeitsgrundsatz, S. 308-313.
785 Vgl. *IDW (Hrsg.)*, Rechnungslegung nach IAS, S. 176.
786 Vgl. *Förschle, G.*, § 275, S. 1125, Rn. 248.
787 Vgl. *Förschle, G.*, § 275, S. 1126, Rn. 251.

zelabschluß nicht zulässig,[788] da der Grundgedanke der Equity-Methode[789] dem Anschaffungswertprinzip widerspricht: Die Equity-Methode soll vermeiden, daß bei einer eventuell schon länger gehaltenen Beteiligung an einem assoziierten Unternehmen erhebliche stille Reserven und Lasten entstehen.[790]

Nach IASC-Grundsätzen ist die Anwendung der **Equity-Methode** im Einzelabschluß bei Tochterunternehmen, Gemeinschaftsunternehmen *(jointly controlled entities)* und assoziierten Unternehmen erlaubt. Auf Finanzinvestitionen nach IAS 25[791] darf sie hingegen nicht angewendet werden (vgl. Übersicht E-29):

- Das Mutterunternehmen darf im Einzelabschluß wählen, ob ein **Tochterunternehmen** nach der Equity-Methode, der Anschaffungskostenmethode oder der Neubewertungsmethode nach IAS 25 bilanziert wird (IAS 27.29).

- Bei Gemeinschaftsunternehmen *(jointly controlled entities)*, einer der Arten von **Joint Ventures,** darf die Equity-Methode im Einzelabschluß (IAS 31.38) angewendet werden. Joint Ventures werden nach IAS 31.3 in drei Arten unterteilt. Die *jointly controlled entities* entsprechen dabei in etwa einem Gemeinschaftsunternehmen im Sinne des HGB.[792]

- **Assoziierte Unternehmen** dürfen im Einzelabschluß erstens nach der Equity-Methode oder der Anschaffungskostenmethode bilanziert werden (je nachdem, welches dieser Verfahren im Konzernabschluß verwendet wurde oder hätte verwendet müssen; vgl. IAS 28.12(a) und IAS 28.14(a)), und zweitens nach den Vorschriften für langfristige Finanzinvestitionen gem. IAS 25, d. h. wahlweise nach der Anschaffungskostenmethode oder der Neubewertungsmethode (vgl. IAS 28.12(b) und IAS 28.14(b)).

---

788 Vgl. z. B. *Küting, K./Zündorf, H.,* § 312, S. 1520, Rn. 1.
789 Zur Anwendung der Equity-Methode im Handelsrecht und nach IAS 28 vgl. z. B. *Baetge, J./Bruns, C.,* IAS 28.
790 Vgl. *Havermann, H.,* Bilanzierung von Beteiligungen, S. 233.
791 Der Begriff „Beteiligung" (im Sinne von § 271 HGB) ist nicht ganz deckungsgleich mit „Finanzinvestition nach IAS 25".
792 Vgl. *Baetge, J.,* Konzernbilanzen, S. 434; *Pellens, B.,* Internationale Rechnungslegung, S. 437.

Übersicht E-29: Anwendungsbereich der Equity-Methode im IAS-Einzelabschluß[793]

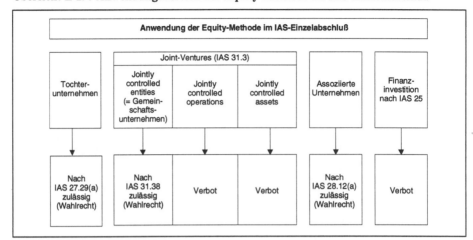

Da IAS 25 zur Zeit noch relativ viele Wahlrechte enthält und sowohl die US-amerikanische als auch die deutsche Bilanzierungsweise abdeckt,[794] wird dieser Standard weiter überarbeitet; bis März 1998[795] soll eine Neufassung präsentiert werden.

Theoretisch korrekt wäre eine Beteiligungsbewertung mit ihrem Ertragswert.[796] Bei wesentlichen Tochterunternehmen wird daher oft eine **gesonderte Unternehmensbewertung** notwendig sein. Ansonsten ist zwischen dem Informationsnutzen und den Informationskosten abzuwägen, d. h. der Bewerter muß zunächst feststellen, wie stark das Ergebnis des zu bewertenden Unternehmens durch eine Beteiligung beeinflußt wird. Handelt es sich bei der einer Beteiligung lediglich um eine Kapitalanlage, dann dürften in vielen Fällen Näherungslösungen ausreichen (indem beispielsweise die durchschnittliche Rendite des Unternehmens mit der branchenüblichen Rendite verglichen wird).

Für Zwecke der Unternehmensbewertung sind die gebuchten Beteiligungserträge oft zu wenig aussagefähig, zumal sie bei der Anschaffungskostenmethode auf (vom Mehrheitsaktionär beeinflußbaren) Dividendenzahlungen beruhen. Daher sollte sich der Bewerter - soweit möglich - auch von allen Tochterunternehmen und assoziierten Unternehmen, die aufgrund ihres Umsatzes, ihres Ergebnisses oder aus anderen Gründen relevant sein könnten, die letzten Jahresabschlüsse beschaffen.[797]

---

793 Vgl. *Baetge, J./Bruns, C.*, IAS 28, S. 1090, Rn. 44.
794 Vgl. *Pellens, B.*, Internationale Rechnungslegung, S. 412.
795 Bis auf den geplanten Standard über *Agriculture* sollen alle anderen Standards bis spätestens März 1998 erarbeitet oder überarbeitet werden; vgl. *IASC*, IASC Update April 1996, S. 1.
796 Vgl. z. B. *Helbling, C.*, Unternehmensbewertung und Steuern, S. 505.
797 Vgl. *Gregory, A.*, Valuing Companies, S. 56.

4.2. Zinserträge

Im handelsrechtlichen GuV-Posten „Erträge aus anderen Wertpapieren und Ausleihungen des Finanzanlagevermögens" werden im wesentlichen Zinszahlungen, vereinnahmte Dividenden und andere Ausschüttungen ausgewiesen. Nach IASC-Grundsätzen darf ein **vergleichbarer Posten** ausgewiesen werden, muß es aber nicht.

Bei der Unternehmensbewertung bietet es sich an, die „Erträge aus anderen Wertpapieren und Ausleihungen des Finanzanlagevermögens" mit den Posten „Erträge aus Beteiligungen" und/oder „Sonstige Zinsen und ähnliche Erträge" zusammenzufassen, da diese drei Posten nicht klar voneinander getrennt werden können. Auch die Bereinigungsmaßnahmen sind bei diesen Posten ähnlich.

Der nach § 275 Abs. 3 Nr. 10 HGB für das UKV vorgeschriebene Posten „Sonstige Zinsen und ähnliche Erträge" dient als Sammelposten.[798] Ein vergleichbarer Posten braucht nach IASC-Grundsätzen nicht ausgewiesen zu werden, lediglich die Höhe der Zinserträge (*interest income*) insgesamt ist nach IAS 5.18 (c) anzugeben.[799] Diese Angabepflicht wird allerdings mit dem Inkrafttreten des IAS 1 (revised 1997) entfallen.

Bei den Zinserträgen sind normalerweise kaum Bereinigungen notwendig. **Bereinigungen** kommen vor allem dann in Betracht, wenn Zinserträge nicht nachhaltig sind. Zum Beispiel ist festzustellen, ob die zinstragenden Vermögensgegenstände (etwa Termineinlagen, Dividenden aus Wertpapieren des Umlaufvermögens) noch vorhanden sind bzw. in welcher Höhe künftig vergleichbare Vermögensgegenstände gehalten werden sollen. Im übrigen ist der künftige Liquiditätsbedarf kritisch zu betrachten. Viele Unternehmen halten gutgefüllte „Kriegskassen" vor, die der Finanzierung von Akquisitionen oder anderen Großinvestitionen dienen sollen. Falls in der absehbaren Zukunft entsprechende Investitionen geplant sind, fallen die Zinserträge aus den dafür benötigten liquiden Mitteln weg. Diese Zinserträge sind dann nicht nachhaltig.

Falls die **Durchschnittsverzinsung** der zinstragenden Vermögensgegenstände deutlich von dem langfristigen Durchschnitt des Zinssatzes für solche Vermögensgegenstände abweicht, ist nach dem Grundsatz der Verwendung von Marktwerten und dem Grundsatz der Nachhaltigkeit die Höhe der Zinserträge zu bereinigen. Die Zinserträge sind dann auf Basis des langfristigen Durchschnittszinssatzes für solche Vermögensgegenstände neu zu berechnen.

Soweit die Zinserträge aus nicht betriebsnotwendigem Vermögen stammen, sind sie zu eliminieren (Grundsatz der Betriebsnotwendigkeit).

---

[798] Vgl. *Adler, H./Düring, W./Schmaltz, K.*, § 275, S. 502, Rn. 156.
[799] Zur Abgrenzung der Posten vgl. 3.3.3.

4.3. Zinsaufwendungen

4.3.1. Vorbemerkung

Bilanziell sind bei der Analyse des Zinsaufwands vor allem drei Besonderheiten zu beachten, die in den folgenden Abschnitten erläutert werden: Der Zinsaufwand kann (1) gemindert werden, wenn ein unmittelbarer Zusammenhang zwischen der Herstellung eines Vermögensgegenstands und seiner Finanzierung besteht und Fremdkapitalzinsen als Herstellungskosten aktiviert werden. Erheblichen Einfluß auf die Höhe des Zinsaufwands besitzt auch (2) der Ausweis des Zinsanteils der Pensionsrückstellungen, der sowohl als Zinsaufwand als auch als Personalaufwand ausgewiesen werden darf. Weiterhin muß der Bewerter prüfen, ob (3) unverzinsliche oder niedrigverzinsliche Verbindlichkeiten den Einblick in die wirtschaftliche Lage des Unternehmens verschleiern, da solche nicht marktgerechten Konditionen i. d. R. nicht dauerhaft genutzt werden können und oft bei einem Eigentümerwechsel des Unternehmens o. ä. entfallen.

4.3.2. Aktivierung von Finanzierungsaufwendungen

Handelsrechtlich dürfen Zinsen für Fremdkapital als Herstellungskosten aktiviert werden, wenn sie auf den Zeitraum der Herstellung entfallen und soweit sie für die Finanzierung der Herstellung eines Vermögensgegenstands verwendet werden (Aktivierungswahlrecht gemäß § 255 Abs. 3 HGB).[800]

Nach der bevorzugten Methode in IAS 23.7 sind Finanzierungsaufwendungen grundsätzlich sofort als Aufwand zu buchen. Bei der alternativen Methode gemäß IAS 23.10 dürfen Finanzierungsaufwendungen dagegen aktiviert werden, wenn sie der Anschaffung oder Herstellung eines qualifizierten Vermögenswerts (*qualifying asset*) dienen (Aktivierungswahlrecht). Unter einem **qualifizierten Vermögenswert** wird dabei ein Vermögenswert verstanden, bei dessen Anschaffung oder Herstellung ein längerer Zeitraum vergeht, bis der Vermögenswert im Unternehmen eingesetzt oder an Dritte verkauft werden kann (IAS 23.4). Dazu zählen z. B. Bürogebäude oder Energieversorgungseinrichtungen (IAS 23.6). Bei anderen Vermögenswerten, die z. B. mit hoher Umschlaghäufigkeit produziert und veräußert werden oder bereits einsatzfähig angeschafft werden, dürfen keine Finanzierungsaufwendungen aktiviert werden. Die Aktivierung von Finanzierungsaufwendungen bei qualifizierten Vermögenswerten setzt weiter voraus, daß die Finanzierungsaufwendungen direkt zugerechnet werden können und ihnen wahrscheinlich ein künftiger wirtschaftlicher Nutzen gegenübersteht (IAS 23.11-13).

---

800 Vgl. auch z. B. *Ellrott, H./Schmidt-Wendt, D.*, § 255, S. 749-750, Rn. 507-508.

Bereinigungen des Finanzergebnisses

Das **handelsrechtliche Aktivierungswahlrecht für Finanzierungsaufwendungen** nach § 255 Abs. 3 Satz 2 HGB unterscheidet sich von IAS 23 in mehrfacher Hinsicht. So trennt IAS 23 nicht zwischen Anschaffungs- und Herstellungsvorgängen, d. h. Finanzierungsaufwendungen dürfen bei Vorliegen der übrigen Voraussetzungen auch bei der Anschaffung eines Vermögenswerts aktiviert werden.[801] Zudem ist streitig, ob die aktivierungsfähigen Finanzierungsaufwendungen nach deutschem Handelsrecht und nach IAS 23 identisch abgegrenzt werden.[802] Weiterhin begrenzt IAS 23 im Gegensatz zu § 255 Abs. 3 Satz 2 HGB die Aktivierung der Finanzierungsaufwendungen nicht auf den Zeitraum der Herstellung eines Vermögensgegenstandes.[803] Schließlich sind die **Voraussetzungen für die Aktivierung der Fremdkapitalzinsen** in IAS 23 enger als nach dem deutschen Handelsrecht; zum Beispiel wird u. a. in IAS 23.15 das Vorliegen eines qualifizierten Vermögenswerts vorausgesetzt.[804]

Durch das Aktivierungswahlrecht für Finanzierungsaufwendungen nach IAS 23 bzw. nach § 255 Abs. 3 Satz 2 HGB verfügt der Bilanzierende über größere **bilanzpolitische Möglichkeiten** als bei einem Aktivierungsverbot. Neben der Entscheidung, daß Aktivierungswahlrecht zu nutzen oder nicht, bestehen noch weitere Spielräume, z. B. hinsichtlich der Wahl des Aktivierungszeitpunkts (in Betracht kommen u. a. das Datum des Vertragsabschlusses, der Zeitpunkt des Erwerbs und die Erteilung der Baugenehmigung).[805]

Bei der Vergangenheitsanalyse sind eventuell aktivierte Finanzierungsaufwendungen zu bereinigen. Ansonsten besteht zunächst die Gefahr, daß sie doppelt berücksichtigt werden: Einerseits werden sie beim Verkauf der Erzeugnisse aufwandswirksam (= Ausweis unter den Herstellungskosten), während andererseits die zugrundeliegenden Verbindlichkeiten auf entsprechende Zinsaufwendungen hindeuten. Weiterhin gebietet die Technik der Unternehmensbewertung, daß der gesamte künftige Zinsaufwand über eine Finanzbedarfsrechnung ermittelt wird.[806] Die aktivierten Teile der Finanzierungsaufwendungen sind daher aus den Herstellungskosten zu eliminieren.

---

801 Vgl. dazu *Schönbrunn, N.,* IAS 23, S. 894, Rn. 60.
802 Nach *Schönbrunn, N.,* IAS 23, S. 894-895, Rn. 61-62, zählen Kosten der Kapitalbeschaffung nach IAS 23, aber nicht nach deutschem Handelsrecht zu den aktivierungsfähigen Finanzierungsaufwendungen. A. A. *Knop, W./Küting, K.,* § 255, S. 11104, Rn. 335; *Adler, H./Düring, W./Schmaltz, K.,* § 255, S. 400, Rn. 207.
803 Vgl. dazu *Schönbrunn, N.,* IAS 23, S. 895, Rn. 62.
804 Vgl. zu den Aktivierungsvoraussetzungen nach IAS 23: *Schönbrunn, N.,* IAS 23, S. 895, Rn. 62.
805 Vgl. mit Bezug auf eine vergleichbare Regelung in Großbritannien *Niehus, R. J.,* Accounting for Growth, S. 58.
806 Vgl. *IDW (Hrsg.),* WP-Handbuch 1992, Bd. II, S. 75-79, Rn. 157-163.

4.3.3. Behandlung des Zinsanteils der Pensionsrückstellungen

Beim Zinsanteil der Pensionsrückstellungen handelt es sich i. d. R. um recht hohe Beträge; meist 40-50% der Zuführungen zu den Pensionsrückstellungen.[807] In der handelsrechtlichen Bilanzierungspraxis werden der Zinsanteil und die Zuführungen zu den Pensionsrückstellungen überwiegend dem Personalaufwand zugeordnet.[808] Wird das UKV angewendet, muß der Personalaufwand auf die Aufgabenbereiche (Herstellung, Verwaltung und Vertrieb) verteilt werden. Dabei darf der Zinsanteil der Pensionsrückstellungen wegen § 255 Abs. 3 Satz 1 HGB nicht aktiviert werden.

Die IAS regeln nicht, wie der Zinsanteil der Pensionsrückstellungen auszuweisen ist. Der Ausweis als Zinsaufwand *(interest expense)* entspricht allerdings internationalen Gepflogenheiten.[809]

In der **Bereinigungsrechnung** teilt der Zinsanteil der Pensionsrückstellungen das Schicksal der zugrundeliegenden Pensionsaufwendungen. Nimmt der Bewerter also an, daß sich das Unternehmen im „Beharrungszustand" befindet und sich die Pensionszahlungen und die jährlichen Aufwendungen für Pensionen (einschließlich des Zinsanteils der Zuführungen zu den Pensionsrückstellungen) ungefähr ausgleichen, dann ist der Zinsanteil der Pensionsrückstellungen nicht zu bereinigen. Werden die Pensionsrückstellungen dagegen gesondert berechnet, dann sind sämtliche GuV-Wirkungen der Pensionsrückstellungen (einschließlich des Zinsanteils der Zuführungen zu den Pensionsrückstellungen) zu bereinigen.

4.3.4. Bereinigungen bei zinslosen oder niedrigverzinslichen Darlehen

Falls ein Unternehmen über unverzinsliche oder niedrigverzinsliche Darlehen verfügt, sind die Bedingungen der Darlehensgewährung zu prüfen. Bei außerbetrieblichen Gründen für die Darlehensgewährung (vor allem bei verwandtschaftlichen oder sonstigen persönlichen Beziehungen zu dem oder den Inhabern des Unternehmens) kann der Zinsvorteil nicht als nachhaltig verfügbarer Vorteil angesehen werden, da der Zinsverzicht der Darlehensgläubiger auf persönlichen Beziehungen zu den Gesellschaftern beruht. Der Zinsvorteil ist damit als außergewöhnlicher Umstand anzusehen, der dem Unternehmen auf Dauer nicht erhalten bleiben wird.[810] In diesem Falle wäre ein nach

---

807 Vgl. *Adler, H./Düring, W./Schmaltz, K.*, § 275, S. 487, Rn. 121.
808 Vgl. *Thoms-Meyer, D.*, GoB für Pensionsrückstellungen, S. 169.
809 Vgl. z. B. *Baetge, J.*, Bilanzanalyse, S. 381. Da der Ausweis des Zinsanteils im Finanzergebnis international üblich ist, hat zum Beispiel die *Henkel KGaA* 1997 in ihrem ersten IAS-Abschluß den Zinsanteil der Pensionsrückstellungen in Höhe von 170 Mio. DM als Zinsaufwand ausgewiesen; vgl. *Henkel KGaA (Hrsg.)*, Geschäftsbericht 1997, S. 47 und S. 59.
810 Vgl. *BFH*, Urteil vom 19.3.1987 - IV R 85/85, S. 581.

marktüblichen Zinssätzen berechneter Zinsaufwand bei der Ermittlung der prognostizierten Einzahlungsüberschüsse zu berücksichtigen.

Niedrig verzinsliche Darlehen im Vergleich zum Zinsniveau in der Landeswährung liegen auch vor, wenn Fremdwährungskredite in einem Land aufgenommen werden, dessen Zinsniveau deutlich geringer ist. Allerdings steht den niedrigen Zinsen dann das Risiko von Währungsschwankungen gegenüber (vor allem das Risiko einer Abwertung der eigenen Währung).[811] Dieses Risiko kann zwar durch geeignete Sicherungsgeschäfte (Hedging) verringert werden, doch verursachen diese Sicherungsgeschäfte relativ hohe Kosten. In der Praxis wird daher bei deutschen Großunternehmen i. d. R. nur ein Teil des Fremdwährungsrisikos abgesichert.

Unverzinsliche oder niedrigverzinsliche Darlehen sind dagegen i. d. R. nicht zu bereinigen, wenn sie mit anderen wirtschaftlichen Sachverhalten verknüpft sind, beispielsweise bei einem Bierlieferungsvertrag zwischen einer Brauerei und einer Gaststätte. In solchen Fällen wird üblicherweise vertraglich festgelegt, wie lange das zu bewertende Unternehmen diese Finanzierungskonditionen nutzen kann. Die Nachhaltigkeit läßt sich dadurch einfach beurteilen.

4.3.5. Andere Bereinigungen der Zinsen und ähnlichen Aufwendungen

Der Zinsaufwand ergibt sich - ähnlich wie andere GuV-Posten - aus einem Mengengerüst (= den verzinslichen Verbindlichkeiten des Unternehmens), das mit den jeweiligen Zinssätzen für diese Verbindlichkeiten bewertet wird. Das für die Prognose zugrunde zu legende Mengengerüst der Verbindlichkeiten kann dabei durch die Vergangenheitsanalyse recht gut bestimmt werden. Es ergibt sich aus den zinstragenden Verbindlichkeiten, die für die Finanzierung des betriebsnotwendigen sowie des noch nicht veräußerten nicht betriebsnotwendigen Vermögens erforderlich sind. Bei der Prognose müssen dann u. a. Investitionspläne berücksichtigt werden, die den **künftigen Finanzbedarf** maßgeblich beeinflussen.

Dieses Mengengerüst muß dann mit künftig geltenden Zinssätzen bewertet werden. Die (historischen) Zinssätze, die während des Zeitraums der Vergangenheitsanalyse gültig gewesen sind, sind nicht aussagefähig.[812] Dabei ist u. a. die Fristigkeit der verzinslichen Verbindlichkeiten des Unternehmens zu beachten, da ein Unternehmen um so eher unter steigenden Zinsen leidet bzw. die günstigen Finanzierungmöglichkeiten bei sinkendem Zinsniveau nutzen kann, je höher der Anteil der variabel verzinslichen Verbindlichkeiten ist.[813] Je nach Größe des Unternehmens können zusätzliche Anpas-

---

811 Vgl. *Niehus, R. J.*, Accounting for Growth, S. 59.
812 Vgl. *Fishman, J. E.*, Valuation Methodology, S. 2-15.
813 Vgl. *Peemöller, V.*, Bilanzanalyse und Bilanzpolitik, S. 159-160.

sungen des Zinssatzes notwendig sein: Bei kleinen und mittleren Unternehmen ist die Finanzierung schwerer und teuerer als bei größeren Unternehmen, da der Kapitalmarkt und die Kreditinstitute bei großen Unternehmen i. d. R. wesentlich einfacher finanzielle Mittel bereitstellen.[814] Daher richtet sich die **Finanzierung bei kleinen und mittleren Unternehmen** häufig nach den persönlichen finanziellen Verhältnissen der (künftigen) Gesellschafter.

Die Finanzierungsstruktur ist auch bei der Prognose des künftigen Zinsaufwands relevant, da der Unternehmenswert auch vom künftigen Zinsniveau und damit den künftigen Zinszahlungen abhängt. Bei hohen Zinsen im Sitzland des zu bewertenden Unternehmens liegt es nahe, niedriger verzinsliche Kredite in einer Fremdwährung aufzunehmen.[815] Dieser Zinsvorteil wird indes mit **Währungsrisiken** erkauft. Wenn dann eine Abwertung der heimischen Währung bevorsteht, muß sowohl handelsrechtlich als auch nach IAS eine Rückstellung gebildet werden, soweit diese ungünstige Währungsentwicklung nicht abgesichert wird.

Bei Zinsaufwendungen, die aufgrund eines aktivierten **Disagios** entstanden sind, ist zu prüfen, ob entsprechende Aufwendungen durch die Periodisierung eines Disagios auch künftig zu erwarten sind. Die Abschreibungen auf das aktivierte Disagio wären ansonsten zu bereinigen, da sie keine Auszahlung mehr verursachen. Wenn das Unternehmen aber künftig ähnliche Verbindlichkeiten eingehen muß und deswegen Zinsen in ähnlicher Höhe wie der Abschreibung des Disagios entstehen, sind die Zinsen nachhaltig und nicht zu bereinigen.

Soweit es sich um Konzernunternehmen handelt, sagt der Zinsaufwand der Vergangenheit kaum etwas aus. Bspw. hängt die Höhe des Fremdkapitals eines Konzernunternehmens häufig von der aus Konzernsicht steuerlich optimalen Finanzierungsstruktur zwischen den Konzernunternehmen ab. Falls ein Konzernunternehmen liquide Mittel benötigt, werden diese i. d. R. über die **Konzernfinanzierung** bzw. die Konzernclearingstelle zur Verfügung gestellt. Umgekehrt müssen auch eventuell vorhandene Liquiditätsüberschüsse an die Konzernclearingstelle abgeführt werden.

---

814 Vgl. *Helbling, C.*, Bewertung von kleinen und mittleren Unternehmen, S. 936,
815 Vgl. *Niehus, R. J.*, Accounting for Growth, S. 59.

5. Bereinigungen aus der Einstellung von Bereichen und von außerordentlichen Posten

5.1. Vorbemerkung

Soweit die Vergangenheitsergebnisse durch außergewöhnliche Umstände beeinflußt wurden, müssen sie korrigiert werden.[816] Dazu muß geklärt werden, was außergewöhnliche Umstände kennzeichnet bzw. ob die im außerordentlichen Ergebnis ausgewiesenen Sachverhalte für Zwecke der Unternehmensbewertung geeignet abgegrenzt werden. Damit Sachverhalte, die bilanziell als außerordentlich ausgewiesen werden, begrifflich von den Sachverhalten unterschieden werden können, die aus Sicht der Unternehmensbewertung „außergewöhnlich" sind, wird im folgenden zwischen „außerordentlich" (= bezieht sich auf den Bilanzausweis nach IAS oder HGB) und „außergewöhnlich" (= bezieht sich auf die Unternehmensbewertung) unterschieden.

Die IAS sehen neben der Berücksichtigung außerordentlicher Aufwendungen und Erträge besondere Regelungen für die **Einstellung von Bereichen** vor. Die Einstellung von Bereichen umfaßt dabei die Stillegung oder Veräußerung größerer Komponenten eines Geschäftsbereichs.[817] Statt der relativ allgemeinen Regelungen in IAS 8.19-22 zu *discontinued operations* ist ab dem 1.1.1999 der 1998 verabschiedete IAS 35 „Discontinuing Operations" maßgebend. Der Begriff „*discontinuing*" in IAS 35 ersetzt dabei den ungenaueren, weil vergangenheitsbezogenen Begriff „*discontinued*". „*Discontinuing*" soll klarstellen, daß nicht nur bereits eingestellte Tätigkeiten betroffen sind, sondern auch z. B. die geplante Aufgabe eines Geschäftsbereichs vom Geltungsbereich des kommenden Standards erfaßt wird.[818] Im folgenden wird „*discontinuing operations*" mit „Einstellung von Bereichen" übersetzt.

Im deutschen Handelsrecht wird für Aufwendungen und Erträge, die aus der Einstellung von Bereichen resultieren, kein bestimmter Ausweis vorgeschrieben. Grundsätzlich kommen dabei sonstige betriebliche Aufwendungen/Erträge oder außerordentliche Aufwendungen/Erträge in Frage.[819] Zu klären ist daher, wie die Einstellung von Bereichen nach IAS abzugrenzen ist und wie die daraus resultierenden Erfolgsbeiträge sowie die außerordentlichen Erfolgsbeiträge nach IAS und HGB bei der Bereinigungsrechnung zu behandeln sind.

---

816 Vgl. z. B. *BFH*, Urteil vom 19.3.1987 - IV R 85/85, S. 581.
817 Vgl. die Definition einer *discontinuing operation* in IAS 35.2.
818 Vgl. *IASC*, IASC Update June 1996, S. 2.
819 Vgl. *Risse, A.*, IAS für den deutschen Konzernabschluß, S. 137.

5.2. Einstellung von Bereichen

Für Geschäftsjahre, die vor dem 1.1.1999 beginnen, dürfen noch die Regelungen in IAS 8 angewendet werden, die sich auf die Einstellung von Bereichen beziehen: Unter der Einstellung von Bereichen wird nach IAS 8.6 die Veräußerung oder Schließung eines größeren Geschäftsbereichs verstanden, dessen Vermögenswerte, Ergebnisse und geschäftliche Tätigkeit sich deutlich von anderen Geschäftsbereichen unterscheiden lassen.[820] Falls die Schließung eines Geschäftsbereichs beschlossen wird, ist der Erfolgsbeitrag dieses nicht weitergeführten Geschäftsbereichs separat im operativen Ergebnis zu zeigen (IAS 8.20). Die Erfolgsbeiträge aus der Einstellung von Bereichen sind nur in Ausnahmefällen im außerordentlichen Ergebnis auszuweisen, beispielsweise bei Enteignungen (IAS 8.21).[821]

Der 1998 verabschiedete IAS 35 ersetzt IAS 8.19-22. In IAS 35.2 wird die Einstellung von Bereichen ausführlicher und enger definiert als in IAS 8: So wird festgelegt, daß sich die Einstellung eines Bereichs entweder auf eine separate *major line of business* (zum Beispiel eine Sparte) oder einen geographischen Bereich (üblicherweise einen Absatzmarkt) bezieht (IAS 35.2 (b)). Die Aufgabe eines Produkts oder die Schließung einer betrieblichen Einrichtung stellt normalerweise keine Einstellung eines Bereichs dar, kann aber im Zusammenhang mit der Einstellung eines Bereichs vorkommen (IAS 35.7). Weiterhin kann die Einstellung eines Bereichs im Sinne von IAS 35 nur vorliegen, wenn ein gesonderter Plan bzw. ein Verkaufsvertrag für den zu schließenden Bereich vorliegt und sich die Unternehmensleitung der Verpflichtung nicht mehr entziehen kann, den Bereich einzustellen.

Bei der Einstellung von Bereichen handelt es sich überwiegend um Schließungen von ganzen Geschäftsbereichen (zum Beispiel eines großen Tochterunternehmens oder einer Sparte); meistens sind davon mehr als 10% der Umsatzerlöse des gesamten Unternehmens/Konzerns betroffen.[822] Typische **Aufwendungen und Erträge aus der Einstellung von Bereichen** resultieren dabei aus der Stillegung von Vermögensgegenständen, aus außerplanmäßigen Wertminderungen bei Vermögensgegenständen, aus der Veräußerung von Vermögensgegenständen, aus Verpflichtungen aufgrund der vorzeitigen Auflösung von Vertragsverhältnissen (z. B. von Leasingverträgen) sowie aus Verpflichtungen gegenüber nicht weiterbeschäftigten Mitarbeitern. Nach *Bertschinger* werden solche Schließungskosten in Europa überwiegend im außerordentlichen Ergebnis gezeigt, weil sie als einmalig angesehen werden.[823] Auch im deutschen Handels-

---

[820] Vgl. auch *Biener, H.*, IAS 8, S. 309, Rn. 42.
[821] Dennoch ermöglicht IAS 8 eher den Ausweis von Erfolgsbeiträgen aus eingestellten oder einzustellenden Tätigkeiten im außerordentlichen Ergebnis als die US-GAAP; vgl. *Küting, K./Hayn, S.*, Rechnungslegungsvorschriften von IASC und SEC/FASB, S. 1644; *Lopez, A.*, Comparative Analysis of IAS 8 and Related US GAAP, S. 158-159.
[822] Vgl. *Bertschinger, P.*, Restrukturierungsrückstellungen, S. 825.
[823] Vgl. *Bertschinger, P.*, Konzernrechnung aus internationaler Sicht, S. 336.

Einstellung von Bereichen und außerordentliche Posten 177

recht resultieren aus der Einstellung von Bereichen i. d. R. außerordentliche Erfolgsbeiträge. So führen Gewinne und Verluste aus dem Verkauf von bedeutenden Beteiligungen, Betrieben oder Teilbetrieben sowie außerordentliche Abschreibungen bei der Stillegung von Betrieben oder der Aufgabe von Produktgruppen üblicherweise zu außerordentlichen Aufwendungen und Erträgen.[824]

Bei der Unternehmensbewertung muß die Nachhaltigkeit der Schließungskosten beurteilt werden. Die Schließung eines ganzen Geschäftsbereichs, wodurch mehr als 10% der Umsatzerlöse eines Unternehmens wegfallen, dürfte nicht mehr nachhaltig sein. Diese These wird durch empirische Ergebnisse gestützt. So wurde mit Bezug auf die US-GAAP festgestellt, daß außerordentliche Posten *(extraordinary items)* und *discontinued operations* fast keinen Erklärungswert für die Prognose künftiger Erfolge besitzen.[825] Da außerordentliche Posten und die Einstellung von Bereichen nach US-GAAP und nach IAS recht ähnlich sind,[826] dürfte dieses Ergebnis auch auf den Erklärungswert der identisch bezeichneten Posten nach IAS übertragbar sein. Dies legt den Schluß nahe, daß die bilanzierten außerordentlichen Erträge/Aufwendungen sowie die aus der Einstellung von Bereichen resultierenden Erfolgsbeiträge im Regelfall nicht nachhaltig sind. Allerdings werden Erfolgsbeiträge aus der Einstellung von Bereichen in manchen Branchen trotzdem häufig als ordentlicher Erfolg im betriebswirtschaftlichen Sinne anzusehen sein (beispielsweise im Bergbau). Entscheidend ist daher die konkrete Bewertungssituation.

5.3. Außerordentliche Posten

Die außerordentlichen Erträge und Aufwendungen nach HGB und nach IAS stimmen überwiegend überein.[827] Im Unterschied zum Handelsrecht werden Aufwendungen und Erträge aus der Einstellung von Bereichen nach IAS 8.21 im Regelfall als ordentliche Erfolgsbeiträge angesehen. Handelsrechtlich zählen sie dagegen meistens zum außerordentlichen Ergebnis.[828]

Wieder anders als nach HGB und nach IAS werden außerordentliche Erfolgsbeiträge nach dem **betriebswirtschaftlichen Erfolgsspaltungskonzept** abgegrenzt, weil die

---

824 Vgl. z. B. *Förschle, G.,* § 275, S. 1119, Rn. 222; *Adler, H./Düring, W./Schmaltz, K.,* § 277, S. 577, Rn. 80; *IDW (Hrsg.),* WP-Handbuch 1996, Bd. I, S. 379, Rn. 273.
825 Vgl. *Fairfield, P. M./Sweeney, R. J./Yohn, T. L.,* Predictive Content of Earnings, S. 352-354.
826 IAS 8 ist vor allem weniger detailliert als die APB Opinions No. 20 und 30. IAS 8 und APB Opinions No. 20 enthalten keine wesentlichen sich widersprechenden Regelungen; vgl. *Lopez, G. A.,* Comparative Analysis of IAS 8 and Related US GAAP, S. 157-158.
827 Vgl. *Risse, A.,* IAS für den deutschen Konzernabschluß, S. 137; a. A. *Biener, H.,* IAS 8, S. 307, Rn. 31, nach dem sogar eine völlige Übereinstimmung mit dem deutschen Recht bestehe.
828 Vgl. *Förschle, G.,* § 275, S. 1119, Rn. 222; *Adler, H./Düring, W./Schmaltz, K.,* § 277, S. 577, Rn. 80; *IDW (Hrsg.),* WP-Handbuch 1996, Bd. I, S. 379, Rn. 273.

Kriterien der handelsrechtlichen Erfolgsspaltung als zu eng angesehen werden.[829] Im betriebswirtschaftlichen Erfolgsspaltungskonzept werden alle untypischen oder aperiodischen oder unregelmäßig anfallenden Erfolgskomponenten zum außerordentlichen Erfolg gezählt. Weiterhin ist festzustellen, daß der außerordentliche Erfolg in der internationalen Bilanzierungspraxis nicht einheitlich abgegrenzt wird, beispielsweise grenzen ihn große deutsche Unternehmen anders ab als große französische und britische Unternehmen.[830]

Aus diesem unbefriedigenden Ergebnis läßt sich die Notwendigkeit ableiten, **betriebswirtschaftliche Kriterien** zu entwickeln, nach denen außerordentliche Erfolgsbeiträge in der Unternehmensbewertung abgegrenzt werden. Ein schematisches Eliminieren der außerordentlichen Erfolge wird den Anforderungen der Unternehmensbewertung nicht gerecht, da der außerordentliche Erfolg - wie gezeigt - in der internationalen Bilanzierungspraxis sowie nach IAS und HGB jeweils verschieden abgegrenzt wird.

---

829 Vgl. etwa *Küting, K.*, Die handelsbilanzielle Erfolgsspaltungs-Konzeption auf dem Prüfstand, *S. 694; Baetge, J./Bruns, C.*, Erfolgsquellenanalyse, S. 388-389.

830 So das Ergebnis einer empirischen Untersuchung zur Harmonisierung der Rechnungslegung in der EU; vgl. *Emenyonu, E./Gray, S.*, EU accounting harmonisation, S. 56.

Übersicht E-30: Die Abgrenzung außerordentlicher und außergewöhnlicher Erfolgsbeiträge

	HGB	IAS	Betriebswirtschaftliches Erfolgsspaltungskonzept	Unternehmensbewertung
Kriterien				
Geschäftsvorfälle sind nach folgenden Kriterien als außerordentlich oder außergewöhnlich zu klassifizieren:	(1) In hohem Maße ungewöhnlich; (2) seltenes bzw. unregelmäßiges Vorkommen sowie (3) vom Betrag her wesentlich[831]	(1) In hohem Maße seltenes Vorkommen und (2) eindeutiger Unterschied zur gewöhnlichen Geschäftstätigkeit	Entweder ungewöhnlich oder untypisch oder periodenfremd	Außerordentliche Erfolgsbeiträge sind nicht nachhaltig und nicht quantifizierbar (= Teil des allgemeinen Unternehmerrisikos)
Beispiele[832]				
Außerordentliche Abschreibung wegen eines niedrigeren Börsen- oder Marktpreises	Ordentlicher Aufwand	Ordentlicher Aufwand	Außerordentlicher Aufwand	Nicht außergewöhnlich (aber dennoch zu bereinigen)
Reparaturaufwand als Folge eines Erdbebenschadens	Außerordentlicher Aufwand	Außerordentlicher Aufwand	Außerordentlicher Aufwand	Außergewöhnlich; daher zu bereinigen
Schließungskosten bei der Aufgabe eines Geschäftsbereichs	Außerordentlicher Aufwand	Ordentlicher Aufwand	Außerordentlicher Aufwand	Abhängig vom Bewertungsfall

In der HFA-Stellungnahme 2/1983 wird nur kurz angeschnitten, welche Geschäftsvorfälle als außerordentlich gelten müssen und daher zu bereinigen sind.[833] Als Beispiele werden „Veräußerungsergebnisse, Verschmelzungsgewinne, Katastrophenschäden, Anlagenmodernisierungen, Stillegungsverluste und Teilwertabschreibungen[834], Wäh-

---

[831] Vgl. zur Abgrenzung außerordentlicher Erfolgsbeiträge nach HGB und IAS ausführlich Abschnitt F. 3.4.

[832] In seltenen Fällen können bei den folgenden Beispielen die Einstufungen als „ordentlicher Aufwand" bzw. „außerordentlicher Aufwand" unzutreffend sein. Zum Beispiel zählen Aufwendungen aufgrund eines Erdbebens nach IAS 8 normalerweise zu den außerordentlichen Aufwendungen. Indes wären Entschädigungsansprüche von Policeninhabern, die wegen eines Erdbebens entstanden sind, bei der entsprechenden Versicherungsgesellschaft als ordentlicher Aufwand auszuweisen (IAS 8.13).

[833] Vgl. *HFA des IDW*, Stellungnahme 2/1983, S. 476; *IDW (Hrsg.)*, WP-Handbuch 1992, Bd. II, S. 67-68, Rn. 137.

[834] Nach § 6 Abs. 1 Satz 2 EStG wird der Betrag als Teilwert bezeichnet, den ein Erwerber des ganzen Betriebs im Rahmen des Gesamtkaufpreises für das einzelne Wirtschaftsgut bezahlen würde; dabei ist von der Annahme der Unternehmensfortführung auszugehen. § 10 BewG enthält eine identische Teilwertdefinition. Ein niedrigerer Teilwert im Sinne des Steuerrechts entspricht faktisch dem niedrigeren beizulegenden Wert eines Vermögensgegenstands im Handelsrecht; vgl. *Siepe, G.*, Ertragsteuerlicher Teilwertansatz, S. 623; *Gail, W.*, Abhängigkeiten von Steuer- und Handelsbilanzen, S. 121.

rungsgewinne oder -verluste"[835] u. ä. genannt. Beim Wirtschaftsprüferverfahren soll ein repräsentativer[836] Teil der außerordentlichen Elemente in die Vergangenheitsergebnisse einbezogen werden.[837] Offen bleibt indes, wie dieser repräsentative Teil ermittelt werden soll. Die notwendigen Kriterien werden nicht genannt. Hinzu kommt, daß nicht deutlich wird, ob eine bilanzielle oder eine betriebswirtschaftliche Abgrenzung der außerordentlichen Geschäftsvorfälle zugrunde gelegt wird. Eine Definition fehlt, und die genannten Beispiele für außerordentliche Geschäftsvorfälle stimmen nur teilweise mit der handelsrechtlichen Abgrenzung überein. So werden zum Beispiel Veräußerungsgewinne und Währungsgewinne handelsrechtlich i. d. R. als sonstige betriebliche Erträge gebucht.[838]

Eine Abgrenzung ordentlicher und außergewöhnlicher Erfolgsbeiträge für Zwecke der Unternehmensbewertung gelingt mit Hilfe des **Äquivalenzprinzips**: So werden bei der Prognose der Einzahlungsüberschüsse grundsätzlich nur ordentliche Erfolgsbeiträge berücksichtigt, auch wenn diese ordentlichen Erfolgsbeiträge nicht sicher eintreten. Die speziellen Risiken,[839] denen diese Erfolgsbeiträge unterliegen, werden aber als erfahrungsgemäß mit dem Betrieb des betreffenden Unternehmens verbunden und kalkulierbar angesehen. Anders verhält es sich bei der Prognose mit außergewöhnlichen Erfolgsbeiträgen. Außergewöhnliche Erfolgsbeiträge werden normalerweise über den Risikozuschlag zum Kapitalisierungszinsfuß berücksichtigt. Die unter das **allgemeine Unternehmerrisiko** fallenden Risiken bzw. die daraus resultierenden Erfolgsbeiträge werden als nicht kalkulierbar angesehen und besitzen den Charakter „höherer Gewalt" für den jeweiligen Planungsfall.[840]

Für die Vergangenheitsanalyse folgt daraus, daß diejenigen Erfolgsbeiträge als außergewöhnlich anzusehen sind, die aufgrund von Risiken[841] entstanden sind, die unter das allgemeine Unternehmerrisiko fallen und nicht kalkulierbar sind. Außergewöhnliche Erfolgsbeiträge können daher nicht nachhaltig sein und sind stets zu bereinigen.

Aus entscheidungstheoretischer Sicht unterscheiden sich spezielle Risiken vom allgemeinen Unternehmerrisiko dadurch, daß bei speziellen Risiken ein **Erwartungswert** berechnet werden kann. Dies gilt selbst dann, wenn ein spezielles Risiko nicht in jedem Geschäftsjahr einen Erfolgsbeitrag verursacht. Damit ein Erwartungswert für die

---

835 *IDW (Hrsg.)*, WP-Handbuch 1992, Bd. II, S. 67, Rn. 137.
836 „Repräsentativ" wird hier im Sinne der Stichprobentheorie verwendet, vgl. z. B. *Bleymüller, J./Gehlert, G./Gülicher, H.*, Statistik für Wirtschaftswissenschaftler, S. 71 und S. 85.
837 Vgl. *IDW (Hrsg.)*, WP-Handbuch 1992, Bd. II, S. 67, Rn. 137.
838 Vgl. z. B. *IDW (Hrsg.)*, WP-Handbuch 1996, Bd. I, S. 387, Rn. 297.
839 Zum Begriff des speziellen Risikos vgl. Abschnitt B. 5.4.3.
840 Vgl. Abschnitt B. 5.4.3. Vgl. auch *IDW (Hrsg.)*, WP-Handbuch 1992, Bd. II, S. 110, Rn. 228; *HFA des IDW*, Stellungnahme 2/1983, S. 471.
841 Da der Begriff „Risiko" bei der Unternehmensbewertung üblicherweise als „Streuung" und nicht als „Verlustgefahr" verwendet wird (vgl. Abschnitt B. 5.4.3), wäre „Risiko und Chancen" hier tautologisch.

Erfolgsbeiträge aus einem speziellen Risiko berechnet werden kann, müssen die Wahrscheinlichkeit geschätzt werden, mit der das Ereignis eintritt, und die voraussichtlichen finanziellen Konsequenzen. Vermutet man zum **Beispiel** mit einer Wahrscheinlichkeit von 10%, daß das zu bewertende Unternehmen einen Sozialplan aufstellen muß, bei dem Kosten pro Mitarbeiter von 15.000 DM zu erwarten sind, dann errechnet sich daraus ein Erwartungswert je Mitarbeiter und Jahr von 1.500 DM:[842]

$$E \text{ (Sozialplankosten je Mitarbeiter und Jahr)} = 1/10 * 15.000 \text{ DM} = 1.500 \text{ DM}$$

Diese 1.500 DM je Mitarbeiter und Jahr müssen in der Ertragswertermittlung berücksichtigt werden. Würden die Sozialplankosten z. B. bei einem Unternehmen mit 100 Mitarbeitern als nicht nachhaltig angesehen und eliminiert, entsteht daraus (ohne Berücksichtigung steuerlicher Effekte) eine Fehlschätzung des Ertragswerts in Höhe von

$$\Delta EW = \frac{1.500 \cdot 100}{10\%} = 1.500.000 \text{ DM}.$$

Nachteilig ist im vorliegenden Beispiel indes, daß ein relativ langer Zeitraum zugrunde liegt (zehn Jahre) und die Stichprobe wenig repräsentativ ist (Vergangenheitsdaten lediglich eines Unternehmens sind für die Ermittlung von Sozialplankosten u. U. wenig aussagekräftig). Allgemein gilt aber, daß als außerordentlich ausgewiesene Erfolgsbestandteile durchaus zum gewöhnlichen Geschäftsverlauf zählen können, wenn sie unter mittelfristiger Perspektive betrachtet werden. Dazu gehören auch Aufwendungen, die durch Personalanpassungsmaßnahmen mit der Folge von Sozialplänen entstehen.[843]

Bei außergewöhnlichen Erfolgsbeiträgen ist stets eine **Einzelfallbetrachtung notwendig**. Bspw. können erdbebenbedingte Schäden, die in Deutschland eindeutig als außergewöhnlich anzusehen sind, in typischen Erdbebengebieten kalkulierbar sein (z. B. wenn ein schweres Erdbeben durchschnittlich alle zehn Jahre vorkommt). Auch die Branche kann die Abgrenzung außergewöhnlicher Erfolgsbeiträge beeinflussen: IAS 8.13 schreibt z. B. betriebswirtschaftlich sinnvoll vor, daß ein Versicherungsunternehmen die Aufwendungen aufgrund eines Erdbebens nicht als außerordentlich buchen darf, wenn es solche Schäden versichert.

---

[842] Durchschnittlich wird bei Sozialplänen das 4,6fache des Bruttomonatsgehalts als Abfindung für einen abfindungsberechtigten Arbeitnehmers gezahlt (allerdings bei erheblichen Branchenunterschieden). In der Hälfte der Fälle lagen die Aufwendungen für Sozialpläne bei über 7% des Eigenkapitals; vgl. *Hemmer, E.*, Sozialplanpraxis in der Bundesrepublik, S. 43 und 62-64.

[843] Vgl. *Humpert, F.*, Unternehmensakquisition, S. 38.

6. Bilanzielle Besonderheiten bestimmter Bewertungssituationen

6.1. Langfristige Auftragsfertigung

Als **langfristiger Fertigungsauftrag** ist nach IAS 11.3 ein Vertrag anzusehen, in dem die kundenspezifische Fertigung einzelner Gegenstände oder einer Anzahl von Gegenständen geregelt wird. Die Gegenstände werden dabei hinsichtlich des Designs, der Technologie und der Funktion oder hinsichtlich ihrer Verwendung aufeinander abgestimmt oder hängen voneinander ab. Langfristige Fertigungsaufträge können nach IAS 11.4 einerseits lediglich die Fertigung eines einzelnen Gegenstands regeln (z. B. einer Brücke, eines Gebäudes, einer Pipeline) oder sich andererseits auf eine Anzahl von Leistungen beziehen (z. B. den Bau von Raffinerien oder anderen komplexen Anlagen oder Ausrüstungen). Handelsrechtlich und nach IAS wird dabei unter langfristigen Fertigungsaufträgen das gleiche verstanden.[844]

Die Abbildung langfristiger Fertigungsaufträge im Jahresabschluß führt wegen der voneinander abweichenden Regelungen über die Gewinnrealisierung zu Unterschieden zwischen HGB und IAS, die durch Wahlrechtsausübung nicht überbrückt werden können.[845] In der handelsrechtlichen GuV dürfen Umsatzerlöse erst verrechnet werden, wenn die Kriterien des Realisationsprinzips[846] erfüllt sind. Langfristige Auftragsfertigungen müssen grundsätzlich vollständig fertiggestellt werden (sogenannte *Completed Contract-Methode*), bevor die Umsatzerlöse realisiert werden. Daher müssen manche Unternehmen (z. B. im Schiffs- und Anlagenbau) z. T. mehrere Jahre Verluste ausweisen, wenn die Voraussetzungen für eine (Teil-)Gewinnrealisierung nicht vorliegen, so daß ihre Vermögens-, Finanz- und Ertragslage schlechter dargestellt wird, als sie tatsächlich ist.[847]

Vor allem im Hinblick auf die Vermögenslage und die Ertragslage ist die nach IAS 11 vorgeschriebene *percentage of completion-method* aussagefähiger als die handelsrechtliche *Completed Contract-Methode*.[848] Bei der *percentage of completion-method* werden die Umsätze und Aufwendungen den entsprechenden Geschäftsjahren zugeordnet, in denen die Fertigung vorgenommen wurde, da sich auch die vertraglichen Leistungen bei langfristiger Auftragsfertigung über mehrere Rechnungsperioden er-

---

[844] Zur Definition von langfristigen Fertigungsaufträgen vgl. z. B. *Busse von Colbe, W.*, Langfristige Fertigung, Sp. 1197-1198; *Stewing, C.*, Bilanzierung bei langfristiger Auftragsfertigung, S. 100.
[845] Vgl. *Beyersdorff, M.*, Are Global Players Moving Towards IAS?, S. 14.
[846] Zu den vier Kriterien des Realisationsprinzips vgl. etwa *Baetge, J.*, Bilanzen, S. 86-87.
[847] Vgl. *Adler, H./Düring, W./Schmaltz, K.*, § 264, S. 39, Rn. 122. A. A. *Zimmerer, C.*, Die Bilanzwahrheit und die Bilanzlüge, S. 39-40, der sich für eine Bilanzierung der unfertigen Erzeugnisse zu ihrem Liquidationswert einsetzt. Unter Fortführungsgesichtspunkten überzeugt seine Argumentation indes nicht.
[848] *A. A. Zimmerer, C.*, Die Bilanzwahrheit und die Bilanzlüge, S. 109.

strecken. Bei der *percentage of completion-method* werden Teilumsätze realisiert. Die Erträge aus langfristiger Auftragsfertigung werden dabei gemäß IAS 11.22 entsprechend dem Fertigungsfortschritt ausgewiesen, sofern das Ergebnis der Transaktion (= des Vertrags über die langfristige Auftragsfertigung) zuverlässig geschätzt werden kann. Als Beispiel, wie die zuverlässige Schätzbarkeit nach IAS 11 definiert wird, seien die vier Kriterien in IAS 11.23 genannt, die bei Festpreisverträgen *(fixed price contracts)* erfüllt sein müssen (vgl. die folgende Übersicht).[849]

Übersicht E-31: Kriterien für die zuverlässige Schätzbarkeit des Ergebnisses gemäß IAS 11.23

Kriterien für die zuverlässige Schätzbarkeit des Ergebnisses gemäß IAS 11.23 bei einem Festpreisvertrag über langfristige Auftragsfertigung
• Die Summe der Erträge aus der Transaktion/dem Vertrag kann zuverlässig ermittelt werden.
• Der wirtschaftliche Nutzen aus der Transaktion/dem Vertrag fließt dem Unternehmen wahrscheinlich zu.
• Der Fertigstellungsgrad der Transaktion kann zuverlässig gemessen werden.
• Die mit der Transaktion verbundenen bisherigen und künftigen Kosten können zuverlässig ermittelt werden.

Allgemein setzt eine zuverlässige Schätzung u. a. voraus, daß die Rechte und Pflichten des Kunden und des Auftragnehmers vertraglich klar abgegrenzt und festgehalten wurden.[850] Ist eine zuverlässige Schätzung nicht möglich, sind die Erträge in Höhe der bisher entstandenen Aufwendungen zu vereinnahmen (IAS 11.32).

Die bilanzielle Behandlung von langfristigen Fertigungsaufträgen nach IAS und HGB ist grundsätzlich nicht miteinander vereinbar.[851] Die *percentage of completion-method* wird handelsrechtlich nur dann als zulässig angesehen, wenn eine Reihe restriktiver Kriterien erfüllt ist (z. B. muß der Gewinn sicher zu ermitteln sein, und obwohl keine Risiken ersichtlich sein dürfen, die das erwartete Ergebnis wesentlich beeinträchtigen können, müssen trotzdem vorsichtig bemessene Beträge für Garantieleistungen und Nachbesserungen in Form einer Rückstellung berücksichtigt werden).[852]

Durch die vertragliche Zerlegung des Gesamtauftrags in Teilaufträge (sogenannte „**Meilensteine**" *(milestones))* können in etwa die gleichen bilanziellen Wirkungen wie

---

849 Vgl. auch *KPMG*, International Accounting Standards, S. 111.
850 Vgl. *Seeberg, T.,* IAS 11, S. 373, Rn. 13.
851 Vgl. *HFA des IDW*, Einzelfragen zur Anwendung der IAS (Teil 2), S. 542.
852 Vgl. dazu m. w. N. *Adler, H./Düring, W./Schmaltz, K.,* § 252, S. 59, Rn. 88.

nach IAS 11 erzielt werden.[853] Diese Teilaufträge werden dabei separat abgerechnet (**Teilabnahmeprinzip**).[854] Der Realisationszeitpunkt nach dem handelsrechtlichen Realisationsprinzip unterscheidet sich aber auch dann häufig vom **Realisationszeitpunkt** nach IASC-Grundsätzen. Nach IASC-Grundsätzen wird der Umsatz[855] gebucht, wenn er zuverlässig gemessen werden kann.[856] Dies wird häufig bereits vor der Endabnahme eines langfristigen Fertigungsauftrags möglich sein.[857] Handelsrechtlich werden Umsatzerlöse dagegen erst realisiert, wenn die Kriterien des Realisationsprinzips erfüllt sind. Dazu müssen u. a. die vertraglich vereinbarten Leistungen vollständig erbracht und abgenommen worden sein.[858]

Bei der Unternehmensbewertung sind weder die Ergebnisse der handelsrechtlichen *Completed Contract-Methode* noch die Ergebnisse der *percentage of completion-method* maßgebend. Beide Verfahren erlauben es nicht, die künftigen Einzahlungsüberschüsse mit hinreichender Sicherheit zu bestimmen, die voraussichtlich aus dem langfristigen Fertigungsauftrag resultieren werden. Die **betriebswirtschaftliche Aussagefähigkeit** der *percentage of completion-method* ist deutlich größer als die der handelsrechtlichen *Completed Contract-Methode*. Doch trotz dieses Vorzugs und auch trotz der restriktiv scheinenden Anwendungsvoraussetzungen der *percentage of completion-method* (vgl. Übersicht E-31) verfügt der Bilanzierende bei der *percentage of completion-method* über **erhebliche bilanzpolitische Spielräume**. So beruht die *percentage of completion-method* auf mehreren beeinflußbaren Werten (z. B. dem Fertigstellungsgrad, der Einschätzung von noch zu erwartenden Nachbesserungen).[859] Letztendlich genügt daher auch die Anwendung der *percentage of completion-method* nicht den Anforderungen einer Unternehmensbewertung.

---

853 Vgl. z. B. *Seeberg, T.*, IAS 11, S. 384, Rn. 50; *Selchert, F. W.*, § 252, S. 858-859, Rn. 88; *Busse von Colbe, W.*, Langfristige Fertigung, Sp. 1203-1204; *Hinz, M.*, Sachverhaltsgestaltungen, S. 264 m. w. N. Zum Beispiel entstanden beim *Daimler-Benz-Konzern* 1993 bei der erstmaligen Erstellung einer Überleitungsrechnung des Konzernergebnisses von HGB nach US-GAAP aufgrund der Abrechnung über Meilensteinverträge „nur geringfügige Unterschiede" (*Daimler-Benz AG (Hrsg.)*, Geschäftsbericht 1993, S. 72) zwischen HGB und US-GAAP.

854 Vgl. *Baetge, J.*, Bilanzen, S. 555 m. w. N.; *Stewing, C.*, Bilanzierung bei langfristiger Auftragsfertigung, S. 104; *Busse von Colbe, W.*, Langfristige Fertigung, Sp. 1197-1207.

855 Die Übersetzung von „*contract revenue*" mit „Umsatz" ist eine Vereinfachung. IAS 11 schreibt nicht vor, in welchem GuV-Posten der *contract revenue* auszuweisen ist. Vorgeschrieben ist lediglich, daß die Höhe des *contract revenue* gemäß IAS 11.39 (a) an einer Stelle des IAS-Abschlusses zu nennen ist.

856 Vgl. auch Abschnitt E. 2.4.2.

857 Vgl. *Niehus, R. J.*, Zur Entwicklung von konzernarteigenen GoB, S. 647.

858 Vgl. *Baetge, J.*, Bilanzen, S. 86-87 und S. 188; *Ziegler, M.*, Gewinnrealisierung bei langfristiger Fertigung, S. 158-161 m. w. N.

859 Vgl. *Gregory, A.*, Forecasting Costs and Revenues, S. 57; *HFA des IDW*, Einzelfragen zur Anwendung der IAS (Teil 2), S. 542-543. Auch beim IASC - U.S. Comparison Project wurden die fehlenden Regelungen bemängelt, wie die noch entstehenden Kosten bis zur Fertigstellung des Auftrags ermittelt werden sollen; vgl. *Scheuerell, F. E.*, Analysis of IAS 11, S. 200.

Bilanzielle Besonderheiten bestimmter Bewertungssituationen 185

Maßgebend für die Unternehmensbewertung sind bei langfristigen Fertigungsaufträgen die Ergebnisse **betriebswirtschaftlicher und technischer Analysen**. Zum Beispiel kann der Fertigstellungsgrad der derzeit laufenden Großprojekte nur vor Ort mit hinreichender Sicherheit eingeschätzt werden. Ein vergleichbares Beispiel nennen *Brebeck/Bredy*: Während eines Due Diligence wurde festgestellt, daß der Wert der in Arbeit befindlichen Aufträge und ihre wahrscheinlichen Deckungsbeiträge im Rechnungswesen nicht aussagefähig waren. Im Rechnungswesen waren die Aufwendungen nicht verursachungsgerecht abgebildet worden, und eine Grenzpreisermittlung auf Basis dieser Daten hätte für den Käufer eine unangenehme Überraschung zur Folge gehabt.[860]

6.2. Leasinggeschäfte und sale and lease back

6.2.1. Überblick

Für Leasinggeschäfte gibt es eine Vielzahl von Gestaltungsformen und von Bilanzierungsregeln, die in IAS 17 *Leasing* in einem eigenen Standard zusammengefaßt wurden. Weiterhin zählt eine der wichtigsten sachverhaltsgestalteten Maßnahmen, das „sale and lease back"-Geschäft, zu den Leasinggeschäften. Im folgenden werden zunächst die Leasinggeschäfte systematisiert und die für die Unternehmensbewertung relevanten Bilanzierungsregeln dargestellt. Danach wird kurz auf die Gestaltungsmöglichkeiten durch sale and lease back-Geschäfte eingegangen. Da bei der Vergangenheitsanalyse ähnliche Aspekte bei „normalen" Leasinggeschäften wie bei sale and lease back-Geschäften zu beachten sind, werden die in der Vergangenheitsanalyse erforderlichen Bereinigungsmaßnahmen abschließend zusammenfassend erläutert.

6.2.2. Die Abbildung von Leasinggeschäften im Jahresabschluß nach HGB und IAS

Unter „Leasing" wird die Vermietung von Vermögensgegenständen des Anlagevermögens durch Finanzierungsinstitute oder andere Gewerbetreibende verstanden, bei der die Leasingobjekte vom Leasinggeber nach den Maßgaben des Leasingnehmers angeschafft oder hergestellt werden.[861] Die Miete setzt sich dabei aus der Abschreibung des Leasingobjekts, den Zinsen für das vom Leasinggeber bereitgestellte Kapital sowie einem Gewinnaufschlag zusammen. Leasingverträge können eine Vielzahl von Gestaltungsformen enthalten (vgl. Übersicht E-32).

---

860 Vgl. *Brebeck, F./Bredy, J.*, Due Diligence aus bilanzieller und steuerlicher Sicht, S. 198.
861 Vgl. *Wagner, T.*, Leasingverträge bei der Unternehmensbewertung, S. 303; *Perridon, L./Steiner, M.*, Finanzwirtschaft der Unternehmung, S. 438.

Übersicht E-32: Mögliche Gestaltungsformen des Leasingvertrags[862]

- Mobilien- oder Immobilienleasing
- Vollamortisationsverträge oder Teilamortisationsverträge
- Operating-Leasingverhältnis oder Finanzierungsleasing
- Verlauf der Leasingrate (linear, progressiv, degressiv, Kombination)
- Vereinbarung von Mietsonderzahlungen möglich

Trotz dieser vielen Gestaltungsformen eines Leasingvertrags lassen sich zwei grundlegende Arten von Leasinggeschäften unterscheiden: das Operating-Leasingverhältnis und das Finanzierungsleasing. **Operating-Leasingverhältnisse** stellen meistens kurzfristige und mietähnliche Vertragsverhältnisse dar, von denen beide Parteien unter Beachtung vereinbarter Fristen zurücktreten können.[863] Die Gefahr des zufälligen Untergangs des Leasingobjekts und seiner Entwertung durch den technischen Fortschritt liegt normalerweise beim Leasinggeber. Damit handelt es sich bei einem Operating-Leasingverhältnis lediglich um einen „normalen" Mietvertrag.

Umgekehrt verhält es sich mit dem **Finanzierungsleasing**. Beim Finanzierungsleasing ist das Leasingobjekt wirtschaftlich als Anlagenkauf mit langfristiger Finanzierung anzusehen. Im Gegensatz zum Operating-Leasingverhältnis liegt das Investitionsrisiko hier beim Leasingnehmer, da dieser i. d. R. die Reparaturkosten zahlt, die Risiken des Untergangs oder der Verschlechterung des Leasingobjekts trägt und gewöhnlich das Leasingobjekt zum Neuwert versichern muß[864] (vgl. Übersicht E-33). Üblicherweise handelt es sich beim Finanzierungsleasing um langfristige Vertragsverhältnisse, die einem Kauf stärker ähneln als einem Mietverhältnis.

---

862 Vgl. *Wagner, T.*, Leasingverträge bei der Unternehmensbewertung, S. 303-304.
863 Vgl. *Perridon, L./Steiner, M.*, Finanzwirtschaft der Unternehmung, S. 439.
864 Vgl. *Perridon, L./Steiner, M.*, Finanzwirtschaft der Unternehmung, S. 439-440.

Übersicht E-33: Arten von Leasinggeschäften

In aller Regel wird das Leasingobjekt beim Operating-Leasingverhältnis dem Leasinggeber zugeordnet. Hingegen wird das Leasingobjekt beim Finanzierungsleasing normalerweise beim Leasingnehmer bilanziert, weil das Finanzierungsleasing wirtschaftlich eher einem Kauf als einem Mietverhältnis entspricht.[865] Maßgebend für die Zuordnung des Leasingobjekts ist die vertragliche Gestaltung. Sie entscheidet darüber, ob das Leasingobjekt im Jahresabschluß des Leasingnehmers oder des Leasinggebers aktiviert werden muß. Bei der Zuordnung des Leasingobjekts richtet sich die deutsche Bilanzierungspraxis dabei überwiegend nach steuerlichen Erlassen.[866] Diese steuerlichen Zurechnungskriterien weichen von den in IAS 17 genannten Zurechnungskriterien zum Teil deutlich ab. Indes ergibt sich aus unterschiedlichen Kriterien nicht zwingend eine verschiedene Zurechnung des Leasingobjekts.[867] Die Fälle, in denen die Zurechnung des Leasinggegenstands nach IAS und nach HGB übereinstimmt, zeigt Übersicht E-34:

---

[865] Vgl. *Kirsch, H.-J.*, IAS 17, S. 560, Rn. 37.
[866] Vgl. *Kirsch, H.-J.*, IAS 17, S. 580, Rn. 89; *Niehus, R. J.*, Zur Entwicklung von konzernarteigenen GoB, S. 645.
[867] Vgl. *Kirsch, H.-J.*, IAS 17, S. 581, Rn. 92.

Übersicht E-34: Fälle identischer Zuordnung des Leasinggegenstands gem. IAS 17 und HGB[868]

Zurechnung des Leasingobjekts zum Leasingnehmer gem. IAS 17 und HGB:

- Spezialleasing,
- Leasing von Gebäuden und Mobilien, wenn die Grundmietzeit mehr als 90% der betriebsgewöhnlichen Nutzungsdauer beträgt,
- Leasing mit einer Option, die der Leasingnehmer hinreichend sicher ausüben wird,
- Leasing mit einer Vereinbarung, daß das Eigentum am Leasinggegenstand am Ende der Dauer des Leasingverhältnisses auf den Leasingnehmer übergehen wird.

Zurechnung des Leasingobjekts zum Leasinggeber gem. IAS 17 und HGB:

- Leasing von Grund und Boden ohne Übergang des rechtlichen Eigentums auf den Leasingnehmer am Ende der Dauer des Leasingverhältnisses und ohne Option, die der Leasingnehmer hinreichend sicher ausüben wird,
- Leasing von Gebäuden und Mobilien ohne Übergang des rechtlichen Eigentums auf den Leasingnehmer am Ende der Dauer des Leasingverhältnisses und ohne Option, die der Leasingnehmer hinreichend sicher ausüben wird, wenn die Grundmietzeit länger als 40% der betriebsgewöhnlichen Nutzungsdauer, aber kürzer als der überwiegende Teil der wirtschaftlichen Nutzungsdauer ist,
- Leasing von Mobilien bei einem Teilamortisationsvertrag mit einem Andienungsrecht des Leasinggebers nach Ablauf der Grundmietzeit.

Allerdings lassen sich anhand der Zurechnungskriterien auch viele Einzelfälle konstruieren, bei denen das Leasingobjekt nach IAS und nach HGB unterschiedlich zugerechnet wird. Bspw. ist nach IAS 17 festzustellen, ob zu Beginn des Vertragsverhältnisses der Barwert der Mindestleasingzahlungen[869] wenigstens dem beizulegenden Zeitwert *(fair value)* des Leasingobjekts entspricht. In Deutschland ist dieses Kriterium nicht relevant.[870] Insgesamt führen die Kriterien des IAS 17 eher zu einer Bilanzierung des Leasingobjekts beim Leasingnehmer als die deutschen Kriterien.[871] Problematisch ist allerdings sowohl bei IAS 17 als auch bei den deutschen Kriterien, daß sich durch entsprechende Vertragsgestaltung häufig die bilanziellen Folgen beeinflussen lassen.[872]

6.2.3. Bilanzielle Konsequenzen eines Sale and lease back

Als *sale and lease back* wird die Veräußerung eines Vermögensgegenstands bezeichnet, die mit einer zeitgleich zwischen Käufer und Verkäufer getroffenen Vereinbarung

---

868 Vgl. *Kirsch, H.-J.*, IAS 17, S. 581, Rn. 93; *IDW (Hrsg.)*, Rechnungslegung nach IAS, S. 113.
869 Die Mindestleasingzahlungen umfassen nach IAS 17.3 sämtliche Zahlungen, die der Leasingnehmer während der Laufzeit des Leasingverhältnisses leisten muß oder zu denen er herangezogen werden kann (davon ausgenommen sind die Kosten für Dienstleistungen und Steuern, die der Leasinggeber verauslagt hat und die ihm vom Leasingnehmer erstattet werden).
870 Vgl. *Kirsch, H.-J.*, IAS 17, S. 581-582, Rn. 94.
871 Vgl. *Schruff, W.*, Vereinheitlichung der Rechnungslegung, S. 416.
872 Vgl. mit Bezug auf das Handelsrecht: *Niehus, R. J.*, Zur Entwicklung von konzernarteigenen GoB, S. 645.

verbunden ist, denselben Vermögensgegenstand zurückzuleasen.[873] Typischerweise handelt es sich dabei um **betriebsnotwendige Vermögensgegenstände des Anlagevermögens**, auf deren tatsächliche und langfristige Nutzung das Unternehmen nicht verzichten kann.[874] *Sale and lease back*-Vereinbarungen werden häufig geschlossen, um stille Reserven in betriebsnotwendigen Anlagegegenständen aufzulösen und dennoch den betreffenden Vermögensgegenstand weiterhin zu nutzen. Da die Vermögensgegenstände i. d. R. weiterhin dauerhaft genutzt werden sollen, überwiegt beim *sale and lease back* das Finanzierungsleasing.[875]

Handelsrechtlich führt ein *sale and lease back* dazu, daß stille Reserven aufgelöst werden, wenn der Buchwert des veräußerten und zurückgeleasten Vermögensgegenstand geringer war als der Verkaufspreis. Eine positive Differenz zwischen Verkaufspreis und Buchwert wird als Ertrag aus dem Abgang von Vermögensgegenständen des Anlagevermögens vereinnahmt, wenn nicht - was sehr selten ist - die Kriterien[876] für einen außerordentlichen Erfolgsbeitrag i. S. v. § 277 Abs. 4 Satz 1 HGB erfüllt sind.[877] Wird der *sale and lease back* von einem Konzern mit einem nicht konsolidierten Tochterunternehmen durchgeführt, dann können die genannten Wirkungen auch im Konzernabschluß auftreten, wenn Tochterunternehmen beteiligt sind. Obwohl sich durch diese Maßnahme die tatsächliche wirtschaftliche Lage des Unternehmens nicht ändert, können daraus handelsrechtlich erhebliche Wirkungen auf die Darstellung der Vermögens-, Finanz- und Ertragslage entstehen.[878]

Nach IAS 17 ist bei der Bilanzierung eines *sale and lease back* zwischen einem Finanzierungsleasing *(finance lease)* und einem *operating lease* zu unterscheiden.[879] Beim **Finanzierungsleasing** dürfen Erträge aus dem Verkaufsgeschäft nicht sofort realisiert werden, sondern sind passivisch abzugrenzen und über die Leasingdauer erfolgswirksam aufzulösen (IAS 17.57).

---

873 Vgl. *Hoffmann, K.*, Implikationen von Sale and lease back-Geschäften, S. 1520. Ähnlich IAS 17.56.
874 Vgl. *Hoffmann, K.*, Implikationen von Sale and lease back-Geschäften, S. 1520.
875 Vgl. *Kirsch, H.-J.*, IAS 17, S. 573, Rn. 68.
876 Zu den Kriterien für außerordentliche Erfolgskomponenten z. B. *Baetge, J.*, Bilanzen, S. 584-587 sowie vgl. Abschnitt F. 3.4.
877 Die Angabe von außerordentlichen Erträgen aus einem Sale-and-lease back-Geschäft nach § 277 Abs. 4 Satz 1 HGB kann indes durch eine Satzungsänderung vermieden werden: Nimmt der Bilanzierende z. B. das „Immobiliengeschäft" in seine Satzung auf, sind die Erträge aus dem sale and lease back eines Gebäudes als sonstige betriebliche Erträge zu behandeln. Vgl. *Hoffmann, K.*, Implikationen von Sale and lease back-Geschäften, S. 1527 m. w. N.
878 Wesentliche Änderungen der Eigentumsverhältnisse, die durch sale and lease back-Geschäfte verursacht werden, führen auch nach § 321 Abs. 1 Satz 4 HGB als nachteilige Änderung der Vermögenslage zu einer Berichtspflicht des Abschlußprüfers; vgl. *IDW (Hrsg.)*, WP-Handbuch 1996, S. 1111-1112, Rn. 142.
879 Vgl. *IDW (Hrsg.)*, Rechnungslegung nach IAS, S. 121-122.

Beim *operating lease* wird das Leasingobjekt dem Leasinggeber zugerechnet. Die Bilanzierung eines *operating lease* hängt davon ab, ob der beizulegende Zeitwert *(fair value)* als Berechnungsgrundlage für das sale and lease back-Geschäft verwendet wurde:

a) Liegt der **Verkaufspreis** des zurückgeleasten Vermögenswerts **über dem beizulegenden Zeitwert**, so ist die Differenz passivisch abzugrenzen und über die voraussichtliche Nutzungsdauer des Vermögenswerts erfolgswirksam aufzulösen (IAS 17.59).

b) Wenn der **Verkaufspreis** des zurückgeleasten Vermögenswerts **dem *fair value* entspricht**, dann sind alle durch den Verkauf entstehenden Aufwendungen und Erträge sofort zu buchen (IAS 17.59).

c) Wenn der **Verkaufspreis** des zurückgeleasten Vermögenswerts **unter dem *fair value*** liegt, sind die durch den Verkauf entstehenden Aufwendungen und Erträge – mit einer Ausnahme – sofort zu buchen. Die Ausnahmeregelung greift, wenn nicht nur der Vermögenswert unter seinem beizulegenden Zeitwert *(fair value)* verkauft wurde, sondern auch die Leasingraten beim sale and lease back unterhalb der marktüblichen Leasingraten liegen, d. h. der negative Erfolgsbeitrag durch den Verkauf über die niedrigen Leasingraten wieder kompensiert wird. Die Ausnahmeregelung sieht dann vor, die Differenz zwischen Verkaufspreis und *fair value* aktivisch abzugrenzen und proportional zu den Leasingzahlungen über die voraussichtliche Nutzungsdauer des Leasingobjekts erfolgswirksam aufzulösen (IAS 17.59).

6.2.4. Die Behandlung von Leasingverhältnissen bei der Unternehmensbewertung

Leasingraten sind bei der Unternehmensbewertung **ähnlich wie Abschreibungen** zu behandeln.[880] Da die Aufwendungen aus Leasingverträgen i. d. R. nicht entfallen, wenn der Vertrag abgelaufen ist, sind – vergleichbar mit der Ermittlung der Reinvestitionsraten bei der Korrektur der Abschreibungen – auch die künftigen Leasingraten auf Basis von Wiederbeschaffungswerten anzusetzen. Wie bei den Abschreibungen sind dabei die Preisverhältnisse des Bewertungsstichtags relevant, wenn Realwerte prognostiziert werden,[881] bzw. die Preisverhältnisse künftiger (Wieder-)Beschaffungsstichtage, wenn die Bewertung auf Basis von Nominalwerten vorgenommen wird.

---

880 Vgl. *Wagner, T.,* Leasingverträge bei der Unternehmensbewertung, S. 306.
881 *Wagner* betrachtet z. B. nur diesen Fall; vgl. *Wagner, T.,* Leasingverträge bei der Unternehmensbewertung, S. 308.

Übersicht E-35: Bereinigung von Leasingraten

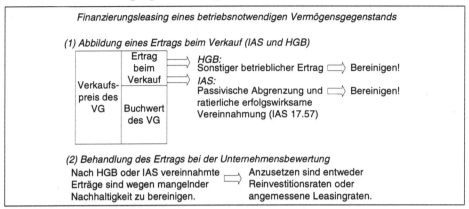

Weiterhin muß der Bewerter feststellen, ob die Raten angemessen sind. Wegen des Grundsatzes der Nachhaltigkeit und wegen der interperiodischen Vergleichbarkeit sollten die Leasingraten bei Leasingobjekten auch auf **lineare Sätze** umgerechnet werden, falls z. B. progressive oder degressive Raten vertraglich vereinbart wurden.[882] Mit Blick auf den Grundsatz der Wirtschaftlichkeit und Relevanz empfiehlt sich diese Bereinigungsmaßnahme aber nur bei wesentlichen Leasingobjekten, da sie die steuerliche Nebenrechnung erschwert.

Die Ersatzinvestition für das Leasingobjekt kann entweder durch Abschluß eines erneuten Leasingvertrags oder durch den Kauf eines Vermögensgegenstands getätigt werden. Beim objektivierten Unternehmenswert wird dabei i. d. R. ein erneuter Leasingvertrag zu unterstellen sein, während bei der Ermittlung eines subjektiven Unternehmenswerts auch Restrukturierungspotentiale festzustellen sind. Daher ist die Frage, ob der Kauf oder das Leasing eines Vermögensgegenstands wirtschaftlicher ist, nur bei der Ermittlung eines subjektiven Unternehmenswerts zu untersuchen.[883] Beim objektivierten Unternehmenswert wird dagegen das Unternehmen „wie es steht und liegt" bewertet.

6.3. Einfluß von Umweltrisiken

Bei Unternehmensbewertungen in bestimmten Branchen (z. B. Chemie, Öl) oder Regionen (z. B. an Deponie- und Industriestandorten im ehemaligen Ostblock) werden

---

882 Vgl. *Wagner, T.*, Leasingverträge bei der Unternehmensbewertung, S. 307.
883 Bei einem Wirtschaftlichkeitsvergleich sind neben dem Vergleich der Abschreibungen und Finanzierungskosten auf der einen Seite sowie den Leasingraten auf der anderen auch die steuerlichen Wirkungen zu berücksichtigen, wenn das Leasingobjekt zum Vermögen des Leasinggebers gerechnet wird (vgl. z. B. § 8 Nr. 7 GewStG).

häufig Umweltexperten einbezogen, die die Gefahren von Altlasten und anderen Umweltbelastungen zu beurteilen haben.[884] **Altlasten** können den Unternehmenswert z. B. durch einmalige und laufende Mehraufwendungen[885] oder erhebliche Bauverzögerungen deutlich verringern.[886] Zudem beeinflussen Beeinträchtigungen der Umwelt häufig die öffentliche Meinung. Dennoch scheinen umweltbedingte Aufwendungen z. B. in US-amerikanischen Jahresabschlüssen unterrepräsentiert zu sein: Von 125 US-amerikanischen Großunternehmen gaben 68% im Jahre 1990 an, keine umweltbedingten Aufwendungen abzugrenzen, und lediglich 11% hatten eigene Regelungen zur Bilanzierung von Umweltaufwendungen in ihre Konzernrichtlinien aufgenommen.[887]

IAS 16.49 erlaubt es, vertraglich oder gesetzlich bedingte Entsorgungskosten bei der Bemessung der planmäßigen Abschreibungen zu berücksichtigen. Wenn mit dem Kauf eines Vermögenswerts erhebliche **Entsorgungskosten** am Ende seiner Nutzungsdauer verbunden sind, sind diese Aufwendungen zu erfassen. Die geschätzten Entsorgungskosten können entweder nach IAS 16.49(a) vom geschätzten Restwert abgezogen werden, was die jährlichen Abschreibungen erhöht und zu einem negativen Buchwert des Vermögenswerts führen kann (der dann als Schuld zu passivieren ist). Alternativ können die geschätzten Entsorgungskosten über die Nutzungsdauer des Vermögenswerts abgegrenzt werden, so daß für die Verpflichtung am Ende der Nutzungsdauer vollständig vorgesorgt ist (IAS 16.49(b)). Handelsrechtlich ist die erste Möglichkeit nicht zulässig, da sich die planmäßigen Abschreibungen nach den pagatorischen Anschaffungs- oder Herstellungskosten und dem voraussichtlichen Restverkaufserlös richten und nicht nach möglichen Entsorgungskosten.

Außer dieser Regelung enthalten weder das Handelsrecht noch die IAS explizite Vorschriften für umweltbedingte Aufwendungen.[888] Immerhin hat sich im handelsrechtlichen Schrifttum zu vielen Problemen eine herrschende Meinung gebildet, während die Auslegungsspielräume der IAS noch recht groß sind. Grundsätzlich unterscheiden sich Handelsrecht und IAS bei umweltbedingten Aufwendungen in den folgenden Punkten:

- Nach IASC-Grundsätzen sind nur **Verpflichtungen gegenüber Dritten** rückstellungsfähig (und rückstellungspflichtig), denen sich das Unternehmen aus rechtlichen oder wirtschaftlichen Gründen nicht entziehen kann. Innenverpflichtungen, die

---

884 Vgl. etwa *Kinast, G.*, Abwicklung einer Akquisition, S. 36-37; *Helbling, C.*, Unternehmensbewertung und Steuern, S. 339 m. w. N.
885 In Einzelfällen wurden für große Sanierungsprojekte mehr als 100 Mio. DM veranschlagt; vgl. etwa *Dürand, D.*, Flächensanierung, S. 124-130.
886 Vgl. *Bisang, C.*, Die Bedeutung der Altlasten für den Unternehmenswert, S. 66-69.
887 Vgl. *Surma, J./Vondra, A.*, Accounting for environmental costs, S. 51-53.
888 Die bilanzielle Abbildung von Umweltbeeinträchtigungen wurde allerdings im D-Markbilanzgesetz geregelt, z. B. die Bilanzierung von Verbindlichkeitsrückstellungen bei Umweltbeeinträchtigungen (§ 17 Abs. 2a DMBilG).

handelsrechtlich als Aufwandsrückstellungen passiviert werden dürfen, sind nach IASC-Grundsätzen dagegen nicht passivierbar.[889]

- Da das **Vorsichtsprinzip** nach IASC-Grundsätzen anders interpretiert wird als im Handelsrecht,[890] ist nach IAS tendenziell ein niedrigerer Wertansatz bei den Rückstellungen geboten als nach den handelsrechtlichen GoB, beispielsweise sind schwer kalkulierbare Sanierungsrisiken handelsrechtlich bei der Rückstellungsbewertung einzubeziehen,[891] nach IASC-Grundsätzen dagegen nicht.

- Tendenziell stellen die IAS höhere Anforderungen an die **Wahrscheinlichkeit und die Bewertbarkeit der zugrundeliegenden Ereignisse** (dieser Punkt kann sich mit dem vorherigen überschneiden).

- (Willkür-)**Abschreibungen nach vernünftiger kaufmännischer Beurteilung** (§ 253 Abs. 4 HGB), die für Nichtkapitalgesellschaften erlaubt sind,[892] dürfen nach IASC-Grundsätzen nicht vorgenommen werden.

Jahresabschlüsse liefern nicht immer ausreichende Hinweise auf umweltbedingte Verpflichtungen; z. B. können aufgeschobene Reparaturen oder ausstehende Sanierungsmaßnahmen kontaminierter Grundstücke oft nur durch planmäßige Recherchen aufgedeckt werden.[893] Doch auch wenn die Vergangenheitsanalyse auf vorhandene Umweltverpflichtungen schließen läßt (z. B. durch Ansatz einer Rückstellung für Rekultivierungsverpflichtungen), empfiehlt sich eine eigenständige Untersuchung der Verpflichtungslage[894]. Bei vielen umweltbedingten Aufwendungen liegt auch nahe, daß z. B. wegen einer verschärften Umweltgesetzgebung mittelfristig Kostensteigerungen entstehen können.[895] Im Zeitablauf in etwa konstante umweltbedingte Aufwendungen sind vor allem bei Überwachungs- und Vorsorgemaßnahmen (z. B. Wartungsaufwendungen) zu erwarten; hier wäre allerdings zu prüfen, ob die entsprechenden Maßnahmen angemessen sind.[896]

---

889 Vgl. *IDW (Hrsg.)*, Rechnungslegung nach IAS, S. 211.
890 Vgl. *Achleitner, A.-K./Wollmert, P./Hulle, K. van*, Grundlagen, S. 58-59, Rn. 94-98.
891 Vgl. dazu *Philipps, H.*, Kontaminierte Grundstücke im Jahresabschluß, S. 226.
892 Nach § 279 Abs. 1 Satz 1 HGB dürfen Kapitalgesellschaften diese Abschreibungen nicht vornehmen.
893 Vgl. zum Erfassungsprozeß bei kontaminierten Grundstücken *Philipps, H.*, Kontaminierte Grundstücke im Jahresabschluß, S. 19-24.
894 Bei der Art der Verpflichtungslage sind vier Ausprägungen mit jeweils anderen bilanziellen Konsequenzen zu unterscheiden: rechtliche Verpflichtungen, wirtschaftliche Verpflichtungen, Innenverpflichtungen und sonstige finanziellen Verpflichtungen. Vgl. dazu *Philipps, H.*, Kontaminierte Grundstücke im Jahresabschluß, S. 14-16.
895 Allerdings sind die (inflationsbereinigten) Umweltschutzausgaben des produzierenden Gewerbes 1994 wieder auf dem Niveau von 1987 angelangt; seit 1989 sind sie leicht rückläufig. Vgl. *Institut der deutschen Wirtschaft Köln (Hrsg.)*, Zahlen zur wirtschaftlichen Entwicklung 1997, Tab. 105.
896 Vgl. *Bisang, C.*, Die Bedeutung der Altlasten für den Unternehmenswert, S. 66.

Im Ergebnis **hilft die Vergangenheitsanalyse nur wenig** weiter. Soweit Umweltschutzaufwendungen den Charakter laufender Kosten aufweisen, können sie als nachhaltig eingestuft werden. Möglich ist allerdings auch bei den nachhaltig scheinenden Umweltschutzaufwendungen, daß sich ihre Höhe mittelfristig deutlich ändert. Soweit die Umweltschutzaufwendungen fallweise entstanden sind (z. B. der Beseitigung von Altlasten gedient haben), sind diese Aufwendungen zu bereinigen, da sie keine akzeptable Prognosebasis für die künftigen Umweltaufwendungen bieten. Wenn umweltbedingte Aufwendungen den Unternehmenswert wesentlich beeinflussen können oder der Bewertungsfall besondere Umweltrisiken erwarten läßt, wird der Bewerter häufig auf technischen Sachverstand zurückgreifen müssen.

6.4. Bereinigungen bei unzuverlässigem Datenmaterial

Unabhängig davon, ob ein nach IAS oder ein nach HGB bilanzierendes Unternehmen bewertet wird, kann es vorkommen, daß der Bewerter mit fehlerhaften oder nicht ausreichend zuverlässigen Daten in der Finanzbuchhaltung konfrontiert wird. Bspw. besteht in Unternehmen, die ihre Erträge überwiegend bar vereinnahmen, die Gefahr, daß nicht alle Erträge gebucht werden (beispielsweise bei der Bewertung von Gaststätten oder Hotelbetrieben).[897] In solchen Fällen sind zumindest überschlägige Prüfungsmaßnahmen empfehlenswert (z. B. eine Verprobung von Wareneinkauf und Umsatz).

Vor allem bei **kleinen und mittelgroßen Unternehmen** kann auch das Rechnungswesen unzureichend ausgebaut sein.[898] Dies zeigt sich z. B. daran, daß außerordentliche Posten nicht identifiziert werden können oder die aus geänderten Bilanzierungsmethoden resultierenden Änderungen der stillen Reserven im Warenlager nicht erkennbar sind.[899] In solchen Fällen ist keine vollständige Vergangenheitsanalyse möglich, da nicht alle notwendigen Bereinigungen vorgenommen werden können.[900] Anhand von Verprobungen, Vergleichen mit Wettbewerbern sowie Branchendurchschnittswerten und einer sorgfältigen Unternehmensanalyse muß dann versucht werden, die fehlenden Bereinigungen zu kompensieren.

Ähnliche Maßnahmen sind auch erforderlich, wenn Unternehmen bewertet werden, die bisher nicht in einem marktwirtschaftlichen Umfeld tätig gewesen sind. Die Aufwendungen und Erträge in der Vergangenheitsanalyse werden dann z. B. durch staatliche Preisvorschriften (Absatzpreise, Beschaffungspreise) oder exportfördernde Maßnahmen verfälscht.[901] Bei der **Bewertung von Unternehmen in Staaten des ehemaligen**

---

897 Vgl. *Pratt, S. P.*, Valuation Approaches by Industry Group, S. 14-12.
898 Vgl. dazu Abschnitt D. 2.3.
899 Vgl. *Helbling, C.*, Bewertung von kleinen und mittleren Unternehmen, S. 935.
900 Vgl. *Helbling, C.*, Bewertung von kleinen und mittleren Unternehmen, S. 935.
901 Vgl. *Lanfermann, J.*, Unternehmensbewertung in den neuen Bundesländern, S. 120.

Bilanzielle Besonderheiten bestimmter Bewertungssituationen 195

Ostblocks sind die Zwecke der Vergangenheitsanalyse nur noch stark eingeschränkt erfüllbar. Für die Erstellung der Prognosebasis liefert sie lediglich Anhaltspunkte, etwa über Mengengerüste und Kapazitäten.[902] Als Maßstab für die Abschätzung der künftigen Unternehmenserfolge kann sie nur bei wenigen Aufwands- und Ertragsposten dienen.

7. Zwischenergebnis

Hinsichtlich der Bereinigungserfordernisse läßt sich festhalten, daß es einige Bereinigungen gibt, die sowohl in HGB-Abschlüssen als auch in IAS-Abschlüssen regelmäßig unumgänglich sind. Dazu zählt vor allem die Bereinigung der Abschreibungen, die Bereinigung von Aufwendungen und Erträgen, die mit der Vorratsbewertung zusammenhängen (z. B. aufgrund der Anwendung von Verbrauchsfolgeverfahren), die Bereinigung von Rückstellungen sowie die Bereinigung des außerordentlichen Ergebnisses.

In der folgenden Übersicht werden die **Gestaltungsmöglichkeiten** des Bilanzierenden und der normalerweise zu erwartende **Umfang der Bereinigungserfordernisse** im HGB-Abschluß und im IAS-Abschluß gegenübergestellt. Die Gestaltungsmöglichkeiten des Bilanzierenden umfassen dabei die Möglichkeiten des Bilanzierenden, die Prognosebasis für die künftigen Einzahlungsüberschüsse zu beeinflussen. Dabei besteht ein enger Zusammenhang zu den Bereinigungserfordernissen, da ein Posten um so mehr Bereinigungen erwarten läßt, je mehr Gestaltungsmöglichkeiten bei diesem Posten vorliegen. Indes stimmen die Gestaltungsmöglichkeiten und die Bereinigungserfordernisse nicht zwingend überein, zum Beispiel erlauben die Abschreibungen auf Vermögensgegenstände des Anlagevermögens im HGB-Abschluß deutlich größere Spielräume als im IAS-Abschluß (z. B. aufgrund der Abschreibungen nach § 253 Abs. 4 HGB oder § 254 HGB). Die Bereinigungsmaßnahmen sind indes im HGB-Abschluß und im IAS-Abschluß ähnlich aufwendig, da der zahlungswirksame Werteverzehr der betriebsnotwendigen Vermögensgegenstände zu ermitteln ist und für diese Vermögensgegenstände Reinvestitionsraten anzusetzen sind.[903]

---

902 Vgl. *Lanfermann, J.*, Unternehmensbewertung in den neuen Bundesländern, S. 120.
903 Vgl. dazu ausführlich Abschnitt E. 3.3.6.

Übersicht E-36: Vergleich der Gestaltungsmöglichkeiten und der Bereinigungserfordernisse im HGB-Abschluß und im IAS-Abschluß

Abschnitt	Vergleich der Gestaltungsmöglichkeiten	Vergleich der Bereinigungserfordernisse	Anmerkung
Betriebsergebnis			
Umsatzerlöse	Ungefähr gleich	Ungefähr gleich	
Sonstige betriebliche Erträge	Im HGB-Abschluß normalerweise größer	Im HGB-Abschluß normalerweise größer	U.U. erheblich andere Abgrenzung nach HGB und nach IAS
Ingangsetzungs- und Erweiterungsaufwendungen	Im HGB-Abschluß normalerweise größer	Im HGB-Abschluß normalerweise größer	Nach IAS unzulässig
Forschungs- und Entwicklungskosten	Im IAS-Abschluß normalerweise größer	Im IAS-Abschluß normalerweise größer	
Werbeaufwendungen	Ungefähr gleich	Ungefähr gleich	
Löhne und Gehälter von Arbeitnehmern	Ungefähr gleich	Ungefähr gleich	
Kalkulatorischer Unternehmerlohn	Ungefähr gleich	Ungefähr gleich	
Aus- und Weiterbildungskosten	Ungefähr gleich	Ungefähr gleich	
Verbrauchsfolgeverfahren	Im HGB-Abschluß normalerweise größer	Im HGB-Abschluß normalerweise größer	
Abschreibungen auf Vermögensgegenstände des Anlagevermögens	Im HGB-Abschluß normalerweise größer	Ungefähr gleich	Bei der Neubewertungsmethode nach IAS 16 liegen genauere Informationen über die Wiederbeschaffungskosten vor
Instandhaltungsaufwendungen	Ungefähr gleich	Ungefähr gleich	
Sonstiger betrieblicher Aufwand	Im HGB-Abschluß normalerweise größer	Im HGB-Abschluß normalerweise größer	U.U. erheblich andere Abgrenzung nach HGB und nach IAS
Sonstige Steuern	Im HGB-Abschluß normalerweise größer	Im HGB-Abschluß normalerweise größer	
Finanzergebnis			
Erträge aus Beteiligungen	Im IAS-Abschluß normalerweise größer	Ungefähr gleich	Bei wesentlichen Beteiligungen empfiehlt sich eine gesonderte Bewertung
Erträge aus anderen Wertpapieren und Ausleihungen des Finanzanlagevermögens sowie sonstige Zinsen und ähnliche Erträge	Ungefähr gleich	Ungefähr gleich	
Zinsen und ähnliche Aufwendungen	Ungefähr gleich	Ungefähr gleich	
Einstellung von Bereichen und außerordentliches Ergebnis			
Einstellung von Bereichen	Ungefähr gleich	Ungefähr gleich	Keine speziellen Vorschriften gem. HGB
Außerordentliche Posten	Ungefähr gleich	Ungefähr gleich	

Der Vergleich zeigt, daß die Gestaltungsmöglichkeiten und die Bereinigungserfordernisse in IAS-Abschlüssen tendenziell geringer sind als in HGB-Abschlüssen. Dabei ist auch zu berücksichtigen, daß die umfangreichen Angabepflichten nach IAS eine wesentlich bessere Vorbereitung des Bewerters ermöglichen als bei einem nach HGB bilanzierenden Unternehmen. Ein vollständig den IAS entsprechender Abschluß vereinfacht die Vergangenheitsanalyse daher gegenüber einem HGB-Abschluß, wenn auch – wie im Abschnitt E. gezeigt wurde – erhebliche Gestaltungsmöglichkeiten für den Bilanzierenden verbleiben. Die in den Abschnitten zum Teil erwähnten IAS-Abschlüsse großer Aktiengesellschaften zeigen indes, daß den Angabepflichten nach IAS noch nicht in vollem Umfang nachgekommen wird (sensibel ist z. B. die Angabe des Kaufpreises bei Akquisitionen (IAS 7.40)) oder auch die IAS-Regelungen oft nicht in vollem Umfang umgesetzt werden.[904]

Das bereinigte Ergebnis bei der Vergangenheitsanalyse wird sowohl in IAS-Abschlüssen als auch in HGB-Abschlüssen oft vor Pensionsaufwendungen und vor Steuern vom Einkommen und Ertrag ermittelt, da diese Aufwendungen häufig in gesonderten Nebenrechnungen ermittelt werden, für die die Vergangenheitsanalyse nur eine untergeordnete Rolle spielt.[905] Häufig werden auch Abschreibungen gesondert behandelt, da der bereinigte Wert (= die Reinvestitionsrate) auch dem Wert entspricht, der für die Prognose der künftigen Einzahlungsüberschüsse angesetzt wird. Aus gesondert geplanten Posten kann indes der Nachteil entstehen, daß die Kalkulationswerte unvollständig sind. Wenn der Bewerter die Bereinigungen im Jahresabschluß in die Kostenträgerrechnung übertragen möchte,[906] fehlen die Werte der gesondert geplanten Posten in der Kostenträgerrechnung. In diesem Fall kann das Mengengerüst (z. B. die geplante Produktionsmenge) erst korrekt bewertet werden, wenn die Daten in die Kostenträgerrechnung eingeflossen sind.

---

904 Vgl. z. B. mit Bezug auf deutsche Unternehmen: *Niehus, R. J.*, Die neue „Internationalität" deutscher Konzernabschlüsse, S. 1341-1345.
905 Zu den entscheidenden Informationen bei der Analyse der betrieblichen Altersversorgung zählen statt dessen zum Beispiel, ob Versorgungszusagen erteilt wurden (ggf. an welchen Personenkreis), welche rechtlichen Grundlagen diese Versorgungszusagen haben, ob in steuerlich optimaler Weise finanziert wird, wie die Altersstruktur des begünstigten Personenkreises ist, usw. Vgl. dazu *Sieben, G./Sielaff, M. (Hrsg.)*, Unternehmensakquisition, S. 76-84.
906 Vgl. dazu *IDW (Hrsg.)*, WP-Handbuch 1992, Bd. II, S. 71, Rn. 145.

F. Die Bereinigung der GuV nach dem UKV
1. Überblick

Nachdem im Abschnitt E. die Bereinigungen nach sachlich zusammengefaßten Bereinigungsgruppen untersucht worden sind (z. B. Bereinigungen der Abschreibungen auf Vermögensgegenstände des Anlagevermögens), soll nun anhand der GuV nach dem UKV ermittelt werden, welche Bereinigungen in den einzelnen UKV-Posten erforderlich sind. Dazu wird u. a. die Zuordnung der Geschäftsvorfälle zu den einzelnen GuV-Posten nach HGB und nach IAS verglichen, um festzustellen, wieweit die Aufwands- und Ertragsstrukturen in HGB-Abschlüssen und IAS-Abschlüssen sich ähneln, welchen Gestaltungsspielräumen diese Strukturen unterliegen und welchen Einfluß dies auf die Vergangenheitsanalyse hat.

2. Die Struktur der GuV nach HGB und IAS
2.1. Die GuV-Struktur gem. § 275 Abs. 3 HGB

Nach dem **handelsrechtlichen Erfolgsspaltungskonzept** wird der Jahreserfolg in Betriebsergebnis, Finanzergebnis, außerordentliches Ergebnis sowie den Steueraufwand gespalten.[907] Entsprechend dieser Aufspaltung wird im folgenden auch die Zuordnung der Geschäftsvorfälle in die GuV-Posten des handelsrechtlichen UKV gegliedert.

Otto hält das UKV besonders bei Klein- und Mittelbetrieben für geeignet, da daraus mit geringem Aufwand eine kurzfristige Erfolgsrechnung entwickelt werden kann.[908] Fraglich ist allerdings, ob bei Klein- und Mittelbetrieben eine ausreichend klare Aufgabentrennung (z. B. zwischen Verwaltung und Vertrieb) möglich ist, die für die Anwendung des UKV notwendig ist. In Deutschland wird das UKV bei Großunternehmen eher angewendet als bei kleinen und mittelgroßen Unternehmen.[909] Einproduktunternehmen legen mit der Anwendung des UKV faktisch ihre Kalkulation offen.

---

907 Vgl. z. B. *Baetge, J.*, Bilanzen, S. 531 und 538.
908 Vgl. *Otto, B.*, Das Umsatzkostenverfahren, S. 934-935. Zu den Vor- und Nachteilen von UKV und GKV vgl. ausführlich *Borchert, D.*, § 275, S. 1662-1668, Rn. 17-28; *Lachnit, L.*, § 275, S. 26-27, Rn. 47-48; *Adler, H./Düring, W./Schmaltz, K*, § 275, S. 453-455, Rn. 34-36.
909 Vgl. *Ballwieser, W./Häger, R.*, Jahresabschlüsse mittelgroßer Kapitalgesellschaften, S. 151.

Übersicht F-1: Handelsrechtliche Erfolgsspaltung nach dem Umsatzkostenverfahren

Umsatzkostenverfahren gemäß § 275 Abs. 3 HGB	
1. Umsatzerlöse	
2. Herstellungskosten der zur Erzielung der Umsatzerlöse erbrachten Leistungen	
3. Bruttoergebnis vom Umsatz	Betriebsergebnis
4. Vertriebskosten	
5. allgemeine Verwaltungskosten	
6. sonstige betriebliche Erträge	
7. sonstige betriebliche Aufwendungen	
8. Erträge aus Beteiligungen, davon aus verbundenen Unternehmen	Finanzergebnis
9. Erträge aus anderen Wertpapieren und Ausleihungen des Finanzanlagevermögens, davon aus verbundenen Unternehmen	
10. sonstige Zinsen und ähnliche Erträge, davon aus verbundenen Unternehmen	
11. Abschreibungen auf Finanzanlagen und auf Wertpapiere des Umlaufvermögens	
12. Zinsen und ähnliche Aufwendungen, davon an verbundene Unternehmen	
13. Ergebnis der gewöhnlichen Geschäftstätigkeit	
14. außerordentliche Erträge	Außerordentliches Ergebnis
15. außerordentliche Aufwendungen	
16. außerordentliches Ergebnis	
17. Steuern vom Einkommen und vom Ertrag	Steueraufwand
18. sonstige Steuern	
19. Jahresüberschuß/Jahresfehlbetrag	*Jahreserfolg*

Aus Sicht eines Bilanzanalytikers weist das UKV zudem die Nachteile auf, daß sich die UKV-Posten noch weniger scharf abgrenzen lassen als beim GKV sowie diverse Gemeinkosten den Posten mit unternehmensindividuellen Verteilungsschlüsseln zugeordnet werden. Bspw. können die Aufwendungen der Kostenstelle „Fertigungsleitung" entweder den Herstellungskosten oder den allgemeinen Verwaltungskosten zugerechnet werden. Dadurch entsteht im Vergleich zum GKV einerseits zusätzlicher Rechenaufwand durch die unumgänglichen **Aufwandsschlüsselungen**,[910] während andererseits zwischenbetriebliche Vergleiche der Aufwandsstrukturen erschwert werden.[911]

2.2. Die Struktur des Income Statements gem. IAS nach dem UKV

In den Geschäftsjahren, die ab dem 1.7.1998 beginnen, ist IAS 1 (revised 1997) anzuwenden. Dieser Standard ersetzt die sämtlich aus den 70er Jahren stammenden IAS 1, IAS 5 und IAS 13, deren viele Ausweiswahlrechte die Vergleichbarkeit von den derzeit veröffentlichten IAS-Abschlüssen beeinträchtigen.[912] Dadurch ändern sich u. a. die

---

910 Vgl. *Pfleger, G.*, Praxis der Bilanzpolitik, S. 479
911 Vgl. *Adler, H./Düring, W. /Schmaltz, K*, § 275, S. 453, Rn. 34; *Ballwieser, W./Häger, R.*, Jahresabschlüsse mittelgroßer Kapitalgesellschaften, S. 135.
912 Vgl. *Achleitner, A.-K./Pesic, P.*, Des Abschlusses neue Kleider, S. 2037.

Vorschriften über die Gliederung der GuV. Statt der eher unverbindlichen Gliederungsvorgaben in IAS 1, 5 und IAS 13 gibt IAS 1 (revised 1997) eine **Mindestgliederung** für die GuV vor (vgl. die folgende Übersicht).[913]

Übersicht F-2: Mindestgliederung der GuV gemäß IAS 1.75 (revised 1997)

Revenues (Erträge aus der operativen Tätigkeit)
Results of operating activities (Operatives Ergebnis vor Ertragsteuern)
Fincance costs (Finanzierungsaufwendungen)
Share of profits and losses of associates and joint ventures accounted for using the equity method (Anteil am Ergebnis der nach der Equity-Methode bilanzierten assoziierten Unternehmen und Joint Ventures)
Tax expense (Steuern)
Profit or loss from ordinary activities (Ergebnis der gewöhnlichen Geschäftstätigkeit nach Ertragsteuern)
Extraordinary items (außerordentliches Ergebnis)
Minority interest (Minderheitsgesellschaftern zustehender Teil am Ergebnis)
Net profit or loss of the period (Jahresüberschuß oder Jahresfehlbetrag)

Eine dem § 275 HGB vergleichbare Vorschrift, die die Struktur der GuV verbindlich vorgibt, enthalten damit weder IAS noch US-GAAP.[914] Nach *Cairns* ist es unwahrscheinlich, daß das IASC hier seine Haltung ändert und ein festes Gliederungsschema vorschreiben wird.[915] Eine umfassende Harmonisierung der Gliederungs- und Ausweisvorschriften scheint zudem wegen der gesellschafts- und zivilrechtlichen Besonderheiten vieler Staaten kaum möglich zu sein.[916]

Das Mindestgliederungsschema der GuV nach IAS 1.75 (revised 1997) ist – verglichen mit § 275 HGB – sehr knapp. Daraus läßt sich indes nicht folgern, daß der Informationswert einer GuV nach IASC-Grundsätzen geringer ist als im Handelsrecht: Sämtliche Posten, die wegen ihrer Größe, Art oder Häufigkeit wesentlich dazu beitragen können, die Entstehung des Unternehmenserfolgs zu erklären, müssen gesondert ausgewiesen werden (IAS 8.16). Dazu können z. B. außerordentliche Abschreibungen auf Vermögenswerte des Sachanlagevermögens oder die Aufwendungen aus der Aufgabe von Geschäftsbereichen zählen.[917]

Hinzu kommen die vorgeschriebenen quantitativen **Anhangangaben**, die genutzt werden können, um die GuV-Gliederung zu erweitern (nach IAS 9.30 kann die GuV z. B. um die aufwandswirksamen Forschungs- und Entwicklungskosten ergänzt werden). Für die Vergangenheitsanalyse gilt dabei, daß sich der Bewerter z. B. um so besser auf ein Due Diligence-Verfahren vorbereiten kann, über je mehr Informationen er verfügt. Nach Möglichkeit sollten der Bewerter versuchen, bereits vor einem Due Diligence-

---

913 Vgl. *Achleitner, A.-K./Kleekämper, H.*, Presentation of Financial Statements, S. 124; *Risse, A.*, IAS für den deutschen Konzernabschluß, S. 132.
914 Vgl. *Hepp, J.*, Summary Comparison of IAS 5, S. 139.
915 Vgl. *Cairns, D.*, Applying IAS, S. 122.
916 Vgl. *Achleitner, A.-K./Wollmert, P./Hulle, K. van*, Grundlagen, S. 68, Rn. 144.
917 Vgl. *KPMG*, International Accounting Standards, S. 109.

Verfahren diejenigen Aspekte zu identifizieren, die bei dem zu bewertenden Unternehmen von besonderer Bedeutung sind. Dazu würde z. B. die Feststellung gehören, daß das zu bewertende Unternehmen in einem längeren Zeitraum vor der Bewertung keine Ersatzinvestitionen getätigt hat.

Weiterhin können gem. IAS 1.75 (revised 1997) aus mehreren Gründen **Änderungen** (vor allem: Ergänzungen) **der Mindestgliederung** erforderlich sein, beispielsweise wenn ein anderer Standard den Ausweis eines zusätzlichen Postens verlangt oder einzelne Posten unwesentlich sind und deswegen zusammengefaßt werden dürfen.[918] Übersicht F-3 faßt die Angabepflichten in den IAS zusammen, die nach den derzeit inkraftgetretenen Standards genutzt werden können, um den Umfang der GuV zu erweitern. Zur besseren Übersicht wurden die Posten dabei den Erfolgsquellen „Betriebsergebnis", „Finanzergebnis", „außerordentliches Ergebnis", „Einstellung von Bereichen" und „Ertragsteuern" zugeordnet (vgl. dazu Übersicht F-1).

Beim Vergleich zwischen der handelsrechtlichen Struktur und den Angabepflichten nach IAS fällt *erstens* auf, daß im Handelsrecht die Aufwendungen und Erträge aus der Einstellung von Bereichen nicht gesondert ausgewiesen werden. Nach IASC-Grundsätzen müssen sie gesondert angegeben werden, und zwar nach IAS 8.20-21 i. d. R. innerhalb des ordentlichen Erfolgs. Mit Inkrafttreten des IAS 35.41 wird sogar ein ausdrückliches Verbot wirksam, wonach die Erfolgsbeiträge aus der Einstellung eines Bereichs nicht als außerordentliche Aufwendungen oder Erträge ausgewiesen werden dürfen. *Zweitens* brauchen einige der nach § 275 HGB vorgeschriebenen GuV-Posten nach IASC-Grundsätzen nicht ausdrücklich angegeben zu werden (z. B. die Vertriebskosten). *Drittens* beziehen sich die vorgeschriebenen Angaben nicht notwendig auf die GuV, sondern die Beträge können auch in jedem anderen Bestandteil des Jahresabschlusses ausgewiesen werden.[919]

---

918 Vgl. *Achleitner, A.-K./Kleekämper, H.*, Presentation of Financial Statements, S. 124.
919 Vgl. *Achleitner, A.-K./Pesic, P.*, Des Abschlusses neue Kleider, S. 2042.

Die Struktur der GuV nach HGB und IAS 203

Übersicht F-3: Angaben für GuV-Posten[920]

Vorgeschriebene Angaben, die zur Erweiterung der GuV nach IAS genutzt werden können	Vorschrift
Erträge und Aufwendungen des ordentlichen Betriebsergebnisses	
Sale of goods	IAS 18.35
Services rendered	IAS 18.35
Construction contracts	IAS 11.39
Cost of goods sold	IAS 2.37
Cost of services rendered	IAS 2.37
Research and development costs	IAS 9.30
Depreciation	IAS 4.15, IAS 5.18 (b), IAS 16.66 (e)
Amortisation of other intangible assets	IAS 4.15, IAS 5.18 (b)
Retirement benefit costs	IAS 19.22 und 19.51
Translation differences; foreign exchange differences	IAS 21.42
Rentals on investments	IAS 25.49 (b)
Amount of reversal of any write down to inventories recognised as income	IAS 2.34
Erträge und Aufwendungen des	
Interest income	IAS 18.35; IAS 5.18 (c), IAS 25.49 (b)
Royalties	IAS 18.35; IAS 25.49
Dividends	IAS 18.35; IAS 5.18 (d), IAS 25.49 (b)
Interest and other borrowing costs	IAS 5.18 (e)
Amortisation of goodwill	IAS 4.15, IAS 5.18 (b), IAS 22.72 (d)
Share of the profits or losses of associates accounted for using the equity method	IAS 28.28
Share of associates' extraordinary items or fundamental errors	IAS 28.28
Profits and losses on disposal of current	IAS 25.49 (b)
Changes in the carrying amount of current	IAS 25.49 (b)
Einstellung von Bereichen	
Gain or loss on discontinuance of operation	IAS 8.20 (e)
Außerordentlicher Erfolg	
Extraordinary income	IAS 8.11
Extraordinary loss	IAS 8.11
Steuern	
Income taxes on extraordinary items	IAS 12.49 (b) (reformatted 1994), IAS 12.81 (b) (revised 1996)
Income tax expense	IAS 5.18 (f), IAS 12.49 (reformatted 1994), IAS 12.80 (a) (revised 1996)

Über die Aufstellung und Struktur der GuV enthalten die IAS ansonsten lediglich allgemeine Grundsätze, beispielsweise gehen sämtliche GuV-Posten[921] des Berichtsjahres in die Ermittlung des Jahresergebnisses ein (IAS 8.7). Dieses geringe Normierungsniveau erlaubt unter anderem - wie bei den US-GAAP - auf relativ einfache Weise branchenspezifische Regelungen einzufügen. Zur Zeit ist noch nicht absehbar, wann **bran-**

---

920 Die Übersicht bezieht sich auf die Ende 1997 geltenden IAS.
921 Da nach IASC-Grundsätzen nicht alle Aufwendungen und Erträge erfolgswirksam gebucht werden, sind Aufwands- und Ertragsposten und GuV-Posten nicht gleichzusetzen.

chenspezifische Ausweispflichten normiert werden (z. B. für die Luftfahrt, die Ölindustrie oder die Gaswirtschaft). Lediglich für Banken existieren gesonderte Vorschriften (vgl. dazu IAS 30); für die Landwirtschaft wird ein entsprechender Standard vorbereitet.

2.3. Unterschiede bei UKV- Posten zwischen HGB und IAS

Die Regelungen zur Abgrenzung der Posten im Handelsrecht und nach IAS sind unterschiedlich streng: Im handelsrechtlichen Schrifttum zu § 275 Abs. 3 HGB (Gliederungsvorschriften beim UKV) hat sich im Schrifttum zu den meisten Einzelfragen eine überwiegende Meinung gebildet. Dagegen enthalten die IAS fast gar keine Regelungen über die Zuordnung oder Verrechnung von Geschäftsvorfällen zu Aufwandsarten wie Herstellungskosten, allgemeinen Verwaltungskosten und Vertriebskosten. Häufig ist daher davon auszugehen, daß die **Zuordnung der Geschäftsvorfälle** - je nach Sitz des zu bewertenden Unternehmens - sich an den länderspezifischen Vorschriften orientiert. Dies kann dazu führen, daß das gleiche, nach IAS bilanzierende Unternehmen in zwei verschiedenen Ländern einerseits unterschiedliche GuV-Posten ausweist und andererseits Geschäftsvorfälle unterschiedlich den GuV-Posten zuordnet. In naher Zukunft sind indes keine IASC-Regelungen für die Zuordnung der Geschäftsvorfälle zu den einzelnen Posten zu erwarten. Einen großen Schritt zur Verringerung dieser ungeregelten Bereiche hat das IASC mit der Aufstellung eines *Standing Interpretations Committee* (SIC)[922] unternommen.[923] Allerdings werden andere Bilanzierungsfragen vom SIC mit höherer Priorität eingestuft, weil sie den vom SIC erstellten Kriterien eher genügen.[924]

Die genannten Unterschiede erschweren Unternehmensbewertungen, weil die Aufwands- und Ertragsstrukturen in der GuV einem **relativ hohen Gestaltungsspielraum** unterliegen und Betriebsvergleiche dadurch erheblich erschwert werden. Sogar bei US-amerikanischen Unternehmen, für die teilweise sehr detaillierte Rechnungslegungsvorschriften gelten, tritt dieses Problem auf.[925] Auch in den USA muß keinem festen Gliederungsschema für die GuV gefolgt werden. Kostenvergleiche führen daher bei US-amerikanischen Unternehmen mitunter in die Irre, weil gleich bezeichnete GuV-Posten deutlich verschiedene Bestandteile enthalten können.[926] Hinzu kommt,

---

922 Zum SIC vgl. *Fey, G./Schruff, W.*, Das Standing Interpretations Committee, S. 585-595.
923 Vgl. *IASC*, IASC Update January 1997, S. 1-2; o. V., SIC first meeting sets agenda, S. 13.
924 Zum Programm des SIC vgl. o. V., SIC first meeting sets agenda, S. 13; *Fey, G./Schruff, W.*, Das Standing Interpretations Committee, S. 589-595.
925 Vgl. *Bernstein, L. A.*, Financial Statement Analysis, S. 699.
926 Vgl. *Bernstein, L. A.*, Financial Statement Analysis, S. 699. In diesem Bereich scheint das für die USA typische „Cookbook-Accounting", also das Entwickeln detaillierter und „rezeptartiger" Regelungen für die Bilanzierung noch verhältnismäßig gering ausgeprägt zu sein.

Die Zuordnung der Geschäftsvorfälle auf die GuV-Posten nach HGB und IAS 205

daß Betriebsvergleiche auf der Basis von Kennzahlen oft nicht aussagefähig sind, wenn ihnen unterschiedliche GuV-Gliederungsschemata zugrunde liegen.[927]

3. Die Zuordnung der Geschäftsvorfälle auf die GuV-Posten nach HGB und IAS

3.1. Überblick

Neben den – bei den IAS so gut wie nicht vorhandenen – Regelungen über die Abgrenzung der einzelnen GuV-Posten wird die Aufwands- und Ertragsstruktur des zu bewertenden Unternehmen maßgeblich durch die Ansatz- und Bewertungsvorschriften beeinflußt, nach denen das Unternehmen bilanziert. So können selbst unter sonst gleichen Bedingungen die GuV-Posten in einem IAS-Abschluß nicht die gleichen Bestandteile enthalten wie eine handelsrechtliche GuV. Zum Beispiel dürfen in der IAS-GuV keine Aufwendungen für die Bildung von Aufwandsrückstellungen ausgewiesen werden, während umgekehrt eine HGB-GuV keine Abschreibungen auf aktivierte Entwicklungskosten aufweist. Dies führt in der Vergangenheitsanalyse zu unterschiedlichem Bereinigungsbedarf bei den Vergangenheitsergebnissen in einer HGB-GuV und in einer IAS-GuV.

Im folgenden wird untersucht, wie sich die im Abschnitt E. dargestellten Unterschiede zwischen Ansatz- und Bewertungsvorschriften nach IAS und nach HGB auf eine GuV nach dem UKV auswirken und welche Bereinigungen bei den einzelnen UKV-Posten zum einen in der HGB-GuV und zum anderen in der IAS-GuV erforderlich sind, d. h. in die Untersuchung werden nunmehr auch die Wirkungen der Ausweisvorschriften – allerdings beschränkt auf das UKV – einbezogen.

3.2. Posten des Betriebsergebnisses

3.2.1. Umsatzerlöse

Handelsrechtlich zählen nach § 277 Abs. 1 HGB die Erlöse eines Geschäftsjahres zu den Umsatzerlösen, die aus dem Verkauf, der Vermietung oder der Verpachtung von für die gewöhnliche Geschäftstätigkeit typischen Erzeugnissen, Waren und Dienstleistungen resultieren. Umsatzerlöse sind ohne Umsatzsteuer und Erlösschmälerungen (Preisnachlässe und zurückgeführte Entgelte) auszuweisen.[928]

---

927 Vgl. *Pellens, B./Linnhoff, U.*, Auswirkungen der neuen Rechnungslegungsvorschriften, S. 129.
928 Vgl. *Baetge, J.*, Bilanzen, S. 553-555; *Borchert, D.*, § 275, S. 1669, Rn. 32.

Maßgebend für die Zuordnung von Erträgen zu den Umsatzerlösen ist die Geschäftstätigkeit des Unternehmens. Zum Beispiel werden Miet- und Pachteinnahmen bei Brauereien, Leasing- und Grundstücksverwaltungsgesellschaften nach deutschem Handelsrecht grundsätzlich als Umsatzerlöse ausgewiesen, während sie bei anderen Unternehmen als sonstige betriebliche Erträge zu buchen sind.[929]

Wie die Umsatzsteuer stellen die umsatzbezogenen **Verbrauchsteuern, Verkehrsteuern und Monopolabgaben** für das Unternehmen einen durchlaufenden Posten dar (z. B. Tabaksteuer, Biersteuer, Sektsteuer).[930] Nach dem Wortlaut des § 277 Abs. 1 HGB dürfen sie nicht von den Umsatzerlösen abgesetzt werden, da dort nur der Abzug der Umsatzsteuer explizit erwähnt wird. Im Schrifttum wird der Wortlaut indes häufig weiter ausgelegt und ein offenes Absetzen aller umsatzbezogenen Verbrauchsteuern und Verkehrsteuern für möglich gehalten.[931] Das offene Absetzen der von ihrem Betrag her bedeutsamen Mineralölsteuer von den Umsatzerlösen wird teilweise sogar als verpflichtend angesehen.[932]

Auch nach IASC-Grundsätzen resultieren Umsatzerlöse aus dem Verkauf von Gütern oder Dienstleistungen. Dazu zählen auch Umsatzerlöse aus langfristigen Fertigungs- bzw. Dienstleistungsverträgen, die nach Maßgabe des Fertigstellungsgrades ausgewiesen werden *(percentage of completion)*.[933] Da die Umsatzerlöse nach IAS 18.9 grundsätzlich mit dem beizulegenden Zeitwert *(fair value)* zu bewerten sind, enthalten die Umsatzerlöse keine durchlaufenden Posten (z. B. erhaltene und abzuführende Umsatzsteuern) und Erlösschmälerungen (z. B. Rabatte). Dies wird in der Praxis z. T. durch den Begriff „*net sales*" deutlich gemacht.[934] Insgesamt entsprechen sich die Posten nach IAS und HGB weitestgehend.

Welche Bereinigungen bei den Umsatzerlösen vorzunehmen sein können, zeigt die folgende Übersicht:

---

929 Vgl. *IDW (Hrsg.)*, WP-Handbuch 1996, Bd. I, S. 383, Rn. 285.
930 Vgl. *Förschle, G.*, § 275, S. 1087, Rn. 66; *Rogler, S.*, Gewinn- und Verlustrechnung nach dem UKV, S. 25.
931 Vgl. *Förschle, G.*, § 275, S. 1087-1088, Rn. 66; *Rogler, S.*, Gewinn- und Verlustrechnung nach dem UKV, S. 25.
932 Vgl. *IDW (Hrsg.)*, WP-Handbuch 1996, Bd.I, S. 383, Rn. 287; *Adler, H./Düring, W. /Schmaltz, K*, § 275, S. 521, Rn. 204.
933 Vgl. *KPMG*, International Accounting Standards, S. 110-111.
934 Vgl. z. B. *Nokia (Hrsg.)*, Annual Report 1996, S. 37: „net of sales taxes and discounts" oder *Danzas (Hrsg.)*, Group Annual Report 1996, S. 33.

Übersicht F-4: Bereinigungen der Umsatzerlöse

Mögliche Bereinigungen der Umsatzerlöse (IAS und HGB)
HGB-Abschluß
• Bereinigung (Eliminieren) der durchlaufenden Posten.
HGB-Abschluß und IAS-Abschluß
• Bereinigung nicht nachhaltiger Umsatzerlöse (zum Beispiel Umsatzerlöse, die auf sachverhaltsgestaltende Maßnahmen zurückzuführen sind oder von mittlerweile veräußerten Geschäftseinheiten/Betriebsteilen erzielt wurden). • Sonderfall: Langfristige Fertigung.

Im HGB-Abschluß sind bei der Vergangenheitsanalyse der Umsatzerlöse die **durchlaufenden Posten** zu eliminieren (z. B. erhaltene und abzuführende Umsatzsteuern). Die durchlaufenden Posten würden sonst die Aussagefähigkeit der Umsatzerlöse beeinträchtigen, da sie oft einen erheblichen Teil des Umsatzes ausmachen (z. B. Mineralölsteuer). Da die Umsatzerlöse im IAS-Abschluß keine durchlaufenden Posten enthalten, entfällt diese Bereinigung.

Im IAS-Abschluß und im HGB-Abschluß sind nicht nachhaltige Umsatzerlöse zu bereinigen (Grundsatz der Nachhaltigkeit). Dies betrifft zum Beispiel Umsatzerlöse, die aus Sonderverkäufen stammen. Sonderverkäufe sind übliche Maßnahmen bei Liquiditätsgefährdung des Unternehmens und nicht nachhaltig.[935] Weiterhin sind Umsatzerlöse zu bereinigen, die von mittlerweile veräußerten oder zum Verkauf anstehenden Betriebsteilen/Geschäftseinheiten erzielt worden sind (zum Beispiel die Umsatzerlöse, die auf das nicht betriebsnotwendige Vermögen entfallen). In der Vergangenheitsanalyse werden die Vergangenheitsergebnisse dann in Höhe dieser nicht nachhaltigen Umsatzerlöse verringert. Zu beachten ist dabei, daß auch der Wareneinsatz, der auf diese Umsatzerlöse entfallen ist, bereinigt werden muß. Denn künftig werden nicht nur die Umsatzerlöse des nicht betriebsnotwendigen Vermögens entfallen, sondern auch die Aufwendungen für die Herstellung, den Verkauf, die Verwaltung, usw. von diesem Vermögensgegenstand.

3.2.2. Herstellungskosten der zur Erzielung der Umsatzerlöse erbrachten Leistungen

3.2.2.1. Überblick

Vom Betrag her stellen die Herstellungskosten normalerweise in der GuV nach dem UKV die bedeutendste Aufwandsart dar. Für die Vergangenheitsanalyse folgt daraus, daß die Herstellungskosten besonders sorgfältig analysiert werden müssen. Die Rechnungslegung hat hierbei eine besondere Bedeutung, denn die Herstellungskosten kön-

---

935 Vgl. *Fridson, M. S.*, Financial Statement Analysis, S. 67. Vgl. auch Abschnitt E. 3.2.1.

nen zum Beispiel durch die Einbeziehungswahlrechte nach § 255 Abs. 2 HGB erheblich gestaltet werden. Bei der Vergangenheitsanalyse können die Herstellungskosten aufgrund einer Reihe von Sachverhalten zu bereinigen sein, die im folgenden dargestellt werden (u. a. aufgrund einer unstetigen Ermittlung der Herstellungskosten - dies betrifft HGB-Abschlüsse und IAS-Abschlüsse - oder - was nur bei HGB-Abschlüssen zu prüfen ist - gegebenfalls Bereinigungen, weil das zu bewertende Unternehmen die Herstellungskosten in der Bilanz und in der GuV unterschiedlich abgrenzt). Zunächst wird dabei auf die Bestandteile und die Einbeziehungswahlrechte bei der Bewertung der Herstellungskosten nach HGB und nach IAS eingegangen.

3.2.2.2. Die Bestandteile der Herstellungskosten nach HGB und nach IAS

Die Herstellungskosten enthalten alle Aufwendungen, die aus der Anschaffung oder Herstellung von Leistungen resultieren, die im betreffenden Geschäftsjahr zu Umsatzerlösen geführt haben.[936] Dabei ist sowohl handelsrechtlich als auch nach IASC-Grundsätzen unerheblich, in welchem Geschäftsjahr die Herstellungskosten entstanden sind.[937]

Zu den Herstellungskosten zählen nach IAS 2.10 und IAS 16.16 die Kosten des eigentlichen Herstellungsvorgangs und alle anderen Kosten, die notwendig sind, um den Gegenstand in seinen derzeitigen Zustand zu versetzen und an seinen derzeitigen Standort zu bringen. Die Herstellungskosten nach IAS werden auch als **„produktionsbezogene Vollkosten"** bezeichnet.[938] Neben den direkt zurechenbaren Kosten sind alle variablen und fixen Gemeinkosten zu berücksichtigen, die mit der Herstellung verbunden sind. Die produktionsbezogenen Vollkosten sind sowohl für die IAS-Bilanz als auch für die IAS-GuV maßgebend.

Im Unterschied zum Handelsrecht müssen **nach IAS Vollkosten** aktiviert werden, beispielsweise ist die Einbeziehung von Materialgemeinkosten, Fertigungsgemeinkosten und fertigungsbezogenen Verwaltungskosten im Gegensatz zu § 255 HGB vorgeschrieben.[939] Verwaltungskosten dürfen indes nur soweit aktiviert werden, wie sie einen unmittelbaren Zusammenhang zur Fertigung aufweisen bzw. sie direkt dazu beitragen, den Vermögenswert zu seinem derzeitigen Standort oder in seine derzeitige Form zu bringen (vgl. IAS 2.14 für Vorräte bzw. IAS 16.19 i. V. m. IAS 2.14 für

---

936 Vgl. *Borchert, D.,* § 275, S. 1718, Rn. 132.
937 Vgl. zur handelsrechtlichen Regelung z. B. *Förschle, G.,* § 275, S. 1131, Rn. 266; *Baetge, J.,* Bilanzen, S. 589 und zur IASC-Regelung F. 22, F. 95, IAS 1.4(c) sowie *Wollmert, P./Achleitner, A.-K.,* Grundlagen der IAS-Rechnungslegung, S. 246.
938 Vgl. *Jacobs, O. H.,* IAS 2, S. 167, Rn. 21.
939 Vgl. *IDW (Hrsg.),* Rechnungslegung nach IAS, S. 55-56.

Sachanlagen).[940] Die **Obergrenze der Herstellungskosten** liegt daher nach IAS niedriger als im Handelsrecht (vgl. Übersicht F-5).[941]

Übersicht F-5: Bestandteile der Herstellungskosten nach HGB und nach IAS

Herstellungskostenbestandteil	§ 255 HGB	IAS 2	Beispiele
Materialeinzelkosten	Einbeziehungspflicht	Einbeziehungspflicht	Verbrauch von Roh- und Hilfsstoffen, Einbauteilen
Fertigungseinzelkosten			Direkt zurechenbare Löhne und Lohnnebenkosten in der Fertigung
Sondereinzelkosten der Fertigung			Stückbezogene Lizenzgebühren, Spezialwerkzeuge[942]
Materialgemeinkosten	Einbeziehungswahlrecht		Aufwendungen für Einkauf, Warenannahme, Materialverwaltung
Fertigungsgemeinkosten			Betriebsstoffe (z. B. Schmieröle, Kraftstoffe), Werkzeuge, planmäßige Abschreibungen auf Maschinen
Fertigungsbezogene Kosten der allgemeinen Verwaltung, Aufwendungen für freiwillige soziale Leistungen, Aufwendungen für betriebliche Altersversorgung			Zuführung der Pensionsrückstellung oder Aus- und Weiterbildung der Beschäftigten im Fertigungsbereich[943]
Nicht fertigungsbezogene Kosten der allgemeinen Verwaltung, Aufwendungen für freiwillige soziale Leistungen, Aufwendungen für betriebliche Altersversorgung		Einbeziehungsverbot	Aufwendungen für Rechnungswesen, Betriebsrat, Geschäftsführung, Kantine, Abschlußprüfung, Abschreibungen für in der Verwaltung genutzte Vermögensgegenstände
Herstellungsbezogene Fremdkapitalzinsen		Einbeziehungswahlrecht[944]	Zeitlich und sachlich zurechenbare Zinsen[945]
Nicht herstellungsbezogene Fremdkapitalzinsen	Einbeziehungsverbot	Einbeziehungsverbot	Alle anderen (=nicht eindeutig zurechenbaren) Zinsaufwendungen
Vertriebskosten			Personal- und Sachaufwendungen der Vertriebs-, Werbe und Marketingabteilung, Marktforschung, Messekosten

Folgende weitere Unterschiede können bei der Abgrenzung des GuV-Postens „Herstellungskosten" nach IAS und nach HGB noch auftreten:

- Nur steuerlich zulässige **Abschreibungen nach § 254 HGB** sind nach IASC-Grundsätzen nicht zulässig; es sei denn, sie sind unwesentlich. Bei der Vergangen-

---

940 Vgl. auch *Cairns, D.*, Applying IAS, S. 428.
941 Vgl. *IDW (Hrsg.)*, Rechnungslegung nach IAS, S. 55.
942 Als Sondereinzelkosten der Fertigung werden Einzelkosten bezeichnet, die weder Materialeinzelkosten noch Fertigungseinzelkosten darstellen; vgl. *Knop, W./Küting, K.*, § 255, S. 1070, Rn. 200. Die Abgrenzung von Sondereinzelkosten der Fertigung zu den Fertigungs- und Vertriebseinzelkosten fällt häufig schwer.
943 Handelsrechtlich dürfen diese Aufwendungen z. T. auch als Fertigungsgemeinkosten ausgewiesen werden; vgl. *Adler, H./Düring, W./Schmaltz, K.*, § 255, S. 392, Rn. 179.
944 Das Wahlrecht ergibt sich aus IAS 23.10, nicht aus IAS 2.
945 Vgl. zum Handelsrecht z. B. *Knop, W./Küting, K.*, § 255, S. 1106-1107, Rn. 340-344; zu den IAS: *Schönbrunn, N.*, IAS 23, S. 881-882, Rn. 12.

heitsanalyse sind die nur steuerlich zulässigen Abschreibungen nach § 254 HGB grundsätzlich aus den Vergangenheitsergebnisssen herauszurechnen.

- Bei Nicht-Kapitalgesellschaften können die Herstellungskosten auch (Willkür-)**Abschreibungen im Rahmen vernünftiger kaufmännischer Beurteilung** (§ 253 Abs. 4 HGB) enthalten. Diese Abschreibungen sind handelsrechtlich nach § 279 Abs. 1 HGB bei Kapitalgesellschaften nicht erlaubt und nach IAS für alle Rechtsformen unzulässig. Bei der Vergangenheitsanalyse sind sie zu eliminieren.

- **Forschungs- und Entwicklungskosten** dürfen handelsrechtlich als Herstellungskosten im Posten Nr. 2 gezeigt werden.[946] Dies ist auch nach IASC-Grundsätzen möglich, soweit Entwicklungskosten nicht nach IAS 9.17 aktiviert werden müssen. Bei der Vergangenheitsanalyse sollten Forschungs- und Entwicklungskosten - da sie einen anderen Charakter als die Herstellungskosten besitzen - gesondert betrachtet und nicht mit den Herstellungskosten vermischt werden.[947] Hilfreich ist dabei, daß im IAS-Abschluß gemäß IAS 9.30(b) die Höhe der nicht aktivierten Forschungs- und Entwicklungskosten angegeben werden muß. Die Angabe ist dabei sowohl in Form einer Anhangangabe als auch durch Ausweis eines gesonderten GuV-Posten möglich.

- Die Einbeziehung von **Kostensteuern** in die Herstellungskosten wird im handelsrechtlichen Schrifttum kontrovers diskutiert. Im Ergebnis kann sie aber vom Wirtschaftsprüfer nicht beanstandet werden.[948] Nach IASC-Grundsätzen gehören alle fertigungsbezogenen Aufwendungen zu den Herstellungskosten, also z. B. auch die Biersteuer.[949]

- Auch bei fertigungsbezogenen **Fremdkapitalzinsen** wird handelsrechtlich ein Aktivierungswahlrecht vertreten.[950] Nach IAS 23 dürfen Fremdkapitalzinsen unter bestimmten Voraussetzungen, für die es kein handelsrechtliches Äquivalent gibt, aktiviert werden. Die Aktivierung kommt z. B. nur bei bestimmten Arten von produzierten Vermögenswerten in Betracht.[951]

---

946 Vgl. *Förschle, G.*, § 275, S. 1134, Rn. 277.
947 Vgl. zu den Forschungs- und Entwicklungskosten Abschnitt E. 3.3.2.
948 Vgl. z. B. *Förschle, G.*, § 275, S. 1133, Rn. 274, der sich für ein Wahlrecht ausspricht; ablehnend *Baetge, J.*, Bilanzen, S. 589. Für die Kostensteuern kommt ansonsten Posten Nr. 18 (Sonstige Steuern) in Betracht.
949 Zu den sonstigen Steuern vgl. Abschnitt E. 3.3.9 sowie Abschnitt F. 3.2.9.
950 Vgl. z. B. *Förschle, G.*, § 275, S. 1133, Rn. 274.
951 Vgl. zur Aktivierung von Fremdkapitalzinsen Abschnitt E. 4.3.2.

3.2.2.3. Die Bedeutung einer stetigen Herstellungskostenermittlung für die Vergangenheitsanalyse

Nach dem Grundsatz der Vergleichbarkeit sind bei der Vergangenheitsanalyse Bereinigungen erforderlich, wenn z. B. beim zu bewertenden Unternehmen Bilanzierungswahlrechte unstetig ausgeübt wurden und die Daten im Zeitraum der Vergangenheitsanalyse deswegen nicht vergleichbar sind. Im HGB-Abschluß betreffen die Unstetigkeiten bei der Bilanzierung der Herstellungskosten zunächst die Einbeziehungswahlrechte für die einzelnen Bestandteile der Herstellungskosten.

Bei der Vergangenheitsanalyse ist bei HGB-Abschlüssen sicherzustellen, daß die **Einbeziehungswahlrechte** im Zeitraum der Vergangenheitsanalyse stetig ausgeübt wurden. Wenn sie unstetig ausgeübt wurden, kann der Bewerter u. a. keine aussagefähigen Herstellungskostenquoten berechnen, d. h. die Kostenstrukturen und Deckungsspannen der Produkte sind nur noch eingeschränkt analysierbar. Die Herstellungskosten sind daher bei unstetiger Ausübung der Einbeziehungswahlrechte zu korrigieren.

Besondere Schwierigkeiten treten auf, wenn die Bestandteile der Herstellungskosten bei einem Unternehmen mit breiter Produktpalette analysiert werden sollen. Denn der Bilanzierende verfügt bei den Herstellungskosten über einen um so größeren Spielraum, je mehr verschiedene Produkte er anbietet. Bei einem Unternehmen, das eine Vielzahl verschiedener Produkte anbietet, können die Einzel- und Gemeinkosten dieser Produkte von Unternehmensexternen kaum noch durchschaut werden. Bspw. ist es für Unternehmensexterne kaum nachvollziehbar, welche Materialeinzelkosten und Materialgemeinkosten in welcher Höhe und für welches Produkt zuzurechnen sind (vor allem dann, wenn regelmäßig neue Produkte eingeführt und alte vom Markt genommen werden).

Unstetigkeiten bei der Ermittlung der Herstellungskosten können aber auch auf **Kostenschlüsselungen** zurückzuführen sein. Dies betrifft sowohl IAS-Abschlüsse als auch HGB-Abschlüsse. Ähnlich wie die Vertriebskosten und die allgemeinen Verwaltungskosten enthalten die Herstellungskosten anteilige Personalkosten und anteilige Abschreibungen, die auf die Kostenstellen verteilt und dann in den Aufgabenbereichen (Herstellung, Vertrieb, Verwaltung) zusammengefaßt werden.[952] Durch die Art der Schlüsselung kann das Unternehmen in gewissem Umfang die Höhe der Herstellungskosten und der Aufwendungen in den anderen Aufgabenbereichen steuern. Je mehr Aufwendungen in die Herstellungskosten fließen, um so stärker werden die Vertriebskosten, die allgemeinen Verwaltungskosten und die sonstigen betrieblichen Aufwendungen/anderen betrieblichen Aufwendungen entlastet und umgekehrt.[953]

---

[952] Vgl. mit Bezug auf das Handelsrecht z. B. *Borchert, D.*, § 275, Rn. 143; *Nahlik, W.*, Praxis der Jahresabschlußanalyse, S. 141.
[953] Vgl. mit Bezug auf das Handelsrecht *Nahlik, W.*, Praxis der Jahresabschlußanalyse, S. 141.

Damit die Herstellungskosten im Zeitablauf vergleichbar sind, muß bei der Vergangenheitsanalyse geprüft werden, ob die Schlüsselung der Aufwendungen während des Zeitraums der Vergangenheitsanalyse geändert wurde. Wenn die Schlüsselung nicht gleich geblieben ist, ist eine Bereinigung notwendig. Nach den Grundsätzen der Verwendung von Marktwerten und der Vergleichbarkeit ist dann für den gesamten Zeitraum der Vergangenheitsanalyse diejenige Schlüsselung zugrunde zu legen, die den tatsächlichen Verhältnissen am besten entspricht.

Weiterhin bezieht sich die Stetigkeit bei der Ermittlung der Herstellungskosten auf die zugrunde gelegte Höhe der Normalbeschäftigung. Weder nach HGB, noch nach IAS dürfen die Herstellungskosten mit **Leerkosten** belastet werden oder mit **Kosten, deren Art oder Höhe ungewöhnlich ist** (beispielsweise außerordentliche Abschreibungen).[954] Handelsrechtlich sind Leerkosten zu eliminieren, wenn die tatsächliche Beschäftigung 70% der (Maximal-)Auslastung unterschreitet.[955] Nach IAS 2.11 sind die zurechenbaren Fixkosten auf der Basis der Normalauslastung des Unternehmens zu berechnen. Wird die **Normalauslastung** unterschritten, dann werden - wie im Handelsrecht - nicht verrechenbare fixe Gemeinkosten in der Entstehungsperiode als Aufwand erfaßt. Indes wird nicht festgelegt, wie die Normalauslastung zu berechnen ist, beispielsweise bei welcher Abweichung von der Normalkapazität nach unten die Pflicht zur Eliminierung der Leerkosten einsetzt.[956] Der Bilanzierende verfügt hier über einen beträchtlichen Gestaltungsspielraum.

Für die Bereinigungsrechnung ist die Höhe der Normalbeschäftigung festzustellen. Auf Basis der Normalbeschäftigung können dann erstens interperiodische Erfolgsverschiebungen bereinigt werden, die allein aus Schwankungen des Auslastungsgrades zurückzuführen sind.[957] Damit werden Unstetigkeiten beim zugrunde gelegten Auslastungsgrad (z. B. Wechsel zwischen Ist- und Normalbeschäftigung) bereinigt. Zweitens dient die Normalbeschäftigung der Vergangenheit als Kontrollgröße für die Planung der künftigen Einzahlungsüberschüsse.

3.2.2.4. Bewertung mit Vollkosten versus Bewertung mit Teilkosten

Die Bewertung von Herstellungskosten auf Basis von Vollkosten wird gegenüber der Bewertung auf Basis von Teilkosten als etwas aussagefähiger angesehen.[958] Im Unter-

---

954 Vgl. zu den IAS *Cairns, D.*, Applying IAS, S. 427; *Cairns, D.*, Individual Accounts, S. 1703.
955 Vgl. *Baetge, J.*, Bilanzen, S. 222-223; ähnlich *Knop, W./Küting, K.*, § 255, S. 1101, Rn. 321.
956 Vgl. *Fuchs, M.*, Jahresabschlußpolitik und IAS, S. 116.
957 Vgl. auch *Fischer, H.*, Bewertung, S. 190.
958 Vgl. z. B. *Baetge, J.*, Vollaufwand versus Teilaufwand, S. 78-79; *Biener, H./Berneke, W.*, Bilanzrichtlinien-Gesetz, S. 217; *Selchert, F. W.*, Herstellungskosten im UKV, S. 2399; a. A. *Siegel, T.*, Herstellungskosten und GoB, S. 660; *Siegel, T.*, Vollkostenrechnung, S. 392.

schied zu § 255 Abs. 2 HGB basieren die Herstellungskosten nach IAS 2 grundsätzlich auf Vollkosten. Die Frage, ob bei einer Bewertung auf Basis von Teilkosten eine Bereinigung notwendig ist, betrifft daher nur HGB-Abschlüsse und ist für die Bereinigung eines IAS-Abschlusses nicht relevant. Im folgenden wird auf die fünf Kriterien eingegangen (vgl. dazu die folgende Übersicht), die dabei zu berücksichtigen sind.

Übersicht F-6: Kriterien für die Bereinigung der Bilanzierung mit Teilkosten

Kriterien für die Notwendigkeit, die Bilanzierung von Teilkosten zu bereinigen
Nur HGB-Abschluß (da im IAS-Abschluß grundsätzlich Vollkostenansatz)
• Ausmaß der Bestandsschwankungen
• Bilanzierungsgewohnheiten beim Auftraggeber (Teilkosten oder Vollkosten)
• Wirtschaftlichkeit der Bereinigung
• Verfügbare Zeit für die Bewertung
• Verfügbare Daten

Wenn fertige und unfertige Erzeugnisse mit ihren **Teilkosten** bewertet werden, hängt das Jahresergebnis insoweit nur vom Absatz der jeweiligen Periode ab. Bei der Bewertung mit **Vollkosten** wird das Jahresergebnis auch von der Veränderung des Lagerbestands beeinflußt, da um so mehr Gemeinkosten aktiviert werden, je stärker die Lagerbestände in einer Periode gestiegen sind. Die aktivierten Gemeinkosten werden bei der Bewertung mit Vollkosten in die Zeit nach dem Bilanzstichtag verschoben und belasten das Ergebnis erst, wenn die entsprechenden Erzeugnisse verkauft werden.[959] Da sich Absatz und Lagerbestand meistens entgegengesetzt entwickeln (z. B. sinkt der Lagerbestand, wenn die Verkaufszahlen steigen), wirkt die Bewertung mit Vollkosten i. d. R. **ergebnisglättend**.[960]

Dieser Effekt ist im Hinblick auf die Erkennbarkeit von Trends zwar angenehm, rechtfertigt aber noch nicht, deswegen grundsätzlich in der Vergangenheitsanalyse Vollkosten in der Bilanz und in der GuV zugrunde zu legen. So ist zunächst zu prüfen, ob aus der Bilanzierung zu Teilkosten wesentliche interperiodische Ergebnisverlagerungen resultieren. Bei geringen Schwankungen des Vorratsbestands im Zeitraum der Vergangenheitsbereinigung kann eine Bereinigung häufig unterbleiben.

Weiterhin ist zu beachten, daß der Bewerter bei einem geplanten Unternehmenskauf oft – soweit möglich – die **Bilanzierungs- und Bewertungsregeln des potentiellen Käufers** zu berücksichtigen hat, da der Käufer dann seine gewohnten Maßstäbe anlegen kann.[961] Daher liegt zum Beispiel nahe, daß der Käufer - wenn er selbst seine Er-

---

[959] Vgl. *Selchert, F. W.*, Probleme der Herstellungskosten, S. 2298-2299.
[960] Vgl. *Baetge, J.*, Bilanzen, S. 192; *Pfleger, G.*, Praxis der Bilanzpolitik, S. 264; *Neth, M.*, Herstellungskosten als bilanzpolitisches Mittel, S. 66 und S. 83.
[961] Vgl. *Weiss, H.-J*, Kaufvoruntersuchung, S. 383.

zeugnisse auf der Basis von Teilkosten bewertet - häufig eine Bewertung auf Basis von Teilkosten gegenüber einer Bewertung auf Basis von Vollkosten vorziehen wird.

Die Bereinigung der Herstellungskosten (z. B. von Teilkosten auf Vollkosten) kann zudem besonders bei mehreren Produkten und Produktionsstufen sehr aufwendig sein, so daß im Einzelfall zu prüfen ist, ob die Bereinigung vor dem Hintergrund des Grundsatzes der Wirtschaftlichkeit vorzunehmen ist. Auch enge zeitliche Restriktionen, die der Bewerter einzuhalten hat, können dagegen sprechen, die Vergangenheitsergebnisse von Teilkosten auf Vollkosten zu bereinigen. Zudem setzt eine Bereinigung der Erzeugnisbewertung von Teilkosten auf Vollkosten voraus, daß der Bewerter auf diverse kostenrechnerische Daten des zu bewertenden Unternehmens zugreifen kann, was vielfach nicht gegeben ist.

3.2.2.5. Auswirkungen verschiedener Abgrenzungsvarianten der Herstellungskosten im HGB-Abschluß

Das handelsrechtliche Wahlrecht, die Herstellungskosten auf der Basis von Vollkosten oder auf der Basis von Teilkosten zu ermitteln, darf in der Bilanz und in der GuV verschieden ausgeübt werden.[962] Wie die Übersicht F-7 zeigt, bestehen grundsätzlich fünf verschiedene Möglichkeiten, die Herstellungskosten in der Bilanz und der GuV auszuweisen.[963]

Übersicht F-7: Ausweis der Herstellungskosten in der Bilanz und der GuV nach Handelsrecht [964]

	Umfang der Herstellungskosten im Handelsrecht	
Fall	Ausweis in der Bilanz	Posten 2 des UKV (§ 275 Abs. 3)
(1)	Volle Herstellungskosten	Volle Herstellungskosten
(2)	Volle Herstellungskosten	Teilkosten
(3)	Teilkosten	Teilkosten
(4)	Teilkosten	Volle Herstellungskosten
(5)	Teilkosten	Volle Herstellungskosten und nicht aktivierte Teile der auf Bestandserhöhungen und andere aktivierte Eigenleistungen entfallenden Herstellungskosten

Die Wirkung dieses handelsrechtlichen Wahlrechts soll an einem Beispiel[965] verdeutlicht werden. Im Beispiel wird ein Unternehmen unterstellt, das innerhalb von vier Ge-

---

962 Vgl. *Adler, H./Düring, W./Schmaltz, K.*, § 275, S. 526-527, Rn. 220; *Pfleger, G.*, Praxis der Bilanzpolitik, S. 477; a. A. *Rogler, S.*, Gewinn- und Verlustrechnung nach dem UKV, S. 53.
963 Vgl. *Baetge, J./Fischer, T. R.*, Aussagefähigkeit der Gewinn- und Verlustrechnung, S. 189.
964 Vgl. *Baetge, J.*, Bilanzen S. 590.
965 Das Beispiel basiert zum Teil auf den Beispielen bei *Baetge, J./Fischer, T. R.*, Aussagefähigkeit der Gewinn- und Verlustrechnung, S. 192 und *Baetge, J./Fischer, T. R.*, Externe Erfolgsanalyse, S. 15-17.

schäftsjahren insgesamt 400 ME eines Erzeugnisses produziert und absetzt. Verkaufspreis (30 GE/ME), Einzelkosten (8 GE/ME) und die fertigungsbezogenen Gemeinkosten (13 GE/ME) dieses Erzeugnisses verändern sich innerhalb der vier Geschäftsjahre nicht. Die Daten des Beispiels zeigt die folgende Übersicht:

Übersicht F-8: Daten des Beispiels zu den Ausweisvarianten der handelsrechtlichen Herstellungskosten

Zeile	Bezeichnung	Geschäftsjahr			
		1	2	3	4
1	Absatz (ME)	90	80	130	100
2	Produktion (ME)	100	100	100	100
3	davon im Geschäftsjahr verkauft (ME)	90	80	100	100
4	Bestandserhöhung	10	20	-30	0
5	Verkaufspreis (GE/ME)	30	30	30	30
6	Einzelkosten (GE/ME)	8	8	8	8
7	Gemeinkosten (GE/ME)	13	13	13	13
8	Vollkosten (GE/ME)	21	21	21	21

Am aussagefähigsten ist dabei Variante (1), d. h. der Ansatz von Vollkosten in der Bilanz und in der GuV.[966] Beim Vollkostenansatz in der Bilanz und in der GuV werden keine wesentlichen Teile der Gemeinkosten als „sonstige betriebliche Aufwendungen" gebucht. Bei Bestandserhöhungen werden die produzierten, aber im Geschäftsjahr nicht verkauften Erzeugnisse mit ihren Vollkosten aktiviert (vgl. Übersicht F-9).

Übersicht F-9: Auswirkungen unterschiedlicher Abgrenzungen der Herstellungskosten in der handelsrechtlichen GuV (Variante 1)

	Variante 1: Ansatz von Vollkosten in der Bilanz und in der GuV				
Zeile	Bezeichnung	Geschäftsjahr			
		1	2	3	4
1	Umsatzerlöse	2700	2400	3900	3000
2	Herstellungskosten (Summe)	1890	1680	2730	2100
3	davon: Vollkosten der im Geschäftsjahr aus der Produktion verkauften Produkte	1890	1680	2100	2100
4	davon: Aufwand aus Bestandsminderungen zu Vollkosten	0	0	630	0
5	Bruttoergebnis vom Umsatz	810	720	1170	900
6	Sonstige betriebliche Aufwendungen	0	0	0	0
7	Jahresüberschuß	810	720	1170	900
8	Herstellungskostenquote[967]	70%	70%	70%	70%

Bei den Varianten 2, 3 und 4 wird ein Teil der fertigungsbezogenen Aufwendungen unter dem Sammelposten „sonstige betriebliche Aufwendungen" ausgewiesen. Für die

---

966 Vgl. *Baetge, J.*, Bilanzen, S. 592; *Biener, H./Berneke, W.*, Bilanzrichtlinien-Gesetz, S. 217; *Selchert, F. W.*, Herstellungskosten im UKV, S. 2399.
967 Herstellungskostenquote = Herstellungskosten/Umsatzerlöse.

Vergangenheitsanalyse ist dies nicht wünschenswert, da die fertigungsbezogenen Aufwendungen einen anderen Charakter als die übrigen sonstigen betrieblichen Aufwendungen aufweisen und daher von ihnen separiert werden sollten. So hängen fertigungsbezogene Aufwendungen i. d. R. wesentlich stärker von der Produktionsmenge und ähnlichen produktionsbezogenen Einflußfaktoren ab als die übrigen sonstigen betrieblichen Aufwendungen (z. B. Aufwendungen für Werkswohnungen, Einstellungen in den Sonderposten mit Rücklagenanteil).

Übersicht F-10: Auswirkungen unterschiedlicher Abgrenzungen der Herstellungskosten in der handelsrechtlichen GuV (Variante 2)

Zeile	Bezeichnung	Variante 2: Ansatz von Vollkosten in der Bilanz und von Teilkosten in der GuV			
		Geschäftsjahr			
		1	2	3	4
1	Umsatzerlöse	2700	2400	3900	3000
2	Herstellungskosten (Summe)	720	640	1430	800
3	davon: Teilkosten der im Geschäftsjahr aus der Produktion verkauften Produkte	720	640	800	800
4	davon: Aufwand aus Bestandsminderungen zu Vollkosten	0	0	630	0
5	Bruttoergebnis vom Umsatz	1980	1760	2470	2200
6	Sonstige betriebliche Aufwendungen	1170	1040	1300	1300
7	Jahresüberschuß	810	720	1170	900
8	Herstellungskostenquote	27%	27%	37%	27%

Im Unterschied zu den Varianten 1 und 2, bei denen in der Bilanz Vollkosten aktiviert werden, werden bei den folgenden drei Varianten 3 bis 5 in der Bilanz Teilkosten aktiviert.

Übersicht F-11: Auswirkungen unterschiedlicher Abgrenzungen der Herstellungskosten in der handelsrechtlichen GuV (Variante 3)

Zeile	Bezeichnung	Variante 3: Ansatz von Teilkosten in der Bilanz und in der GuV			
		Geschäftsjahr			
		1	2	3	4
1	Umsatzerlöse	2700	2400	3900	3000
2	Herstellungskosten (Summe)	720	640	1040	800
3	davon: Teilkosten der im Geschäftsjahr aus der Produktion verkauften Produkte	720	640	800	800
4	davon: Aufwand aus Bestandsminderungen zu Teilkosten	0	0	240	0
5	Bruttoergebnis vom Umsatz	1980	1760	2860	2200
6	Sonstige betriebliche Aufwendungen[968]	1300	1300	1300	1300
7	Jahresüberschuß	680	460	1560	900
8	Herstellungskostenquote	27%	27%	27%	27%

Im Vergleich zur Variante 1 (Ansatz von Vollkosten in der Bilanz und in der GuV) erlaubt die Variante 3 (Ansatz von Teilkosten in der Bilanz und in der GuV) einen deutlich schlechteren Einblick in die Kostenstruktur des bilanzierenden Unternehmens.[969] Denn ein wesentlicher Teil der fertigungsbezogenen Gemeinkosten wird bei Variante 3 nicht unter den Herstellungskosten ausgewiesen, sondern den sonstigen betrieblichen Aufwendungen zugeordnet. Im Beispiel sinkt daher die Herstellungskostenquote von 70% bei Variante 1 auf 27% bei Variante 3. Bei der Vergangenheitsanalyse ist gemäß den im vorigen Abschnitt entwickelten Kriterien – vgl. Übersicht F-6 – zu entscheiden, ob bei einer Bilanzierung mit den Teilkosten gemäß Variante 3 Bereinigungsmaßnahmen notwendig sind und die Vergangenheitsergebnisse dann auf die aussagefähigere Bewertung mit den Vollkosten umgerechnet werden.

---

[968] Die sonstigen betrieblichen Aufwendungen umfassen hier die Gemeinkosten der im Geschäftsjahr hergestellten Produkte.
[969] Vgl. *Baetge, J./Fischer, T. R.*, Aussagefähigkeit der Gewinn- und Verlustrechnung, S. 194.

Übersicht F-12: Auswirkungen unterschiedlicher Abgrenzungen der Herstellungskosten in der handelsrechtlichen GuV (Variante 4)

Zeile	Bezeichnung	Variante 4: Ansatz von Teilkosten in der Bilanz und von Vollkosten in der GuV			
		Geschäftsjahr			
		1	2	3	4
1	Umsatzerlöse	2700	2400	3900	2100
2	Herstellungskosten (Summe)	1890	1680	2340	2100
3	davon: Vollkosten der im Geschäftsjahr aus der Produktion verkauften Produkte	1890	1680	2100	2100
4	davon: Aufwand aus Bestandsminderungen zu Teilkosten	0	0	240	0
5	Bruttoergebnis vom Umsatz	810	720	1560	900
6	Sonstige betriebliche Aufwendungen[970]	130	260	0	0
7	Jahresüberschuß	680	460	1560	900
8	Herstellungskostenquote	70%	70%	60%	70%

In Variante 4 werden die nicht aktivierten Teile der auf Lagerzugänge (Bestandserhöhungen) und andere aktivierte Eigenleistungen entfallenden Herstellungskosten als „sonstige betriebliche Aufwendungen" ausgewiesen. Die Varianten 4 und 5 unterscheiden sich dadurch, daß bei Variante 5 die nicht aktivierten Teile der auf Lagerzugänge und andere aktivierte Eigenleistungen entfallenden Herstellungskosten unter Posten 2 ausgewiesen werden. Nach *Borchert* geschieht dies in angelsächsischen Ländern häufig.[971] Dabei ist allerdings zu beachten, daß aktivierte Eigenleistungen nicht unmittelbar der Erzielung von Umsatzerlösen dienen und sie daher nicht unter den „Herstellungskosten *der zur Erzielung der Umsatzerlöse erbrachten Leistungen"* (§ 275 Abs. 3 Nr. 2 HGB) auszuweisen sind.[972] Nach überwiegender Meinung des Schrifttums[973] ist die Variante 5 handelsrechtlich nicht zulässig.

---

970 Die sonstigen betrieblichen Aufwendungen umfassen hier die Gemeinkosten des Lagerzugangs.
971 Vgl. *Borchert, D.*, § 275, S. 1715-1716, Rn. 127.
972 Vgl. z. B. *Baetge, J./Fischer, T. R.*, Aussagefähigkeit der Gewinn- und Verlustrechnung, S. 193
973 Vgl. *Förschle, G.*, § 275, S. 1134, Rn. 276 m. w. N.; *Selchert, F. W.*, Herstellungskosten im UKV, S. 2399; *Baetge, J./Fischer, T. R.*, Aussagefähigkeit der Gewinn- und Verlustrechnung, S. 193.

Die Zuordnung der Geschäftsvorfälle auf die GuV-Posten nach HGB und IAS 219

Übersicht F-13: Auswirkungen unterschiedlicher Abgrenzungen der Herstellungskosten in der handelsrechtlichen GuV (Variante 5)

Zeile	Bezeichnung	Variante 5: Angelsächsische Variation von Variante 4			
		Geschäftsjahr			
		1	2	3	4
1	Umsatzerlöse	2700	2400	3900	2100
2	Herstellungskosten (Summe)	2020	1940	2340	2100
3	davon: Vollkosten der im Geschäftsjahr aus der Produktion verkauften Produkte	1890	1680	2100	2100
4	davon: Gemeinkosten des Lagerzugangs	130	260	0	0
5	davon: Aufwand aus Bestandsminderungen zu Teilkosten	0	0	240	0
6	Bruttoergebnis vom Umsatz	680	460	1560	900
7	Sonstige betriebliche Aufwendungen	0	0	0	0
8	Jahresüberschuß	680	460	1560	900
9	Herstellungskostenquote	75%	81%	60%	70%
10	Korrigierte Herstellungskostenquote[974]	70%	70%	60%	70%

3.2.2.6. Bereinigung der Auswirkungen verschiedener Abgrenzungsvarianten der Herstellungskosten im HGB-Abschluß

Wichtige Anhaltspunkte, ob Bereinigungsmaßnahmen aufgrund der Abgrenzung der Herstellungskosten notwendig sind, liefert die Herstellungskostenquote. Denn wenn die Herstellungskostenquote schwankt, obwohl der Verkaufspreis sowie die Höhe der Einzel- und Gemeinkosten konstant geblieben sind, eignet sich die gewählte Abgrenzungsvariante der Herstellungskosten nur sehr eingeschränkt als Prognosebasis für die Einzahlungsüberschüsse. Wie die folgende Übersicht zeigt, ändert sich die Herstellungskostenquote lediglich bei den Varianten 1 und 3 nicht.

---

[974] Bei der korrigierten Herstellungskostenquote werden nicht die vollen Herstellungskosten berücksichtigt, sondern die Gemeinkosten des Lagerzugangs im Zähler subtrahiert: Korrigierte Herstellungskostenquote = Herstellungskosten ohne Gemeinkosten des Lagerzugangs/Umsatzerlöse.

Übersicht F-14: Einfluß der handelsrechtlichen Ausweisvarianten für Herstellungskosten auf die Herstellungskostenquote

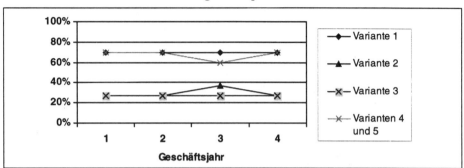

Dagegen führen die Varianten 2, 4 und 5 im Zeitablauf zu verschiedenen Herstellungskostenquoten. Zurückzuführen ist das Ergebnis darauf, daß bei den Varianten 2, 4 und 5 die Herstellungskosten in der Bilanz und in der GuV unterschiedlich abgegrenzt wurden.[975] Die korrigierte Herstellungskostenquote der Variante 5 stimmt dabei mit der Herstellungskostenquote der Variante 4 überein (so daß in der Übersicht für die beiden Datenreihen nur ein Graph ausgewiesen wird). Da sich im Beispiel weder der Verkaufspreis, noch die Einzelkosten, noch die Gemeinkosten geändert haben, können die im Zeitablauf schwankenden Herstellungskostenquoten, die bei den Varianten 2, 4 und 5 ausgewiesen werden, zu falschen Schlußfolgerungen verleiten. Für die Vergangenheitsanalyse folgt daraus, daß die Herstellungskosten bei einer Abgrenzung nach den Varianten 2, 4 und 5 zu bereinigen sind. Für die Bereinigung ist dann nach den im Abschnitt E. 3.2.2.4 genannten Kriterien festzulegen, ob die Herstellungskosten auf der Basis von Vollkosten oder Teilkosten ermittelt werden sollen.

3.2.2.7. Zwischenergebnis: Bereinigung der Herstellungskosten

Die Bereinigung der Herstellungskosten in der Vergangenheitsanalyse ist in der Regel aufwendig, denn im Gegensatz zu dem einfach gehaltenen Beispiel im vorigen Abschnitt ist zum Beispiel zu berücksichtigen, daß[976]

- viele Kostenarten nicht eindeutig fix oder variabel sind, sondern fixe und variable Komponenten enthalten,

- sprungfixe Kosten auftreten,

- oft mehrere Produktionsstufen mit meist verschieden hohen Fixkostenanteilen vorliegen und

---

975 Vgl. *Baetge, J.*, Bilanzen, S. 595.
976 Vgl. im folgenden *Born, K.*, Unternehmensanalyse und Unternehmensbewertung, S. 103.

- bei Produktneueinführungen oder Produkteliminierungen sich die Aufwendungen ändern, die in den Posten „Herstellungskosten" insgesamt einfließen.

Welche Bereinigungen bei den Herstellungskosten vorzunehmen sein können, faßt die folgende Übersicht zusammen:

Übersicht F-15: Bereinigungen bei den Herstellungskosten

Mögliche Bereinigungen bei den Herstellungskosten (IAS und HGB)
HGB-Abschluß
• Bereinigung von Abschreibungen nach § 253 Abs. 4 oder § 254 HGB. • Bereinigungen aufgrund unstetiger Anwendung der Bestandteile der Herstellungskosten. • Gegebenenfalls Bereinigung der Bilanzierung zu Teilkosten. • Gegebenenfalls Bereinigung einer unterschiedlichen Abgrenzung der Herstellungskosten in der Bilanz und in der GuV.
HGB-Abschluß und IAS-Abschluß
• Bereinigungen aufgrund unstetiger Schlüsselung der Gemeinkosten zu den Aufgabenbereichen Herstellung, Verwaltung und Vertrieb. • Bereinigungen aufgrund einer unstetigen Höhe der Normalbeschäftigung. • Ersetzen der anteiligen Abschreibungen, die in die Herstellungskosten eingeflossen sind, durch anteilige Reinvestitionsraten. • Bereinigung der anteiligen Personalkosten. • Bereinigung der Wirkungen von Verbrauchsfolgeverfahren.

Wie die Übersicht zeigt, bieten die in den IAS-Abschlüssen ausgewiesenen Herstellungskosten eine wesentlich bessere Prognosegrundlage als die Herstellungskosten im HGB-Abschluß. Anzumerken ist noch, daß bei der Prognose der Einzahlungsüberschüsse zu berücksichtigen ist, daß die Bewertung mit den Teilkosten wegen der stillen Reserven im Vorratsvermögen zu höheren künftigen Steuerzahlungen führt als eine Bewertung mit den Vollkosten.

3.2.3. Bruttoergebnis vom Umsatz

Das Bruttoergebnis vom Umsatz wird bei der Vergangenheitsanalyse nicht gesondert betrachtet, da sich die Höhe dieses nach § 275 Abs. 3 Nr. 3 HGB ausweispflichtigen Postens aus der Differenz der Posten Nr. 1 (Umsatzerlöse) und Nr. 2 (Herstellungskosten) ergibt. Gesonderte Bereinigungsmaßnahmen für diesen Posten sind somit nicht erforderlich. Im folgenden wird daher lediglich auf den Aussagewert dieses Postens und seine Vergleichbarkeit mit dem *gross profit* nach IAS eingegangen.

Das Bruttoergebnis vom Umsatz wird vor allem bei Handelsunternehmen als aussagefähige Kennzahl zur Ertragsanalyse angesehen.[977] Die Entwicklung der Kennzahl im **Zeitvergleich** soll andeuten, wie sich die Produktivität des Unternehmens entwickelt

---

[977] Vgl. *Borchert, D.*, § 275, S. 1664, Rn. 19.

hat.⁹⁷⁸ Mögliche Erklärungen für ein im Zeitablauf geändertes Bruttoergebnis können aber auch z. B. Änderungen der Produktpalette oder der Bilanzierungsmethoden sein.⁹⁷⁹ Neben dem Zeitvergleich wird das Bruttoergebnis vom Umsatz auch oft für Betriebsvergleiche verwendet. International werden vor allem branchenbezogene **Betriebsvergleiche** häufig vorgenommen.⁹⁸⁰

Nach IAS 1.82 (revised 1997) wird der *gross profit*, der dem Bruttoergebnis vom Umsatz ungefähr entspricht, wie folgt berechnet: *Gross Profit = Revenues - Cost of Sales*. Der *gross profit* weicht damit leicht von einem auf Vollkostenbasis errechneten Bruttoergebnis vom Umsatz ab. Da *revenues* umfassender sind als *sales*,⁹⁸¹ kann der *gross profit* auch Erträge enthalten, die handelsrechtlich meistens nicht als Umsatzerlöse, sondern als sonstige betriebliche Erträge gebucht werden (z. B. Mieterträge, Lizenzerträge⁹⁸²). Die Vergleichbarkeit von *gross profit* und Bruttoergebnis vom Umsatz wird dadurch eingeschränkt. Sie läßt sich auch nicht herbeiführen, wenn die sonstigen betrieblichen Erträge zum Bruttoergebnis vom Umsatz addiert werden. Denn die sonstigen betrieblichen Erträge enthalten i. d. R. einige Bestandteile, die nach IASC-Grundsätzen nicht erfolgswirksam werden dürfen (z. B. Erträge aus der Auflösung des Sonderpostens mit Rücklageanteil). Bruttoergebnis vom Umsatz und *gross profit* lassen sich auch deswegen nur eingeschränkt vergleichen, weil nach IAS 2 produktionsbezogene Vollkosten als Herstellungskosten angesetzt werden müssen, während handelsrechtlich mehrere unterschiedliche Wertansätze zulässig sind, die dem Bilanzierenden einen deutlichen Spielraum beim Ausweis der Herstellungskosten ermöglichen.⁹⁸³

3.2.4. Vertriebskosten

Unter den Vertriebskosten werden alle im Geschäftsjahr entstandenen Aufwendungen für Verkaufs- oder Werbeabteilungen, Marketing sowie das Vertreternetz und die Vertriebsläger erfaßt. Die Vertriebskosten sind periodenbezogen und nicht umsatzbezogen.⁹⁸⁴ **Vertriebseinzelkosten** sind z. B. Kosten für Verpackungsmaterial, Frachten, Provisionen, auftragsbezogene Werbekosten und Versandkosten. Dem Produkt nicht

---

978 Vgl. *Baetge, J.*, Bilanzen, S. 599-600.
979 Vgl. *Fishman, J. E.*, Valuation Methodology, S. 2-18.
980 Vgl. *Borchert, D.*, § 275, S. 1664, Rn. 19.
981 Vgl. dazu Abschnitt E. 2.4.5.
982 Mieterträge und Lizenzerträge sind bei manchen Unternehmen als Umsatzerlöse auszuweisen, und zwar dann, wenn diese Erträge die eigentliche Geschäftstätigkeit des Unternehmens darstellen. Bei den meisten Unternehmen zählen sie aber zu den sonstigen betrieblichen Erträgen.
983 Vgl. zu den Bestandteilen der Herstellungskosten nach HGB und nach IAS: Übersicht F-5 in Abschnitt F. 3.2.2.
984 Vgl. *Borchert, D.*, § 275, S. 1721, Rn. 136; *Adler, H./Düring, W./Schmaltz, K.*, § 275, S. 534, Rn. 236.

direkt zurechenbare **Vertriebsgemeinkosten** sind vor allem Löhne und Gehälter des Vertriebsbereichs, sonstige Personalkosten des Vertriebsbereichs, Abschreibungen auf Anlagevermögen des Vertriebsbereichs, Messe- und Ausstellungskosten, Marktforschungskosten, allgemeine Transportkosten, Kosten der Rechnungserstellung und der Datenverarbeitung im Vertriebsbereich.[985] Auch Abschreibungen auf Kundenforderungen (**Einzelwertberichtigungen**) und Erhöhungen der **Pauschalwertberichtigung** können hier ausgewiesen werden.[986] **Sondereinzelkosten des Vertriebs** (z. B. Auftragserlangungskosten bei langfristiger Fertigung) dürfen handelsrechtlich wahlweise unter Posten Nr. 2 ausgewiesen oder aktiviert werden.[987]

In IAS 2.14 (d) wird lediglich die Aktivierung von Vertriebskosten *(selling costs)* als Bestandteil der Herstellungskosten eines Vermögenswerts verboten. Insoweit entsprechen sich die Regelungen im Handelsrecht (§ 255 Abs. 2 Satz 6 HGB), im deutschen Steuerrecht (R 33 Abs. 1 Satz 4 EStR) und in den IAS.[988] Auch wenn die Vertriebskosten nicht im Mindestgliederungsschema für die GuV nach IAS 1.75 (revised 1997) enthalten sind, so kann aus dem Wortlaut von IAS 1.82 (revised 1997) geschlossen werden, daß die Vertriebskosten i. d. R. als gesonderter Posten in einer IAS-GuV auszuweisen sind (zumindest werden sie in IAS 1.82 (revised 1997) als einer der drei Aufgabenbereiche bei der GuV nach dem UKV ausdrücklich genannt).

Explizite Regelungen für die **Abgrenzung der Vertriebskosten** enthalten die IAS nicht. Die meisten Aufwendungen, die handelsrechtlich als Vertriebskosten auszuweisen sind (z. B. Frachten, Versandkosten, Werbekosten) beziehen sich aber eindeutig auf den Vertriebsbereich. Eine abweichende Abgrenzung der Vertriebskosten nach HGB und nach IAS dürfte nur bei wenigen Aufwendungen möglich sein, nämlich dann, wenn sich die Aufwendungen auf mehrere Bereiche beziehen und nicht nur auf den Vertriebsbereich (zum Beispiel Verwaltungskosten des Vertriebsbereichs, etwa Aufwendungen für die Verwaltung der Auslieferungslager). Zwar liegt ein Ausweis dieser Aufwendungen als Vertriebskosten näher,[989] trotzdem gibt es keine IASC-Vorschrift, die dem Ausweis als „Allgemeine Verwaltungskosten" entgegensteht. Insgesamt sind bei der Abgrenzung der Vertriebskosten nach Handelsrecht und nach IASC-Grundsätzen allerdings keine wesentlichen Unterschiede zu erwarten.

Die **Bereinigungsmaßnahmen** im HGB-Abschluß und im IAS-Abschluß unterscheiden sich nicht (vgl. die folgende Übersicht). Sie ähneln den Bereinigungsmaßnahmen bei den allgemeinen Verwaltungskosten, da sowohl ein maßgeblicher Teil der allgemeinen Verwaltungskosten als auch der Vertriebskosten auf der Schlüsselung be-

---

985 Vgl. *Förschle, G.*, § 275, S. 1135-1136, Rn. 283-284; *Borchert, D.*, § 275, S. 1721, Rn. 137; *Adler, H./Düring, W./Schmaltz, K.*, § 275, S. 534, Rn. 236.
986 Vgl. *Förschle, G.*, § 275, S. 1136, Rn. 285, *Borchert, D.*, § 275, S. 1721, Rn. 137.
987 Vgl. *Förschle, G.*, § 275, S. 1135, Rn. 283.
988 Vgl. *Jacobs, O. H.*, IAS 2, S. 175, Rn. 35.
989 So auch mit Bezug auf das Handelsrecht *Förschle, G.*, § 275, S. 1136, Rn. 284.

stimmter Aufwendungen beruht (z. B. Schlüsselung anteiliger Abschreibungen und anteiliger Personalkosten).

Übersicht F-16: Bereinigung der Vertriebskosten

Mögliche Bereinigungen der Vertriebskosten
HGB-Abschluß und IAS-Abschluß
• Ersetzen der anteiligen Abschreibungen, die in die Vertriebskosten eingeflossen sind, durch anteilige Reinvestitionsraten. • Bereinigung der anteiligen Personalkosten. • Aufwendungen aus der Erhöhung der Pauschalwertberichtigung. • Bereinigung der Werbeaufwendungen.

Die anteiligen Abschreibungen und anteiligen Personalkosten sind nach den in den Abschnitten E. 3.3.4 und E. 3.3.6 dargestellten Kriterien zu bereinigen. Das Gleiche gilt für die Bereinigung der Werbeaufwendungen, auf die in Abschnitt E. 3.3.3 eingegangen wird. Falls die Pauschalwertberichtigung erhöht wird und dies als Vertriebsaufwand ausgewiesen wird, ist zu prüfen, ob sich die Inanspruchnahme der Pauschalwertberichtigung und die Zuführung ungefähr ausgleichen und ob es Anhaltspunkte gibt, daß sich die Ausfallquote der Forderungen wesentlich ändert. Wenn die Ausfallquote aus bilanzpolitischen Gründen geändert wurde, ist der daraus resultierende Aufwand oder Ertrag in jedem Fall zu eliminieren, weil er nicht nachhaltig ist.[990]

3.2.5. Allgemeine Verwaltungskosten

Unter den allgemeinen Verwaltungskosten dürfen handelsrechtlich nur solche Aufwendungen ausgewiesen werden, die nicht den Herstellungskosten oder den Vertriebskosten zugeordnet werden können,[991] z. B. Aufwendungen für Geschäftsführung, Gesellschaftsorgane, Rechnungswesen, Rechtsabteilung, Revisionsabteilung und Werkschutz.[992] Auch Material- und Personalkosten, Abschreibungen und Aufwendungen für die Sozialeinrichtungen des Unternehmens (z. B. Kasino, Freizeiteinrichtungen, Werkswohnungen) zählen zu den allgemeinen Verwaltungskosten, wenn sie dem Verwaltungsbereich zugerechnet werden können. Weiterhin gehören auch Aufwendungen für Jahresabschlußerstellung und -prüfung, Beiträge und Spenden zu den allgemeinen Verwaltungskosten gemäß § 275 Abs. 3 Nr. 5 HGB.[993]

---

990 Vgl. dazu Abschnitt E. 3.3.8.1.
991 Vgl. *Förschle, G.*, § 275, S. 1136, Rn. 290; *Biener, H./Berneke, W.*, Bilanzrichtlinien-Gesetz, S. 217.
992 Vgl. *Borchert, D.*, § 275, S. 1722, Rn. 140; *Rogler, S.*, Gewinn- und Verlustrechnung nach dem UKV, S. 92; *Adler, H./Düring, W./Schmaltz, K.*, § 275, S. 534-535, Rn. 238; *Lachnit, L.*, § 275, S. 57, Rn. 164.
993 Vgl. *Förschle, G.*, § 275, S. 1136-1137, Rn. 291.

Die Zuordnung der Geschäftsvorfälle auf die GuV-Posten nach HGB und IAS

Die IAS enthalten keine spezielle Regelung für den Inhalt der allgemeinen Verwaltungskosten. Einer **Abgrenzung der allgemeinen Verwaltungskosten** entsprechend den Vorschriften des deutschen Handelsrechts steht demnach nichts entgegen. Erhebliche Unterschiede bei der Postenabgrenzung nach Handelsrecht und nach IASC-Grundsätzen sind aber dennoch möglich: Da die allgemeinen Verwaltungskosten nach IASC-Grundsätzen den Charakter eines Restpostens besitzen, werden in internationalen Abschlüssen zum Teil keine sonstigen betrieblichen Aufwendungen oder vergleichbare Posten ausgewiesen.[994] Dies ist auch nach IASC-Grundsätzen zulässig.

Ferner ist zu prüfen, ob eine umsatzbezogene Abgrenzung der nicht aktivierungspflichtigen[995] allgemeinen Verwaltungskosten in Frage kommt.[996] Dies scheidet jedoch aus: Verwaltungskosten dürfen nach IAS 2.14 (c) nicht aktiviert werden, soweit sie nicht dazu beitragen, den hergestellten Vermögenswert an seinen derzeitigen Ort zu bringen oder in seinen derzeitigen Zustand zu versetzen.[997] Eine umsatzbezogene Abgrenzung der nicht aktivierungspflichtigen Verwaltungskosten dürfte daher nach IASC-Grundsätzen unzulässig sein.

Die **Bereinigungsmaßnahmen** im HGB-Abschluß und im IAS-Abschluß unterscheiden sich nicht (vgl. die folgende Übersicht).

Übersicht F-17: Bereinigung der allgemeinen Verwaltungskosten

Mögliche Bereinigungen der allgemeinen Verwaltungskosten
HGB-Abschluß und IAS-Abschluß
• Ersetzen der anteiligen Abschreibungen, die in die allgemeinen Verwaltungskosten eingeflossen sind, durch anteilige Reinvestitionsraten.
• Bereinigung der anteiligen Personalkosten.
• Aufwendungen in den allgemeinen Verwaltungskosten, die dem nicht betriebsnotwendigem Vermögen oder nicht mehr vorhandenen Vermögensgegenständen zuzuordnen sind, sind zu eliminieren.
• Bereinigung der Forschungs- und Entwicklungsaufwendungen, soweit sie unter diesem Posten ausgewiesen werden.[998]

Ähnlich wie die Herstellungskosten und die Vertriebskosten enthalten die allgemeinen Verwaltungskosten i. d. R. anteilige Abschreibungen und anteilige Personalkosten. Diese Aufwendungen sind nach den in den Abschnitten E. 3.3.4 und E. 3.3.6 dargestellten Kriterien zu bereinigen. Soweit die allgemeinen Verwaltungskosten entstanden sind, weil sie durch die Verwaltung nicht betriebsnotwendiger oder mittlerweile veräußerter Vermögensgegenstände verursacht wurden, sind sie zu bereinigen. In der Vergangenheitsanalyse werden die Vergangenheitsergebnisse dann in Höhe dieser nicht nachhaltigen allgemeinen Verwaltungskosten erhöht.

---

994 Vgl. *Rogler, S.*, Gewinn- und Verlustrechnung nach dem UKV, S. 94-95.
995 Zur Aktivierungspflicht der allgemeinen Verwaltungskosten vgl. Abschnitt F. 3.2.2.
996 Vgl. *Rogler, S.*, Gewinn- und Verlustrechnung nach dem UKV, S. 90-91.
997 Vgl. auch *Jacobs, O. H.*, IAS 2, S. 175, Rn. 35.

3.2.6. Forschungs- und Entwicklungskosten

Obwohl Forschungs- und Entwicklungskosten handelsrechtlich nicht gesondert in der GuV ausgewiesen werden müssen, erhöhen inzwischen viele Unternehmen freiwillig die Transparenz ihres Jahresabschlusses, indem sie das handelsrechtliche Gliederungsschema um diesen Posten erweitern.[999] Fehlt dieser gesonderte Ausweis, dann verbirgt sich der F&E-Aufwand in verschiedenen anderen Aufwandsposten, z. B. Personalaufwendungen, Materialaufwand, Abschreibungen und Energieverbrauch.[1000]

Bei der Vergangenheitsanalyse ist es sinnvoll, die Forschungs- und Entwicklungskosten einem gesonderten Posten „Forschungs- und Entwicklungsaufwendungen" zuzuordnen und nicht Teile davon als allgemeine Verwaltungskosten auszuweisen. In IAS-Abschlüssen muß gemäß IAS 9.30 (b) die Höhe der nicht aktivierten Forschungs- und Entwicklungsaufwendungen gesondert angeben werden, so daß in IAS-Abschlüssen nicht ermittelt werden muß, wie hoch die Forschungs- und Entwicklungsaufwendungen sind. Die Nachhaltigkeit und Höhe der Forschungs- und Entwicklungsaufwendungen ist sowohl nach IAS als auch nach HGB gemäß den Kriterien in Abschnitt 3.3.2 zu beurteilen.

Die folgende Übersicht faßt die möglichen **Bereinigungen** bei Forschungs- und Entwicklungskosten noch einmal zusammen:

Übersicht F-18: Bereinigung der Forschungs- und Entwicklungskosten

Mögliche Bereinigungen der Forschungs- und Entwicklungskosten
IAS-Abschluß
• Zurückrechnen von aktivierten Entwicklungskosten.
HGB-Abschluß und IAS-Abschluß
• Ersetzen der anteiligen Abschreibungen, die in die Forschungs- und Entwicklungskosten eingeflossen sind, durch anteilige Reinvestitionsraten.
• Bereinigung der anteiligen Personalkosten.
• Aufwendungen in den Forschungs- und Entwicklungskosten, die dem nicht betriebsnotwendigem Vermögen oder nicht mehr vorhandenen Vermögensgegenständen zuzordnen sind, sind zu eliminieren.
• Bereinigung überhöhter Konzernverrechnungspreise, soweit Forschung und Entwicklung von anderen Konzernunternehmen übernommen werden.

---

998 Vgl. dazu die Abschnitte 3.3.2 und F.3.2.6.
999 Vgl. *Ballwieser, W./Häger, R.*, Jahresabschlüsse mittelgroßer Kapitalgesellschaften, S. 135 und 138. In einer (allerdings recht geringen) Stichprobe deutscher Kapitalgesellschaften, die 1988 nach dem UKV bilanzierten, haben 33% der mittelgroßen und 58% der großen Kapitalgesellschaften die Forschungs- und Entwicklungskosten gesondert ausgewiesen.
1000 Vgl. *Zimmerer, C.*, Aufwendungen, S. 851.

3.2.7. Sonstige betriebliche Erträge

Als „sonstige betriebliche Erträge" werden im Handelsrecht alle **Erträge aus der gewöhnlichen Geschäftstätigkeit** bezeichnet, die keinem anderen Einzelposten zugeordnet werden können.[1001] Die sonstigen betrieblichen Erträge besitzen damit den Charakter eines **Sammelpostens**.[1002] Im einzelnen zählen dazu z. B. Erträge aus dem Abgang von Vermögensgegenständen des Anlagevermögens, Erträge aus der Herabsetzung der Pauschalwertberichtigung, Verwaltungskostenumlagen bei Konzernen, Erträge aus Zuschreibungen, Erträge aus der Auflösung von Rückstellungen und Erträge aus der Heraufsetzung von Festwerten.[1003]

Der Ausweis eines vergleichbaren Postens ist nach IASC-Grundsätzen nicht vorgeschrieben. Normalerweise wird der Ausweis eines solchen Postens allerdings nicht vermeidbar sein, da ein Sammelposten für nicht eindeutig zuordnenbare Erträge im Regelfall auch bei Unternehmen notwendig sein wird, die nach IASC-Grundsätzen bilanzieren. Dies mag auch der Grund sein, warum in der Beispielgliederung für das UKV, die in IAS 1.82 (revised 1997) dargestellt wird, ein Posten „*Other operating income*" enthalten ist, der den sonstigen betrieblichen Erträgen gemäß § 275 Abs. 3 Nr. 6 konzeptionell entspricht. Die Beispielgliederung ist allerdings nicht bindend, sondern besitzt lediglich Vorschlagscharakter.

Bei der Vergangenheitsanalyse ist zu beachten, daß sich die sonstigen betrieblichen Erträge nach § 275 Abs. 3 Nr. 6 HGB und ein vergleichbarer Posten im IAS-Abschluß in einigen Punkten unterscheiden können. Im deutschen Handelsrecht zählen beispielsweise Kursgewinne aus Fremdwährungsgeschäften und Erträge aus im Zusammenhang mit Kapitalüberlassungen erbrachten Dienstleistungen (z. B. Bearbeitungsgebühren, Spesen) zu den sonstigen betrieblichen Erträgen, da ein anderer geeigneter Posten im handelsrechtlichen Umsatzkostenverfahren nicht vorgesehen ist.[1004] Nach IASC-Grundsätzen kommen hier auch andere Posten in Betracht. Soweit es sich um wesentliche Beträge handelt, muß nach IAS 1.75 (revised 1997) sogar ein gesonderter Posten ausgewiesen werden.

In folgenden Punkten weichen die handelsrechtlich auszuweisenden sonstigen betrieblichen Erträge von den Erträgen ab, die im IAS-Abschluß ausgewiesen werden, und es entsteht Bereinigungsbedarf bei der Vergangenheitsanalyse:

- Erträge aus der Auflösung oder der Herabsetzung des **Sonderpostens mit Rücklageanteil** können mangels Zulässigkeit dieses Postens in der Rechnungslegung nach

---

1001 Vgl. *Förschle, G.*, § 275, S. 1092, Rn. 90-91.
1002 Vgl. z. B. *Rogler, S.*, Gewinn- und Verlustrechnung nach dem UKV, S. 98.
1003 Vgl. *Förschle, G.*, § 275, S. 1092-1093, Rn. 91; *Borchert, D.*, § 275, S. 1672, Rn. 39; *Lachnit, L.*, § 275, S. 58, Rn. 168.
1004 Vgl. *Rogler, S.*, Gewinn- und Verlustrechnung nach dem UKV, S. 105.

IAS auch nicht vorkommen. In der Vergangenheitsanalyse eines HGB-Abschlusses sind Erträge aus der Auflösung oder der Herabsetzung des Sonderpostens mit Rücklageanteil zu eliminieren, da sie weder nachhaltig noch zahlungswirksam sind.

- **Festwerte** sind nach IAS 2 nicht zulässig[1005]; daher können auch keine Erträge aus der Heraufsetzung von Festwerten entstehen. Erträge aus der Heraufsetzung von Festwerten sind weder nachhaltig, noch zahlungswirksam und daher bei der Vergangenheitsanalyse zu eliminieren.

- Bei Anwendung der alternativ zulässigen Methode (*Allowed Alternative Treatment*) in IAS 22.51 entstehen Erträge, wenn der passivierte **negative Unterschiedsbetrag** aufgelöst wird. Da ein negativer Unterschiedsbetrag im handelsrechtlichen Einzelabschluß nach überwiegender Meinung des Schrifttums nicht passiviert werden darf,[1006] enthalten handelsrechtliche Einzelabschlüsse in der Regel keine vergleichbaren Erträge. Erträge aus der Auflösung eines negativen Unterschiedsbetrags sind weder zahlungswirksam, noch nachhaltig und somit bei der Vergangenheitsanalyse zu eliminieren.

In der Übersicht F-19 werden die Bereinigungen noch einmal zusammengefaßt, die bei den sonstigen betrieblichen Erträgen erforderlich sein können:

[1005] Vgl. *KPMG*, International Accounting Standards, S. 74. Lediglich bei unwesentlichen Auswirkungen auf die Vermögens-, Finanz- und Ertragslage kommt die Verwendung von Festwerten in IAS-Abschlüssen in Frage.

[1006] Vgl. z. B. *Baetge, J.*, Bilanzen, S. 496 m. w. N.; *IDW (Hrsg.)*, Rechnungslegung nach IAS, S. 76; *Siegel, T./Bareis, P.*, Der negative Geschäftswert, S. 1477-1485; a. A. *Bachem, R. G.*, Berücksichtigung negativer Geschäftswerte, S. 967-973; *Moxter, A.*, Bilanzrechtsprechung, S. 84-85.

Die Zuordnung der Geschäftsvorfälle auf die GuV-Posten nach HGB und IAS 229

Übersicht F-19: Bereinigung der sonstigen betrieblichen Erträge

Mögliche Bereinigungen der sonstigen betrieblichen Erträge
HGB-Abschluß
• Bereinigung (Eliminierung) der Erträge aus der Herausetzung von Festwerten. • Bereinigung (Eliminierung) der Erträge aus der Auflösung/Herabsetzung des Sonderpostens mit Rücklageanteil. • Falls die sonstigen Steuern unter Posten Nr. 18 gebucht wurde und sie zusätzlich den Aufgabenbereichen Herstellung, Verwaltung und Vertrieb zugeordnet wurden (Gegenbuchung: sonstiger betrieblicher Ertrag), sind der sonstige betriebliche Ertrag und eine der beiden Aufwandsverrechnungen der sonstigen Steuern zu eliminieren. • Eliminierung der Erträge aus der Auflösung von Aufwandsrückstellungen.
IAS-Abschluß (falls ein vergleichbarer Posten ausgewiesen wird)
• Bereinigung (Eliminierung) der Erträge aus der Auflösung des negativen Unterschiedsbetrags. • Bereinigung (Eliminierung) der Erträge nach IAS 16.61, die aus der vorzeitigen Realisierung des Nettoveräußerungserlöses für einen stillgelegten Vermögenswert stammen.
HGB-Abschluß und IAS-Abschluß
• Falls bei der Aktivierung von Eigenleistungen ein sonstiger betrieblicher Ertrag (HGB) bzw. ein anderer betrieblicher Ertrag (IAS) gebucht wurde, ist dieser zu bereinigen (eliminieren).[1007] • Bereinigung (Eliminierung) von Erträgen aus dem Abgang von Vermögensgegenständen.[1008] • Bereinigung (Eliminierung) von Erträgen aus Zuschreibungen. • Gegebenenfalls Bereinigung von Erträgen aus der Währungsumrechnung. • Eliminierung der Erträge aus der Auflösung von Rückstellungen, die auf einer Verpflichtung gegenüber Dritten basieren.

3.2.8. Sonstige betriebliche Aufwendungen

Der Umfang der sonstigen betrieblichen Aufwendungen ist im UKV relativ gering (verglichen mit dem äquivalenten Posten im GKV), da viele „sonstige" Aufwendungen den Aufgabenbereichen Herstellung, Verwaltung oder Vertrieb zugeordnet werden können.[1009] Zum Inhalt des UKV-Postens Nr. 7 zählen vor allem: Abschreibungen auf bestimmte Posten des Anlagevermögens (z. B. auf den Geschäfts- oder Firmenwert oder auf aktivierte Aufwendungen der Ingangsetzung und Erweiterung des Geschäftsbetriebs), und, soweit sie keinem anderen Aufgabenbereich (z. B. der Verwaltung) zugeordnet werden können: Materialaufwendungen, Personalaufwendungen, Forschungs- und Entwicklungsaufwendungen, außergewöhnliche Abschreibungen.[1010] Auch die Bildung von Rückstellungen wird üblicherweise als sonstiger betrieblicher Aufwand gebucht, da zum Zeitpunkt der Rückstellungsbildung i. d. R. nicht feststeht, in welchem Verhältnis bzw. in welcher Höhe der Rückstellungsbetrag auf bestimmte GuV-Posten zu verteilen sein wird.

1007 Vgl. dazu Abschnitt E. 3.2.2.1.
1008 Vgl. dazu Abschnitt E. 3.2.2.2.
1009 Vgl. *Rogler, S.,* Gewinn- und Verlustrechnung nach dem UKV, S. 120.
1010 Vgl. *Förschle, G.,* § 275, S. 1137-1138, Rn. 305-307; *Borchert, D.,* § 275, S. 1724, Rn. 142.

Nach IASC-Grundsätzen braucht kein vergleichbarer Posten ausgewiesen zu werden. Die Beispielgliederung für das UKV, die in IAS 1.82 (revised 1997) dargestellt wird, enthält dennoch einen Posten „*Other operating expenses*" enthalten ist, der den sonstigen betrieblichen Aufwendungen gemäß § 275 Abs. 3 Nr. 7 konzeptionell entspricht. Da diese Beispielgliederung aber lediglich Vorschlagscharakter besitzt, ist nach IASC-Grundsätzen auch die international häufig vorkommende Zuordnung der „sonstigen" Aufwendungen zu den allgemeinen Verwaltungskosten[1011] erlaubt.

Soweit auch im IAS-Abschluß ein Posten ausgewiesen wird, der wie die sonstigen betrieblichen Aufwendungen den Charakter eines Sammelpostens aufweist, weicht dieser Posten der IAS-GuV aufgrund anderer Bilanzierungsvorschriften in den IAS von den sonstigen betrieblichen Aufwendungen in mehrfacher Hinsicht ab. Dies führt auch in der Vergangenheitsanalyse zu Bereinigungsbedarf:

- **Aufwendungen für die Bildung von Aufwandsrückstellungen** sind bei der Vergangenheitsanalyse eines HGB-Abschlusses zu eliminieren.[1012] Da Rückstellungen für künftige Ausgaben, die aufgrund einer Innenverpflichtung gebildet werden, nach IASC-Grundsätzen nicht passivierungsfähig sind,[1013] entfällt diese Bereinigung bei IAS-Abschlüssen.

- Aufwendungen für Einstellungen in den **Sonderposten mit Rücklageanteil** sind bei der Vergangenheitsanalyse auf der Basis eines HGB-Abschlusses zu bereinigen, weil sie weder nachhaltig, noch zahlungswirksam sind. Da nach IASC-Grundsätzen der Sonderposten mit Rücklageanteil nicht gebildet werden darf, ist diese Bereinigung in einem IAS-Abschluß nicht erforderlich.

- Abschreibungen auf aktivierte Aufwendungen der **Ingangsetzung und Erweiterung** des Geschäftsbetriebs kommen in IAS-Abschlüssen nicht vor, da Aufwendungen für die Ingangsetzung und Erweiterung des Geschäftsbetriebs nach IASC-Grundsätzen nicht aktivierungsfähig sind.[1014] In HGB-Abschlüssen sind Abschreibungen auf aktivierte Aufwendungen der Ingangsetzung und Erweiterung des Geschäftsbetriebs nach dem Grundsatz der Maßgeblichkeit der Zahlungen sowie dem Grundsatz der Nachhaltigkeit zu bereinigen.

- Auch **Forschungs- und Entwicklungsaufwendungen** werden handelsrechtlich meistens als sonstige betriebliche Aufwendungen ausgewiesen, soweit sie bei der Grundlagenforschung oder der Neuentwicklung eines Produkts entstehen und daher handelsrechtlich nicht als Herstellungskosten ausgewiesen werden dürfen. Indes ist es für Zwecke der Unternehmensbewertung sinnvoll, die Forschungs- und Entwicklungskosten gesondert zu betrachten und nicht Teile davon in Sammelposten

---

1011 Vgl. *Rogler, S.*, Gewinn- und Verlustrechnung nach dem UKV, S. 94-95.
1012 Vgl. dazu Abschnitt E. 3.3.8.2.4.
1013 Vgl. Abschnitt E. 3.3.8.2.4. Vgl. auch *HFA des IDW*, Entwurf einer Verlautbarung, S. 77.
1014 Vgl. *Achleitner, A.-K./Wollmert, P./Hulle, K. van*, Grundlagen, S. 48, Rn. 49.

wie den sonstigen betrieblichen Erträgen untergehen zu lassen. Sie sollten daher bei der Vergangenheitsanalyse einem gesonderten Posten „Forschungs- und Entwicklungsaufwendungen" zugeordnet werden. In IAS-Abschlüssen muß gemäß IAS 9.30 (b) die Höhe sämtlicher nicht aktivierter Forschungs- und Entwicklungsaufwendungen gesondert angeben werden. Somit muß in IAS-Abschlüssen nicht erst gesondert ermittelt werden, wie hoch die Forschungs- und Entwicklungsaufwendungen sind. Die Nachhaltigkeit und Höhe der Forschungs- und Entwicklungsaufwendungen ist sowohl nach IAS als auch nach HGB gemäß den Kriterien in Abschnitt E. 3.3.2 zu beurteilen.

Sowohl in IAS-Abschlüssen als auch in HGB-Abschlüssen können zudem Bereinigungen erforderlich sein, die die Bildung oder Zuführung zu einer Rückstellung betreffen – wenn dieser Rückstellung eine Drittverpflichtung zugrunde liegt –[1015] sowie gegebenenfalls auch Bereinigungen für Aufwendungen aus der Währungsumrechnung vorzunehmen sein.[1016] In der folgenden Übersicht werden die möglichen Bereinigungen der sonstigen betrieblichen Aufwendungen bzw. eines vergleichbaren Postens im IAS-Abschluß noch einmal zusammengestellt. Auch bei der Bereinigung dieses Postens ist festzustellen, daß der Bereinigungsbedarf bei einem HGB-Abschluß höher ist als bei einem IAS-Abschluß.

Übersicht F-20: Bereinigung der sonstigen betrieblichen Aufwendungen

Mögliche Bereinigungen der sonstigen betrieblichen Aufwendungen
HGB-Abschluß
• Bereinigung (Eliminierung) der Aufwendungen aus Einstellungen in den Sonderposten mit Rücklageanteil.
• Bereinigung (Eliminierung) der Abschreibungen auf aktivierte Ingangsetzungs- und Erweiterungsaufwendungen.
• Aufwendungen für die Bildung von Aufwandsrückstellungen.
IAS-Abschluß (falls ein vergleichbarer Posten ausgewiesen wird)
• Bereinigung der Erträge aus der Auflösung des negativen GoF.
HGB-Abschluß und IAS-Abschluß
• Bereinigung der Forschungs- und Entwicklungsaufwendungen, soweit sie unter diesem Posten ausgewiesen werden.
• Gegebenenfalls Aufwendungen für die Bildung von Rückstellungen, denen eine Verpflichtung gegenüber Dritten zugrunde liegt.
• Gegebenenfalls Bereinigung von Aufwendungen aus der Währungsumrechnung.

1015 Vgl. dazu Abschnitt E. 3.3.8.2.5.
1016 Vgl. dazu Abschnitt E. 3.3.8.3.

3.2.9. Sonstige Steuern

Die sonstigen Steuern zählen von ihrem Charakter her zum ordentlichen Betriebserfolg.[1017] Handelsrechtlich ist der UKV-Posten Nr. 18 eher ein Gliederungsvorschlag als ein echter Pflichtausweis, da die sonstigen Steuern bei Anwendung des UKV auch den Aufgabenbereichen Herstellung, Vertrieb und allgemeine Verwaltung zugeordnet werden dürfen. Möglich ist sogar, sie den Aufgabenbereichen zuzuordnen und gleichzeitig den Posten Nr. 18 „sonstige Steuern" in voller Höhe auszuweisen, wenn dafür als Gegenbuchung ein sonstiger betrieblicher Ertrag ausgewiesen wird.[1018] In der deutschen Bilanzierungspraxis treten bei den sonstigen Steuern die „**unterschiedlichsten Ausweismodalitäten**"[1019] auf. Soweit die sonstigen Steuern insgesamt zweimal als Aufwand in der handelsrechtlichen GuV verrechnet wurden und als Gegenbuchung ein sonstiger betrieblicher Ertrag gebucht worden ist, sind der sonstige betriebliche Ertrag sowie eine Aufwandsverrechnung der sonstigen Steuern zu eliminieren.[1020] Unter Umständen können auch nicht erstattungsfähige, als Aufwand verrechnete Zölle und Verbrauchsteuern zu bereinigen sein.[1021]

Die IAS sehen **keinen gesonderten Posten** für sonstige Steuern vor. Soweit sich die sonstigen Steuern auf die Produktion beziehen (z. B. die Biersteuer), sind sie als Herstellungskosten zu aktivieren. Weiterhin erfüllen nach IASC-Grundsätzen vereinnahmte und wiederabzuführende Steuern, die somit aus Sicht des Unternehmens einen durchlaufenden Posten darstellen, weder die Definition von Aufwendungen, noch von Erträgen.[1022] In der Vergangenheitsanalyse sind bei einem IAS-Abschluß daher keine sonstigen Steuern zu bereinigen, die den Charakter eines durchlaufenden Postens besitzen (z. B. Mineralölsteuer).

Bereinigungen bei den sonstigen Steuern, die sowohl in IAS-Abschlüssen als auch in HGB-Abschlüssen erforderlich sein können, betreffen einerseits sonstige Steuern, die künftig entfallen werden, weil sie dem nicht betriebsnotwendige Vermögen zuzuordnen sind. Dies betrifft vor allem Grundsteuern, die wegen eines nicht betriebsnotwendigen Grundstücks entrichtet wurden. Falls wesentliche Umsatzsteuern auf den Eigenverbrauch vom Unternehmen gezahlt wurden, sind diese Beträge wegen mangelnder betrieblicher Veranlassung zu eliminieren.

1017 Vgl. z. B. *Baetge, J./Bruns, C.*, Erfolgsquellenanalyse, S. 392-393 und 396.
1018 Vgl. *Baetge, J.*, Bilanzen, S. 602 und 604; *Adler, H./Düring, W./Schmaltz, K.*, § 275, S. 536, Rn. 243.
1019 *Küting, K.*, Kaum noch aussagefähige Unternehmensvergleiche möglich, S. 8.
1020 Vgl. dazu Abschnitt E. 3.3.9.
1021 Vgl. dazu Abschnitt E. 3.3.9.
1022 Vgl. dazu Abschnitt E. 3.3.9.

Welche Bereinigungen bei den sonstigen Steuern im HGB-Abschluß und im IAS-Abschluß erforderlich sind, wird in der folgenden Übersicht noch einmal zusammengefaßt:

Übersicht F-21: Bereinigungen der sonstigen Steuern

Mögliche Bereinigungen der sonstigen Steuern
HGB-Abschluß
• Falls die sonstigen Steuern unter Posten Nr. 18 gebucht wurde und sie zusätzlich den Aufgabenbereichen Herstellung, Verwaltung und Vertrieb zugeordnet wurden (Gegenbuchung: sonstiger betrieblicher Ertrag), sind der sonstige betrieblicher Ertrag und eine der beiden Aufwandsverrechnungen der sonstigen Steuern zu eliminieren. • Soweit es sich bei den sonstigen Steuern um durchlaufende Posten handelt (z. B. umsatzbezogene Verbrauchsteuern) sind sie mit dem betragsgleichen Gegenpart bei den Umsatzerlösen zu saldieren. • Gegebenenfalls Bereinigung von nicht erstattungsfähigen, als Aufwand berücksichtigten Zöllen und Verbrauchsteuern.
HGB-Abschluß und IAS-Abschluß
• Sonstige Steuern, die dem nicht betriebsnotwendigem Vermögen oder nicht mehr vorhandenen Vermögensgegenständen zuzuordnen sind, sind zu eliminieren (vor allem: gezahlte Grundsteuern auf ein nicht betriebsnotwendiges Grundstück). • Falls wesentliche Umsatzsteuern auf den Eigenverbrauch vom Unternehmen gezahlt wurden, sind diese Beträge wegen mangelnder betrieblicher Veranlassung zu bereinigen.

3.3. Posten des Finanzergebnisses

3.3.1. Erträge aus Beteiligungen

Zu den Erträgen aus Beteiligungen bzw. Anteilen an verbundenen Unternehmen (im folgenden: Beteiligungserträge) gehören u. a. laufende Erträge aus Kapitalgesellschaften, Gewinnanteile von OHG, KG oder stillen Gesellschaften.[1023] Im handelsrechtlichen Einzelabschluß werden daher vor allem Dividendenerträge als Erträge aus Beteiligungen ausgewiesen. Die Equity-Methode darf im handelsrechtlichen Einzelabschluß im Gegensatz zu den IAS, den französischen und den britischen Rechnungslegungsvorschriften nicht angewendet werden,[1024] so daß im handelsrechtlichen Einzelabschluß auch keine Erträge aus der Anwendung der Equity-Methode entstehen können. Erträge aus der Veräußerung von Beteiligungen sind nicht als Beteiligungserträge zu buchen, sondern als sonstiger betrieblicher Ertrag. Auch Erträge aus Gewinnabführungsverträgen zählen nicht zu den Beteiligungserträgen, da ein gesonderter Ausweis gem. § 277 Abs. 3 Satz 2 HGB vorgeht. Finanzielle Vorteile durch Zuschüsse oder Verlustübernahmen von einer anderen Gesellschaft zählen ebenfalls nicht zu den Beteiligungserträgen.

1023 Vgl. *Förschle, G.*, § 275, S. 1109-1110, Rn. 175-176; *Borchert, D.*, § 275, S. 1690, Rn. 78.
1024 Vgl. *Forster, K.-H.*, Equity-Bewertung im Jahresabschluß, S. 204.

Nach IASC-Grundsätzen ist nicht vorgeschrieben, einen vergleichbaren Posten zu dem handelsrechtlichen Posten „Erträge aus Beteiligungen" auszuweisen. Verpflichtend ist gemäß IAS 28.28 der gesonderte Ausweis von Erträgen aus assoziierten Unternehmen, wenn diese assoziierten Unternehmen nach der **Equity-Methode** bilanziert werden. Die Equity-Methode darf dabei im Einzelabschluß für Beteiligungsunternehmen wahlweise angewendet werden (Wahlrecht bei Tochterunternehmen nach IAS 27.29, bei Gemeinschaftsunternehmen nach IAS 31.38 und bei assoziierten Unternehmen nach IAS 28.12 sowie IAS 28.14). Wenn die Equity-Methode nicht angewendet wird, ist das assoziierte Unternehmen i. d. R. nach IAS 25 als langfristige Finanzinvestition zu bilanzieren, so daß statt Erträgen aus der Anwendung der Equity-Methode dann Dividendenerträge entstehen (allerdings meist in anderer Höhe als die Erträge aus der Anwendung der Equity-Methode). In diesem Fall ist nach IAS 25.41 die Höhe der Zinserträge, Dividendenerträge, Lizenzerträge und Mieterträge aus langfristigen und kurzfristigen Finanzinvestitionen anzugeben.

Bereinigungen der Erträge aus Beteiligungen sind vor allem vorzunehmen, wenn eine **Beteiligung gesondert bewertet** wird (z. B. der Ertragswert für ein Tochterunternehmen ermittelt wird). In der Vergangenheitsanalyse sind dann abhängig von der Bilanzierungsmethode, mit der die Beteiligung abgebildet wurde, Erträge und Aufwendungen aus dem Besitz dieser Beteiligung zu bereinigen. So sind z. B. bei Anwendung der Anschaffungskostenmethode die Dividenden zu eliminieren, die das Tochterunternehmen im Zeitraum der Vergangenheitsanalyse an das zu bewertende Unternehmen ausgeschüttet hat. Die Vergangenheitsanalyse auf der Basis eines HGB-Abschlusses und auf der Basis eines IAS-Abschlusses unterscheiden sich dabei vor allem dadurch, daß im IAS-Abschluß nach IAS 25.23 mehr Wahlmöglichkeiten für die Bilanzierung einer langfristigen Finanzinvestition bestehen als nach HGB.[1025]

Weiterhin sind nach dem Grundsatz der Betriebsnotwendigkeit sowohl im HGB-Abschluß als auch im IAS-Abschluß die Erträge aus Beteiligungen zu eliminieren, die auf nicht betriebsnotwendige oder zur Veräußerung anstehende Beteiligungen entfallen. In der folgenden Übersicht werden die möglichen Bereinigungen der Erträge aus Beteiligungen noch einmal zusammengefaßt:

1025 Vgl. dazu Abschnitt E. 4.1.

Übersicht F-22: Bereinigungen der Erträge aus Beteiligungen

Mögliche Bereinigungen der Erträge aus Beteiligungen
HGB-Abschluß
• Bei gesonderter Bewertung eines Beteiligungsunternehmens: Eliminierung sämtlicher Dividendenerträge, die durch den Besitz dieses Beteiligungsunternehmens entstanden sind.
IAS-Abschluß
• Bei gesonderter Bewertung eines Beteiligungsunternehmens und Anwendung der Equity-Methode: Eliminierung sämtlicher Erträge aus der Anwendung der Equity-Methode.
• Bei gesonderter Bewertung eines Beteiligungsunternehmens und Anwendung der Anschaffungskostenmethode oder Neubewertungsmethode: Eliminierung sämtlicher Dividendenerträge, die durch den Besitz dieses Beteiligungsunternehmens entstanden sind.
HGB-Abschluß und IAS-Abschluß
• Bei einer nicht betriebsnotwendigen oder zur Veräußerung anstehenden Beteiligung sind die Erträge aus Beteiligungen zu bereinigen, die im Zusammenhang mit dieser Beteiligung entstanden sind.

3.3.2. Erträge aus anderen Wertpapieren und Ausleihungen des Finanzanlagevermögens

Dieser Posten enthält alle Erträge aus Finanzanlagen, die nicht zu den Beteiligungserträgen oder den Erträgen aus Gewinnabführungsverträgen zählen.[1026] Voraussetzung für einen Ausweis unter diesem Posten ist daher, daß die Erträge durch Ausleihungen oder Wertpapiere des Finanzanlagevermögens entstanden sind.[1027] Dazu zählen vor allem Zinserträge, Dividendenerträge und ähnliche Ausschüttungen auf Wertpapiere des Anlagevermögens (z. B. Aktien, Obligationen, Pfandbriefe) sowie Zinserträge aus Ausleihungen (z. B. Hypotheken, Grundschulden). Wenn verbundene Unternehmen Personenhandelsgesellschaften sind, entstehen daraus keine Erträge aus anderen Wertpapieren und Ausleihungen des Finanzanlagevermögens, weil Mitunternehmerschaft und damit eine Beteiligung vermutet wird. Dies gilt auch beim Halten von mehr als 20% der Anteile an einer Kapitalgesellschaft (§ 271 Abs. 1 HGB), d. h. nur der verbleibende Rest von Anteilen kann zu Erträgen aus anderen Wertpapieren führen.[1028] Periodisch vorzunehmende Zuschreibungen bei Zerobonds, die als Finanzanlage gehalten werden, sind ebenfalls unter diesem Posten zu erfassen, da die Zuschreibungen Zinserträge darstellen.[1029]

Nach IASC-Vorschriften muß kein entsprechender Posten ausgewiesen werden. Allerdings ist nach IAS 25.41 anzugeben, wie hoch die Zinserträge, Dividendenerträge, Li-

---

1026 Vgl. *Förschle, G.*, § 275, S. 1111, Rn. 185; *Borchert, D.*, § 275, S. 1691, Rn. 80; *Lachnit, L.*, § 275, S. 62, Rn. 184; *Coenenberg, A. G.*, Jahresabschluß und Jahresabschlußanalyse, S. 334.
1027 Vgl. *Borchert, D.*, § 275, S. 1691, Rn. 80.
1028 Vgl. *Lachnit, L.*, § 275, S. 62, Rn. 184.
1029 Vgl. *Förschle, G.*, § 275, S. 1112, Rn. 187; *Lachnit, L.*, § 275, S. 62, Rn. 187.

zenzerträge und Mieterträge aus langfristigen und kurzfristigen Finanzinvestitionen sind. In vielen IAS-Abschlüssen ist daher eine Vermischung der handelsrechtlichen Posten „Erträge aus anderen Wertpapieren und Ausleihungen des Finanzanlagevermögens" sowie „Erträge aus Beteiligungen" zu erwarten.

Die **Bereinigungen** bei diesem Posten betreffen sowohl IAS-Abschlüsse als auch HGB-Abschlüsse. Zum einen ist festzustellen, ob die Höhe der Zinserträge nach dem Grundsatz der Verwendung von Marktwerten angemessen ist, oder ob zum Beispiel künftig aufgrund eines niedrigeren Zinsniveaus voraussichtlich geringere Zinserträge vereinnahmt werden.[1030] Zum anderen sind die Erträge aus anderen Wertpapieren und Ausleihungen des Finanzanlagevermögens gemäß dem Grundsatz der Betriebsnotwendigkeit zu eliminieren, wenn sie von Vermögensgegenständen erwirtschaftet worden sind, die zum nicht betriebsnotwendigen Vermögen gehören.

In der folgenden Übersicht werden die möglichen Bereinigungen der Erträge aus anderen Wertpapieren und Ausleihungen des Finanzanlagevermögens noch einmal zusammengefaßt:

Übersicht F-23: Bereinigungen der Erträge aus anderen Wertpapieren und Ausleihungen des Finanzanlagevermögen

Mögliche Bereinigungen der Erträge aus anderen Wertpapieren und Ausleihungen des Finanzanlagevermögens
HGB-Abschluß und IAS-Abschluß
• Wenn die Erträge aus nicht betriebsnotwendigem Vermögen stammen, sind sie zu eliminieren. • Bei wesentlichen Änderungen des Zinsniveaus ist zu prüfen, ob die Höhe der Erträge zu korrigieren ist.

3.3.3. Sonstige Zinsen und ähnliche Erträge

Unter „Sonstige Zinsen und ähnliche Erträge" sind Zinserträge aus dem Umlaufvermögen zu erfassen, die weder unter den Posten Nr. 8 oder Nr. 9 auszuweisen sind.[1031] In Betracht kommen als „**sonstige Zinsen**" u. a. Zinsen auf Einlagen bei Kreditinstituten, Zinsen und Dividenden auf Wertpapiere des Umlaufvermögens, Aufzinsungsbeträge für unverzinsliche oder niedrig verzinsliche Forderungen, Verzugszinsen von Kunden.[1032] „**Ähnliche Erträge**" entstehen zwar im Zusammenhang mit der Kre-

---

1030 Vgl. auch Abschnitt E. 4.2.
1031 Vgl. *Förschle, G.*, § 275, S. 1112, Rn. 190; *Borchert, D.*, § 275, S. 1692, Rn. 81; *Adler, H./Düring, W./Schmaltz, K.*, § 275, S. 502, Rn. 156.
1032 Vgl. *Adler, H./Düring, W./Schmaltz, K.*, § 275, S. 502-503, Rn. 157.

ditbeschaffung, sind aber wirtschaftlich keine Zinserträge, z. B. Agio, Disagio, Kreditprovisionen, Erträge aus Zinsswaps oder Zinstermingeschäften.[1033]

Nach IASC-Grundsätzen muß die Höhe der Zinserträge *(interest income)* angegeben werden (IAS 5.18(c)); der Ausweis in einem gesonderten GuV-Posten ist dabei aber nicht vorgeschrieben. Gemäß IAS 18.31 schließen Zinserträge auch die Abschreibungen eines gezahlten Disagios bzw. eines gewährten Agios ein. Auch andere Unterschiede zwischen dem Ausgabebetrag eines Fremdkapitaltitels und dem für den Fälligkeitstermin vereinbarten Rückzahlungsbetrag sind als Zinserträge auszuweisen (IAS 18.31). Die IASC-Vorschriften regeln indes nicht abschließend, welche Sachverhalte als Zinserträge zu buchen sind; entsprechende Abgrenzungen müssen noch durch das SIC oder das Schrifttum entwickelt werden. Der handelsrechtlichen Abgrenzung von Zinsen und ähnlichen Erträgen steht indes nach IASC-Grundsätzen nichts entgegen.

Bei der Vergangenheitsanalyse sind die **Bereinigungen** in einem HGB-Abschluß und eine IAS-Abschluß identisch. Einerseits sind Bereinigungen notwendig, wenn die Höhe der Zinserträge nach dem Grundsatz der Verwendung von Marktwerten nicht angemessen ist (zum Beispiel wegen eines stark gesunkenen Zinsniveaus). Andererseits sind diejenigen Bestandteile der sonstigen Zinsen und ähnlichen Erträge zu eliminieren, die von nicht betriebsnotwendigen Vermögensgegenständen erwirtschaftet worden sind (Grundsatz der Betriebsnotwendigkeit).

In der folgenden Übersicht werden die möglichen Bereinigungen der sonstigen Zinsen und ähnlichen Erträge noch einmal zusammengefaßt:

Übersicht F-24: Bereinigungen der sonstigen Zinsen und ähnlichen Erträge

Mögliche Bereinigungen der sonstigen Zinsen und ähnlichen Erträge
HGB-Abschluß und IAS-Abschluß
• Wenn die Erträge aus nicht betriebsnotwendigem Vermögen stammen, sind sie zu eliminieren.
• Bei wesentlichen Änderungen des Zinsniveaus ist zu prüfen, ob die Höhe der Erträge zu korrigieren ist.

3.3.4. Abschreibungen auf Finanzanlagen und auf Wertpapiere des Umlaufvermögens

Der Posten umfaßt sämtliche Abschreibungen auf Finanzanlagen und Wertpapiere des Umlaufvermögens, z. B. Abschreibungen auf Anteile, Ausleihungen, Beteiligungen und Wertpapiere des Anlagevermögens, Abschreibungen auf Wechsel, pauschale Abschreibungen auf Ausleihungen, Abschreibungen auf Wertpapiere des Umlaufvermö-

---

[1033] Vgl. *Förschle, G.*, § 275, S. 1113, Rn. 194; *Adler, H./Düring, W./Schmaltz, K.*, § 275, S. 503, Rn. 157.

gens.[1034] Bei den Abschreibungen, die in diesem Posten ausgewiesen werden, handelt es ausnahmslos um außerplanmäßige Abschreibungen.[1035]

Nach IASC-Grundsätzen müssen die Abschreibungen auf Finanzanlagen oder Wertpapiere nicht gesondert ausgewiesen werden. Gemäß IAS 25.9 wird für Zwecke der Bewertung zwischen langfristigen und kurzfristigen Finanzinvestitionen unterschieden, auch wenn kurzfristige und langfristige Finanzinvestitionen in der Bilanzgliederung nicht getrennt werden müssen. Langfristige Finanzinvestitionen dürfen gem. IAS 25.23 auch nach der Neubewertungsmethode behandelt werden. Wenn eine nach der Neubewertungsmethode bilanzierte langfristige Finanzinvestition im Wert gemindert ist, ist diese Wertminderung nur soweit erfolgswirksam zu buchen, wie sie nicht erfolgsneutral mit der Neubewertungsrücklage verrechnet werden kann (IAS 25.32).[1036] Im Ergebnis entstehen bei der Anwendung der Neubewertungsmethode und der Bilanzierung mit den fortgeführten AK/HK also die gleichen Ergebniswirkungen.

In der Vergangenheitsanalyse ist festzustellen, ob die Abschreibungen auf Finanzanlagen und auf Wertpapiere des Umlaufvermögens auf einen betriebsnotwendigen Vermögensgegenstand zurückzuführen sind oder nicht. Soweit die Abschreibungen auf nicht betriebsnotwendige Vermögensgegenstände zurückzuführen sind, sind sie sowohl in IAS-Abschlüssen als auch in HGB-Abschlüssen nach dem Grundsatz der Betriebsnotwendigkeit aus den Vergangenheitsergebnissen herauszurechnen (vgl. die folgende Übersicht).

Übersicht F-25: Bereinigungen der Abschreibungen auf Finanzanlagen und auf Wertpapiere des Umlaufvermögens

Mögliche Bereinigungen der Abschreibungen auf Finanzanlagen und auf Wertpapiere des Umlaufvermögens
HGB-Abschluß
• Bereinigung (Eliminierung) der Abschreibungen auf Vermögensgegenstände des Umlaufvermögens zur Vorwegnahme künftiger Wertschwankungen nach § 253 Abs. 3 Satz 3 HGB. • Gegebenenfalls bei Einzelkaufleuten und Personenhandelsgesellschaften: Bereinigung (Eliminierung) der Abschreibungen nach vernünftiger kaufmännischer Beurteilung (§ 253 Abs. 4 HGB).
HGB-Abschluß und IAS-Abschluß
• Wenn die außerplanmäßige Abschreibung auf einen nicht betriebsnotwendigen Vermögensgegenstand vorgenommen wurde, ist sie nach dem Grundsatz der Betriebsnotwendigkeit zu bereinigen (zu eliminieren). • Wenn sich die außerplanmäßige Abschreibung auf einen Vermögensgegenstand bezieht, der gesondert bewertet wird, ist die Abschreibung zu bereinigen (zu eliminieren).

1034 Vgl. *Baetge, J.*, Bilanzen, S. 577-578; *Borchert, D.*, § 275, S. 1692, Rn. 82; *Förschle, G.*, § 275, S. 1114, Rn. 200-201.
1035 Vgl. *Rogler, S.*, Gewinn- und Verlustrechnung nach dem UKV, S. 129.
1036 Vgl. auch *IDW (Hrsg.)*, Rechnungslegung nach IAS, S. 128.

Die Zuordnung der Geschäftsvorfälle auf die GuV-Posten nach HGB und IAS 239

Unabhängig davon, ob der Bewertung ein HGB-Abschluß oder ein IAS-Abschluß zugrunde liegt, sind Abschreibungen auf Finanzanlagen und auf Wertpapiere des Umlaufvermögens zu bereinigen, wenn der Vermögensgegenstand, auf den sich die Abschreibung bezieht, gesondert bewertet wird (zum Beispiel Ermittlung eines Ertragswerts für eine wesentliche Tochtergesellschaft). Weitere Bereinigungen der Abschreibungen auf Finanzanlagen und auf Wertpapiere des Umlaufvermögens betreffen nur den HGB-Abschluß. So sind sämtliche Abschreibungen aufgrund der Bewertungswahlrechte nach § 253 Abs. 3 Satz 3 HGB und § 254 Abs. 4 zu bereinigen.[1037]

3.3.5. Zinsen und ähnliche Aufwendungen

Unter „Zinsen und ähnliche Aufwendungen" werden alle Beträge ausgewiesen, die das Unternehmen für das aufgenommene Fremdkapital zu entrichten hat. Dabei sind sowohl periodisch wiederkehrende Zahlungen als auch einmalige Zahlungen (z. B. Bankprovisionen und Kreditgebühren) zu erfassen.[1038] Im einzelnen sind hier z. B. Zinsen für aufgenommene Kredite jeder Art (etwa Bankkredite, Schuldscheindarlehen, Lieferantenkredite), Diskontbeträge für Wechsel und Schecks, Besicherungskosten, Abschreibungen auf ein aktiviertes Agio oder Disagio. Der **Zinsanteil der Pensionsrückstellungen** sollte - so die überwiegende Meinung - zwar nicht unter „Zinsen und ähnliche Aufwendungen" ausgewiesen werden; der Ausweis ist aber zulässig (Ausweiswahlrecht).[1039] Dagegen werden Verwaltungskosten, die der Erzielung von Erträgen des Finanzbereichs dienen, nicht unter „Zinsen und ähnliche Aufwendungen" ausgewiesen, sondern als allgemeine Verwaltungskosten.[1040]

Nach IAS 5.18 (e) müssen Zinsaufwendungen *(interest expense)* gesondert ausgewiesen werden. Welche Aufwendungen unter *interest expense* zu subsumieren sind, behandeln die IAS indes nicht. Lediglich IAS 23 *(Borrowing Costs)*, in dem die Aktivierung von Aufwendungen für Ausleihungen bei Anschaffungs- oder Herstellungsvorgängen geregelt werden, enthält Hinweise über die Abgrenzung der Zinsaufwendungen. Aufwendungen für Ausleihungen *(borrowing costs)* werden danach als Zinsen und andere Aufwendungen definiert, die einem Unternehmen[1041] im Zusammenhang

---

1037 Vgl. dazu Abschnitt E. 3.3.6.4.
1038 Vgl. *Förschle, G.*, § 275, S. 1115, Rn. 204; *Borchert, D.*, § 275, S. 1693, Rn. 84.
1039 Vgl. *Förschle, G.*, § 275, S. 1103, Rn. 138.
1040 Vgl. *Rogler, S.*, Gewinn- und Verlustrechnung nach dem UKV, S. 90-91; *Baetge, J./Bruns, C.*, Erfolgsquellenanalyse, S. 393.
1041 Die Übersetzung von „enterprise" mit „Unternehmen" ist etwas ungenau, da *enterprises* auch erwerbswirtschaftlich orientierte Organisationen umfassen können, die keine Unternehmenseigenschaft im handelsrechtlichen Sinne innehaben. Bspw. zählen die in den USA häufigen *trusts* - eine Art dreiseitiges Treuhandverhältnis - zu den *enterprises*, sind aber keine Unternehmen im handelsrechtlichen Sinne; vgl. *Baetge, J./Bruns, C.*, IAS 28, S. 1128, Rn. 189.

mit Kreditaufnahmen entstehen (IAS 23.4). In IAS 23.5 werden mehrere Beispiele für Aufwendungen für Ausleihungen genannt (z. B. Kreditbeschaffungskosten). Dabei zeigt die Definition von *borrowing costs* in IAS 23.4 („*Borrowing costs are interest and other costs* (...)"), daß der Begriff „Aufwendungen für Ausleihungen" angemessener ist als „Zinsaufwendungen", weil er umfassender verwendet wird.[1042] Die in IAS 23.5 genannten Beispiele für Finanzierungskosten umschreiben daher nicht den Inhalt des GuV-Postens „*interest expense*".

In IAS 1 (revised 1997) wurde eine Ausweispflicht für Finanzierungsaufwendungen „*finance costs*" als gesonderten GuV-Posten eingeführt (IAS 1.75 (c) (revised 1997)). Mit Inkrafttreten des IAS 1 (revised 1997) wird die Angabepflicht für Zinsaufwendungen *(interest expense)* nach IAS 5.18 (e) dadurch ersetzt werden. Auch in IAS 1.75 (c) (revised 1997) wird nicht im einzelnen festgelegt, welche Aufwendungen als „Finanzierungsaufwendungen" auszuweisen sind; allerdings liegt nahe, *finance costs* als Oberbegriff für Zinsaufwendungen sowie Aufwendungen für Ausleihungen zu verstehen. In diesem Fall wären u. a. die Zinsaufwendungen bzw. die nicht aktivierten *borrowing costs* als Finanzierungsaufwendungen auszuweisen. Fraglich ist dagegen, ob auch der Zinsanteil der Pensionsrückstellungen zu den Finanzierungsaufwendungen zählt. International ist dies üblich; eine Pflicht dazu sehen die IASC-Vorschriften aber nicht vor. Faktisch ist hier also - wie in Deutschland - von einem Ausweiswahlrecht auszugehen.

Bei der Vergangenheitsanalyse sind sowohl im IAS-Abschluß als auch im HGB-Abschluß eventuell aktivierte **Finanzierungsaufwendungen** zu bereinigen, um der Gefahr zu begegnen, daß sie doppelt berücksichtigt werden: Einerseits werden die aktivierten Finanzierungsaufwendungen beim Verkauf der Erzeugnisse als Teil der Herstellungskosten aufwandswirksam. Andererseits dienen die den Finanzierungsaufwendungen zugrunde liegenden Verbindlichkeiten dazu, über eine Finanzbedarfsrechnung die künftigen Zinsaufwendungen zu ermitteln. Die aktivierten Teile der Finanzierungsaufwendungen sind daher aus den Herstellungskosten zu eliminieren.

Ob der Zinsanteil der Pensionsrückstellungen in der Vergangenheitsanalyse zu eliminieren ist, hängt davon ab, ob die zugrundeliegenden Pensionsaufwendungen gesondert bewertet werden oder nicht. Normalerweise werden die Pensionsrückstellungen gesondert berechnet, so daß sämtliche GuV-Wirkungen der Pensionsrückstellungen einschließlich des Zinsanteils der Zuführungen zu den Pensionsrückstellungen zu eliminieren sind. Weitere **Bereinigungen** ergeben sich vor allem dadurch, daß der Zinsaufwand nicht nach marktüblichen Zinssätzen berechnet wurde (z. B. aufgrund unverzinslicher Darlehen) und künftig damit zu rechnen ist, daß die zugrundeliegenden Verbindlichkeiten zu den marktüblichen Konditionen aufgenommen werden müssen. Die

---

1042 Vgl. auch *Cairns, D.*, Applying IAS, S. 658-659.

Höhe des Zinsaufwands ist dann gemäß dem Grundsatz der Verwendung von Marktwerten zu bereinigen.[1043]

In der folgenden Übersicht werden noch einmal die möglichen Bereinigungen der Zinsen und ähnlichen Aufwendungen zusammengefaßt. Grundsätzlich sind bei HGB-Abschlüssen und bei IAS-Abschlüssen die gleichen Aspekte relevant.

Übersicht F-26: Bereinigungen der Zinsen und ähnlichen Aufwendungen

Mögliche Bereinigungen der Zinsen und ähnlichen Aufwendungen
HGB-Abschluß und IAS-Abschluß
• Bereinigung der bei der Herstellung eines Vermögensgegenstands aktivierten Finanzierungsaufwendungen und Behandlung als Zinsaufwand.
• Bereinigung (Eliminierung) des Zinsanteils der Pensionsrückstellungen, wenn die Pensionsrückstellungen gesondert berechnet werden.
• Bereinigung (Eliminierung) zinsloser oder niedrigverzinslicher Darlehen, wenn die zugrundeliegende Summe voraussichtlich künftig zu Marktbedingungen aufgenommen werden muß.

3.4. Posten des außerordentlichen Ergebnisses

Handelsrechtlich werden außerordentliche Aufwendungen und Erträge beispielsweise nur dann ausgewiesen, wenn sie (1) in hohem Maße ungewöhnlich sind, (2) selten bzw. unregelmäßig vorkommen sowie (3) vom Betrag her wesentlich sind.[1044] Zu den **außerordentlichen Erträgen im handelsrechtlichen Sinne** zählen beispielsweise ungewöhnliche und wesentliche Anlagenverkäufe oder die Aufgabe bedeutender Geschäftsbereiche, Erträge aus Schenkungen, Erträge aus Gesellschafterzuschüssen, Umwandlungsgewinne und Verschmelzungsgewinne.[1045] Als außerordentliche Aufwendungen kommen im deutschen Handelsrecht meistens folgende Aufwendungen in Betracht: Verluste aufgrund von Enteignungen, Erdbeben oder Explosionsschäden, Verluste aufgrund von Standortverlegungen, Verluste im Zusammenhang mit der Stilllegung oder der Aufgabe von Geschäftsbereichen.[1046]

Dagegen sind die folgenden Erträge handelsrechtlich als sonstige betriebliche Erträge und nicht als außerordentliche Erträge auszuweisen, weil sie nicht in hohem Maße ungewöhnlich sind bzw. meistens mit einer gewissen Regelmäßigkeit auftreten: Währungs- und Kursgewinne, Zuschreibungen, Erträge aus der Auflösung von Rückstel-

---

1043 Vgl. dazu Abschnitt E. 4.3.
1044 Vgl. *Biener, H./Berneke, W.*, Bilanzrichtlinien-Gesetz, S. 215; *Baetge, J./Fischer, T.*, Externe Erfolgsanalyse, S. 5 m. w. N.
1045 Vgl. *Adler, H./Düring, W./Schmaltz, K.*, § 277, S. 577, Rn. 80; *Isele, H.*, § 277, S. 1774, Rn. 127.
1046 Vgl. *Isele, H.*, § 277, S. 1775, Rn. 131.

lungen, Steuererstattungen.[1047] Das Gleiche gilt für die folgenden Aufwendungen: I. d. R. sind z. B. Wertberichtigungen auf Vorräte und Forderungen, Aufwendungen aus Inventurdifferenzen, Großreparaturen, Steuernachzahlungen als sonstige betriebliche Aufwendungen zu buchen, weil sie nicht unregelmäßig bzw. selten entstehen.[1048]

Außerordentliche Aufwendungen (*extraordinary losses*)[1049] und Erträge (*extraordinary income*) werden nach IAS 8 ähnlich abgegrenzt wie im deutschen Handelsrecht.[1050] Als Beispiele für außerordentliche Aufwendungen nennt IAS 8.14 Aufwendungen aus Naturkatastrophen und Enteignungen. Ob ein Geschäftsvorfall als außerordentlich angesehen wird, bemißt sich dabei weniger nach der Häufigkeit seines Auftretens.[1051] Maßgebend für die Zuordnung zum außerordentlichen Ergebnis ist vielmehr, ob sich ein Geschäftsvorfall eindeutig von der gewöhnlichen Geschäftstätigkeit des Unternehmens unterscheidet und als wirklicher Sonderfall anzusehen ist.[1052] Fraglich ist daher zum Beispiel, ob der Ergebnisanteil an einer veräußerten Minderheitsbeteiligung dem außerordentlichen Ergebnis zuzuordnen ist.[1053]

Für die Vergangenheitsanalyse ist zu beachten, daß außergewöhnliche Erfolgsbeiträge im Sinne der Unternehmensbewertung eine andere Bedeutung besitzen als außerordentliche Erfolgsbeiträge im Sinne des HGB bzw. der IAS. Außergewöhnlich sind Erfolgsbeiträge dann, wenn sie aufgrund von Risiken entstanden sind, die unter das allgemeine Unternehmerrisiko fallen und nicht kalkulierbar sind. Dies bedeutet erstens, daß die Sachkenntnis und die Maßstäbe des Bewerters anzulegen sind, wann ein Geschäftsvorfall als außergewöhnlich anzusehen ist. Zweitens ist die Äquivalenz der vergangenen und der künftigen Ergebnisse zu beachten, d. h. Erfolgsbeiträge, die der Bewerter bei der Prognose nicht berücksichtigen würde, weil er sie für außergewöhnlich hält, sind auch in der Vergangenheitsanalyse als außergewöhnlich zu behandeln.

Die außerordentlichen Erfolgsbeiträge nach HGB und nach IAS unterscheiden sich vor allem durch die Aufwendungen und Erträge, die aus der Einstellung von Bereichen (*discontinued operations*) resultieren. Sie werden i. d. R. im Zusammenhang mit dem Ergebnis der gewöhnlichen Geschäftstätigkeit ausgewiesen (IAS 8.21); nach dem 1998 verabschiedeten IAS 35 dürfen sie nicht als außerordentliche Erfolgsbeiträge ausge-

---

1047 Vgl. *Förschle, G.*, § 275, S. 1119-1120, Rn. 223; *Isele, H.*, § 277, S. 1774-1175, Rn. 128; a. A. in Bezug auf Zuschreibungen und Erträge aus der Auflösung von Rückstellungen *Großfeld, B./Leffson, U.*, Außerordentliche Erträge und Aufwendungen, S. 76.
1048 Vgl. *Förschle, G.*, § 275, S. 1119-1120, Rn. 223; *Isele, H.*, § 277, S. 1776, Rn. 132.
1049 IAS 5.18 (*reformatted 1994*) enthält zur Zeit noch die inhaltlich identischen Bezeichnungen „extraordinary charges" für „extraordinary losses" und „extraordinary credits" für „extraordinary income". Diese etwas uneinheitlichen Begriffe werden mit dem Inkrafttreten des IAS 1 (revised 1997) in den IAS nicht mehr enthalten sein.
1050 Vgl. *IDW (Hrsg.)*, Rechnungslegung nach IAS, S. 224-225.
1051 Vgl. *Biener, H.*, IAS 8, S. 307, Rn. 30; *Demming, C.*, Die Regelungen des IASC, S. 286; *IDW (Hrsg.)*, Rechnungslegung nach IAS, S. 225.
1052 Vgl. auch *IDW (Hrsg.)*, Rechnungslegung nach IAS, S. 225.
1053 So geschehen in *Bossard Holding AG (Hrsg.)*, Geschäftsbericht 1996, S. 40.

wiesen werden (IAS 35.41). Die nach IAS 8.20 vorgeschriebenen Angaben (Art der *discontinued operation,* daraus resultierender Gewinn/Verlust, usw.[1054]) hat bereits der IAS-Abschluß vor der Einstellung des Bereichs zu enthalten, wenn die anzugebenden Beträge bereits zuverlässig geschätzt werden können (IAS 8.22). Die ab dem 1.1.1999 geltenden Regelungen in IAS 35 unterscheiden sich auch in dieser Hinsicht von IAS 8.19-22. In IAS 35 werden Kriterien definiert, ab deren Erfüllung die Einstellung eines Bereichs vorliegt (*Initial Disclosure Event* gemäß IAS 35.16) und somit auch den nach IAS 35.27 ff. vorgeschriebenen Angabepflichten nachgekommen werden muß.

Bei den Aufwendungen und Erträgen im IAS-Abschluß, die aus der Einstellung von Bereichen resultieren, ist in der Vergangenheitsanalyse zunächst festzustellen, ob die Einstellung von Bereichen außergewöhnlichen Charakter besitzt oder nicht. Wenn sie als außergewöhnlich anzusehen ist, dann sind die damit verbundenen Aufwendungen und Erträge aus den Vergangenheitsergebnissen zu eliminieren. Falls die Aufwendungen und Erträge mittelfristig als nachhaltig angesehen werden, ist als Bereinigungsmaßnahme gegebenenfalls ein Erwartungswert für diese Aufwendungen und Erträge zu berechnen.[1055] Sowohl im HGB-Abschluß als auch im IAS-Abschluß sind in jedem Fall alle Aufwendungen und Erträge zu bereinigen, die aufgrund der Einstellung von Bereichen künftig entfallen werden.

Letztlich muß der Bewerter alle außerordentlichen Erfolgsbeiträge sowie alle Aufwendungen aus der Einstellung von Bereichen einzeln auf ihre Nachhaltigkeit bzw. ihren außergewöhnlichen Charakter hin beurteilen. Der Aufwand bei der Bereinigung des außerordentlichen Ergebnisses nach HGB und nach IAS ist damit in etwa gleich. Die möglichen Bereinigungen des außerordentlichen Ergebnisses werden in der folgenden Übersicht noch einmal zusammengefaßt:

Übersicht F-27: Bereinigungen des außerordentlichen Ergebnisses

Mögliche Bereinigungen des außerordentlichen Ergebnisses
IAS-Abschluß
• Bereinigung (Eliminierung) der nicht nachhaltigen Aufwendungen und Erträge, die bei der Einstellung von Bereichen entstehen.
HGB-Abschluß und IAS-Abschluß
• Bereinigung (Eliminierung) der Aufwendungen und Erträge in den Vergangenheitsergebnissen, die aufgrund der Einstellung von Bereichen künftig entfallen werden. • Bereinigung (Eliminierung) aller außergewöhnlichen Aufwendungen und Erträge.

1054 Vgl. im einzelnen *KPMG,* International Accounting Standards, S. 113.
1055 Vgl. dazu Abschnitt E. 5.3.

4. Würdigung der Bereinigungsrechnung bei IAS-Abschlüssen und bei HGB-Abschlüssen

Die Vergangenheitsanalyse eines nach IAS bilanzierenden Unternehmens kann sich erheblich von der Vergangenheitsanalyse eines nach HGB bilanzierenden Unternehmens unterscheiden, weil viele Geschäftsvorfälle nach HGB und nach IAS verschiedenen GuV-Posten zugeordnet werden dürfen. Da die IAS kaum Regelungen über den Inhalt der GuV-Posten enthalten, verfügt der Bilanzierende häufig über mehrere zulässige Möglichkeiten bei der Zuordnung von Geschäftsvorfällen zu den GuV-Posten. Die für das Handelsrecht vorgeschriebenen Posteninhalte dürfen überwiegend genauso nach IASC-Grundsätzen zugeordnet werden. Trotzdem können deutliche Unterschiede bei der Postenabgrenzung nach HGB und nach IAS auftreten. Hinzu kommt, daß im Gegensatz zum nach § 275 HGB fest vorgegebenen Gliederungsschema in den IAS keine feste Struktur verlangt wird - wenn man von dem knappen Mindestgliederungsschema in IAS 1.75 (revised 1997) absieht.

Übersicht F-28: UKV-Posten nach HGB und IAS

Umsatzkostenverfahren gemäß § 275 Abs. 3 HGB	Umsatzkostenverfahren nach IAS
1. Umsatzerlöse	Sale of goods/Services rendered Construction contracts
2. Herstellungskosten der zur Erzielung der Umsatzerlöse erbrachten Leistungen	Cost of goods sold Cost of services rendered
3. Bruttoergebnis vom Umsatz	Gross profit
4. Vertriebskosten	*Ausweis nicht vorgeschrieben*
5. allgemeine Verwaltungskosten	*Ausweis nicht vorgeschrieben*
6. sonstige betriebliche Erträge	*Ausweis nicht vorgeschrieben*
7. sonstige betriebliche Aufwendungen	*Ausweis nicht vorgeschrieben*
8. Erträge aus Beteiligungen	Share of the profits or losses from investments in associates
9. Erträge aus anderen Wertpapieren und Ausleihungen des Finanzanlagevermögens	Income from other investments
10. sonstige Zinsen und ähnliche Erträge	Interest income
11. Abschreibungen auf Finanzanlagen und auf Wertpapiere des Umlaufvermögens	*Ausweis nicht vorgeschrieben*
12. Zinsen und ähnliche Aufwendungen	Finance costs[1056]
13. Ergebnis der gewöhnlichen Geschäftstätigkeit	Net profit before tax
14. außerordentliche Erträge	Extraordinary income
15. außerordentliche Aufwendungen	Extraordinary loss
16. außerordentliches Ergebnis	Extraordinary items
17. Steuern vom Einkommen und vom Ertrag	Income tax expense bzw. tax expense[1057]
18. sonstige Steuern	*Ausweis nicht vorgeschrieben*
19. Jahresüberschuß/Jahresfehlbetrag	Net profit or loss

In der obigen Übersicht werden – ausgehend von der handelsrechtlichen Gliederung des UKV – die vergleichbaren GuV-Posten nach IASC-Grundsätzen zugeordnet. Die Übersicht zeigt deutlich, daß für einige Posten, die in der handelsrechtlichen GuV enthalten sein müssen, kein äquivalenter Posten nach IAS ausgewiesen werden muß. Weiterhin wurde in den vorangegangenen Kapiteln gezeigt, daß sämtliche GuV-Posten nach HGB und nach IASC-Grundsätzen unterschiedlich abgegrenzt werden können und teilweise Unterschiede unvermeidlich sind.[1058]

1056 Der Ausweis von *finance costs* ist erst mit Gültigkeit des IAS 1 (revised 1997) erforderlich.
1057 Der Ausweis von *tax expense* ist erst mit Gültigkeit des IAS 1 (revised 1997) erforderlich.
1058 Zu den Angabepflichten für GuV-Posten nach den derzeit geltenden IAS vgl. auch Übersicht F-3.

Übersicht F-29: Vergleich der Bereinigungserfordernisse in den einzelnen GuV-Posten

Posten	Vergleich der Bereinigungserfordernisse	Anmerkung
Betriebsergebnis		
Umsatzerlöse	Im HGB-Abschluß normalerweise größer	
Herstellungskosten der zur Erzielung der Umsatzerlöse erbrachten Leistungen	Im HGB-Abschluß normalerweise größer	Nach HGB wesentlich mehr Gestaltungsmöglichkeiten
Vertriebskosten	Ungefähr gleich	
Allgemeine Verwaltungskosten	Ungefähr gleich	
Sonstige betriebliche Erträge	Im HGB-Abschluß normalerweise größer	U.U. erheblich andere Abgrenzung nach HGB und nach IAS
Sonstiger betriebliche Aufwendungen	Im HGB-Abschluß normalerweise größer	U.U. erheblich andere Abgrenzung nach HGB und nach IAS
Sonstige Steuern	Im HGB-Abschluß normalerweise größer	
Finanzergebnis		
Erträge aus Beteiligungen	Ungefähr gleich	Nach IAS mehr Gestaltungsmöglichkeiten
Erträge aus anderen Wertpapieren und Ausleihungen des Finanzanlagevermögens	Ungefähr gleich	
Sonstige Zinsen und ähnliche Erträge	Ungefähr gleich	
Abschreibungen auf Finanzanlagen und auf Wertpapiere des Umlaufvermögens	Im HGB-Abschluß normalerweise größer	
Zinsen und ähnliche Aufwendungen	Ungefähr gleich	
Außerordentliches Ergebnis		
Außerordentliche Posten	Ungefähr gleich	

Der Vergleich zeigt deutlich, daß in IAS-Abschlüssen weniger Bereinigungserfordernisse zu erwarten sind als in HGB-Abschlüssen.[1059] In keinem der GuV-Posten des UKV ist damit zu rechnen, daß die Vergangenheitsanalyse eines nach IAS bilanzierenden Unternehmens aufwendiger ist als bei einem nach HGB bilanzierenden Unternehmen. Zudem erlauben die umfangreichen Angabepflichten nach IAS eine wesentlich bessere Vorbereitung des Bewerters als bei einem nach HGB bilanzierenden Unternehmen.

1059 Nach *Klein, K.-G./Jonas, M.*, Due Diligence und Unternehmensbewertung, S. 159, sind auch in US-GAAP-Abschlüssen deutlich weniger Bereinigungen zu erwarten als in HGB-Abschlüssen. Die These von *Klein/Jonas*, daß „US-Rechnungslegungsvorschriften gewährleisten, daß der ausgewiesene Jahresüberschuß weitgehend frei von bilanzpolitischen Maßnahmen ist" (*Klein, K.-G./Jonas, M.*, Due Diligence und Unternehmensbewertung, S. 159), geht dennoch etwas zu weit.

G. Zusammenfassung

1. Bei der Unternehmensbewertung bestehen die Zwecke der Vergangenheitsanalyse darin, einerseits eine Prognosebasis für die künftigen Einzahlungsüberschüsse zu erstellen (= vor allem dann, wenn der Bewerter selbst künftige Zahlungen prognostiziert) und andererseits einen Maßstab für die künftigen Einzahlungsüberschüsse zu liefern (= zur Beurteilung der Güte bzw. Realitätsnähe von Prognosen).

2. Die erforderlichen Bereinigungsmaßnahmen bei einer Vergangenheitsanalyse unterscheiden sich von Bewertungsfall zu Bewertungsfall. Sie hängen unter anderem vom Zweck der Bewertung, von der Branche, der Größe und der Rechtsform des zu bewertenden Unternehmens ab.

3. Viele Bereinigungserfordernisse ergeben sich aus den Bilanzierungs- und Bewertungsvorschriften des Rechtskreises, in dem der Jahresabschluß des zu bewertenden Unternehmens aufgestellt wurde. Daher sind bei einer Bewertung auf Basis eines HGB-Abschlusses andere Bereinigungsmaßnahmen notwendig als bei einer Bewertung auf Basis eines IAS-Abschlusses. Zum Beispiel müssen im HGB-Abschluß die Ausflüsse des Vorsichtsprinzips bereinigt werden, was im IAS-Abschluß nicht erforderlich ist. Im IAS-Abschluß sind dagegen z. B. die Wirkungen von Neubewertungen nach IAS 16 oder IAS 25 zu bereinigen. Handelsrechtlich sind Neubewertungen wegen des Anschaffungskostenprinzips nicht zulässig.

4. Im IAS-Abschluß unterliegt die Abgrenzung der GuV-Posten einem erheblichen Spielraum. Die Aufwands- und Ertragsstruktur eines nach IAS bilanzierenden Unternehmens kann stärker gestaltet werden als bei einem nach HGB bilanzierenden Unternehmen. Das Erkennen der Aufwands- und Ertragsstrukturen des zu bewertenden Unternehmens und das Fortschreiben dieser Strukturen bei der Prognose der Einzahlungsüberschüsse ist in einem IAS-Abschluß daher u. U. schwieriger als bei einem HGB-Abschluß.

5. Die Vergangenheitsanalyse ist um so umfangreicher, je mehr bilanzpolitische Maßnahmen das zu bewertende Unternehmen ergreifen kann. Die möglichen bilanzpolitischen Maßnahmen sind dabei bei einem IAS-Abschluß geringer als bei einem HGB-Abschluß. Dennoch verfügt der Bilanzierende auch im IAS-Abschluß über eine Vielzahl von Gestaltungsmöglichkeiten.

6. Im IAS-Abschluß können erhebliche Auslegungsspielräume genutzt werden, weil sich das Schrifttum und die Kommentarliteratur noch im Aufbau befinden. Im handelsrechtlichen Schrifttum werden zwar oft verschiedene Auffassungen vertreten, wodurch sich dem Bilanzierenden faktisch ähnliche Ermessensspielräume öffnen wie bei fehlenden Regelungen. Zur Zeit existieren allerdings weniger un-

geregelte Bereiche im Handelsrecht als in den IAS. Zweifelhaft ist derzeit auch, ob die nach IAS bilanzierenden Unternehmen die Standards tatsächlich in vollem Umfang anwenden.

7. Sowohl in IAS-Abschlüssen als auch in HGB-Abschlüssen sind Bewertungskorrekturen vor allem bei folgenden Bereichen regelmäßig notwendig: den Abschreibungen, den mit der Bewertung von Vorräten zusammenhängenden Aufwendungen und Erträgen (z. B. aufgrund der Anwendung von Verbrauchsfolgeverfahren), den Rückstellungen sowie dem außerordentlichen Ergebnis.

8. Erhebliche Unterschiede bei der Abgrenzung der Posten und hinsichtlich der erforderlichen Bereinigungsmaßnahmen treten vor allem bei den sonstigen betrieblichen Aufwendungen und Erträgen auf. Im Gegensatz zu einem IAS-Abschluß sind bei einem HGB-Abschluß deutlich mehr Bereinigungsmaßnahmen zu erwarten. Arbeitserleichterungen bei IAS-Abschlüssen zeigen sich ansonsten vor allem bei der Bereinigung der Herstellungskosten.

9. Der Bewerter kann insgesamt mit einer Arbeitserleichterung rechnen, wenn das zu bewertende Unternehmen statt eines HGB-Abschlusses einen IAS-Abschluß erstellt. So ist in keinem Posten bei einer nach dem UKV aufgestellten GuV damit zu rechnen, daß die Vergangenheitsanalyse eines nach IAS bilanzierenden Unternehmens aufwendiger sein wird als wenn das gleiche Unternehmen nach HGB bilanzieren würde. Auch die detaillierten Angabeerfordernisse in den IAS wirken sich vorteilhaft auf die Vergangenheitsanalyse aus, weil mehr Risiken im Vorfeld (z. B. vor einem Due Diligence) erfaßt werden können als bei einem HGB-Abschluß. Trotzdem ist auch bei einem IAS-Abschluß eine umfangreiche Vergangenheitsanalyse erforderlich, um die Gestaltungsmöglichkeiten des Bilanzierenden zu erkennen und gegebenenfalls zu konterkarieren.

Literaturverzeichnis

Achleitner, Ann-Kristin/Kleekämper, Heinz, „Presentation of Financial Statements" - Das Reformprojekt des IASC und seine Auswirkungen, in: WPg 1997, S. 117-126 (Presentation of Financial Statements).
Achleitner, Ann-Kristin/Pejic, Philipp, Des Abschlusses neue Kleider. Standardentwurf des International Accounting Standards Committee (IASC) zur „Presentation of Financial Statements", in: DB 1996, S. 2037-2043 (Des Abschlusses neue Kleider).
Achleitner, Ann-Kristin/Wollmert, Peter/Hulle, Karel van, Grundlagen der Bilanzierung, der Bewertung und des Ausweises, in: Rechnungslegung nach International Accounting Standards (IAS), Kommentar auf der Grundlage des deutschen Bilanzrechts, hrsg. v. Baetge, Jörg u. a., Stuttgart 1997, S. 35-70 (Grundlagen).
Adler, Hans/Düring, Walther/Schmaltz, Kurt, Rechnungslegung und Prüfung der Unternehmen, bearbeitet v. Forster, Karl-Heinz u. a., 6. Aufl., Bd. 1, Stuttgart 1995 (§§ 252, 253, 255).
Adler, Hans/Düring, Walther/Schmaltz, Kurt, Rechnungslegung und Prüfung der Unternehmen, bearbeitet v. Forster, Karl-Heinz u. a., 6. Aufl., Bd. 5, Stuttgart 1997 (§§ 275, 277).
Aha, Christof, Aktuelle Aspekte der Unternehmensbewertung im Spruchstellenverfahren. Zugleich Anmerkungen zu der Paulaner-Entscheidung des BayObLG, in: Die AG 1997, S. 26-36 (Unternehmensbewertung im Spruchstellenverfahren).
Amihud, Yakov/Mendelson, Haim, Liquidity and Asset Prices, in: Finanzmarkt und Portfolio-Management 1991, S. 235-240 (Liquidity and Asset Prices).
Appraisal Standards Board, Uniform Standards of Professional Appraisal Practice. 1996 Edition, 7. Aufl., Washington 1996 (USPAP).
Bachem, Rolf Georg, Berücksichtigung negativer Geschäftswerte in Handels-, Steuer- und Ergänzungsbilanz, in: BB 1993, S. 967-973 (Berücksichtigung negativer Geschäftswerte).
Baetge, Jörg, Möglichkeiten der Objektivierung des Jahreserfolgs, Düsseldorf 1970 (Möglichkeiten der Objektivierung des Jahreserfolgs).
Baetge, Jörg, Überwachung, in: Vahlens Kompendium der Betriebswirtschaftslehre, hrsg. v. Bitz, Michael u. a., Bd. 2, 3. Aufl., München 1993, S. 175-218 (Überwachung).
Baetge, Jörg, Sicherheit und Genauigkeit, in: Lexikon der Rechnungslegung und Abschlußprüfung, hrsg. v. Lück, Wolfgang, 3. Aufl., München/Wien 1996, S. 691-692 (Sicherheit und Genauigkeit).

Baetge, Jörg, Akquisitionscontrolling: Wie ist der Erfolg einer Akquisition zu ermitteln?, in: Umbruch und Wandel. Herausforderungen zur Jahrhundertwende. Festschrift zum 70. Geburtstag von Carl Zimmerer, München/Wien 1996, S. 448-468 (Akquisitionscontrolling).

Baetge, Jörg, Herstellungskosten: Vollaufwand versus Teilaufwand, in: Rechnungslegung, Prüfung und Beratung, Festschrift für Rainer Ludewig, hrsg. v. Baetge, Jörg u. a., Düsseldorf 1996, S. 53-84 (Vollaufwand versus Teilaufwand).

Baetge, Jörg, Bilanzen, 4. Aufl., Düsseldorf 1996 (Bilanzen).

Baetge, Jörg, Konzernbilanzen, 3. Aufl., Düsseldorf 1997 (Konzernbilanzen).

Baetge, Jörg, Bilanzanalyse, Düsseldorf 1998 (Bilanzanalyse).

Baetge, Jörg/Apelt, Bernd, Bedeutung und Ermittlung der Grundsätze ordnungsmäßiger Buchführung (GoB), in: Handbuch des Jahresabschlusses in Einzeldarstellungen, hrsg. v. Wysocki, Klaus v./Schulze-Osterloh, Joachim, 2. Aufl., Köln 1992, Abt. I/2 (Grundsätze ordnungsmäßiger Buchführung).

Baetge, Jörg/Ballwieser, Wolfgang, Ansatz und Ausweis von Leasingobjekten in Handels- und Steuerbilanz, in: DBW 1978, S. 3-19 (Ansatz und Ausweis von Leasingobjekten).

Baetge, Jörg/Bruns, Carsten, Erfolgsquellenanalyse, in: BBK 1996, Fach 18, S. 387-402 (Erfolgsquellenanalyse).

Baetge, Jörg/Bruns, Carsten, IAS 28. Accounting for Investments in Associates, in: Rechnungslegung nach International Accounting Standards (IAS), Kommentar auf der Grundlage des deutschen Bilanzrechts, hrsg. v. Baetge, Jörg u. a., Stuttgart 1997, S. 1075-1170 (IAS 28).

Baetge, Jörg/Fischer, Thomas R., Zur Aussagefähigkeit der Gewinn- und Verlustrechnung nach neuem Recht, in: ZfB, Ergänzungsheft 1/1987, S. 175-201 (Aussagefähigkeit der Gewinn- und Verlustrechnung).

Baetge, Jörg/Fischer, Thomas R., Externe Erfolgsanalyse auf der Grundlage des Umsatzkostenverfahrens, in: BFuP 1988, S. 1-21 (Externe Erfolgsanalyse).

Baetge, Jörg/Jerschensky, Andreas, Beurteilung der wirtschaftlichen Lage von Unternehmen mit Hilfe von modernen Verfahren der Jahresabschlußanalyse. Bilanzbonitäts-Rating von Unternehmen mit Künstlichen Neuronalen Netzen, in: DB 1996, S. 1581-1591 (Beurteilung der wirtschaftlichen Lage).

Baetge, Jörg/Krause, Clemens, Die Berücksichtigung des Risikos bei der Unternehmensbewertung. Eine empirische Betrachtung des Kalkulationszinses, in: BFuP 1994, S. 433-456 (Risiko bei der Unternehmensbewertung).

Baetge, Jörg/Krumbholz, Marcus, Überblick über Akquisition und Unternehmensbewertung, in: Akquisition und Unternehmensbewertung, hrsg. v. Baetge, Jörg, Düsseldorf 1991 (Akquisition und Unternehmensbewertung).

Baetge, Jörg/Siefke, Michael, IAS 22. Business Combinations, in: Rechnungslegung nach International Accounting Standards (IAS), Kommentar auf der Grundlage des deutschen Bilanzrechts, hrsg. v. Baetge, Jörg u. a., Stuttgart 1997, S. 759-876 (IAS 22).

Ballwieser, Wolfgang, Aktuelle Aspekte der Unternehmensbewertung, in: WPg 1995, S. 119-129 (Aktuelle Aspekte der Unternehmensbewertung).

Ballwieser, Wolfgang, Methoden der Unternehmensbewertung, in: Handbuch des Finanzmanagements. Instrumente und Märkte der Unternehmensfinanzierung, hrsg. v. Gebhardt, Günther/Gerke, Wolfgang/Steiner, Manfred, München 1993, S. 151-176 (Methoden der Unternehmensbewertung).

Ballwieser, Wolfgang, Bilanzanalyse, in: HWR, hrsg. von Chmielewicz, Klaus/Schweitzer, Marcell, 3. Aufl., Stuttgart 1993, Sp. 211-221 (Bilanzanalyse).

Ballwieser, Wolfgang, Die Wahl des Kalkulationszinsfußes bei der Unternehmensbewertung unter Berücksichtigung von Risiko und Geldentwertung, in: BFuP 1981, S. 97-114 (Wahl des Kalkulationszinsfußes).

Ballwieser, Wolfgang, Eine neue Lehre der Unternehmensbewertung? Kritik an den Thesen von Barthel, in: WPg 1997, S. 185-191 (Neue Lehre der Unternehmensbewertung).

Ballwieser, Wolfgang, IAS 16. Property, Plant and Equipment, in: Rechnungslegung nach International Accounting Standards (IAS), Kommentar auf der Grundlage des deutschen Bilanzrechts, hrsg. v. Baetge, Jörg u. a., Stuttgart 1997, S. 523-548 (IAS 16).

Ballwieser, Wolfgang, Unternehmensbewertung mit Hilfe von Multiplikatoren, in: Aktuelle Fragen der Finanzwirtschaft und der Unternehmensbesteuerung, Festschrift zum 70. Geburtstag von Erich Loitlsberger, hrsg. v. Rückle, Dieter, Wien 1991, S. 47-66 (Unternehmensbewertung mit Hilfe von Multiplikatoren).

Ballwieser, Wolfgang, Unternehmensbewertung und Komplexitätsreduktion, 3. Aufl., Wiesbaden 1990 (Unternehmensbewertung und Komplexitätsreduktion).

Ballwieser, Wolfgang/Häger, Ralf, Jahresabschlüsse mittelgroßer Kapitalgesellschaften. Ausweis, Gestaltung, Berichterstattung; Ergebnisse einer Untersuchung von 150 mittelgroßen Kapitalgesellschaften, Düsseldorf 1991 (Jahresabschlüsse mittelgroßer Kapitalgesellschaften).

Ballwieser, Wolfgang/Leuthier, Rainer, Betriebswirtschaftliche Steuerberatung: Grundprinzipien, Verfahren und Probleme der Unternehmensbewertung, in: DStR 1986, S. 545-551 und S. 604-610 (Unternehmensbewertung).

Balz, Manfred, Konzernrecht und Treuhandanstalt. Zur Rolle der Unternehmensbewertung bei der Privatisierung, in: WPg 1993, S. 8-13 (Unternehmensbewertung bei der Privatisierung).

Barthel, Carl, Unternehmenswert: Der Markt bestimmt die Bewertungsmethode, in: DB 1990, S. 1145-1152 (Unternehmenswert).

Barthel, Carl, Unternehmenswert: Die vergleichsorientierten Bewertungsverfahren, in: DB 1996, S. 149-163 (Die vergleichsorientierten Bewertungsverfahren).

Barthel, Carl, Unternehmenswert: Die zuschlagsorientierten Bewertungsverfahren. Vom Buchwert-Zuschlagsverfahren zur strategischen Unternehmensbewertung, in: DB 1996, S. 1349-1358 (Die zuschlagsorientierten Bewertungsverfahren).

Beiker, Hartmut, Überrenditen und Risiken kleiner Aktiengesellschaften. Eine theoretische und empirische Analyse des deutschen Kapitalmarktes von 1966 bis 1989, Münster 1992 (Überrenditen und Risiken).

Beisel, Wilhelm/Klumpp, Hans-Hermann, Der Unternehmenskauf, 2. Aufl., München 1991 (Der Unternehmenskauf).

Bellinger, Bernhard/Vahl, Günter, Zweckgerechte Werte für Unternehmen und Unternehmensanteile. Stellungnahme zu dem „Erhebungsbogen zur Unternehmensbewertung" des IDW, in: DB 1989, S. 1529-1534 (Zweckgerechte Werte für Unternehmen).

Berens, Wolfgang/Hoffjan, Andreas/Strauch, Joachim, Planung und Durchführung der Due Diligence, in: Due Diligence bei Unternehmensakquisitionen, hrsg. v. Berens, Wolfgang/Brauner, Hans U., Stuttgart 1998, S. 109-154 (Planung und Durchführung der Due Diligence).

Berens, Wolfgang/Strauch, Joachim, Herkunft und Inhalt des Begriffes Due Diligence, in: Due Diligence bei Unternehmensakquisitionen, hrsg. v. Berens, Wolfgang/Brauner, Hans U., Stuttgart 1998, S. 109-154 (Herkunft und Inhalt des Begriffes Due Diligence).

Berka, Jack W./Bowen, Marjorie L., Valuation for smaller capitalization companies, in: Financial Valuation. Business and Business Interests, hrsg. v. Zukin, James H. u. a., Boston 1994, S. 12A-1 - 12A-8 (Valuation for smaller companies).

Bernstein, Leopold A., Financial Statement Analysis. Theory, Application, and Interpretation, 5. Aufl., Homewood/Boston 1993 (Financial Statement Analysis).

Bertschinger, Peter, Die Aussagefähigkeit der Konzernrechnung aus internationaler Sicht. Markante Fortschritte in der Schweiz, in: Der Schweizer Treuhänder 1994, S. 332-339 (Konzernrechnung aus internationaler Sicht).

Bertschinger, Peter, Restrukturierungsrückstellungen im Konzernabschluß. Beispiele aus der internationalen Praxis, in: Der Schweizer Treuhänder 1996, S. 819-829 (Restrukturierungsrückstellungen).

Beyersdorff, Martin, Are Global Players Moving Towards IAS?, in: IASC Insight March 1996, S. 14 (Are Global Players Moving Towards IAS?).

Biener, Herbert, IAS 8. Net Profit or Loss for the Period, Fundamental Errors and Changes in Accounting Policies, in: Rechnungslegung nach International Accounting Standards (IAS), Kommentar auf der Grundlage des deutschen Bilanzrechts, hrsg. v. Baetge, Jörg u. a., Stuttgart 1997, S. 301-326 (IAS 8).

Biener, Herbert/Berneke, Wilhelm, Bilanzrichtlinien-Gesetz, unter Mitarbeit v. Niggemann, Karl Heinz, Düsseldorf 1986 (Bilanzrichtlinien-Gesetz).

Bishop, David, Recasting Financial Statements, in: Handbook of Business Valuation, hrsg. v. West, Thomas L./Jones, Jeffrey D., New York u. a. 1992, S. 85-106 (Recasting Financial Statements).

Bleeke, Joel A. et al., The shape of cross-border M&A, in: The McKinsey Quarterly Spring 1990, S. 15-26 (Cross-border M&A).

Bleymüller, Josef/Gehlert, Günther/Gülicher, Herbert, Statistik für Wirtschaftswissenschaftler, 10. Aufl., München 1996 (Statistik für Wirtschaftswissenschaftler).

Borchert, Dierk, § 275. Gliederung, in: Handbuch der Rechnungslegung, Kommentar zur Bilanzierung und Prüfung, Bd. I a, hrsg. v. Küting, Karlheinz/Weber, Claus-Peter, 4. Aufl., Stuttgart 1995, S. 1651-1736 (§ 275).

Bordewin, Arno, § 4-5. Stichwort: „Forschungskosten", in: Kommentar zum Einkommensteuergesetz, hrsg. v. Hartmann, Alfred u. a., Heidelberg 1955/1997, S. 48/10 bis 48/11 (§ 4-5).

Born, Karl, Rechnungslegung international. Konzernabschlüsse nach IAS, US-GAAP, HGB und EG-Richtlinien, Stuttgart 1997 (Rechnungslegung international).

Born, Karl, Überleitung von der Discounted-Cash-flow-Methode (DCF-Methode) zur Ertragswertmethode bei der Unternehmensbewertung, in: DB 1996, S. 1885-1889 (Überleitung von der DCF-Methode zur Ertragswertmethode).

Born, Karl, Unternehmensanalyse und Unternehmensbewertung, Stuttgart 1995 (Unternehmensanalyse und Unternehmensbewertung).

Bossard, Ernst, Erfahrungen mit der Ertragswertmethode bei der Unternehmensbewertung, in: Der Schweizer Treuhänder 2/1986, S. 41-46 (Erfahrungen mit der Ertragswertmethode bei der Unternehmensbewertung).

Brebeck, Frank/Bredy, Jörg, Due Diligence aus bilanzieller und steuerlicher Sicht, in: Due Diligence bei Unternehmensakquisitionen, hrsg. v. Berens, Wolfgang/Brauner, Hans U., Stuttgart 1998, S. 195-224 (Due Diligence aus bilanzieller und steuerlicher Sicht).

Bretzke, Wolf-Rüdiger, Das Prognoseproblem bei der Unternehmensbewertung. Ansätze zu einer risikoorientierten Bewertung ganzer Unternehmen auf der Grundlage modellgestützter Erfolgsprognosen, Düsseldorf 1975 (Prognoseproblem bei der Unternehmensbewertung).

Budde, Wolfgang Dieter/Geißler, Horst, § 252. Allgemeine Bewertungsgrundsätze, in: Beck'scher Bilanz-Kommentar, bearbeitet v. Budde, Wolfgang Dieter u. a., 3. Aufl., München 1995, S. 441-468 (§ 252).

Budde, Wolfgang Dieter/Karig, Klaus Peter, § 246. Vollständigkeit. Verrechnungsverbot, in: Beck'scher Bilanz-Kommentar, bearbeitet v. Budde, Wolfgang Dieter u. a., 3. Aufl., München 1995, S. 82-104 (§ 246).

Budde, Wolfgang Dieter/Karig, Klaus Peter, § 269. Aufwendungen für die Ingangsetzung und Erweiterung des Geschäftsbetriebs, in: Beck'scher Bilanz-Kommentar, bearbeitet v. Budde, Wolfgang Dieter u. a., 3. Aufl., München 1995, S. 921-927 (§ 269).

Budde, Wolfgang Dieter/Karig, Klaus Peter, § 280. Wertaufholungsgebot, in: Beck'scher Bilanz-Kommentar, bearbeitet v. Budde, Wolfgang Dieter u. a., 3. Aufl., München 1995, S. 1175-1190 (§ 280).

Budde, Wolfgang Dieter/Steuber, Elgin, Rechnungslegung im Spannungsfeld zwischen Gläubigerschutz und Information der Gesellschafter, in: Die AG 1996, S. 542-550 (Rechnungslegung im Spannungsfeld).

Bühner, Rolf, Aktionärsbeurteilung grenzüberschreitender Zusammenschlüsse, in: ZfbF 1992, S. 445-461 (Aktionärsbeurteilung grenzüberschreitender Zusammenschlüsse).

Busse von Colbe, Walther, Der Zukunftserfolg. Die Ermittlung des künftigen Unternehmenserfolges und seine Bedeutung für die Bewertung von Industrieunternehmen, Wiesbaden 1957 (Der Zukunftserfolg).

Busse von Colbe, Walther, Gesamtwert der Unternehmung, in: HWR, hrsg. v. Kosiol, Erich u. a., 2. Aufl., Stuttgart 1981, Sp. 595-606 (Gesamtwert der Unternehmung).

Busse von Colbe, Walther, Langfristige Fertigung. Prüfung der Rechnungslegung, in: HWRev, hrsg. v. Coenenberg, Adolf G./Wysocki, Klaus von, 2. Aufl., Stuttgart 1992, Sp. 1197-1207 (Langfristige Fertigung).

Busse von Colbe, Walther, Zur Anpassung der Rechnungslegung von Kapitalgesellschaften an internationale Normen, in: BFuP 1995, S. 373-391 (Anpassung der Rechnungslegung).

Cairns, David, A Guide to Applying International Accounting Standards, London 1995 (Applying IAS).

Cairns, David, IASC. Individual Accounts, in: Transacc. Transnational Accounting, hrsg. v. Ordelheide, Dieter/KPMG, London/Basingstoke 1995, S. 1667-1767 (Individual Accounts).

Castan, Edgar, Gliederung der Gewinn- und Verlustrechnung, in: Beck'sches Handbuch der Rechnungslegung, hrsg. v. Castan, Edgar u. a., München 1987, Bd. I, B 300 (Gliederung der GuV).

Clark, John J./Clark, Margaret T./Elgers, Pieter T., Financial Management. A Capital Market Approach, Boston 1976 (Financial Management).

Coenenberg, Adolf Gerhard, Externe Ergebnisquellenanalyse für große Kapitalgesellschaften nach dem HGB 1985, in: Unternehmenserfolg: Planung - Ermittlung - Kontrolle, Festschrift zum 60. Geburtstag von Walther Busse von Colbe, hrsg. v. Domsch, Michel u. a., Wiesbaden 1988, S. 89-106 (Externe Ergebnisquellenanalyse).

Coenenberg, Adolf Gerhard, Instrumente der Gewinnregulierungspolitik deutscher Aktiengesellschaften. Eine empirische Untersuchung, in: Der Wirtschaftsprüfer im Schnittpunkt nationaler und internationaler Entwicklungen. Festschrift für Klaus v. Wysocki, hrsg. v. Gross, Gerhard, Düsseldorf 1985, S. 111-128 (Instrumente der Gewinnregulierungspolitik).

Coenenberg, Adolf Gerhard, Jahresabschluß und Jahresabschlußanalyse. Grundfragen der Bilanzierung nach betriebswirtschaftlichen, handelsrechtlichen, steuerrechtlichen und internationalen Grundsätzen, 16. Aufl., Landsberg/Lech 1997 (Jahresabschluß und Jahresabschlußanalyse).

Coenenberg, Adolf Gerhard/Sautter, Michael T., Strategische und finanzielle Bewertung von Unternehmensakquisitionen, in DBW 1986, S. 691-710 (Bewertung von Unternehmensakquisitionen).

Collins, Daniel W., Predicting Earnings with Sub-Entity Data. Some Further Evidence, in: Journal of Accounting Research 1976, S. 163-177 (Predicting Earnings with Sub-Entity Data).

Commandeur, Dirk, § 269. Aufwendungen für die Ingangsetzung und Erweiterung des Geschäftsbetriebs, in: Handbuch der Rechnungslegung, Kommentar zur Bilanzierung und Prüfung, Bd. I a, hrsg. v. Küting, Karlheinz/Weber, Claus-Peter, 4. Aufl., Stuttgart 1995, S. 1425-1447 (§ 269).

Commandeur, Dirk, Die Bilanzierung der Aufwendungen für die Ingangsetzung und Erweiterung des Geschäftsbetriebs, Berlin 1986 (Ingangsetzung und Erweiterung des Geschäftsbetriebs).

Coopers & Lybrand, Understanding IAS. Analysis and Interpretation, London 1996 (Understanding IAS).

Creditreform (Hrsg.), Unternehmensentwicklung in den alten und neuen Bundesländern. Jahr 1996, Neuss 1996 (Unternehmensentwicklung 1996).

Daley, Lane A./Vigeland, Robert L., The Effects of Debt Convenants and Political Costs on the Choice of Accounting Methods: The Case of Accounting for R&D Costs, in: Journal of Accounting and Economics 1983, S. 195-211 (Choice of Accounting Methods).

Deimling, Helmut/Rudolph, Rainer W., Analyse des nicht betriebsnotwendigen Vermögens und der eigenkapitalersetzenden Fremdmittel in der Unternehmensbewertung, in: Aktuelle Fachbeiträge aus Wirtschaftsprüfung und Beratung. Festschrift zum 65. Geburtstag von Hans Luik, hrsg. v. der Schitag Ernst & Young-Gruppe, Stuttgart 1991, S. 289-301 (Analyse des nicht betriebsnotwendigen Vermögens).

Demming, Claudia, Grundlagen der internationalen Rechnungslegung. Die Regelungen des IASC, München 1997 (Die Regelungen des IASC).

Döring, Ulrich, § 253. Wertansätze der Vermögensgegenstände und Schulden, in: Handbuch der Rechnungslegung, Kommentar zur Bilanzierung und Prüfung, Bd. I a, hrsg. v. Küting, Karlheinz/Weber, Claus-Peter, 4. Aufl., Stuttgart 1995, S. 877-970 (§ 253).

Dörner, Wolfgang, Die neue UEC-Methode der Unternehmensbewertung. Bemerkungen zum Entwurf einer Empfehlung Nr. 11, in: WPg 1977, S. 657-663 (Unternehmensbewertung).

Dörner, Wolfgang, Überlegungen zu Theorie und Praxis der subjektiven Unternehmensbewertung. Die Funktionen des Wirtschaftsprüfers als Gutachter, in: WPg 1981, S. 202-208 (Funktionen des Wirtschaftsprüfers).

Dörner, Wolfgang, Überlegungen zum Zinsfuß bei Unternehmensbewertungen, in: Bericht über die Fachtagung 71 des Instituts der Wirtschaftsprüfer in Deutschland e. V., hrsg. v. IDW, Düsseldorf 1971, S. 135-144 (Zinsfuß bei Unternehmensbewertungen).

Dörner, Wolfgang, Zur Anwendung der Grundsätze von Unternehmensbewertungen bei Bewertungen in der „DDR" nach den Stellungnahmen des Hauptfachausschusses des Instituts der Wirtschaftsprüfer 2/1983 und 2/1990, in: BFuP 1991, S. 1-10 (Unternehmensbewertungen in der DDR).

Drukarczyk, Jochen, Unternehmensbewertung, München 1998, 2. Aufl. (Unternehmensbewertung).

Dürand, Dieter, Flächensanierung „ohne Kochbuch" - Wie im thüringischen Rositz für viel Geld ein verseuchtes Industrieareal wieder nutzbar gemacht wird, in: Wirtschaftswoche Nr. 38/1994, S. 124-130 (Flächensanierung).

Eckstein, Wolfram, Bewertung forschungsintensiver Unternehmen, in: Beilage des BB zu Heft 31/70, S. 37-41 (Bewertung forschungsintensiver Unternehmen).

Ellrott, Helmut/Fitzner, Gisela, § 255. Anschaffungs- und Herstellungskosten, in: Beck'scher Bilanz-Kommentar, bearbeitet v. Budde, Wolfgang Dieter u. a., 3. Aufl., München 1995, S. 727-746 (§ 255).

Ellrott, Helmut/Schmidt-Wendt, Dietrich, § 255. Anschaffungs- und Herstellungskosten, in: Beck'scher Bilanz-Kommentar, bearbeitet v. Budde, Wolfgang Dieter u. a., 3. Aufl., München 1995, S. 646-725 und S. 747-757 (§ 255).

Ellrott, Helmut/Schramm, Marianne/Bail, Ulrich, § 253 Abs. 4. Ermessensabschreibungen, in: Beck'scher Bilanz-Kommentar, bearbeitet v. Budde, Wolfgang Dieter u. a., 3. Aufl., München 1995, S. 600-608 (§ 253 Abs. 4).

Ellrott, Helmut/Schulz, Friedrich/Bail, Ulrich, § 253 Abs. 3. Abschreibungen bei Vermögensgegenständen des Umlaufvermögens, in: Beck'scher Bilanz-Kommentar, bearbeitet v. Budde, Wolfgang Dieter u. a., 3. Aufl., München 1995, S. 569-600 (§ 253 Abs. 3).

Emenyonu, Emmanuel N./Gray, Sidney, EU accounting harmonisation: An empirical study of measurement practices in France, Germany an the UK, in: Accounting and Business Research, Heft 89/1992, S. 49-58 (EU accounting harmonisation).

Emmerich, Volker/Sonnenschein, Jürgen, Konzernrecht. Das Recht der verbundenen Unternehmen bei Aktiengesellschaft, GmbH, Personengesellschaften, Genossenschaft, Verein und Stiftung, 5. Aufl., München 1993 (Konzernrecht).

Emory, John D., How Business Appraisals Differ from Real Estate Appraisals, in: Handbook of Business Valuation, hrsg. v. West, Thomas L./Jones, Jeffrey D., New York u. a. 1992, S. 67-73 (Business Appraisals).

Engel, Dieter/Giese, Rolf, Zur Bedeutung des Verkehrswerts einer Unternehmung im Rahmen einer zweckbezogenen (entscheidungsorientierten) Unternehmung (Erwiderung zur Stellungnahme Schildbachs), in: WPg 1983, S. 496-500 (Bedeutung des Verkehrswerts).

Englert, Joachim, Die Bewertung von freiberuflichen Praxen mit Hilfe branchentypischer Wertfindungsmethoden, in: BB 1997, S. 142-149 (Bewertung von freiberuflichen Praxen).

Epstein, Barry J./Mirza, Abbas Ali, IAS 97. Interpretation and Application of International Accounting Standards 1997, New York u. a. 1997 (IAS 97).

Fairfield, Patricia M./Sweeney, Richard J./Yohn, Teri Lombardi, Accounting Classification and the Predictive Content of Earnings, in: The Accounting Review 1996, S. 337- 355 (Predictive Content of Earnings).

FASB *(Hrsg.),* EITF-Abstracts as of September 19, 1996, Norwalk 1996 (EITF-Abstracts).

Fey, Dirk, Imparitätsprinzip und GoB-System im Bilanzrecht 1986, Berlin 1987 (Imparitätsprinzip und GoB).

Fey, Gerd/Schruff, Wienand, Das Standing Interpretations Committee (SIC) des International Accounting Standards Committee, in: WPg 1997, S. 585-595 (Das Standing Interpretations Committee).

Fischer, Helmut, Bewertung, in: Handbuch des Unternehmens- und Beteiligungskaufs, hrsg. v. Hölters, Wolfgang, 4. Aufl., Köln 1996, S. 63-197 (Bewertung).

Fishman, Jay E., Valuation Terminology and Methodology, in: Financial Valuation. Business and Business Interests, hrsg. v. Zukin, James H./Mavredakis, John G., Boston 1990 (Valuation Methodology). S. 2-1 bis 2-45.

Forbes, Wallace F., Manufacturing, in: Financial Valuation. Business and Business Interests, hrsg. v. Zukin, James H./Mavredakis, John G., Boston 1990, S. 15-1 bis 15-27 (Manufacturing).

Förschle, Gerhart, § 275. Gliederung, in: Beck'scher Bilanz-Kommentar, bearbeitet v. Budde, Wolfgang Dieter u. a., 3. Aufl., München 1995, S. 1067-1144 (§ 275).

Förschle, Gerhart/Glaum, Martin/Mandler, Udo, US-GAAP, IAS und HGB. Ergebnisse einer Umfrage unter deutschen Rechnungslegungsexperten, in: BFuP 1995, S. 392-413 (Ergebnisse einer Umfrage).

Forster, Karl-Heinz, Warum keine Equity-Bewertung im Jahresabschluß?, in: Rechenschaftslegung im Wandel. Festschrift für Wolfgang Dieter Budde, hrsg. v. Förschle, Gerhart/Kaiser, Klaus/Moxter, Adolf, München 1995, S. 203-211 (Equity-Bewertung im Jahresabschluß).

Fouts, Darrel L., Valuing Manufacturing Businesses, in: Handbook of Business Valuation, hrsg. v. West, Thomas L./Jones, Jeffrey D., New York u. a. 1992, S. 311-323 (Valuing Manufacturing Businesses).

Frank, Gert-M., Rahmenbedingungen von Unternehmensübernahmen in Deutschland, Stuttgart/Berlin/Köln 1993 (Unternehmensübernahmen in Deutschland).

Frankenberg, Peter, Bedeutung von Rechnungslegungsunterschieden für Jahresabschlußvergleiche zwischen US-amerikanischen und deutschen Unternehmen, in: ZfbF 1994, S. 422-440 (Bedeutung von Rechnungslegungsunterschieden).

Freericks, Wolfgang, Bilanzierungsfähigkeit und Bilanzierungspflicht in Handels- und Steuerbilanz, Köln u. a. 1976 (Bilanzierungsfähigkeit und Bilanzierungspflicht).

Fridson, Martin S., Financial Statement Analysis. A practioner's guide, New York 1991 (Financial Statement Analysis).

Fuchs, Markus, Jahresabschlußpolitik und International Accounting Standards, Wiesbaden 1997 (Jahresabschlußpolitik und IAS)

Funk, Joachim, Aspekte der Unternehmensbewertung in der Praxis, in: ZfbF 1995, S. 491-514 (Unternehmensbewertung in der Praxis).

Gail, Winfried, Rechtliche und faktische Abhängigkeiten von Steuer- und Handelsbilanzen, in: Internationale Wirtschaftsprüfung. Festschrift zum 65. Geburtstag von Hans Havermann, hrsg. v. Lanfermann, Josef, Düsseldorf 1995, S. 109-141 (Abhängigkeiten von Steuer- und Handelsbilanzen).

Gebauer, Wolfgang, Theorie und Realität des Realzinses, in: Geldpolitik, Zins und Staatsverschuldung, hrsg. v. Ehrlicher, Werner, Berlin 1981, S. 9-44 (Theorie und Realität des Realzinses).

GEFIU, Möglichkeiten und Grenzen der Anpassung deutscher Konzernabschlüsse an die Rechnungslegungsgrundsätze des International Accounting Standards Committee (IASC). Stellungnahme des Arbeitskreises „Rechnungslegungsvorschriften der EG-Kommission" der Gesellschaft für Finanzwirtschaft in der Unternehmensführung e. V. (GEFIU), in: DB 1995, S. 1137-1143 (Teil I) und S. 1185-1191 (Teil II) (Anpassung an die Rechnungslegungsgrundsätze des IASC).

Gerling, Claus, Unternehmensbewertung in den USA, Bergisch Gladbach 1985 (Unternehmensbewertung in den USA).

Geroski, Paul A./Jaquemin, Alexis, The Persistence of Profits. A European Comparison, in: The Economic Journal 1988, S. 375-389 (The Persistence of Profits).

Goebel, Andrea, Die Anwendung der International Accounting Standards in den Konzernabschlüssen deutscher Kapitalgesellschaften. Ergebnisse einer empirischen Untersuchung (Anwendung der IAS).

Goebel, Andrea/Fuchs, Markus, Rechnungslegung nach den International Accounting Standards vor dem Hintergrund des deutschen Rechnungslegungsrechts für Kapitalgesellschaften, in: DStR 1994, S. 874-880 (Rechnungslegung nach den IAS).

Gregory, Alan, Valuing Companies. Analysing Business Worth, Exeter 1992 (Valuing Companies).

Großfeld, Bernhard, Unternehmens- und Anteilsbewertung im Gesellschaftsrecht. Zur Barabfindung ausscheidender Gesellschafter, 3. Aufl., Köln 1994 (Unternehmens- und Anteilsbewertung).

Hachmeister, Dirk, Der Discounted Cash Flow als Maß der Unternehmenswertsteigerung, Frankfurt u. a. 1995 *(*Der Discounted Cash Flow als Maß der Unternehmenswertsteigerung).

Hackmann, Annette, Unternehmensbewertung und Rechtsprechung, Wiesbaden 1987 (Unternehmensbewertung und Rechtsprechung).

Hafner, Ralf, Unternehmensbewertungen als Instrumente zur Durchsetzung von Verhandlungspositionen, in: BFuP 1993, S. 79-89 (Unternehmensbewertungen).

Haller, Axel, Die Rolle des IASC bei der weltweiten Harmonisierung der internationalen Rechnungslegung, in: DB 1993, S. 1297-1305 (Die Rolle des IASC).

Haller, Axel, Positive Accounting Theory. Die Erforschung der Beweggründe bilanzpolitischen Verhaltens, in: DBW 1994, S. 597-612 (Positive Accounting Theory).

Haller, Axel, IAS 7. Kapitalflußrechnungen, in: Rechnungslegung nach International Accounting Standards (IAS), Kommentar auf der Grundlage des deutschen Bilanzrechts, hrsg. v. Baetge, Jörg u. a., Stuttgart 1997, S. 255-300 (IAS 7).

Hartmann, Bernhard, Angewandte Betriebsanalyse, 3. Aufl., Freiburg/Breisgau 1985 (Angewandte Betriebsanalyse).

Hasenack, Wilhelm, Die Anlagenabschreibung im Wertumlauf der Betriebe und die Sicherung der Wirtschaft, in: ZfB 1938, S. 113-144 (Anlagenabschreibung im Wertumlauf der Betriebe).

Hassold, Friedrich, Die Richtsätze für Gewerbetreibende, in: Handbuch der steuerlichen Betriebsprüfung. Die Außenprüfung. Ergänzbarer Kommentar zu den handels- und steuerrechtlichen Buchführungspflichten und den Regelungen für die Außenprüfungen sowie Sammlung der einschlägigen Vorschriften, von Schröder, Johannes/Muss, Harro, Berlin 1977, Stand 6/96 (Die Richtsätze für Gewerbetreibende).

Haugen, Robert A., Modern Investment Theory, 3. Aufl., Englewood Cliffs 1993 (Modern Investment Theory).

Havermann, Hans, Zur Bilanzierung von Beteiligungen an Kapitalgesellschaften in Einzel- und Konzernabschlüssen, in: WPg 1975, S. 233-242 (Bilanzierung von Beteiligungen).

Hax, Karl, Die Substanzerhaltung der Betriebe, Köln/Opladen 1957 (Die Substanzerhaltung der Betriebe).

Hax, Karl, Finanzwirtschaft. Die langfristigen Kapitaldispositionen, in: Handbuch der Wirtschaftswissenschaften, Band I, hrsg. v. Hax, Karl/Wessels, Theodor, Köln/Opladen 1958, S. 455-541 (Die langfristigen Kapitaldispositionen).

Hayn, Sven, Die International Accounting Standards (Teil II). Ihre grundlegende Bedeutung für die internationale Harmonisierung der Rechnungslegung sowie eine Darstellung wesentlicher Unterschiede zu den einzelgesellschaftlichen Normen des HGB, in: WPg 1994, S. 749-755 (Die International Accounting Standards).

Healy, Paul M., The Effect of Bonus Schemes on Accounting Decisions, in: Journal of Accounting and Economics 7/1985, S. 85-107 (The Effect of Bonus Schemes on Accounting Decisions).

Heinhold, Michael, Bilanzpolitik, in: HWB, hrsg. v. Wittmann, Waldemar u. a., 5. Aufl., Stuttgart 1993, Sp. 525-543 (Bilanzpolitik).

Heintges, Sebastian, Bilanzkultur und Bilanzpolitik in den USA und in Deutschland. Einflüsse auf die Bilanzpolitik börsennotierter Unternehmen, 2. Aufl., Sternenfels/Berlin 1997 (Bilanzpolitik in den USA und in Deutschland).

Helbling, Carl, Bewertung von KMU. Grundsätze und Besonderheiten bei der Bewertung von kleineren und mittleren Unternehmen, in: Der Schweizer Treuhänder 1996, S. 931-940 (Bewertung von kleinen und mittleren Unternehmen).

Helbling, Carl, Unternehmensbewertung und Steuern. Unternehmensbewertung in Theorie und Praxis, insbesondere die Berücksichtigung der Steuern aufgrund der Verhältnisse in der Schweiz und in Deutschland, 8. Aufl., Düsseldorf 1995 (Unternehmensbewertung und Steuern).

Hemmer, Edmund, Sozialplanpraxis in der Bundesrepublik. Eine empirische Untersuchung, Köln 1988 (Sozialplanpraxis in der Bundesrepublik).

Hepp, John, Summary Comparison of IAS 5. Information to Be Disclosed in Financial Statements, and Related U.S. GAAP, in: The IASC-U.S. Comparison Project: A Report on the Similarities and Differences between IASC Standards and U. S. GAAP, hrsg. v. FASB, Norwalk 1996, S. 139-142 (Summary Comparison of IAS 5).

Heurung, Rainer, Zur Anwendung und Angemessenheit verschiedener Unternehmenswertverfahren im Rahmen von Umwandlungsfällen (Teil II), in: DB 1997, S. 888-892 (Unternehmenswertverfahren bei Umwandlungsfällen).

HFA des IDW, Stellungnahme 2/1983: Grundsätze zur Durchführung von Unternehmensbewertungen, in: WPg 1983, S. 468-480 (Stellungnahme 2/1983).

HFA des IDW, Stellungnahme 1/1988: Zur Anwendung stichprobengestützter Prüfungsmethoden bei der Jahresabschlußprüfung, in: WPg 1988, S. 240-247 (Stellungnahme 1/1988).

HFA des IDW, Entwurf einer Verlautbarung: Einzelfragen zur Anwendung der IAS (Teil 2), in: WPg 1997, S. 542-543 (Einzelfragen zur Anwendung der IAS (Teil 2)).

Hilke, Wolfgang, Bilanzpolitik. Mit Aufgaben und Lösungen, 4. Aufl., Wiesbaden 1995 (Bilanzpolitik).

Hinz, Michael, Sachverhaltsgestaltungen im Rahmen der Jahresabschlußpolitik, Düsseldorf 1994 (Sachverhaltsgestaltungen).

Hoffmann, Karsten, Jahresabschlußpolitische Implikationen von Sale and lease back-Geschäften, in: DStR 1995, S. 1520-1527 (Implikationen von Sale and lease back-Geschäften).

Hoffmann, Karsten, Prüfungsbedingte Grenzen sachverhaltsgestaltender Jahresabschlußpolitik, in: BB 1995, Beilage 4 zu Heft 15 (Sachverhaltsgestaltende Jahresabschlußpolitik).

Hofmann, Rolf, Kapitalgesellschaften auf dem Prüfstand. Unternehmensbeurteilung auf der Grundlage publizierter Quellen, Berlin 1992 (Kapitalgesellschaften auf dem Prüfstand).

Hölters, Wolfgang, Der Unternehmens- und Beteiligungskauf. Bedeutung, Grundfragen und Abwicklung, in: Handbuch des Unternehmens- und Beteiligungskaufs, hrsg. v. Hölters, Wolfgang, 4. Aufl., Köln 1996, S. 3-62 (Der Unternehmens- und Beteiligungskauf).

Houlihan, Richard, Acquisition and Merger Due Diligence, The Accountant's Review and Perspective, in: Handbook of Business Valuation, hrsg. v. West, Thomas L./Jones, Jeffrey D., New York u. a. 1992, S. 28-37 (Acquisition and Merger Due Diligence).

Hübner, Vincent, Zur Unternehmensbewertung. Eine Stellungnahme aus der Praxis. Zum Beitrag von Carl Zimmerer (DBW 1988, S. 417-420), in: DBW 1988, S. 533-535 (Zur Unternehmensbewertung).

IASC, IASC Insight March 1997. The Newsletter of the International Accounting Standards Committee, Ausgabe März 1997 (IASC Insight March 1997).

IASC, IASC Update. Board Decisions on International Accounting Standards, Ausgabe July 1997 (IASC Update July 1997).

IASC, IASC Update. Board Decisions on International Accounting Standards, Ausgabe January 1997, S. 1-2 (IASC Update January 1997).

IASC, IASC Update. Board Decisions on International Accounting Standards, Ausgabe June 1996, S. 1-2 (IASC Update June 1996).

IASC, IASC Update. Board Decisions on International Accounting Standards, Ausgabe April 1996, S. 1-2 (IASC Update April 1996).

IASC, Impairment of Assets. Exposure Draft E55, London 1997 (E 55).

IASC, Disontinuing Operations. Exposure Draft E58, London 1997 (E 58).

IASC, Provisions, Contingent Liabilities and Contingent Assets. Exposure Draft E59, London 1997 (E 59).

IASC, Intangible Assets. Exposure Draft E60, London 1997 (E 60).

IASC, International Accounting Standards 1997, London 1997.

IASC, Presentation of Financial Statements. International Accounting Standard IAS 1 (revised 1997), London 1997 (IAS 1 (revised 1997)).

IDW (Hrsg.), Rechnungslegung nach International Accounting Standards. Praktischer Leitfaden für die Aufstellung IAS-konformer Jahres- und Konzernabschlüsse in Deutschland, Düsseldorf 1995 (Rechnungslegung nach IAS).

IDW *(Hrsg.),* WP-Handbuch 1981, 8. Aufl., bearbeitet von Budde, Wolfgang u. a., Düsseldorf 1981 (WP-Handbuch 1981).

IDW (Hrsg.), WP-Handbuch 1992, Bd. II, 10. Aufl., bearbeitet von Budde, Wolfgang u. a., Düsseldorf 1992 (WP-Handbuch 1992, Bd. II).

IDW (Hrsg.), WP-Handbuch 1996, Bd. I, 11. Aufl., bearbeitet von Budde, Wolfgang u. a., Düsseldorf 1996 (WP-Handbuch 1996, Bd. I).

Institut der deutschen Wirtschaft Köln (Hrsg.), Zahlen zur wirtschaftlichen Entwicklung der Bundesrepublik Deutschland. Ausgabe 1997, Köln 1997 (Zahlen zur wirtschaftlichen Entwicklung 1997).

Isele, Horst, § 277. Vorschriften zu einzelnen Posten der Gewinn- und Verlustrechnung, in: Handbuch der Rechnungslegung, Bd. I a, hrsg. v. Küting, Karlheinz/Weber, Claus-Peter, 4. Aufl., Stuttgart 1995, S. 1741-1778 (§ 277).

Jacobs, Otto H./Scheffler, Wolfram, Unternehmensbewertung, in: HWR, hrsg. v. Chmielewicz, Klaus/Schweitzer, Marcel, 3. Aufl., Stuttgart 1993, Sp. 1977-1988 (Unternehmensbewertung).

Jacobs, Otto H., IAS 2. Inventories, in: Rechnungslegung nach International Accounting Standards (IAS), Kommentar auf der Grundlage des deutschen Bilanzrechts, hrsg. v. Baetge, Jörg u. a., Stuttgart 1997, S. 157-200 (IAS 2).

Jones, Jeffrey D., Multiple of Discretionary Earnings Method. An Income Approach, in: Handbook of Business Valuation, hrsg. v. West, Thomas L./Jones, Jeffrey D., New York u. a. 1992, S. 177-92 (Income Approach).

Jung, Willi, Praxis des Unternehmenskaufs. Eine systematische Darstellung der Planung und Durchführung einer Akquisition, 2. Aufl., Stuttgart 1993 (Praxis des Unternehmenskaufs).

Kalabuch, Jutta, Der Stetigkeitsgrundsatz in der Einzelbilanz nach Handels- und Ertragsteuerrecht, Düsseldorf 1994 (Der Stetigkeitsgrundsatz).

Keitz, Isabel von, Immaterielle Güter in der internationalen Rechnungslegung. Grundsätze für den Ansatz von immateriellen Gütern in Deutschland im Vergleich zu den Grundsätzen in den USA und nach IASC, Düsseldorf 1997 (Immaterielle Güter).

Kinast, Gerhard, Abwicklung einer Akquisition, in: Akquisition und Unternehmensbewertung, hrsg. v. Baetge, Jörg, Düsseldorf 1991, S. 31-43 (Abwicklung einer Akquisition).

Kinney, William R., Predicting Earnings: Entity versus Subentity Data, in: Journal of Accounting Research, Spring 1971, S. 127-136 (Predicting Earnings).

Kirsch, Hans-Jürgen, IAS 17. Accounting for Leases, in: Rechnungslegung nach International Accounting Standards (IAS), Kommentar auf der Grundlage des deutschen Bilanzrechts, hrsg. v. Baetge, Jörg u. a., Stuttgart 1997, S. 549-590 (IAS 17).

Kirsch, Hans-Jürgen/Krause, Clemens, Kritische Überlegungen zur Discounted Cash Flow-Methode, in: ZfB 1996, S. 793-812 (Kritische Überlegungen zur DCF-Methode).

Kleber, Herbert, Unterschiede und Annäherungsmöglichkeiten deutscher und amerikanischer/ internationaler Rechnungslegung, in: Die deutsche Rechnungslegung vor dem Hintergrund internationaler Entwicklungen, hrsg. v. Baetge, Jörg, Düsseldorf 1994, S. 67-89 (Unterschiede und Annäherungsmöglichkeiten).

Kleekämper, Heinz, Der Berufsstand der Wirtschaftsprüfer und vereidigten Buchprüfer im internationalen Umfeld. Zwang zur Harmonisierung?, in: WPK-Mitteilungen 3/1993, S. 85-93 (Wirtschaftsprüfer im internationalen Umfeld).

Kleekämper, Heinz, Rechnungslegung aus der Sicht des IASC, in: Die deutsche Rechnungslegung vor dem Hintergrund internationaler Entwicklungen, hrsg. v. Baetge, Jörg, Düsseldorf 1994, S. 41-65 (Rechnungslegung aus der Sicht des IASC).

Klein, Klaus-Günter/Jonas, Martin, Due Diligence und Unternehmensbewertung, in: Due Diligence bei Unternehmensakquisitionen, hrsg. v. Berens, Wolfgang/Brauner, Hans U., Stuttgart 1998, S. 155-169 (Due Diligence und Unternehmensbewertung).

Klein, Werner/Paarsch, Angelika, Schwierigkeiten bei der Bewertung von Unternehmen in den fünf neuen Bundesländern, in: BFuP 1991, S. 11-22 (Bewertung von Unternehmen in den fünf neuen Bundesländern).

Klocke, Herbert, Dialogbeitrag zum Thema Ertragswertgutachten. Zum Beitrag von Carl Zimmerer (DBW 1988, S. 417-420), in: DBW 1988, S. 535-539 (Dialogbeitrag zum Thema Ertragswertgutachten).

Klocke, Herbert, Zur Ermittlung eines Emissionskurses für die Plazierung von Aktien, in: WPg 1978, S. 341-353 (Ermittlung eines Emissionskurses).

Knop, Wolfgang/Küting, Karlheinz, § 255. Anschaffungs- und Herstellungskosten, in: Handbuch der Rechnungslegung, Kommentar zur Bilanzierung und Prüfung, Bd. I a, hrsg. v. Küting, Karlheinz/Weber, Claus-Peter, 4. Aufl., Stuttgart 1995, S. 1011-1149 (§ 255).

Kosiol, Erich, Grundlagen und Methoden der Organisationsforschung, 2. Aufl., Berlin 1968 (Methoden der Organisationsforschung).

Kotler, Philip, Marketing-Management. Analyse, Planung, Umsetzung und Steuerung, 8. Aufl., Stuttgart 1995 (Marketing-Management).

KPMG, International Accounting Standards. Eine Einführung in die Rechnungslegung nach den Grundsätzen des IASC, 2. Aufl., Düsseldorf 1996 (International Accounting Standards).

Kraus-Grünewald, Marion, Ertragsermittlung bei Unternehmensbewertung - dargestellt am Beispiel der Brauindustrie, Wiesbaden 1982 (Ertragsermittlung bei Unternehmensbewertung).

Kraus-Grünewald, Marion, Gibt es einen objektiven Unternehmenswert? Zur besonderen Problematik der Preisfindung bei Unternehmenstransaktionen, in: BB 1995, S. 1839-1844 (Gibt es einen objektiven Unternehmenswert).

Kraus-Grünewald, Marion, Unternehmensbewertung und Verkäuferposition bei Akquisitionen, in: Bilanzrecht und Kapitalmarkt. Festschrift zum 65. Geburtstag von Adolf Moxter, hrsg. v. Ballwieser, Wolfgang, u. a., Düsseldorf 1994, S. 1436-1456 (Verkäuferposition bei Akquisitionen).

Kropff, Bruno, Sinn und Grenzen von Bilanzpolitik - im Hinblick auf den Entwurf des Bilanzrichtlinien-Gesetzes, in: Der Jahresabschluß im Widerstreit der Interessen, hrsg. v. Baetge, Jörg, Düsseldorf 1983, S. 179-211 (Sinn und Grenzen von Bilanzpolitik).

Künnemann, Martin, Objektivierte Unternehmensbewertung, Frankfurt am Main/Bern/New York 1985 (Objektivierte Unternehmensbewertung).

Küpper, Hans-Ulrich, Interne Unternehmensrechnung auf kapitaltheoretischer Basis, in: Bilanzrecht und Kapitalmarkt, Festschrift zum 65. Geburtstag von Adolf Moxter, hrsg. v. Ballwieser, Wolfgang, u. a., Düsseldorf 1994, S. 968-1002 S. 974 (Interne Unternehmensrechnung auf kapitaltheoretischer Basis).

Küppers, Christoph, Der Firmenwert in Handels- und Steuerbilanz nach Inkrafttreten des Bilanzrichtlinien-Gesetzes - Rechtsnatur und bilanzpolitische Spielräume, in: DB 1986, S. 1633-1636 (Der Firmenwert).

Küting, Karlheinz, Zur Bedeutung und Analyse von Verbundeffekten im Rahmen der Unternehmensbewertung, in BFuP 1981, S. 175-189 (Bedeutung und Analyse von Verbundeffekten).

Küting, Karlheinz, Kaum noch aussagefähige Unternehmensvergleiche möglich. Eine eindeutige Regelung für den Ausweis „Sonstiger Steuern" ist überfällig, in: Blick durch die Wirtschaft vom 2. September 1994, S. 1 und 8 (Kaum noch aussagefähige Unternehmensvergleiche möglich).

Küting, Karlheinz, Die handelsbilanzielle Erfolgsspaltungs-Konzeption auf dem Prüfstand, in: WPg 1997, S. 693–702 (Die handelsbilanzielle Erfolgsspaltungs-Konzeption auf dem Prüfstand).

Küting, Karlheinz/Hayn, Sven, Aussagewert eines angelsächsischen Konzernabschlusses im Vergleich zum HGB-Abschluß, in: Die AG 1996, S. 49-71 (Angelsächsischer Konzernabschluß im Vergleich zum HGB-Abschluß).

Küting, Karlheinz/Hayn, Sven, Unterschiede zwischen den Rechnungslegungsvorschriften von IASC und SEC/FASB vor dem Hintergrund einer internationalisierten Rechnungslegung in Deutschland (Teil II), in: DStR 1995, S. 1642-1648 (Rechnungslegungsvorschriften von IASC und SEC/FASB).

Küting, Karlheinz/Kaiser, Thomas, Bilanzpolitik in der Unternehmenskrise, in: BB 1994, Beilage 2 zu Heft 3, S. 1-18 (Bilanzpolitik in der Unternehmenskrise).

Küting, Karlheinz/Weber, Claus-Peter, Die Bilanzanalyse, 3. Aufl., Stuttgart 1997 (Die Bilanzanalyse).

Küting, Karlheinz/Zündorf, Horst, § 312. Wertansatz der Beteiligung und Behandlung des Unterschiedsbetrags, in: Handbuch der Konzernrechnungslegung. Kommentar zur Bilanzierung und Prüfung, hrsg. v. Küting, Karlheinz/Weber, Claus-Peter, Stuttgart 1989, S. 1517-1617 (§ 312).

Lachnit, Laurenz, § 275 HGB. Gliederung, in: Bonner Handbuch der Rechnungslegung, Aufstellung, Prüfung und Offenlegung des Jahresabschlusses, hrsg. v. Hofbauer, Max A./Kupsch, Peter, Bonn 1986, Bd. 2, Fach 4 (§ 275).

Lanfermann, Josef, Unternehmensbewertung in den neuen Bundesländern, in: Akquisition und Unternehmensbewertung, hrsg. v. Baetge, Jörg, Düsseldorf 1991, S. 118-128 (Unternehmensbewertung in den neuen Bundesländern).

Leffson, Ulrich, Die Grundsätze ordnungsmäßiger Buchführung, 7. Aufl., Düsseldorf 1987 (Die Grundsätze ordnungsmäßiger Buchführung).

Leffson, Ulrich, Wirtschaftsprüfung, 4. Aufl., Wiesbaden 1988 (Wirtschaftsprüfung).

Leimbach, Andreas, Unternehmensübernahmen im Wege des Management-Buy-Outs in der Bundesrepublik: Besonderheiten, Chancen und Risiken, in: ZfbF 1991, S. 450-465 (Unternehmensübernahmen in der Bundesrepublik).

Leuthier, Rainer, Das Interdependenzproblem bei der Unternehmensbewertung, Frankfurt am Main 1988 (Das Interdependenzproblem bei der Unternehmensbewertung).

Lippmann, Klaus, Der Beitrag des ökonomischen Gewinns zur Theorie und Praxis der Erfolgsermittlung, Düsseldorf 1970 (Der Beitrag des ökonomischen Gewinns).

Loges, Rainer, Der Einfluß der „Due Diligence" auf die Rechtsstellung des Käufers eines Unternehmens, in: DB 1997, S. 965-969 (Der Einfluß der Due Diligence).

Lopez, G. Anthony, Comparative Analysis of IAS 8, Net Profit or Loss for the Period, Fundamental Errors and Changes in Accounting Policies, and Related US GAAP, in: The IASC - U.S. Comparison Project: A Report on the Similarities and Differences between IASC Standards and U.S. GAAP, hrsg. v. FASB, Norwalk 1996, S. 157-164 (Comparative Analysis of IAS 8 and Related US GAAP).

Lück, Wolfgang, Ausgaben und Einnahmen, in: HWR, hrsg. v. Chmielewicz, Klaus/Schweitzer, Marcell, 3. Aufl., Stuttgart 1993, Sp. 101-108 (Ausgaben und Einnahmen).

Macdonald, Ronald/Marsh, Ian W., Combining Exchange Rate Forecasts: What is the Optimal Consensus Measure?, in: Journal of Forecasting 1994, S. 313-332 (Combining Exchange Rate Forecasts).

Mandl, Gerwald, Zur Bewertung von Klein- und Mittelbetrieben, in: Erfolgspotentiale für Klein- und Mittelbetriebe, Festschrift für Walter Sertl zum 65. Geburtstag, hrsg. v. Kemmetmüller, Wolfgang u. a., S. 373-389 (Zur Bewertung von Klein- und Mittelbetrieben).

Mandl, Gerwald/Rabel, Klaus, Unternehmensbewertung. Eine praxisorientierte Einführung, Wien/Frankfurt 1997 (Unternehmensbewertung).

Marx, Michael, Der Wirtschaftszweig, ein sinnvolles Konstrukt bei der Unternehmensanalyse. Eine empirische Untersuchung der Aktiengesellschaften des Verarbeitenden Gewerbes und ihrer Wirtschaftszweige, Saarbrücken 1984 (Der Wirtschaftszweig).

Matschke, Manfred Jürgen, Der Arbitrium- oder Schiedsspruchwert der Unternehmung. Zur Vermittlungsfunktion eines unparteiischen Gutachters bei der Unternehmensbewertung, in: BFuP 1971, S. 508-520 (Der Arbitrium- oder Schiedsspruchwert).

Matschke, Manfred Jürgen, Der Argumentationswert der Unternehmung. Unternehmensbewertung als Instrument der Beeinflussung in der Verhandlung, in: BFuP 1976, S. 517- 524 (Der Argumentationswert der Unternehmung).

Matschke, Manfred Jürgen, Die Argumentationsfunktion in der Unternehmensbewertung, in: Moderne Unternehmensbewertung und Grundsätze ihrer ordnungsmäßigen Durchführung, hrsg. v. Goetzke, Wolfgang/Sieben, Günter, Köln 1977 (Die Argumentationsfunktion in der Unternehmensbewertung).

Matschke, Manfred Jürgen, Funktionale Unternehmensbewertung, Band II: Der Arbitriumwert der Unternehmung, Wiesbaden 1979 (Funktionale Unternehmensbewertung).

Matschke, Manfred Jürgen, Geldentwertung und Unternehmensbewertung, in: WPg 1986, S. 549-555 (Geldentwertung und Unternehmensbewertung).

Matschke, Manfred Jürgen, Einige grundsätzliche Bemerkungen zur Ermittlung mehrdimensionaler Entscheidungswerte der Unternehmung, in: BFuP 1993, S. 1-24 (Ermittlung mehrdimensionaler Entscheidungswerte).

Maul, Karl-Heinz, Unternehmensbewertung auf der Basis von Nettoausschüttungen, in: WPg 1973, S. 57-63 (Unternehmensbewertung auf der Basis von Nettoausschüttungen).

Maul, Karl-Heinz, Offene Probleme der Bewertung von Unternehmen durch Wirtschaftsprüfer, in: DB 1992, S. 1253-1259 (Bewertung von Unternehmen).

Mayer-Wegelin, Eberhard, § 249. Rückstellungen, in: Handbuch der Rechnungslegung, Kommentar zur Bilanzierung und Prüfung, Bd. I a, hrsg. v. Küting, Karlheinz/Weber, Claus-Peter, 4. Aufl., Stuttgart 1995, S. 602-637, S. 676-699 und S. 764 (§ 249).

Meilicke, Wienand, Rechtsgrundsätze bei der Unternehmensbewertung, in: DB 1980, S. 2121-2123 (Rechtsgrundsätze bei der Unternehmensbewertung).

Meilicke, Wienand/Heidel, Thomas, Berücksichtigung von Schadensersatzansprüchen gem. § 117, 317 AktG bei der Bestimmung der angemessenen Abfindung für ausscheidende Aktionäre, in: Die AG 1989, S. 117-122 (Abfindung für ausscheidende Aktionäre).

Mellerowicz, Konrad, Der Wert der Unternehmung als Ganzes, Essen 1952 (Der Wert der Unternehmung).

Moskowitz, Jerald I., What's Your Business Worth?, in: Management Accounting March 1988, S. 30-34 (What's Your Business Worth).

Moxter, Adolf, Aussagegrenzen von „Bilanzen", in: WISU 1975, S. 325-329 (Aussagegrenzen von Bilanzen).

Moxter, Adolf, Das „Stuttgarter Verfahren" und die Grundsätze ordnungsmäßiger Unternehmensbewertung, in: DB 1976, S. 1585-1589 (Das Stuttgarter Verfahren).

Moxter, Adolf, Grundsätze ordnungsmäßiger Unternehmensbewertung, 1. Aufl., Wiesbaden 1976 (Grundsätze ordnungsmäßiger Unternehmensbewertung [1. Aufl.]).

Moxter, Adolf, Grundsätze ordnungsmäßiger Unternehmensbewertung, 2. Aufl., Wiesbaden 1983 (Grundsätze ordnungsmäßiger Unternehmensbewertung [2. Aufl.]).

Moxter, Adolf, Wirtschaftsprüfer und Unternehmensbewertung, in: Management und Kontrolle, Festschrift für Erich Loitlsberger zum 60. Geburtstag, hrsg. v. Seicht, Gerhard, Berlin 1981, S. 409-429 (Wirtschaftsprüfer und Unternehmensbewertung).

Moxter, Adolf, Bilanzrechtsprechung, 4. Aufl., Tübingen 1996 (Bilanzrechtsprechung).

Münch, Dieter, Der betriebswirtschaftliche Erkenntnisgehalt der Cash-Flow-Analyse, in: DB 1969, S. 1301-1306 (Erkenntnisgehalt der Cash-Flow-Analyse).

Münstermann, Hans, Wert und Bewertung der Unternehmung, Wiesbaden 1966 (Wert und Bewertung).

Naggar, Ali, Oil and gas accounting. Where Wall Street stands, in: The Journal of Accountancy 9/1978, S. 72-77 (Oil and gas accounting).

Nahlik, Wolfgang, Praxis der Jahresabschlußanalyse. Recht, Risiko, Rentabilität, Wiesbaden 1989 (Praxis der Jahresabschlußanalyse).

Neth, Manfred, Die Berechnung der Herstellungskosten als bilanzpolitisches Mittel, Düsseldorf 1971 (Herstellungskosten als bilanzpolitisches Mittel).

Neuhaus, Christoph, Unternehmensbewertung und Abfindung bei freiwilligem Ausscheiden aus der Personengesellschaft, Heidelberg 1990 (Unternehmensbewertung und Abfindung).

Niehues, Karl, Unternehmensbewertung bei Unternehmenstransaktionen. Unter besonderer Berücksichtigung kleiner und mittelständischer Unternehmen, in: BB 1993, S. 2241-2250 (Unternehmensbewertung bei Unternehmenstransaktionen).

Niehus, Rudolf J., Accounting for „Growth". Auch bei uns möglich?, in: DB 1994, S. 57-59 (Accounting for Growth).

Niehus, Rudolf J., Zur Entwicklung von „konzernarteigenen" GoB durch Paradigmawechsel. Auch ein Beitrag zur Diskussion über die Internationalisierung der deutschen Konzernrechnungslegung, in: Bilanzrecht und Kapitalmarkt. Festschrift zum 65. Geburtstag von Adolf Moxter, hrsg. v. Ballwieser, Wolfgang, u. a., Düsseldorf 1994, S. 623-652 (Zur Entwicklung von konzernarteigenen GoB).

Niehus, Rudolf J., Die neue „Internationalität" deutscher Konzernabschlüsse, in: DB 1995, S. 1341-1345 (Die neue „Internationalität" deutscher Konzernabschlüsse).

Niehus, Rudolf J., Bestätigungsvermerk von „dualen" Konzernabschlüssen, in: BB 1996, S. 893-898 (Bestätigungsvermerk von dualen Konzernabschlüssen).

o. V., SIC first meeting sets agenda, in: Accountancy 5/1997, S. 13 (SIC first meeting sets agenda).

Oechsle, Eberhard/Müller, Klaus/Wildburger, Dieter, IAS 21. The Effects of Changes in Foreign Exchange Rates, in: Rechnungslegung nach International Accounting Standards (IAS), Kommentar auf der Grundlage des deutschen Bilanzrechts, hrsg. v. Baetge, Jörg u. a., Stuttgart 1997, S. 707-758 (IAS 21).

Oechsle, Eberhard/Rudolph, Rainer W., Zur betriebswirtschaftlichen Bedeutung und zu Anwendungsproblemen des Lifo-Verfahrens in Handels- und Steuerrecht, in: Aktuelle Fachbeiträge aus Wirtschaftsprüfung und Beratung. Festschrift zum 65. Geburtstag von Hans Luik, hrsg. v. Schitag Ernst & Young-Gruppe, Stuttgart 1991, S. 91-113 (Anwendungsprobleme des Lifo-Verfahrens).

Oliver, Robert P., Landmark Court Cases. Their Impact on Valuation, in: Handbook of Business Valuation, hrsg. v. West, Thomas L./Jones, Jeffrey D., New York u. a. 1992, S. 407-414 (Landmark Court Cases).

Ordelheide, Dieter/Böckem, Hanne, IAS 18. Revenue, in: Rechnungslegung nach International Accounting Standards (IAS), Kommentar auf der Grundlage des deutschen Bilanzrechts, hrsg. v. Baetge, Jörg u. a., Stuttgart 1997, S. 591-626 (IAS 18).

Otto, Bertram, Das Umsatzkostenverfahren. Eine Chance für Klein- und Mittelbetriebe?, in: BB 1987, S. 931-935 (Das Umsatzkostenverfahren).

Pearson, Barrie, Succesful Acquisition of unquoted companies. A Practical Guide, 3. Aufl., Aldershot 1989 (Acquisition of unquoted companies).

Peemöller, Volker, Bilanzanalyse und Bilanzpolitik. Einführung in die Grundlagen, Wiesbaden 1993 (Bilanzanalyse und Bilanzpolitik).

Peemöller, Volker/Bömelburg, Peter/Denkmann, Andreas, Unternehmensbewertung in Deutschland. Eine empirische Erhebung, in: WPg 1994, S. 741-749 (Unternehmensbewertung in Deutschland).

Peemöller, Volker/Hüttche, Tobias, Unternehmensbewertung und funktionale Bilanzanalyse (Teil I und II), in: DStR 1993, S. 1307-1311 und 1344-1348 (Unternehmensbewertung und funktionale Bilanzanalyse).

Pellens, Bernhard, Internationale Rechnungslegung, 2. Aufl., Stuttgart 1998 (Internationale Rechnungslegung).

Pellens, Bernhard/Bonse, Andreas/Fülbier, Rolf Uwe, Organisatorischer und konzeptioneller Rahmen des IASC, in: WPK-Mitteilungen 1996, S. 264-278 (Organisatorischer und konzeptioneller Rahmen des IASC).

Pellens, Bernhard/Linnhoff, Ulrich, Auswirkungen der neuen Rechnungslegungsvorschriften auf die Unternehmensbeurteilung, in: WPg 1989, S. 128-138 (Auswirkungen der neuen Rechnungslegungsvorschriften).

Pellens, Bernhard/Rockholtz, Carsten/Stienemann, Marc, Marktwertorientiertes Konzerncontrolling in Deutschland. Eine empirische Untersuchung, in: DB 1997, S. 1933-1939 (Marktwertorientiertes Konzerncontrolling).

Perkins, Charles, Valuing Restaurants, in: Handbook of Business Valuation, hrsg. v. West, Thomas L./Jones, Jeffrey D., New York u. a. 1992, S. 347-356 (Valuing Restaurants).

Perridon, Louis/Steiner, Manfred, Finanzwirtschaft der Unternehmung, 9. Aufl., München 1997 (Finanzwirtschaft der Unternehmung).

Pfleger, Günter, Die neue Praxis der Bilanzpolitik. Strategien und Gestaltungsmöglichkeiten im handels- und steuerrechtlichen Jahresabschluß, 4. Aufl., Freiburg/Breisgau 1991 (Praxis der Bilanzpolitik).

Picot, Gerhard, Investitionshemmnisse beim Kauf ehemaliger DDR-Unternehmen, in: BFuP 1991, S. 23-46 (Kauf ehemaliger DDR-Unternehmen).

Piltz, Detlev, Die Unternehmensbewertung in der Rechtsprechung, 3. Aufl., Düsseldorf 1994 (Die Unternehmensbewertung in der Rechtsprechung).

Popper, Karl R., Logik der Forschung, 9. Aufl., Tübingen 1989 (Logik der Forschung).

Pratt, Shannon P., Differentiating valuation approaches by industry group, in: Financial Valuation. Business and Business Interests, hrsg. v. Zukin, James H./Mavredakis, John G., Boston 1990 (Valuation approaches by industry group).

Prietze, Oliver/Walker, Andreas, Der Kapitalisierungszinsfuß im Rahmen der Unternehmensbewertung, in: DBW 1995, S. 199-211 (Der Kapitalisierungszinsfuß im Rahmen der Unternehmensbewertung).

Ränsch, Ulrich, Die Bewertung von Unternehmen als Problem der Rechtswissenschaften. Zur Bestimmung der angemessenen Abfindung für ausscheidende Kapitalgesellschafter, in: Die AG 1984, S. 202-212 (Die Bewertung von Unternehmen als Problem der Rechtswissenschaften).

Rappaport, Alfred, Strategic Analysis for more profitable acquisitions. A seller's market demands more careful evaluation than ever before, in: Harvard Business Review 1979, Heft 7/8, S. 99-110 (Strategic Analysis).

Rappaport, Alfred, Creating Shareholder Value. The New Standard for Business Performance, New York/London 1986 (Creating Shareholder Value).

Reibnitz, Ute von, Szenario-Planung, in: Handwörterbuch der Planung, hrsg. v. Szyperski, Norbert/Winand, Udo, Stuttgart 1989, Sp. 1980-1996 (Szenario-Planung).

Reimann, Bernard C., Managing for the Shareholders: An Overview of Value-Based Planning, in: Planning Review January/February 1099, S. 10-22 (Managing for the Shareholders).

Reither, Cheri L., Comparative Analysis of IAS 9, Research and Development Costs, and U.S. GAAP including FASB Statement No. 2, Accounting for Research and Development Costs, in: The IASC-U.S. Comparison Project: A Report on the Similarities and Differences between IASC Standards and U. S. GAAP, hrsg. v. FASB, Norwalk 1996, S. 167-178 (Summary Comparison of IAS 5).

Richter, Frank/Simon-Keuenhof, Kai, Bestimmung durchschnittlicher Kapitalkostensätze deutscher Industrieunternehmen, in: BFuP 1996, S. 698-708 (Kapitalkostensätze deutscher Industrieunternehmen).

Risse, Axel, IAS für den deutschen Konzernabschluß, Wiesbaden 1996, (IAS für den deutschen Konzernabschluß).

Rogler, Silvia, Gewinn- und Verlustrechnung nach dem Umsatzkostenverfahren, Wiesbaden 1990 (Gewinn- und Verlustrechnung nach dem UKV).

Rückle, Dieter, Grundsätze ordnungsmäßiger Abschlußprüfung, in: HWRev, hrsg. v. Coenenberg, A. G./von Wysocki, K., 2. Aufl., Stuttgart 1992, Sp. 752-769 (Grundsätze ordnungsmäßiger Abschlußprüfung).

Ruhnke, Klaus, Ansätze zur Unternehmensbewertung und -preisfindung in Theorie und Praxis, in: M&A Review 1/1995, S. 6-15 (Ansätze zur Unternehmensbewertung).

Ruhnke, Klaus/Niephaus, Jürgen, Jahresabschlußprüfung kleiner Unternehmen - Besonderheiten der Prüfung, internationale Prüfungsstandards und Ergebnisse einer empirischen Erhebung -, in: DB 1996, S. 789-795 (Jahresabschlußprüfung kleiner Unternehmen).

Sanfleber-Decher, Martina, Unternehmensbewertung in den USA, in: WPg 1992, S. 597-603 (Unternehmensbewertung in den USA).

Scarlata, Robert, Notable Differences Between „Middle Market" and „Small" Businesses, in: Handbook of Business Valuation, hrsg. v. West, Thomas L./Jones, Jeffrey D., New York u. a. 1992, S. 57-66 („Middle Market" and „Small" Businesses).

Schäfer, Wolf, Grundsätze ordnungsmäßiger Bilanzierung für Forderungen, 2. Aufl., Düsseldorf 1977 (GoB für Forderungen).

Scheren, Michael, Konzernabschlußpolitik. Möglichkeiten und Grenzen einer zielorientierten Gestaltung von Konzernabschlüssen, Stuttgart 1993 (Konzernabschlußpolitik).

Scheuerell, Francis E., Comparative Analysis of IAS 11, Construction Contracts, and U.S. GAAP including ARB No. 45, Long-Term Construction-Type Contracts, and AICPA Statement of Position 81-1, Accounting for Performance of Construction-Type and Certain Production-Type Contracts, in: The IASC-U.S. Comparison Project: A Report on the Similarities and Differences between IASC Standards and U. S. GAAP, hrsg. v. FASB, Norwalk 1996, S. 193-208 (Analysis of IAS 11).

Schildbach, Thomas, Der Verkehrswert - Eine universelle Lösung für alle Probleme der Unternehmensbewertung? (Stellungnahme zu dem Beitrag von Engel und Giese), in: WPg 1983, S. 493-500 (Der Verkehrswert).

Schildbach, Thomas, Internationale Rechnungslegungsstandards auch für deutsche Einzelabschlüsse?, in: Bilanzrecht und Kapitalmarkt. Festschrift zum 65. Geburtstag von Adolf Moxter, hrsg. v. Ballwieser, Wolfgang, u. a., Düsseldorf 1994, S. 700-721 (Internationale Rechnungslegungsstandards für deutsche Einzelabschlüsse).

Schildbach, Thomas, Kölner versus phasenorientierte Funktionenlehre der Unternehmensbewertung, in: BFuP 1993, S. 25-38 (Kölner versus phasenorientierte Funktionenlehre).

Schlösser, Julia, Die Währungsumrechnung im Jahresabschluß von Kreditinstituten. Eine Auslegung der Rechtsvorschrift des § 340 h HGB, Berlin 1996 (Die Währungsumrechnung im Jahresabschluß von Kreditinstituten).

Schmalenbach, Eugen, Die Beteiligungsfinanzierung, 9. Aufl., bearb. v. Bauer, Richard, Köln/Opladen 1966 (Die Beteiligungsfinanzierung).

Schmalenbach, Eugen, Dynamische Bilanz, 13. Aufl., bearb. v. Bauer, Richard, Köln/Opladen 1962 (Dynamische Bilanz).

Schmalenbach, Eugen, Kostenrechnung und Preispolitik, 8. Aufl., Köln/Opladen 1963 (Kostenrechnung und Preispolitik).

Schmidt, Karsten, Gesellschaftsrecht, 3. Aufl., Köln u. a. 1997 (Gesellschaftsrecht).

Schmidt, Peter-Jürgen, Aus der Arbeit des IDW, in: WPg 1996, S. 825-830 (Aus der Arbeit des IDW).

Schneider, Dieter, Substanzerhaltung und technischer Fortschritt, in: Der Volkswirt 1967, S. 2651-2652 (Substanzerhaltung und technischer Fortschritt).

Schneider, Dieter, Vermögensgegenstände und Schulden, in: Handwörterbuch unbestimmter Rechtsbegriffe im Bilanzrecht des HGB, hrsg. v. Leffson, Ulrich/Rückle, Dieter/Großfeld Bernhard, Köln 1986, S. 335-343 (Vermögensgegenstände und Schulden).

Schneider, Dieter, Erste Schritte zu einer Theorie der Bilanzanalyse, in: WPg 1989, S. 633-642 (Theorie der Bilanzanalyse).

Schneider, Dieter, Scheingewinnabhängige Ausgaben, Substanzerhaltung und inflationsbereinigte Rechnungslegung: Ende eines wissenschafts = mitbegründenden Problems?, in: ZfbF-Sonderheft 32/1993, S. 31-60 (Inflationsbereinigte Rechnungslegung).

Schneider, Dieter, Betriebswirtschaftslehre, Band 2: Rechnungswesen, München/Wien 1994 (Betriebswirtschaftslehre, Band 2).

Schneider, Dieter, Betriebswirtschaftslehre, Band 1: Grundlagen, 2. Aufl., München/Wien 1995 (Betriebswirtschaftslehre, Band 1).

Schneider, Dieter, Unternehmensdimensionierung und Unsicherheitsverringerung, in: Die Dimensionierung des Unternehmens, hrsg. v. Bühner, Rolf, Stuttgart 1995, S. 45-59 (Unternehmensdimensionierung und Unsicherheitsverringerung).

Schönbrunn, Norbert, IAS 23. Borrowing Costs, in: Rechnungslegung nach International Accounting Standards (IAS), Kommentar auf der Grundlage des deutschen Bilanzrechts, hrsg. v. Baetge, Jörg u. a., Stuttgart 1997, S. 877-898 (IAS 23).

Schruff, Wienand, Die internationale Vereinheitlichung der Rechnungslegung nach den Vorschlägen des IASC - Gefahr oder Chance für die deutsche Bilanzierung?, in: BFuP 1993, S. 400-426 (Vereinheitlichung der Rechnungslegung).

Schülen, Werner, Änderung von Bewertungsmethoden. Anmerkungen zu Küting/Kaiser, "Bilanzpolitik in der Unternehmenskrise", in: BB 1994, S. 2312-2314 (Änderung von Bewertungsmethoden).

Seeberg, Thomas, IAS 11, Construction Contracts, in: Rechnungslegung nach International Accounting Standards (IAS), Kommentar auf der Grundlage des deutschen Bilanzrechts, hrsg. v. Baetge, Jörg u. a., Stuttgart 1997, S. 367-396 (IAS 11).

Selchert, Friedrich Wilhelm, Bewertungsstetigkeit nach dem Bilanzrichtliniengesetz, in: DB 1984, S. 188-1894 (Bewertungsstetigkeit nach dem Bilanzrichtliniengesetz).

Selchert, Friedrich Wilhelm, Herstellungskosten im Umsatzkostenverfahren, in: DB 1986, S. 2397-2400 (Herstellungskosten im UKV).

Selchert, Friedrich Wilhelm, Probleme der Unter- und Obergrenze von Herstellungskosten, in: BB 1986, S. 2298-2306 (Probleme der Herstellungskosten).

Selchert, Friedrich Wilhelm, § 252. Allgemeine Bewertungsgrundsätze, in: Handbuch der Rechnungslegung, Kommentar zur Bilanzierung und Prüfung, Bd. I a, hrsg. v. Küting, Karlheinz/Weber, Claus-Peter, 4. Aufl., Stuttgart 1995, S. 819-875 (§ 252).

Sieben, Günter, Der Entscheidungswert in der Funktionenlehre der Unternehmensbewertung, in: BFuP 1976, S. 491-504 (Der Entscheidungswert in der Funktionenlehre).

Sieben, Günter, Funktionen der Bewertung ganzer Unternehmen und von Unternehmensteilen, in: WISU 1983, S. 539-542 (Funktionen der Bewertung ganzer Unternehmen).

Sieben, Günter, Unternehmensstrategien und Kaufpreisbestimmung. Ein Beitrag zur Bewertung ganzer Unternehmen, in: Vierzig Jahre „Der Betrieb", Stuttgart 1988, S. 81-91 (Unternehmensstrategien und Kaufpreisbestimmung).

Sieben, Günter, Unternehmensbewertung, in: HWB, hrsg. v. Wittmann, Waldemar u. a., 5. Aufl., Stuttgart 1993, Sp. 4315-4331 (Unternehmensbewertung).

Sieben, Günter/Barion, Heinz-Jürgen/Maltry, Helmut, Bilanzpolitik, in: HWR, hrsg. von Chmielewicz, Klaus/Schweitzer, Marcell, 3. Aufl., Stuttgart 1993, Sp. 229-248 (Bilanzpolitik).

Sieben, Günter/Böing, Winfried/Hafner, Ralf, Expertsysteme zur Bewertung ganzer Unternehmen?, in: BFuP 1986, S. 532-549 (Expertsysteme zur Bewertung ganzer Unternehmen).

Sieben, Günter/Lutz, Harald, Die Bewertung eines ertragsschwachen Unternehmens im Rahmen der Bestimmung der angemessenen Barabfindung beim Abschluß eines Gewinnabführungs- und Beherrschungsvertrages, in: BFuP 1984, S. 566-576 (Die Bewertung eines ertragsschwachen Unternehmens).

Sieben, Günter/Schildbach, Thomas, Zum Stand der Entwicklung der Lehre von der Bewertung ganzer Unternehmen, in: DStR 1979, S.455-461 (Zum Stand der Entwicklung).

Sieben, Günter/Sielaff, Meinhard (Hrsg.), Unternehmensakquisition. Bericht des Arbeitskreises „Unternehmensakquisition", Stuttgart 1989 (Unternehmensakquisition).

Siegel, Theodor, Die Maximierung des Gewinnausweises mit dem Instrument der Vollkostenrechnung, in: WiSt 1981, S. 390-392 (Vollkostenrechnung).

Siegel, Theodor, Unternehmensbewertung, Unsicherheit und Komplexitätsreduktion, in: BFuP 1994, S. 457-476 (Unternehmensbewertung, Unsicherheit und Komplexitätsreduktion).

Siegel, Theodor, Herstellungskosten und Grundsätze ordnungsmäßiger Buchführung, in: Unternehmenstheorie und Besteuerung, Festschrift für Dieter Schneider, hrsg. v. Elschen, Rainer/Siegel, Theodor/Wagner, Franz W., Wiesbaden 1995, S. 635-672 (Herstellungskosten und GoB).

Siegel, Theodor/Bareis, Peter, Der „negative Geschäftswert" – eine Schimäre als Steuersparmodell, in: BB 1993, S. 1477-1485 (Der negative Geschäftswert).

Siepe, Günter, Darf ein ertragsteuerlicher Teilwertansatz den handelsrechtlich gebotenen Wertansatz überschreiten?, in: Rechnungslegung. Entwicklungen bei der Bilanzierung und Prüfung von Kapitalgesellschaften, Festschrift für Forster, hrsg. v. Moxter, Adolf u. a., Düsseldorf 1992, S. 607-624 (Ertragsteuerlicher Teilwertansatz).

Siepe, Günter, Das allgemeine Unternehmerrisiko bei der Unternehmensbewertung (Ertragswertermittlung). Ein Vergleich zwischen der Ergebnis-Abschlagsmethode und der Zins-Zuschlagsmethode, in: DB 1986, S. 705-708 (Das allgemeine Unternehmerrisiko).

Siepe, Günter, Die Bemessung des Kapitalisierungszinsfußes bei der Unternehmensbewertung in Zeiten fortschreitender Geldentwertung, in: DB 1984, S. 1689-1695 (Teil I) und S. 1737-1741 (Teil II) (Bemessung des Kapitalisierungszinsfußes).

Siepe, Günter, Die Berücksichtigung von Ertragsteuern bei der Unternehmensbewertung, in: WPg 1997, S. 1-10 (Teil I) und S. 37-44 (Teil II) (Die Berücksichtigung von Ertragsteuern).

Stewing, Clemens, Bilanzierung bei langfristiger Auftragsfertigung, BB 1990, S. 100-106 (Bilanzierung bei langfristiger Auftragsfertigung).

Steinöcker, Reinhard, Akquisitionscontrolling. Strategische Planung von Firmenübernahmen, Berlin/Bonn/Regensburg 1993 (Akquisitionscontrolling).

Stibi, Bernd, Statistische Jahresabschlußanalyse als Instrument der Betriebsprüfung. Entwicklung eines Indikators für die Auswahl prüfungsbedürftiger Betriebe, Düsseldorf 1994 (Statistische Jahresabschlußanalyse).

Suckut, Stefan, Unternehmensbewertung für internationale Akquisitionen. Verfahren und Einsatz, Wiesbaden 1992 (Unternehmensbewertung für internationale Akquisitionen).

Surma, John P./Vondra, Albert A., Accounting for environmental costs: A hazardous subject. How to cope with a changing regulatory and legal framework, in: Journal of Accountancy 3/1992, S. 51-55 (Accounting for environmental costs).

Teichmann, Heinz, Der optimale Planungshorizont, in: ZfB 1975, S. 295-312 (Der optimale Planungshorizont).

Thoms-Meyer, Dirk, Grundsätze ordnungsmäßiger Bilanzierung für Pensionsrückstellungen unter Berücksichtigung von SFAS 87 und SFAS 106, Düsseldorf 1996 (GoB für Pensionsrückstellungen).

Trilling, Gerhard, Die Berücksichtigung des technischen Fortschritts in der Investitionsplanung, Frankfurt/Zürich 1975 (Berücksichtigung des technischen Fortschritts).

Veit, Klaus-Rüdiger, Die Behandlung von Forschung und Entwicklung im Rechnungswesen, in: WISU 1994, S. 591-594 (Forschung und Entwicklung).

Vest, Peter, Verkauf von Konzernunternehmen durch Management Buy-Out, Wiesbaden 1995 (Verkauf von Konzernunternehmen).

Vorstand des IDW, Abgrenzung zwischen Verlautbarungen, Stellungnahmen und Fachgutachten, in: Fachnachrichten 1977, S. 145 (Abgrenzung zwischen Verlautbarungen, Stellungnahmen und Fachgutachten).

Voß, Heinrich, Unternehmensbewertung und Abschreibungen, in: ZfhF 1959, S. 260-273 (Unternehmensbewertung und Abschreibungen).

Wagner, Franz W., Unternehmensbewertung und vertragliche Abfindungsbemessung, in: BFuP 1994, S. 477-498 (Unternehmensbewertung und vertragliche Abfindungsbemessung).

Wagner, Thomas, Berücksichtigung von Leasingverträgen bei der Bewertung des Unternehmens des Leasingnehmers, in: Aktuelle Fachbeiträge aus Wirtschaftsprüfung und Beratung. Festschrift zum 65. Geburtstag von Hans Luik, hrsg. v. der Schitag Ernst & Young-Gruppe, Stuttgart 1991, S. 303-310 (Leasingverträge bei der Unternehmensbewertung).

Walz, Hartmut, Investitions- und Finanzplanung. Eine Einführung in finanzwirtschaftliche Entscheidungen unter Sicherheit. Mit Tabellen, 4. Aufl., Heidelberg 1993 (Investitions- und Finanzplanung).

Warschburger, Volker, Gestaltungsmaßnahmen des Rechnungswesens zur Bewältigung der Preissteigerungsproblematik, Saarbrücken 1989 (Bewältigung der Preissteigerungsproblematik).

Weber, Eberhard, Die Bewertung von ausländischen Unternehmen, in: DStR 1993, S. 1270-1276 (Bewertung von ausländischen Unternehmen).

Weiss, Heinz-Jürgen, Die Informationsbeschaffung beim Unternehmenskauf: Kaufvoruntersuchung, in: Meilensteine im Management, hrsg. v. Siegwart, Hans u. a., Stuttgart/Basel 1990, S. 379-393 (Kaufvoruntersuchung).

Westerfelhaus, Herwath, Zwei-Stufen-Ermittlung zum bilanzierungsfähigen Vermögensgegenstand, in: DB 1995, S. 885-889 (Bilanzierungsfähiger Vermögensgegenstand).

Wiercks, Frank, Schweres Erbe, in: TopBusiness 5/1995, S. 22-32 (Schweres Erbe).

Wietek, Siegfried Manfred/Chomiac de Sas, Pierre, Unternehmensbewertung und -bilanzierung in Frankreich. Ein Leitfaden für die Praxis, Paris 1990 (Unternehmensbewertung und -bilanzierung in Frankreich).

Wollmert, Peter/Achleitner, Ann-Kristin, Konzeptionelle Grundlagen der IAS-Rechnungslegung (Teil II), in: WPg 1997, S. 245-256 (Grundlagen der IAS-Rechnungslegung).

Wollny, Paul, Unternehmens- und Praxisübertragungen, Herne/Berlin 1996, 4. Aufl., (Unternehmens- und Praxisübertragungen).

Wollny, Paul, Rechtsprechung zum „Streit um den Wert von Unternehmen", in: BB 1991, Beilage 17, S. 1-11 (Rechtsprechung zum „Streit um den Wert von Unternehmen").

Zentralverband der deutschen Werbewirtschaft (Hrsg.), Werbung in Deutschland 1996, Siegburg 1996 (Werbung in Deutschland 1996).

Ziegler, Martin, Gewinnrealisierung bei langfristiger Fertigung. Ein richtlinienkonformer Ansatz, Wiesbaden 1990 (Gewinnrealisierung bei langfristiger Fertigung).

Zimmerer, Carl, Aufwendungen, die das Vermögen mehren, Aufwendungen, die zu niedrig bilanziert werden, in: Internationale Wirtschaftsprüfung. Festschrift zum 65. Geburtstag von Hans Havermann, hrsg. v. Lanfermann, Josef, Düsseldorf 1995, S. 845- 861 (Aufwendungen).

Zimmerer, Carl, Die Bilanzwahrheit und die Bilanzlüge, 2. Aufl., Wiesbaden 1981 (Die Bilanzwahrheit und die Bilanzlüge).

Zimmerer, Carl, Ertragswertgutachten. Eine Polemik, in: DBW 1988, S. 417-420 (Ertragswertgutachten).

Zimmerer, Carl, Unternehmensakquisition, in: HWB, hrsg. v. Wittmann, Waldemar u. a., 5. Aufl., Stuttgart 1993, Sp. 4298-4299 (Unternehmensakquisition).

Zwehl, Wolfgang von, Die Substanzerhaltung als Minimalziel des Unternehmers in Zeiten steigender Preise, in: Unternehmensführung und Organisation, hrsg. v. Kirsch, Werner, Wiesbaden1973, S. 175-192 (Die Substanzerhaltung).

Verzeichnis der Rechtsprechung

BFH, Urteil vom 28.1.1954 - IV 255/53, in: BStBl. 1954 III, S. 109-111.
BFH, Urteil vom 14.6.1955 - I 154/54 U, in: BStBl. 1955 III, S. 221-222.
BFH, Urteil vom 25.1.1979 - IV R 56/75, in: GmbHR 1979, S. 161-162.
BFH, Urteil vom 19.3.1987 - IV R 85/85, in: BFH/NV 1987, S. 580-581.
BFH, Urteil vom 11.10.1989 - I R 148/85, in: BStBl. 1990, Teil II, S. 335-337.
BFH, Urteil vom 6.2.1991 - II R 87/88, in: GmbHR, S. 589-591.
BFH, Urteil vom 10.12.1992 - XI R 45/88, in: DB 1993, S. 1250-1254.
BFH, Urteil vom 3.2.1993 - I R 37/91, in: DB 1993, S. 962-964.
BGH, Urteil vom 9.5.1968 - IX ZR 190/66, in: Monatszeitschrift für deutsches Recht 1968, S. 837-838
BGH, Urteil vom 12.11.1969 - I ZR 93/67, in: DB 1970, S. 42-43.
BGH, Urteil vom 17.1.1973 - IV ZR 142/70, in: DB 1973, S. 563-565.
BGH, Urteil vom 18.3.1977 - I ZR 132/75, in: DB 1977, S. 1042-1043.
BGH, Urteil vom 13.3.1978 - II ZR 142/76, in: Die AG 1978, S. 196-200.
BGH, Urteil vom 12.2.1979 - II ZR 106/78, in: WM 1979, S. 432-435
BGH, Urteil vom 2.6.1980 - VIII ZR 64/79, in: DB 1980, S. 1786-1788.
BGH, Urteil vom 17.11.1980 - II ZR 242/79, in: BB 1981, S. 1128-1129.
BGH, Urteil vom 30.9.1981 - IV a ZR 127/80, NJW 1982, S. 575-577.
BGH, Urteil vom 1.7.1982 - IX ZR 34/81, in: NJW 1982, S. 2441-2442.
BGH, Urteil vom 14.7.1986 - II ZR 249/85, in: WM 1986, S. 1384-1385.
BGH, Urteil vom 24.10.1990 - XII ZR 101/89, in: NJW 1991, S. 1547-1552.
BGH, Urteil vom 16.12.1991 - II ZR 58/91, in: GmbHR 1992, S. 257-262.
BGH, Urteil vom 6.12.1995 - VIII ZR 192/94, in: IDW-Fachnachrichten 6/1996, S. 284.
BayObLG, Beschluß vom 11.12.1995 - 3 Z BR 36/91, in: Die AG 1996, S. 176-180.
OLG Celle, Beschluß vom 4.4.1979 - 9 W 2/77, in: Die AG 1979, S. 230-234.
OLG Celle, Urteil vom 1.7.1980, 9 Wx 9/79, in: Die AG 1981, S. 234-235.
OLG *Düsseldorf*, Beschluß vom 27.11.1962 - 6 Spruchverf. 1/60, in: BB 1963, S. 57.
OLG *Düsseldorf*, Urteil vom 27.1.1984 - 3 UF 50/83, in: FamRZ 1984, S. 699-704.
OLG Düsseldorf, Beschluß vom 17.2.1984 - 19 W 1/81, in: Die AG 1984, S. 216-220.
OLG Düsseldorf, Beschluß vom 11.1.1990 - 19 W 6/86, in: Die AG 1990, S. 397-403.
OLG Düsseldorf, Beschluß vom 7.6.1990 - 19 W 13/86, in: Die AG 1990, S. 490-494.
OLG Düsseldorf, Beschluß vom 16.10.1990 - 19 W 9/88, in: Die AG 1991, S. 106-109.
OLG Düsseldorf, Beschluß vom 12.2.1992 - 19 W 3/91, in: DB 1992, S. 1034-1039.
OLG Frankfurt am Main, Beschluß vom 24.1.1989 - 20 W 477/86, in: Die AG 1989, S. 442-444.

OLG Frankfurt am Main, Urteil vom 6.7.1976 - 14 U 103/75, in: Die AG 1976, S. 298-304.
OLG *Koblenz,* Urteil vom 29.11.1982 - 13 UF 282/82, in: FamRZ 1983, S. 166-168.
OLG München, Beschluß vom 15.12.1964 - AllgReg 11/38-40/60, in: DB 1965, S. 179-180.4
Kammergericht Berlin, Beschluß vom 19.11.1962 - 1 AR 81/60, in: BB 1963, S. 55-56.
LG Dortmund, Beschluß vom 16.11.1981 - 18 Akt E 1/78, in: Die AG 1982, S. 257-259.
LG Düsseldorf, Beschluß vom 16.12.1987 - 34 AktE 1/82, in: Die AG 1989, S. 138-140.
LG Frankfurt am Main, Urteil vom 1.10.1986, 3/3 O 145/83, in: Die AG 1987, S. 315-318.
LG Frankfurt am Main, Beschluß vom 8.12.1982 - 3/3 AktE 104/79, in: Die AG 1983, S. 136-139.

Verzeichnis der Geschäftsberichte

Alusuisse-Lonza Holding AG (Hrsg.), Geschäftsbericht 1996, Zürich 1997 (Geschäftsbericht 1996).
Bossard Holding AG (Hrsg.), Geschäftsbericht 1996, Zug 1997 (Geschäftsbericht 1996).
Daimler Benz AG (Hrsg.), Geschäftsbericht 1993, Stuttgart 1994 (Geschäftsbericht 1993).
Danzas (Hrsg.), Group Annual Report 1996, Basel 1997 (Group Annual Report 1996).
Deutsche Lufthansa AG (Hrsg.), Geschäftsbericht 1992, Köln 1993 (Geschäftsbericht 1992).
Nokia (Hrsg.), Annual Report 1996, Helsinki 1997 (Annual Report 1996).
Von Roll Holding AG (Hrsg.), Geschäftsbericht 1996, Gerlafingen 1997 (Geschäftsbericht 1996).

Stichwortverzeichnis

Abfindungsangebot 18
Abgrenzung der bewertbaren
 Unternehmenseinheit .... 74f.
Abschreibungen
 – Außerplanmäßige
  116, 120, 142ff., 148f., 152ff., 166, 237ff.
 – GoF 152
 – Planmäßige 120, 124, 136ff., 145ff., 192
Abstrakte Aktivierungsfähigkeit 98
Aktivierte Eigenleistungen 113ff., 218
Aktivierung von
 Finanzierungsaufwendungen 170f., 210
Allgemeine Verwaltungskosten 224f., 230, 239
Allgemeines Unternehmerrisiko 34, 180
Altlasten 192
Analysegrundsätze .... 60ff.
Anlässe für Unternehmensbewertungen 9ff., 20
Ansatzkriterien nach IAS .... 96ff.
Anschaffungs- oder Herstellungskosten,
 Nachträgliche 155
Anschaffungskostenprinzip .... 117, 166ff.
Äquivalenzprinzip 30, 91, 130, 180
Argumentationsfunktion .... 17f.
Assoziierte Unternehmen .... 167f.
Auflösung von Rückstellungen 122
Aufwandsrückstellungen 159, 161, 193, 230
Aufwendungen aus der Währungsumrechnung . 164
Aufwendungen nach HGB und IAS .... 107f.
Aus- und Weiterbildungskosten .... 132f.
Auslegungskriterien für die IAS .... 92f.
Außenverpflichtung 101, 159, 192
Außergewöhnliche Erfolgsbeiträge 180f., 242
Außerordentliche Posten .... 175, 177ff. 241ff.

Bandbreite 25
Basiszinssatz .... 30ff.
Beharrungszustand 6, 78
Beizulegender Zeitwert 112, 146, 190, 206
Beratungsfunktion 12ff., 20
Bereinigung, Definition 4
Bereinigungstiefe .... 76ff.
Bestandsgröße 96
Bestandteile des Jahresabschlusses .... 94f.
Betriebsnotwendigkeit
 61f., 81ff., 115, 137, 148, 154, 207, 232f., 237
Betriebsvergleich 64f., 204f., 222

Bewertungen von Unternehmen im
 ehemaligen Ostblock .... 89, 194f.
Bewertungsmodell 25, 47
Bewertungssituation .... 67ff.
Bewertungsstichtag 55f., 91, 147
Bewertungsverfahren, Häufigste 3
Bilanzpolitik 1,74, 150, 171, 224
Branche
 – Branchenspezifische Aufwendungen 128
 – Branchenspezifische
  Bilanzierungsvorschriften .... 69f., 91f., 203f.
 – Definition 67
Bruttoergebnis vom Umsatz .... 221f.

Cash Flow 158
Completed Contract-Methode .... 182ff.

Darlehen, Niedrig verzinsliche .... 172f.
Disagio 174, 237
Discontinuing Operations .... 175ff., 242f.
Discounted Cash Flow-Methode .... 4f.
Dokumentation 50
Dreiphasenmodell 27
Due Diligence 4, 47, 95, 185

Einnahmenüberschußrechnung .... 21ff.
Einordnung der Vergangenheitsanalyse .... 44ff.
Einstellung von Bereichen .... 175ff., 242f.
Entscheidungswert 12f., 23, 43, 94
Entsorgungskosten 192
Entwicklung, Definition .... 123f.
Equity-Methode .... 166ff., 233f.
Erfolgsmodell 80
Erfolgsspaltung .... 177ff., 199f.
Erhaltungsaufwand 155
Ermessensspielraum ... 30, 35, 48, 63, 124, 153, 156
Ermittlung von Grundsätzen 50
Erstellung der Prognosebasis .... 47f.
Erträge aus anderen Wertpapieren .... 235f.
Erträge aus Beteiligungen .... 166ff., 233ff.
Erträge aus dem Abgang von
 Vermögensgegenständen 115f., 144, 147, 189
Erträge aus der Aktivierung von
 Eigenleistungen .... 113ff.
Erträge aus der Auflösung von
 Rückstellungen 120
Erträge aus der Währungsumrechnung .... 117ff.
Erträge aus Zuschreibungen .... 120f.
Ertragswert, Definition 20

Erwartungswert 181
Erweiterung des Geschäftsbetriebs 121
Ewige Rente 27ff., 81

Fehlbewertungskosten .... 79ff.
Festwert 228
Fifo-Verfahren .... 134ff.
Finanzanlagevermögen 148, 235
Finanzbedarfsrechnung 23, 57, 171
Finanzierungseffekte von Reinvestitionsraten ... 139
Finanzierungsleasing .... 186ff.
Finanzinvestition nach IAS 25 ..... 145, 167f., 234ff.
Forderungen 83, 117, 157f., 224
Forschung, Definition 122
Forschungs- und Entwicklungskosten
  65, 122ff., 154, 201, 210, 226, 230
Fungibilitätszuschlag .... 36f.
Funktionen der Unternehmensbewertung .... 11ff.
Funktionenlehre .... 11ff.
Funktionsabhängige Grundsätze .... 58ff.

Geldentwertungsabschlag 39
Genauigkeit 55
Gesamtbewertung 13, 59
Gesamtkostenverfahren 110
Geschäfts- oder Firmenwert .... 149ff.
Gestaltungsspielraum 195, 204, 212, 222
Gewinnrealisierung bei langfristiger
  Fertigung .... 182ff.
Gleichheitsgrundsatz .... 16f.
Gliederungsschema .... 200ff., 244f.
Größe des zu bewertenden Unternehmens .... 71ff.
Grundsätze ordnungsmäßiger
  Vergangenheitsanalyse .... 49ff.
  – Bereinigung nicht dem Unternehmen
    innewohnender Ertragsfaktoren .... 65f.
  – Berücksichtigung der Planung bzw. der
    geplanten Verwendung 59
  – Betriebsnotwendigkeit
    61f., 114f., 165, 169, 234f.
  – Fortführung 59
  – Genauigkeit 51ff., 57
  – Gesamtbewertung 59
  – Gruppen 50
  – Maßgeblichkeit der
    Zahlungen 56f., 120, 157, 230
  – Nachhaltigkeit 60f., 112f., 118f., 169, 207
  – Richtigkeit 51
  – Simultane Korrektur von Kostenrechnung
    und Jahresabschluß 66
  – Stichtagsbezogene Bewertung .... 55f.
  – Subjektivität .... 58f.

– Vergleichbarkeit .... 63ff., 211f.
– Verwendung von
  Marktwerten 62f., 64, 169, 212, 237, 241
– Vollständigkeit 54, 57
– Wirtschaftlichkeit und
  Relevanz 57, 161, 191, 214
– Zukunftsbezogenheit 59
Grundsteuer 165

Herstellungskosten 207ff., 240
Herstellungskostenquote .... 215, 219f.
Hockeyschlägereffekt 48

IASC .... 3, 91ff.
Immaterielle Vermögensgegenstände
  83, 96f., 122, 124f., 142
Immobilitätszuschlag .... 36f.
Inflation 85ff., 138
Informationsfunktion 19
Ingangsetzung und Erweiterung des
  Geschäftsbetriebs 121f., 132f., 230
Innenverpflichtung .... 101, 159, 192f.
Insolvenzrisiken 29
Instandhaltungsaufwendungen .... 155ff.

Jahresabschluß
  – Bestandteile nach HGB .... 94f.
  – Bestandteile nach IAS .... 94f.
Joint Ventures .... 167f.

Kalkulatorische Kosten 129ff., 138
Kapazitätserweiterungseffekt 41
Kapitalerhaltung 139
Kapitalflußrechnung 5, 95
Kapitalgesellschaften
  70, 131, 142, 148, 166, 210, 235
Kapitalisierungszinsfuß
  – Basiszinssatz .... 32f.
  – Bestandteile .... 30ff.
  – Fungibilitätszuschlag .... 36f.
  – Geldentwertungsabschlag 39
  – Minderheitenzuschlag .... 37f.
  – Nominaler und realer 87
  – Risikozuschlag .... 33ff.
Kaufkraftäquivalenz 39
Kleine und mittlere
  Unternehmen 71ff., 88f., 174, 194, 199
Konjunktur 76
Konzernfinanzierung 174
Kostensteuern 164ff., 206, 210, 232
Kostenstruktur 47, 211, 217

Stichwortverzeichnis

Lageanalyse .... 44f.
Langfristige Auftragsfertigung .... 182ff.
Leasing .... 185ff.
Leasingvertrag .... 185f.
Lebensdauer des Bewertungsobjekts ...... 26ff.
Leerkosten 212
Lifo-Verfahren .... 133ff.
Liquidationswert 82
Lohmann-Ruchti-Effekt 41
Löhne und Gehälter .... 128f.
Lohnnebenkosten 129

Maßstab für die Abschätzung der künftigen
    Unternehmenserfolge 48
Mehrwertigkeit 61
Minderheitenzuschlag .... 37f.
Mindestgliederung für die GuV .... 201ff.
Minority Interest Discount 38

Nachhaltigkeit 60f., 118f., 149
Naive Prognose 27
Negativer Unterschiedsbetrag 119f., 151, 228
Neubewertungsmethode 145ff., 238
Neubewertungsrücklage .... 108, 146f.
Neuronale Netze 29
Niederstwertvorschrift 148, 152
Nutzungsdauer 140

Objektivierter Unternehmenswert .... 39ff.
  – Annahme eines risikoscheuen Investors ... 33
  – Annahmen .... 41f.
  – Basiszinssatz 32
  – Berücksichtigung von Restrukturierungen
    und Synergien 42, 46
  – Betriebsnotwendigkeit 81
  – Leasing 191
  – Reinvestitionsraten .... 140f.
  – Werbung 128

Passivierungsfähigkeit .... 101ff.
Passivierungsgrundsatz .... 101ff.
Pauschalwertberichtigung .... 157f., 223f.
Percentage Of Completion-Methode ..... 182ff.
Personalaufwand .... 128ff.
Personenabhängigkeit 73
Personenhandelsgesellschaften
          70, 74, 79, 129, 154, 235
Produktionsbezogene Vollkosten .... 208f.
Prognose der Einzahlungsüberschüsse 45
Prototyp 124

Qualifizierter Vermögenswert 170
Qualifying asset 170

Rahmengrundsätze .... 51ff.
Realisationsprinzip 104ff., 116, 184
Realisationszeitpunkt 105
Rechtsbegriff, Unbestimmter 49
Rechtsform des zu bewertenden
    Unternehmens .... 69ff.
Reichweitenabschlag .... 152f.
Reinvestitionsraten 121, 137ff., 154, 190
Reparaturaufwendungen .... 155ff.
Repräsentativität 57
Restrukturierung 132
Restrukturierungsmaßnahmen, Definition ... 44
Restrukturierungsrückstellungen 160
Risiko, Definition 33
Risikozuschlag .... 33ff.
Rückgaberecht 112
Rückstellungen 102f., 159ff., 192f., 229, 231

Sachanlagevermögen .... 82, 141f.
Sachverhaltsgestaltung 111, 115, 124, 127, 157
Sale and lease back .... 149, 188ff.
Schätzung der Entnahmeerwartungen 45
Scheingewinn .... 85f.
Schenkung 154
Schiedswert .... 15ff.
Schließungskosten .... 176f.
Schritte der Ertragswertermittlung .... 44ff.
Selbständige Verwertbarkeit 98
Sensitivitätsanalysen 25
SIC 204
Sicherheit .... 52ff.
Sonderposten mit Rücklageanteil 230
Sonstige betriebliche
    Aufwendungen 157ff., 215, 229ff., 242
Sonstige betriebliche
    Erträge .... 113ff., 180, 227ff., 241f.
Sonstige Steuern .... 164ff., 206, 210, 232f.
Sonstige Zinsen und ähnliche Erträge ... 169, 236f.
Sorgfaltspflicht des Unternehmensbewerters ... 49
Sozialplankosten 181
Standing Interpretations Committee 204
Stetigkeit .... 63f., 211f.
Steuerbemessungsfunktion 19
Stillgelegte Gegenstände des Sachanlagevermögens
    116
Strategieentwicklung 45
Stromgröße 96
Stuttgarter Verfahren 19

Subjektiver Unternehmenswert .... 42f.
– Basiszinssatz 33
– Berücksichtigung von Restrukturierungen
  und Synergien 43
– Betriebsnotwendigkeit 81
– Forschung und Entwicklung 126
– Leasing 191
– Unternehmerlohn .... 130f.
– Werbung 128
Subjektivität des Unternehmenswerts .... 11, 13f.
Synergieeffekte 42f., 129
Szenarien 25

Technischer Fortschritt 141
Teilabnahmeprinzip .... 183f.
Teilkosten .... 212ff.
Teilreproduktionswert 150
Tochterunternehmen 167f., 234
Typisierungsprinzip 16f., 59

Überschätzung des Unternehmenswerts 28
Umrechnungsdifferenzen .... 117f.
Umsatzerlöse .... 33f., 109ff., 205ff.
Umsatzkostenverfahren .... 109, 199ff.
Umsatzrealisierung nach HGB und IAS .... 105f.
Umsatzsegmente 111
Umstellung auf IAS 1
Umweltrisiken .... 191ff.
Unentgeltlich erworbene
  Vermögensgegenstände .... 154f.
Unfriendly takeover 95
Unsicherheit .... 24ff.
Unsicherheitsäquivalenz .... 34f.
Unternehmensumfang 45, 75
Unternehmerlohn, kalkulatorischer .... 129ff.
Unzuverlässiges Datenmaterial .... 194f.
US-GAAP 3

Verbindlichkeiten .... 101ff.
Verbrauchsfolgeverfahren .... 133ff.
Verbrauchsteuern 165, 206, 232
Vergangenheitsanalyse, Definition 2

Vergangenheitsanalyse, Bedeutung 2
Vermittlungsfunktion 15ff., 20
Vermögensgegenstand .... 96ff.
Vermögenswert 9ff., 127
Vertragsgestaltungsfunktion 19
Vertriebskosten .... 222ff.
Vollausschüttungshypothese 24, 57
Vollkosten 208, 212ff., 222
Vorräte .... 134ff., 152f., 213f.
Vorsichtsprinzip 62, 193

Wahrscheinlichkeit von Fehlinformationen 78
Währungsrisiko 174
Währungsumrechnung 117ff., 164, 231
Wechselkursprognosen 119
Werbung .... 121, 126ff.
Wertaufholung 120
Wertminderungen 108, 142, 148, 176, 238
Wertschwankungen von
  Vermögensgegenständen des UV 153
Wiederbeschaffungswerte 137ff., 156
Wirtschaftsprüferverfahren .... 3, 21ff.
Wurzeltheorie 56

Zahlungswirksamer Werteverzehr 144, 147
Zeitraum der Vergangenheitsanalyse .... 75f.
Zeitvergleich .... 63, 126, 221f.
Zinsanteil von
  Pensionsrückstellungen .... 163, 172, 239f.
Zinsaufwendungen .... 170, 173, 239ff.
Zinserträge .... 169, 235ff.
Zukunftsbezogenheit der
  Unternehmensbewertung 14, 59
Zuordnung von Geschäftsvorfällen .... 204ff.
Zuschreibungen 120, 143f., 229
Zwecke der Rechnungslegung nach
  HGB und IAS .... 93f.
Zwecke der Vergangenheitsanalyse .... 47ff.
Zweiphasenmodell 27
Zwischenfinanzierungseffekte bei
  Reinvestitionen 140